21世纪经济与管理规划教材
税收系列

外国税制教程

FOREIGN TAXATION SYSTEM

付伯颖/编著

北京大学出版社
PEKING UNIVERSITY PRESS

图书在版编目(CIP)数据

外国税制教程/付伯颖编著. —北京：北京大学出版社，2010.4
(21 世纪经济与管理规划教材·税收系列)
ISBN 978-7-301-16322-1

Ⅰ.外… Ⅱ.付… Ⅲ.税收制度-外国-高等学校-教材 Ⅳ.F811.4

中国版本图书馆 CIP 数据核字(2009)第 204618 号

书　　名	外国税制教程 WAIGUO SHUIZHI JIAOCHENG
著作责任者	付伯颖　编著
责任编辑	曾默之
标准书号	ISBN 978-7-301-16322-1/F·2354
出版发行	北京大学出版社
地　　址	北京市海淀区成府路 205 号　100871
网　　址	http://www.pup.cn
电子信箱	em@pup.cn　　QQ:552063295
新浪微博	@北京大学出版社　@北京大学出版社经管图书
电　　话	邮购部 62752015　发行部 62750672　编辑部 62752926
印 刷 者	北京京华虎彩印刷有限公司
经 销 者	新华书店
	730 毫米×980 毫米　16 开本　26 印张　465 千字
	2010 年 4 月第 1 版　2018 年 1 月第 4 次印刷
定　　价	42.00 元

总　序

中国税收教育研究会于2007年3月在中央财经大学成立，旨在以中国特色社会主义理论为指导，贯彻新时期治税思想，按照理论联系实际和“外为中用”的原则，开展税收教育研究和学术交流，服务于我国税收教育事业发展，提高税务专业人才培养的质量，为社会主义市场经济建设服务。

研究会成立近三年来，得到了国家税务总局教育中心、全国税务界以及科研院校的关心和支持。研究会一方面十分重视自身的建设与发展，另一方面，通过这个平台，促进了全国各相关高校之间税收教育与教学的交流和相互借鉴，加强了理论研究部门和税务系统之间的信息沟通，构建了税收理论与教学实践相结合的桥梁，增强了研究会的凝聚力和吸引力。而参与和支持学科教材建设，亦是研究会推动国内税收教育与教学的重要形式之一。

目前我国近三十所普通高等院校已经开设了税收专业，在校学生人数近六万人(不包括函授、成人高考等非正规教育学生)，但国内教材市场上尚缺乏一套体系完整、种类齐全，尤其是能反映当前税收理论与实践最新进展的税收专业教材。为推动税收专业高等教育的进一步发展，中国税收教育研究会联合北京大学出版社，组织全国各大财经高等院校编写了“21世纪经济与管理规划教材·税收系列”，力争成为国内领先、品种齐全、内容新颖、具有长期影响力的税收专业教材。

为确保丛书的高质量、高水平，丛书由国内知名教授和税务专家组成编委会，由中国税收教育研究会名誉会长、中国人民大学安体富教授担任主编，与出版社共同遴选作者并认真审查各门教材的内容。丛书的作者均为国内重点财经院校税收学专业的知名教授、学者或骨干教师，他们长期从事本科生的一线教学与研究工作,具有丰富的教学和教材写作经验。其中一些教材已经获批“十一五”国家级规划教材和北京市精品教材立项项目。

与国内同类教材相比,本丛书具有以下几个特色:

第一,内容全面,编写规范,注重创新。在课程设置上,与高校税收专业的开课情况保持一致,突出权威性和全面性。具体到在每本教材的写作上,一方面,要求作者遵循本科生培养目标、培养方案和教学大纲的基本要求;另一方面,考虑到读者的需要和作者的教学所长,尊重作者的独创内容,鼓励作者融入自己的研究成果,有所突破和创新。

第二,体例新颖。丛书在编写体例方面,设计了“资料卡”、“案例分析”、“国际视点”、“相关内容链接”等栏目,以丰富和拓展相关知识。同时,为了便于学生把握重点,养成思考问题的习惯,每章还设计了“学习目标”、“本章小结”、“重要术语”、“思考与练习”等栏目。

第三,核心教材与教辅资料同步开发,以便于教学和推广。丛书将在出版教材的同时,为教师免费提供教学课件和习题解答等资料。

本丛书主要面向国内税收专业的本科生或低年级研究生教材,同时,也可作为函授及成人高等教育教材,以及税务工作人员和企业财务管理人员的学习用书。

在丛书的策划、出版过程中,得到了北京大学出版社及中国税收教育研究会会员单位的大力支持,中央财经大学税务学院的樊勇副教授做了大量的工作,在此一并表示感谢。

由于时间仓促,本系列教材仍存在许多不足之处。我们期望有更多的院校和老师采用这套教材,并欢迎各位同仁提出批评和建议,以利于改进和完善。

中国税收教育研究会

2009年12月10日

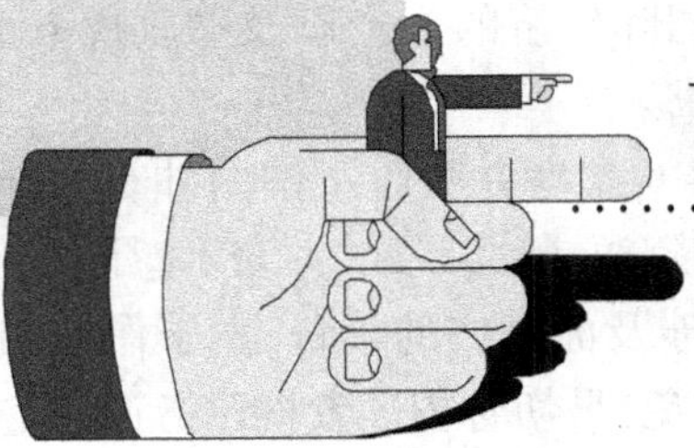

前 言

经济全球化使世界各国经济的相互依存度日益增强。税收作为政府宏观调控的主要政策工具,在制度建设和政策设计等方面始终在充分考虑本国国情和遵循国际惯例之间寻找最佳的契合点。由于世界各国的经济发展水平、政治体制和文化背景等存在差异,世界各国税制也各具特色。借鉴国际成功经验,构建符合我国国情的税制体系一直是我国制度改革所追求的目标之一。为此,我们在外国税制多年教学与科研工作的基础上编写了这本教材。

本书编写的目的是通过客观分析世界具有代表性的国家的税制建设、税制改革和税收征管方面的经验,为中国税制建设和税制改革提供理论和实践上的指导。

与其他教材相比,本书的编写体现了以下特色:一是以税种为主线,总论与分论相结合,这有助于学生在学习过程中与前期课程较好地衔接,使学生全面系统地把握所学知识;二是针对不同税种的特点,突出世界不同类型国家在税制设计中的特点及经验做法,追踪典型国家税制改革的动态,把握全球性税制改革的发展趋势;三是密切结合中国税制改革的实践,通过各章设置的“比较与借鉴”一节,拓宽学生思维,结合中国现行税制中存在的问题,借鉴国外成功经验,为中国税制改革提供参考。

本书共分十一章。第一章为外国税制概述;第二章至第五章为外国所得税制度,包括外国个人所得税制、外国公司所得税制、外国资本利得课税和外国社会保障税制;第六章和第七章为外国商品与劳务税制,包括外国增值税制、外国消费税制;第八章和第九章为外国财产税制;第十章和第十一章为外国税制管理。

本书适合作为大学本科外国税制课程的教材,也适用于从事国际贸易、国际金融、国际经济的人士以及财政税务部门和对外经贸部门员工学习外国税制的参考书。

本书在编写过程中,参考并吸收了国内外有关外国税制方面的大量专著、教材、相关资料及网络资源,特此说明,并表示感谢。

外国税制是一门涉及面极广的学科,由于作者知识水平有限,加之时间仓促,错误和疏漏在所难免,恳切希望读者批评指正。

作　者

2009 年 10 月

世纪经济与管理规划教材

税收系列

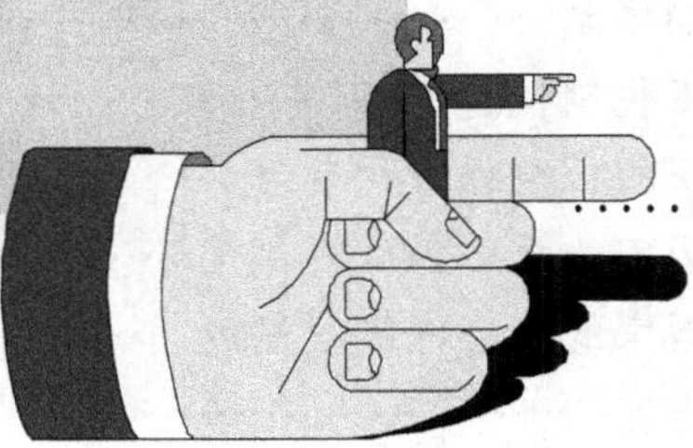

目 录

Foreign Taxation System

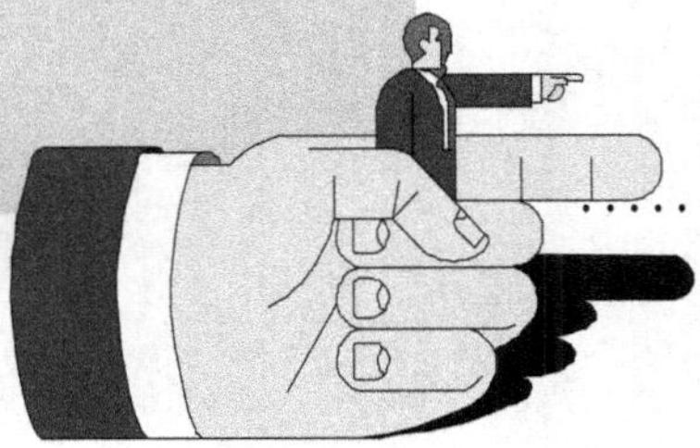

第一章

外国税制概述

学习目标

通过本章的学习,学生应掌握以下内容:

- 复合税制模式下税制体系的构成
- 世界各国税制结构的总体格局及发展规律
- 税收负担的衡量指标及世界各国的宏观税负水平
- 全球税制改革的特点及改革趋势

税收制度简称"税制",是在一个课税主权之下的各种税收组织体系的总称。从立法角度看,它包括一国以国家法令形式颁布的各种税收法律、法规和条例;从构成上看,它包括各不同税种搭配组合的税收体系,根据体系内税种构成的多少,税制可以分为单一税制模式和复合税制模式。在复合税制模式下,根据税种的构成以及各税种在税收体系中的地位,税制又可体现为不同类型的税制结构。本章将着重阐述复合税制模式下世界各国税制结构模式;同时,为了对世界不同类型国家税制有一个全面了解,我们分析了世界各类国家的税收负担水平和全球性税制改革的特点及发展趋势。

第一节　外国税制结构

一、复合税制模式下税种的分类

从理论上讲,税制模式通常以税种构成的多少为标准,划分为单一税制和复合税制两种模式。单一税制是指在一个国家的税制体系中只有一个税种的税制模式,这种模式主要是在税制复杂,税负过重或税收分配不公的背景下提出来的。在西方税制发展史上,曾有人积极主张实行单一税制,比如,单一土地税论、单一所得税论、单一消费税论和单一财产税论等。① 但在实践中,由于难以筹集充足的财政收入,不能较好地实现税收的公平和效率原则,因此,这种单一税制模式仅仅是理论上的一种观点,世界上几乎没有一个国家实行过单一税制。

复合税制模式是指一国税制由不同税种共同组成、相互搭配、互为补充的复合体系。目前世界上多数国家实行的都是复合税制体系。因此,对税制的分类也通常是在复合税制模式下进行。对此,学术界一直存在不同观点,经济合作与发展组织(以下简称 OECD)为了便于国际比较,根据税基的不同对税制也进行了较详细的划分。

(一) 学术界的观点

在学术界,一些学者曾提出了两大税系论和三大税系论的观点。两大税系论认为,税制体系由直接税与间接税的两大税系构成。三大税系论有两种分法:一是在直接税和间接税并列的基础上提出第三大税系与之并列,如直接税、间接税和补充税;二是突破直接税和间接税的约束,直接并列三大税类,如现代西方国家普遍实行的所得税、商品税和财产税。

---

① 参见王乔、席卫群:《比较税制》,复旦大学出版社 2004 年 9 月版,第 1—3 页。

美国财政学家马斯格雷夫对现代复合税制理论作出了突出贡献,他通过对社会资金流程的描绘,分析了现代税制中可能包含的各个税种,揭示了商品所得税在经济运行流程中可能的分布点,勾画了现代复合税制的基本轮廓。根据马斯格雷夫的分析,各税种可以有三种不同的分类标准:(1) 按课征的市场不同,可分为课征于商品市场的税和课征于要素市场的税;(2) 按课征的交易对象不同,可分为课征于买方的税和课征于卖方的税;(3) 按课征的部门不同,可分为课征于企业的税和课征于家庭的税。

(二) OECD 的分类

为了便于国际分析与比较,OECD 税收政策与管理中心根据税基的不同,在收入统计报告中把现行税种按六个标题(1000 至 6000)进行了划分(详见资料卡)。

(1) 1000 所得、利润和资本利得税(taxes on income, profits and capital gains)。这类税主要是对个人和公司的净所得或利润以及资本利得课征的税,该类税具体又可以划分为三种:对个人的所得、利润和资本利得课税(1100),对公司的所得、利润和资本利得课税(1200),以及其他(1300)。

(2) 2000 社会保障缴款(social security contributions))。社会保障缴款是为筹集社会保障资金而强制缴纳的一种款项,它通常具有专款专用性,由于在课征上与税收具有相似性,因此把它列入其中。该类缴款具体包括雇主缴款(2100)、雇员缴款(2200)、自雇者缴款(2300)和其他(2500)四种类型。

(3) 3000 对薪金和劳动力课税(taxes on payroll and workforce)。这类税主要是由雇主、雇员或自雇者按工薪的一定比例或每人的固定数额缴纳的,但不纳入社会保障津贴的缴款,比如,英国国民保险附加税(1997 年实行)、瑞典的工薪税(1969—1979)等。

(4) 4000 财产税(taxes on property)。这类税主要是对财产的使用、所有权或转移所课征的税,具体包括不动产经常税(4100),净财富经常税(4200),遗产、继承和赠与税(4300),金融与资本交易税(4400),财产的其他非经常税(4500)和财产的其他经常税(4600)等六种类型。

(5) 5000 商品和劳务税(taxes on goods and services)。这类税是指对所有商品的生产、销售、转让、租赁或运输以及劳务的提供所课征的税,具体可分为对商品的生产、销售、转让、租赁与运输以及劳务的提供课税(5100),商品使用税或对商品使用行为的特许课税(5200)以及其他(5300)三种。从 OECD 国家的实践看,目前这种商品和劳务税主要体现为一般商品劳务税(5110)和特定商品劳务税(5120)两部分,前者指增值税,后者指特定消费税。

(6) 6000 其他税(other taxes)。

二、税制结构模式的分类

一般来讲,税制结构模式的划分主要根据主体税种在税收收入总额中所占比重来确定。所谓主体税种是指在一个国家税制结构中占主要地位、起主导作用的税种。从理论上说,一个复合税制结构中可以只有一个主体税种,也可有两个、三个或多个主体税种,因此,复合税制结构类型可以划分为单主体的税制结构、双主体的税制结构和多种税并重的税制结构。从实践上看,当今世界各国税制虽千差万别,但从总体上看,处于同一经济发展水平的国家在税制结构选择上仍具有一些共性。国际税务专家通常把目前世界各国税制结构划分为两类模式:一是以所得税为主的税制结构模式,也称为以直接税为主的税制结构;二是以商品税为主的税制结构模式,也称为以间接税为主的税制结构。两种税制结构模式各具特点。

(一)以所得税为主的税制结构模式

以所得税为主的税制结构模式表现为普遍征收个人所得税、公司所得税和社会保障税,并且这些税种占主导地位。所得税收入占全部税收收入的主要部分,政府对社会经济的调节主要通过所得税来实现,同时辅之以商品税、关税和财产税等,从而弥补所得税的功能缺陷,实现税收的总体目标。客观地讲,以所得税为主的税制结构模式在贯彻税收原则方面具有一些突出的优点,同时也存在一定的局限性。

1. 以所得税为主的税制结构模式的优点

(1) 以所得税为主的税制结构能够获得稳定可靠的财政收入。一方面,所得税属于直接税,税负不容易转嫁,具有较高的收入弹性,因此,它可以随着经济效益和个人收入水平的提高而增长;另一方面,所得税是一种对人税,税源比较固定,聚财功能较强,能够保证稳定可靠的财政收入。

(2) 以所得税为主的税制结构能够较好地贯彻税收的公平原则。首先,所得税以所得额为课税对象,在个人所得税中,应纳税额的确定充分考虑了纳税人的基本扣除、配偶扣除和扶养扣除等具体情况,能够较好地体现纳税人的纳税能力,同时在具体实施中,各国往往都采用累进税率,所得多者多纳税,所得少者少纳税或不纳税,这有利于实现税收的横向公平和纵向公平;其次,在所得税中,特别是个人所得税的征收实行源泉扣缴制度,可以有效地控制税源,对收入的调节更为直接有效;再次,社会保障税(缴款)虽然从征收上看对社会成员间收入调节的作用不大,但它可以通过社会保障基金的支付,即对低收入者多支付,对高收入者少支付等方式,来实现社会成员之间收入的再分配,从而实现公平目标。

(3) 以所得税为主的税制结构在促进宏观经济稳定方面可发挥重要作用。累进税制的所得税弹性较大,对宏观经济具有自动稳定功能。当经济过热,需求过旺时,由于所得税的累进性,其增长速度高于国民收入的增长速度,从而会抑制需求;反之,当经济衰退,需求不足时,所得税可自动减少,产生刺激需求的效应。西方经济学者把所得税随经济变化而自动伸缩的这种现象称为税收的"自动稳定器"作用。同时,政府还可以通过相机抉择的税收政策的运用,即在经济发展周期的不同阶段,对所得税税率、各种减免扣除项目等进行调整,对社会总供给与总需求进行调节,有利于弥补市场机制在配置资源方面的不足,促进经济的协调发展。

2. 以所得税为主的税制结构模式的局限性

(1) 实行高税率、多档次的所得税制虽有利于实现公平,但对经济效率却会产生损害。从理论上来说,一种税的边际税率过高,档次过多,往往会抑制纳税人劳动、储蓄和投资的积极性,造成经济效率的损失。

(2) 相对于商品税而言,所得税在征收管理方面比较复杂,征收成本高。所得税的计税依据为应纳税所得额,应纳税所得是经过复杂的计算后得出来的,这往往容易给纳税人避税带来很大的机会,因此,征收所得税要求具有较高的税收征管水平,征税成本也高于其他税种。

(3) 所得税难以实现彻底的公平。尽管所得税具有实现收入分配公平的功能,但在实践中由于受到征管可行性的制约,所得的计算和费用的扣除难以做到绝对合理。并且,所得的表现在形式上也有货币所得和实物所得之分,而在实践中对非货币所得的征税难度很大。因此,要实现所得课税中的绝对公平是不可能的。另外,所得税不易转嫁,往往使纳税人感到负担过重,偷税情况较多,尤其是在法制不健全的发展中国家,这对税收征管又提出了更高的要求。

由此可见,以所得税为主的税制结构在实现税收公平目标上具有一定的优势,但在税收效率的实现上则存在一定的局限。

(二) 以商品税为主的税制结构模式

在以商品税为主的税制结构模式中,增值税或周转税、一般营业税、销售税、货物税、消费税、关税等税种作为国家税收收入的主要来源,其税额占总收入的比重较大,在社会经济生活起主要调节作用。根据课税对象的不同,以商品税为主的税制结构模式具体可分为以全额商品税为主的税制结构模式和以增值税为主的税制结构模式。

(1) 以全额商品税为主的税制结构模式。全额商品课税也称全额流转税,其课税对象为全部流转额。其中,周转税对多阶段、多环节,如产制、批发、零售和劳务进行普遍全额征收;销售税则对上述某一环节的产品或劳务收入全额征收。因此,全额商品税的主要特点,一是税基宽,具有较强的聚财功能;二是对税收征管条件要求相对较低,稽征简便易行,可配合价格灵活调节。但全额商品税也具有显著的缺陷,一是重复征税,二是具有累退性,不符合税收的公平原则。全额商品税重复征税的弊端,使其既不利于专业分工协作,又难以按纳税人的实际负担能力征税,因而很多国家都逐步以增值税取而代之。只有一些经济基础较差的国家和地区,仍采取以全额流转税为主体的模式,如乌干达、哥斯达黎加等国甚至还为关税为主体,对全额流转税具有很强的依赖性。即使在实行增值税的一些国家,全额流转税仍根据具体情况适度征收,是弥补增值税调节功能不足的重要税种。

(2) 以增值税为主的税制结构模式。增值税以商品或劳务的增值额为课税对象,其主要特点是税负与商品周转环节和次数没有关联,只与增值额相关,因此可以避免重复征税,税基宽广,对经济影响呈中性。然而,增值税的直接征税成本高于全额流转税,需要完备的会计制度与税收征管制度配合,如果不具备这些条件,就可能出现纳税人偷逃税现象,难以有效实现增值税的预期政策目标。此外,增值税具有一定的累退性,不同收入阶层在商品的购买和消费中,实际承担的税负相对于其收入比重是递减的,即收入越高,所负担的税收比例越低,不符合税收的公平原则。因此,增值税在实施过程中,往往与其他税种相互配合,以利于税收政策目标的更好实现。

三、税制结构的历史演进与发展趋势

(一) 税制结构的历史演进

税制结构的确定取决于一国的社会经济条件和生产力发展水平,从世界各国看,税制结构的历史演进大体经历了四个阶段。

1. 以原始直接税为主体税种的阶段

早在资本主义之前的漫长的奴隶社会和封建社会,世界各国生产力的发展都处于较低水平,世界各国的经济结构主要以自给自足的农业经济为主导,商品货币经济不发达,以土地为中心的农业经济决定了当时国家财政收入主要来源于按土地面积课征的土地税和按人口课征的人头税等税收。比如,在历史上曾经存在过的地亩税、灶税、窗户税等都属于当时具有代表性的税种。这些税通常以课税对象的外部标志比如土地面积、灶台数、窗户数等作为计税标准,与纳税人的负担能力很不相符,税收负担也极不合理。因此,这种与当时社会经济条件相适应的税制结构体现了一种原始的、简单的直接税特征。

2. 以间接税为主体税种的阶段

到了资本主义发展初期,生产结构发生了重大变化,商品生产和商品流通规模不断扩大,以商品流转额为课税对象的关税和国内商品税逐渐取代了原始的直接税成为世界各国税收制度的主体。比如,美国从建国到第一次世界大战前,一直是采取以间接税为主体的税制结构,这期间又分为两个阶段:一是从1789 年转向联邦制到 1861 年的南北战争前,主要实行的是以关税为主的间接税。1861 年美国关税的平均税率已提高到 24% 左右,关税收入成为美国财政收入的主要来源,为其他财政收入的 5—10 倍。二是从 1861 年到 1913 年第一次世界大战前,实行的是以产品税为主的复合税制。1861 年,联邦政府提高了国内消费税税率,扩大了其征税范围,从对烟、酒等大众消费品的课征,扩展到对工业品、广告、执照和金融业务的课征,使国内消费税收入首次超过了关税收入。从此美国国内消费税收入在财政收入中的比重不断上升,到 1865 年几乎占全部财政收入的 55% ,1902 年更是占到了 92% 。[①]

3. 以直接税为主体税种的阶段

随着市场经济的不断发展,欧美各国政府很快意识到这种以间接税为主体的税制结构有损市场经济的效率,不利于资本主义经济的进一步发展,需要寻求更适宜的税制结构予以替代。为了取代间接税在税制中的主体地位,减轻间接税带来的效率损失,许多国家开始发展和完善所得税制度和财产税制度。同时,随着经济发展水平的提高和市场化进程的加快,资本主义工商业得到了更大的发展,这一方面为政府提供了日益丰富的所得税税源,另一方面也为所得税的征收管理奠定了必要的物质基础。伴随这一过程,所得税在许多国家税制中的地位逐渐提高。两次世界大战给欧美各国的所得税发展带来了重要转机,使其一跃成为财政收入的主要来源,并进一步取代了商品税而成为税制结构中的主体税种。

税制结构的这种变化,首先源自于欧美各国不断扩大的财政支出规模。财政支出与税制结构之间是一种互动的关系:政府的财政支出规模受一定的税制结构制约;同时,政府一定的财政支出规模又要求有适当的税制结构与之适应,财政支出的规模迅速增长,往往会导致税制结构的变化。两次世界大战使欧美各国的国防支出激增,为筹集到更多的财政收入,各国政府均采取了提高税负和开征新税的措施。考虑到大幅增加所得税要比大幅增加产品税对生产的影响要小,因此,战时欧美各国巨大的财政支出主要是通过高累进的所得税来维持的。1913 年美国所得税收入只有 0.35 亿美元,1920 年达到 49 亿美元,1927 年所得税收入已占联邦政府总收入的 64% ,此后该比重仍然有所上升,1941 年达到 66% 。1918 年英国的所得税收入已占到全部税收收入的 83% ,1945 年战

① 参见张馨等:《当代财政与财政学主流》,东北财经大学出版社 2000 年版。

争结束时这一比重仍然超过了40%。[①] 此外,政府财政支出中社会保障支出的上升也进一步强化了税制结构的这种变动趋势。与此同时,1929年至1933年的经济大危机所带来的政府与市场关系的改变,也对欧美各国税制结构的变动产生了深远影响。此次危机使得欧美各国政府纷纷放弃了长期以来实行的"自由放任"经济政策,转而对经济进行全面干预。在政策目标取向上,各国政府开始由追求效率转向寻求社会公平。第二次世界大战后,尤其是20世纪50—70年代,许多国家纷纷出台了一系列福利政策,目的就是实现收入分配的社会公平。

4. 以直接税和现代间接税为双主体税种的阶段

20世纪70年代以后,新自由主义理论成为欧美各国政府制定经济政策的主要理论指导。在新自由主义思潮的影响下,为了克服滞胀、重振经济,欧美各国纷纷把税收政策的首要目标重新转向了经济效率,即从过去注重财富的公平分配转变为注重经济增长。战后所得税占绝对主体地位的税制结构尽管有利于社会公平,但高所得税严重抑制了纳税人工作、储蓄、投资和承担风险的积极性,并且导致"地下经济"活跃,阻碍了资本积累和技术进步,造成了对经济效率的损害。基于这种认识,很多西方国家进行了效率优先、兼顾公平的大规模税制改革,调整了税制结构。美国率先于80年代中期推出了降低税率、拓宽税基的改革。到80年代末,许多发达国家也先后降低了个人所得税的边际税率和公司所得税的平均税率。此外,许多国家还开征了增值税,国内商品税的比重稳中有升,直接税、间接税的比例逐步趋向合理。

世界各国税制结构的演进轨迹表明,经济发展水平的提高、市场化进程的加快、生产结构的高级化是推动税制结构变动的物质基础与保障,而政府与市场关系的变化、财政支出规模和社会政策目标的选择则是影响税制结构变动的最主要因素。为了实现国家的税收职能,税制结构的变动应能体现国家建立税收体系的基本政策目标,即在保证财政收入和参与对宏观经济的调控中,实现效率与公平目标。因此,政府在公平与效率这两个目标之间的权衡就成为贯穿整个税制结构变动的一条主线。

(二) 世界不同类型国家税制结构的基本格局

由于各国的经济发展水平与政治环境不同,每个国家都有其特有的税制结构。但是,根据一个国家人均GDP水平,收入水平不同的国家的税制结构存在一定的差异,或者说,处于同一水平上的国家的税制结构有其共同之处。国际货币基金组织(IMF)选取了23个工业化国家、14个最大工业化国家[②]和92个

---

① 参见袁振宇:《税收经济学》,中国人民大学出版社1995年版。

② 指主要发达国家,这里包括澳大利亚、奥地利、比利时、加拿大、丹麦、法国、意大利、日本、荷兰、西班牙、瑞典、瑞士、英国、美国。

发展中国家①,比较分析了不同收入水平国家税制结构的特点。

(1) 从所得税与资本利得税占税收收入总额的比重(见表 1-1)看,23 个工业化国家和 14 个最大工业化国家所得税与资本利得税在总收入中所占比重分别约为 57% 和 63%。而整个发展中国家的平均水平还不到最大工业化国家的一半。而在发展中国家范围内,中东和非洲的发展中国家所占比重最低,西半球发展中国家次之,而欧洲的发展中国家所得税和资本利得税比占税收总额的比重最大。

表 1-1　世界各国所得税与资本利得税占税收收入总额的比重情况

	国家数量(个)	个人与公司所得税和资本得利税(%)(a)	社会保障缴款(%)(b)	总额(%)(a)+(b)
工业化国家	23	33.6	23.2	56.8
最大工业化国家	14	34.3	29.1	63.4
发展中国家				
非洲	24	21.5	2.3	23.8
亚洲	18	24.4	2.0	26.4
欧洲	20	17.5	23.1	40.6
中东	6	20.8	2.3	23.1
西半球	24	19.5	8.4	27.9
发展中国家合计	92	20.6	8.4	29.0

资源来源:IMF, 1999。引自 Cedric Sandford, *Why Tax System Differ*, 2000。

(2) 从商品劳务税等间接税占税收收入总额的比重(见表 1-2 和表 1-3)看,多数发展中国家对间接税的依赖程度明显高于工业化国家。此外,不同间接税在形式上各国也存在区别。表 1-2 显示,在 23 个工业化国家中,除两个国家(希腊和冰岛)外,所有国家的间接税收入占税收总额的比重都不足一半,多数处于 20%—30% 的水平上。同时,在这些国家中,多数国家对一般消费税(即增值税)的依赖性较大,而对国际贸易与交易税的依赖性较小(所有国家都低于 10%)。最大工业化国家间接税占税收收入总额的比重一般在 20%—30%,没有任何一个国家超过 40%。相比而言,大约三分之二的发展中国家的间接税在税收收入总额中的比重在 30%—60% 之间,许多发展中国家对国际贸易税的依赖程度较高。

---

① 指非石油发展中国家。

表 1-2 工业化国家间接税占税收收入总额的比重情况(每一区间国家的数量)

占税收收入总额的比重(%)	国内商品与劳务税(a)	一般销售税(b)[(a)的一部分]	国际贸易与交易税(c)	间接税总额(a)+(c)
工业化国家(23 个)				
0—10	1	4	23	1
10—20	2	12	0	2
20—30	11	5	0	11
30—40	6	2	0	6
40—50	2	0	0	1
50—60	1	0	0	2
60 以上	0	0	0	0
最大工业化国家(14 个)				
0—10	1	3	14	1
10—20	2	10	0	2
20—30	9	1	0	9
30—40	2	0	0	2
40 以上	0	0	0	0

资源来源:同表 1-1。

表 1-3 发展中国家间接税占税收收入总额的比重情况(每一区间国家的数量)

占税收收入总额的比重(%)	国内商品与劳务税(a)	一般销售税(b)[(a)的一部分]	国际贸易与交易税(c)	间接税总额(a)+(c)
发展中国家(92 个)				
0—10	8	29	41	2
10—20	11	18	19	4
20—30	20	29	15	4
30—40	33	12	8	20
40—50	14	3	5	20
50—60	4	1	3	19
60—70	1	0	0	17
70—80	1	0	1	6
80 以上	0	0	0	0

资料来源:同表 1-1。

如果根据人们通常的划分方法,把世界各种类型国家简单地划分为发达国家与发展中国家,那么对统计资料进行整理后,世界税制结构的总体格局可以简单地概括为:

发达国家的税制结构以直接税为主,所得税和社会保障税占重要地位;而直接税在发展中国家则占次要地位。同时,在所得税中,发达国家主要依赖个人所得税,而发展中国家则更多地依赖公司所得税。

发展中国家的税制结构以间接税为主,特种消费税和国际贸易税占相当重要的地位;而发达国家的间接税所占比重较低,间接税中一般销售税(即增值税)占较大比重。

(三)世界各国税制结构的发展趋势

世界各国税制结构的格局并不是一成不变的。随着世界各国政治经济形势的变化,特别是随着世界经济全球化进程的加速,世界各国的税制结构也呈现出趋同的发展趋势。一方面,发展中国家经济发展水平不断提高,税收征管水平不断上升,使其直接税占税收收入总额的比重有所上升,间接税所占比重下降;另一方面,自20世纪80年代以来,发达国家为了刺激经济发展,纷纷推出了以减税为核心的税制改革方案,其结果是所得税边际税率大幅度下降,而增值税和环境税则逐步被各国政府所接受,其在税收收入总额中所占比重不断提高。

表1-4和表1-5分别显示了OECD国家近四十年来税制结构的变动情况和2006年各类税种的构成情况。从中可以简单归纳世界各国税制结构发展的总趋势:

(1)所得税,包括个人所得税和公司所得税,仍是多数发达国家满足政府公共支出需要的主要财源。从税制的历史演变看,所得税最初在一些国家仅仅是以“战时税”的形式出现的,而在19世纪末20世纪初,它以其突出的优点被世界各国普遍接受并逐步成为主体税种。尽管世界各国税制改革纷纷降低了个人所得税和公司所得税的边际税率,但所得税作为主体税的地位仍没有改变。据OECD的统计报告,在2005财政年度,澳大利亚、加拿大、丹麦、新西兰、挪威和美国等国的所得税占税收收入总额的比重都超过了45%(OECD,2007)。当然,所得税也发生了一些结构性变化,其中,个人所得税在税收收入总额中的比重有所下降,而公司所得税所占比重略有提高。

(2)社会保障税在世界各国税制中的地位迅速提升。社会保障税也称社会保障缴款(social security contributions),主要是用于满足社会保障支出的一种专款专用的税,随着各国社会保障制度的发展,特别是随着人口老龄化加剧对公共财政支出压力的增加,世界各国大多开征了社会保障税或社会保障缴款。根据OECD的统计报告,2005年OECD各成员国的社会保障缴款占税收收入总额的比重平均为26%,其中,有10个国家的社会保障缴款已经成为政府一般财政收入的最主要来源,它们是奥地利、捷克、法国、德国、希腊、日本、荷兰、波兰、斯洛伐克和西班牙。社会保障缴款在税收收入总额中比重迅速上升的主要是近年来世界人口老龄化导致医疗、保健、社会救助等公共支出增加所引起的。

(3) 商品劳务税仍是发展中国家的主要收入来源,增值税得到广泛推广和实施。鉴于经济发展水平和税收征管能力的制约,多数发展中国家仍实行以商品劳务税为主体税种的税制结构,特别是自20世纪90年代以来,许多发展中国家陆续以较为中性的增值税取代了传统的具有重复征税性质的商品劳务税。增值税本身所具有的可避免重复征税、有利于社会化大生产发展等优点,使其被称为现代间接税,成了商品劳务税的发展方向。从目前看,不仅多数发展中国家积极推广以增值税为主体税种,许多发达国家,如法国、德国等,也把其作为重要税种,可以说,增值税具有广阔的发展空间。

(4) 各国财产税占税收收入总额的比重一直稳定在10%以下的水平。OECD成员国财产税占税收收入总额的平均比重从1965年的8%下降到2006年的6%,其主要原因是财产税税收弹性小,使其难以成为任何一个国家的主体税种。但是,在一些国家,财产税占税收收入总额的比重相对较高,比如,2005财政年度,英国财产税占税收收入总额的比重为12%,美国和韩国这一比重分别为11.4%和11.9%。

表1-4　OECD国家税制结构总体情况①(%)

	1965	1975	1985	1995	2005	2006
个人所得税	26	30	30	27	25	25
公司所得税	9	8	8	8	10	11
社会保障缴款②	18	22	22	25	26	25
(雇员)	*(6)*	*(7)*	*(7)*	*(8)*	*(8)*	*(9)*
(雇主)	*(10)*	*(14)*	*(13)*	*(14)*	*(15)*	*(15)*
工薪税	1	1	1	1	1	1
财产税	8	6	5	6	6	6
一般消费税	14	15	16	18	19	19
特别消费税	24	18	16	13	11	11
其他税	1	1	1	3	3	3
总额	100	100	100	100	100	100

注:① 指主体税种占税收收入总额的比重。

② 除雇员和雇主支付的外,由自雇者和津贴领受者支付的部分未在表中反映。

资料来源:OECD, Revenue Statistics 1965—2006, 2008。

表 1-5　OECD 国家 2006 年主要税类占税收收入总额的比重(%)

国家	1000 所得与利润	2000 社会保障	3000 工薪	4000 财产	5000 商品劳务	6000 其他
加拿大	48.7	14.8	0.7	10.1	24.3	0.3
墨西哥	25.1	14.9	0.3	1.6	56.3	0.8
美国	48.3	23.8	—	11.1	16.8	—
澳大利亚	59.1	—	1.4	9.1	27.1	—
日本	35.4	36.6	—	9.1	18.6	0.3
韩国	28.6	21.0	0.1	13.2	32.6	3.3
新西兰	62.1	—	—	5.2	32.7	0.0
奥地利	28.8	34.5	2.7	1.4	27.7	1.0
比利时	37.7	30.5	—	5.1	25.6	0.1
捷克	24.5	43.7	—	1.2	30.2	0.0
丹麦	60.1	2.1	0.2	3.8	33.2	0.0
芬兰	38.1	27.9	—	2.5	31.1	0.1
法国	24.2	37.0	1.1	8.0	24.8	3.3
德国	30.4	38.4	—	2.5	28.4	0.0
希腊	23.8	35.4	—	4.4	36.0	—
匈牙利	24.6	32.1	0.6	2.2	38.4	0.8
冰岛	44.1	7.9	0.0	5.3	42.3	0.3
爱尔兰	39.8	13.5	0.2	9.1	36.5	—
意大利	33.2	29.8	—	5.1	25.6	6.0
卢森堡	34.8	27.7	—	9.3	27.9	0.1
荷兰	27.3	36.1	—	4.7	30.5	0.5
挪威	50.1	19.8	—	2.7	27.3	—
波兰	20.8	36.3	0.3	3.7	38.1	—
葡萄牙	23.8	31.9	—	3.1	40.6	0.4
斯洛伐克	19.4	39.9	—	1.5	38.7	—
西班牙	31.0	33.3	—	9.0	27.2	0.5
瑞典	39.5	25.5	2.7	3.0	26.1	-0.1
瑞士	45.7	23.3	—	8.0	23.0	—
土耳其	21.6	22.4	—	3.6	48.7	3.8
英国	39.7	18.5	—	12.4	29.0	—
非加权平均						
OECD 平均	35.7	25.3	0.3	5.7	31.5	0.7
OECD 美洲	40.7	17.8	0.3	7.6	32.5	0.3
OECD 亚太	46.6	14.4	0.4	9.2	27.8	0.9
OECD 欧洲	33.2	28.2	0.3	4.8	32.0	0.7

资料来源:OECD,Revenue Statistics 1965—2007, 2008。

四、影响税制结构的因素

各国税制结构的差异性表明,在税制结构的一般演进规律之外,还有更多复杂的因素影响和决定着各国税制结构的形成。归纳来看,大致包括以下几个因素:

(一) 经济因素

经济发展阶段决定了市场发育程度和经济发展水平,也决定了国民经济的生产结构和分配结构,它是影响一个国家主体税种选择的决定性因素。发达国家生产力水平高,人均国民收入处于较高的水平上,从而使个人所得税的征收具有丰富的税源和广泛的税基。同时,生产力的高度发展所形成的经济的商品化、货币化、城市化、公司化程度较高,也为所得税的征管创造了便利的条件。经济的货币化程度高,个人所得主要表现为货币所得,有利于准确计算及提高个人所得税的公平性。人口集中于城市且大部分人在公司或企业工作,有利于对个人收入水平进行核查,也便于采用源泉扣缴的征税方法。相比而言,发展中国家生产力水平较低,人均国民收入水平不高,收入仅能维持基本的生活需要,因此个人所得税的税源极其有限。此外,生产力水平低下导致经济的商品化、货币化、社会化程度也很低,存在大量的自给自足、分散经营和实物经济,所得不完全表现为货币所得,因而个人所得税的征收很难做到普遍征收和量能负担。

(二) 税收政策因素

这主要表现为在税收政策目标侧重点上发达国家与发展中国家存在差异。一般而言,税收政策目标包括收入目标、效率目标和公平目标。在这些目标中,由于发达国家处于较高的经济发展水平上,它们首先考虑的往往不是收入的增加,而是如何运用税收政策实现资源的最佳配置,同时注重收入分配的公平。而为了实现这一目标,所得税应是最理想的选择。因为所得税,特别是实行累进税率的个人所得税,可以通过起征点、宽免额及边际税率的设计,有效地调节收入分配,起到抑制社会收入差距过大的作用。同时,所得税还可以与社会保障支出配合,发挥税收"自动稳定器"的功能,有效地缓解经济周期波动,实现宏观经济稳定增长的目标。相比而言,发展中国家所面临的主要任务是发展经济,保证稳定可靠的财政收入。因此,发展中国家往往把收入目标和效率目标放在首位,而为了实现这一目标,商品劳务税应是理想的选择。因为这种税是以商品与劳务的流转额为课税对象而征收的,只要存在商品流转额,就可以取得商品劳务税,它不受经营者盈利水平的影响,因此,商品劳务税对于政府实现收入目标更具有直接性。此外,发展中国家在加快经济增长的动机下,在税收公平与效率之间的选择上,更侧重效率,奉行“效率优先、兼顾公平”的治税策略。以商品劳务税为主体的税制结构在实现税收效率目标上具有一定的优势,因为商品税具有一定程度的累退性并容易转嫁,这有利于微观经济主体按照市场机制的内在要求合理配置资源,调整经济行为,从而有利于税收效率的提高。另外,发展中国家试图运用国际贸易税来限制某些产品的进口,保护本民族产业的发展。

(三) 税收征管因素

一般来讲,所得税与商品劳务税相比,所得税要求具有更高的税务征管水平。发达国家具有现代化的征管手段,普遍实现了税收信息化管理,在纳税申报、年终所得税汇算清缴、税务审计、税务资料和税收法规的存贮检索、税务咨询等方面都普遍应用计算机与网络,同时还拥有健全的税收监督和约束机制,税务征管人员的文化素质较高。相比而言,发展中国家的税收征管水平较低,税收征管手段和技术比较落后,难以准确核定和计算所得税税基,征管成本较高,使所得税难以成为主体税种。而商品劳务税一般采用比例税率或定额税率,计算简单,对征管水平要求不高,因此商品劳务税可以成为其主要税种。

(四) 税收文化因素

税收文化具体表现为纳税人的文化素质、法制意识和纳税意识等方面。发达国家纳税人的文化素质普遍较高,税收法制健全,执法严格,公民的法律意识和纳税意识较强,配合广泛的税法宣传和健全的税务服务网,纳税人能够及时主动申报纳税,从而使所得税得到良好的实施。相比而言,发展中国家纳税人的法制意识和纳税意识比较淡薄,加之税法宣传力度不够,执法不严,难以建立自动申报制度,使所得税难以得到较好的实施。

≺资料卡≻

OECD 的税收分类

1000 所得、利润和资本利得税
- 1100 个人的所得、利润和资本利得税
  - 1110 对所得和利润课税
  - 1120 对资本利得课税
- 1200 公司的所得、利润和资本利得税
  - 1210 对所得和利润课税
  - 1220 对资本利得课税
- 1300 1100 和 1200 之中的未分配部分

2000　社会保障缴款
　2100　雇员
　　2110　对薪金课征
　　2120　对所得税课征
　2200　雇主
　　2210　对薪金课征
　　2220　对所得税课征
　2300　自雇者或未被雇用者
　　2310　对薪金课征
　　2320　对所得税课征
　2400　2100、2200 和 2300 之中未分配部分
　　2410　对薪金课征
　　2420　对所得税课征
3000　对薪金和劳动力课税
4000　财产税
　4100　对不动产的经常税
　　4110　家庭
　　4120　其他
　4200　对净财富的经常税
　　4210　个人
　　4220　公司
　4300　遗产、继承和赠与税
　　4310　遗产和继承税
　　4320　赠与税
　4400　金融与资本交易税
　4500　财产的其他非经常税
　　4510　净财富税
　　4520　其他非经常税
　4600　财产的其他经常税
5000　商品与劳务税
　5100　对商品的生产、销售、转让、租赁与运输以及劳务的提供课税
　　5110　一般税
　　　5111　增值税
　　　5112　销售税

5113 其他一般商品劳务税
5120 特定商品与劳务税
5121 消费税
5122 财政垄断利润
5123 关税与进口税
5124 出口税
5125 投资品税
5126 特定劳务税
5127 其他国际贸易与交易税
5128 其他特定商品与劳务税
5130 5110 和 5120 之中未分配部分
5200 商品使用税或对商品使用行为的特许课税
5210 经常税
5211 家庭对机动车的支付
5212 其他对机动车的支付
5213 其他经常税
5220 非经常税
5300 5100 和 5200 之中未分配部分
6000 其他税
6100 仅由企业支付的税
6200 由其他部门支付的税

资料来源:OECD, Revenue Statistics 1965—2006, 2007, p. 288。

第二节　外国税收负担

一、税收负担的分类

税收负担是指纳税人或课税对象承受国家税收的状况或程度,它反映税收占纳税人收入的比例。因此,税收负担的轻重是直接关系到国家与纳税人之间,以及各纳税人之间经济利益的一种再分配。税收负担合理与否,是衡量整个税制结构是否合理的重要因素,也是评判税收政策及税制改革的基本依据。

税收负担可以从不同角度进行分类:

(1) 从税负的范围上看,税收负担可分为宏观税收负担和微观税收负担。

宏观税收负担是指一个国家从总体来看的税负水平,它反映了政府对整个社会经济资源的占有程度及其在经济中的地位。国际公认的衡量一国宏观税负或总税负水平的指标是一定时期内国家课税总额占同期国民收入或国内生产总值的比重。微观税收负担是指某个企业或个人承受国家税收的状况,它体现了国家与纳税人之间的分配关系。衡量微观税收负担的指标一般采用企业或个人实际缴纳税收总额占同期利润或收入总额的比重。

(2) 从纳税人是否真实承受税收负担的角度看,税收负担可分为名义税收负担和实际税收负担。名义税收负担是指纳税人按名义税率和相应的计税依据计算负担的税款;实际税收负担是指纳税人或征税对象实际承受的税收负担。

(3) 从税额与征税对象数额的关系看,税收负担可分为等比税收负担、等量税收负担和累进税收负担。等比税收负担是指不论征税对象数额大小,纳税人一般都统一按一个比例征税;等量税收负担是指纳税人或同一征税对象缴纳相同的税款,即税收负担的绝对量相等;累进税收负担是指根据纳税人负担能力的状况征税,负担能力强者多征税,负担能力弱者少征税,没有负担能力的不征税。

(4) 从税负是否转嫁角度看,税收负担可以分为直接税收负担和间接税收负担。直接税收负担是指纳税人所纳税款全部由自己承担,不能转嫁给他人,即纳税人与负税人一致;间接税收负担是指纳税人缴纳税款后,通过各种途径或手段,将税款全部或部分转嫁给他人负担。因此,在存在税负转嫁的情况下,纳税人与负税人不一致,负税人是税款的间接负担者。

二、衡量税收负担水平的指标体系

(一) 衡量宏观税收负担水平的指标

宏观税收负担水平主要考察一定时期内税收总量在同期国民经济总量中所占的比重。国民经济总量指标一般包括国内生产总值、国民生产总值和国民收入,因此,宏观税收负担水平主要由国内生产总值税收负担率、国民生产总值税收负担率和国民收入税收负担率三个指标组成。

1. 国内生产总值税收负担率

国内生产总值(Gross Domestic Product, 简称 GDP),是指一国或地区一定时期(通常为一年)内,在其领土范围内所生产的全部最终产品和劳务的价值的总和。国内生产总值税收负担率是指一定时期内国家税收收入总额占同期国内生产总值的比例,用公式表示为:

国内生产总值税收负担率 = 税收收入总额/国内生产总值 × 100%

在现代国家统计中,国内生产总值是最常用的反映一国经济活动总量的指标,因此,国内生产总值税收负担率也是国际上最常用的反映一国宏观税负水平的指标。

2. 国民生产总值税收负担率

国民生产总值(Gross National Product,简称 GNP),是一国或地区在一定时期内国民经济各部门所生产的全部最终产品和劳务的价值的总和。国民生产总值与国内生产总值的区别在于其与国内生产总值强调国土原则不同,它强调的是居民标准。国民生产总值税收负担率是指一定时期内国家税收收入总额占同期国民生产总值的比例,用公式表示为:

国民生产总值税收负担率 = 税收收入总额/国民生产总值 × 100%

国民生产总值税收负担率与国内生产总值税收负担率基本相同,它也是国际上常用的衡量一国宏观税负水平的主要指标之一。

3. 国民收入税收负担率

国民收入(National Income,简称 NI)是指一国或地区物质生产部门在一定时期内新创造的价值的总和,即一国或地区在一定时期内所生产的社会总产品扣除全部物化劳动消耗后的净值。国民收入税收负担率是指一定时期内国家税收收入总额占同期国民收入总额的比例,用公式表示为:

国民收入税收负担率 = 税收收入总额/国民收入总额 × 100%

国民收入税收负担率在一定程度上可以反映一个国家的积累水平、总体税负状况和税负承受力。它是衡量宏观税负水平的一个重要辅助性指标。

(二) 衡量微观税收负担水平的指标

微观税收负担率可以反映各类经济主体承受国家税收的状况,是国家制定税收制度和政策的重要依据之一。目前,比较常用的衡量微观税收负担水平的指标主要有企业税收负担率和个人税收负担率两种。

1. 企业税收负担率

企业税收负担率是指一定时期内企业实际缴纳的各种税款占其同期收入总额的比例,用公式表示为:

企业税收负担率 = 企业实际缴纳的各种税款/企业收入总额 × 100%

这一指标可以反映国家以税收形式参与企业各项收入分配的总体情况,是反映企业税收负担的综合性指标,它可以用来比较不同类型、不同地区企业之间的总体税负状况。这里所说的各种税一般包括所得税、商品劳务税、财产税和其他税。同时,为了更清楚地了解各项税额对企业总收入的影响,企业税收负担率还可具体划分为企业所得税负担率、企业商品税负担率等,从而为优化税制提供有价值的参考。一般发达国家更强调所得税负担率,而发展中国家国家更侧重商品税负担率。

2. 个人税收负担率

个人税收负担率是指一定时期内居民个人实际缴纳的各种税款占同期个人收入总额的比例,用公式表示为:

个人税收负担 = 个人实际缴纳的各种税款/同期个人收入总额 × 100%

个人缴纳的各种税主要包括个人所得税、财产税等。这一指标反映了在一定时期内国家运用税收手段参与个人收入分配和调节的程度,也反映了个人以税收形式对政府提供公共产品进行的支付。

三、世界各国宏观税收负担水平

国际上通常对不同收入水平国家的税收负担进行比较。根据世界银行的统计,世界各国可以按照人均 GNP 的情况分为四类:2001 年人均 GNP 在 9 206 美元以上的国家为高收入国家;人均 GNP 在 2 976—9 205 美元的国家为中上等收入国家;人均 GNP 在 746—2 975 美元的国农家为中下等收入国家;人均 GNP 在 745 美元以下的国家为低收入国家。以下我们以各类典型国家为例,分别考察不同收入国家的宏观税负水平。

(一) 高收入国家的宏观税负水平

高收入国家一般为发达国家。一般来讲,高收入国家的宏观税负水平都较高(见表 1-6),平均在 30%—40%。其中,由于各国政府职能的范围不同,高税负国又可以分为三个层次:一是最高税负国,其宏观税负水平达 50% 左右。这些国家包括瑞典、丹麦、芬兰、比利时、法国、荷兰等;二是次高税负国,这些国家的宏观税负水平一般在 35%—45%,主要包括奥地利、加拿大、德国、希腊、意大利、冰岛、新西兰、挪威、西班牙、英国等;三是一般高税负国,这些国家的宏观税负水平一般在 30% 左右。这些国家包括澳大利亚、日本、瑞士、美国等。从不同的年度看,高收入国家的税负水平也有一定的波动,但总体水平基本稳定。

表 1-6　高收入国家的宏观税负水平(%)

国家	1985	1995	2005
澳大利亚	28.3	28.8	30.9
奥地利	40.9	41.4	42.1
比利时	44.4	43.6	45.4
加拿大	32.5	35.6	33.4
丹麦	46.1	48.8	50.3
芬兰	39.7	45.7	44.0

（续表）

国家	1985	1995	2005
法国	42.8	42.9	44.1
德国	36.1	37.2	34.8
希腊	22.2	25.2	27.3
冰岛	28.2	31.2	41.4
爱尔兰	34.6	32.0	30.6
意大利	33.6	40.1	41.0
日本	27.4	26.8	27.4
卢森堡	39.5	37.1	38.6
荷兰	42.6	41.5	39.1
新西兰	31.1	36.6	37.8
挪威	42.6	40.9	43.7
葡萄牙	25.2	31.7	34.8
西班牙	27.2	32.1	35.8
瑞典	47.8	48.1	50.7
瑞士	26.1	27.8	29.7
英国	37.6	34.7	36.5
美国	25.6	27.9	27.3
平均	38.2		

资料来源：OECD, Revenue Statistics 1965—2006, 2007。

（二）中上等收入国家的税负水平

中上等收入国家一般指逐步实现了工业化的转型期发展中国家，这些国家的宏观税负水平（见表1-7）一般为16%—30%，平均值不到30%，属于中等税负国类型。这些国家与发达国家相比，平均税负水平明显偏低，但就个别国家来看，有些国家的税负水平却比较高，比如捷克、匈牙利、波兰等国的宏观税负

表1-7　中上等收入国家宏观税负水平（%）

国家	1990	1999
巴西	28.4	29.2（1997年）
智利	16.2	18.5
捷克	39.4（1993年）	40.4
匈牙利	48.4	39.2
马来西亚	19.6	21.8（1997年）
墨西哥	16.9	16.9
波兰	40.7（1994年）	35.2
平均	29.94	27.30

资料来源：引自王乔、席卫群：《比较税制》，复旦大学出版社2004年9月版。

水平达到40%左右,这主要是因为这些国家正处于体制转型时期,政府支出水平较高,因而要求较高的税负水平。这与发达国家建立在经济高度发展基础之上的高税负水平不同。

(三) 中下等收入国家的税负水平

中下等收入国家属于典型的发展中国家,宏观税负水平(见表1-8)较低,平均税负水平在21%左右,有些国家仅相当于发达国家的一半左右。从表中我们可以看出,在中下等收入国家中,有些国家,如罗马尼亚和南非的税负水平相对较高,这是因为罗马尼亚正处于经济转型时期,对政府支出的要求较高;南非的宏观税负较高与其收入分配不平衡有关,此外,由于南非矿产非富,人均收入较高,使所得税收入大幅度提高,因此宏观税负水平较高。

表1-8　中下等收入国家的宏观税负水平(%)

国家	1990	1997
斐济	23.0	21.2
菲律宾	15.9	16.8
罗马尼亚	35.4	26.8
南非	26.9	30.3
泰国	17.8	17.1
土耳其	11.5	15.6
平均	21.75	21.3

资料来源:同表1-7。

(四) 低收入国家的税负水平

低收入国家属于发展中国家中经济欠发达国家,其平均宏观税负水平(见表1-9)较低,有些国家甚至不到发达国家的一半。其主要原因一是多数经济欠发达的发展中国家经济发展水平及社会保障水平偏低,有些国家尚未建立社会保障制度;二是发展中国家为了吸引外资,促进本国经济的发展,纷纷采取低税率及大量税收优惠政策,从而导致其税收收入较少,宏观税负水平偏低。

表1-9　低收入国家的宏观税负水平(%)

国家	1990	1995
印度	16.2	15.5
印度尼西亚	18.2	16.0
肯尼亚	20.6	23.4
巴基斯坦	13.3	13.0
平均值	17.07	16.98

资料来源:同表1-6。

四、世界各国税负水平的发展趋势

表1-10显示了OECD国家1975年到2006年税负水平的变动情况,从中可以

表1-10 OECD各国宏观税负水平(税收占GDP比重)(%)

	1975	1985	1995	2000	2004	2005	2006
加拿大	32.0	32.5	35.6	35.6	33.6	33.4	33.3
墨西哥		17.0	16.7	18.5	19.0	19.9	20.6
美国	25.6	25.6	27.9	29.9	26.0	27.3	28.3
澳大利亚	25.8	28.3	28.8	31.1	31.1	30.9	30.6
日本	20.9	27.4	26.8	27.0	26.3	27.4	27.9
韩国	15.1	16.4	19.4	23.6	24.6	25.5	26.8
新西兰	28.5	31.1	36.6	33.6	35.5	37.8	36.5
奥地利	36.7	40.9	41.1	42.6	42.8	42.1	41.9
比利时	39.5	44.4	43.6	44.9	44.8	45.4	44.8
捷克			37.5	35.3	38.3	37.8	36.7
丹麦	38.4	46.1	48.8	49.4	49.3	50.3	49.0
芬兰	36.5	39.7	45.7	47.2	43.4	44.0	43.5
法国	35.4	42.8	42.9	44.4	43.5	44.1	44.5
德国	34.3	36.1	37.2	37.2	34.8	34.8	35.7
希腊	16.9	22.2	25.2	29.7	27.1	27.3	27.4
匈牙利			41.3	38.0	37.6	37.2	37.1
冰岛	30.0	28.2	31.2	38.1	38.3	41.4	41.5
爱尔兰	28.7	34.6	32.0	31.7	30.2	30.6	31.7
意大利	25.4	33.6	40.0	42.3	41.1	41.0	42.7
卢森堡	32.8	39.5	37.1	39.1	37.9	38.6	36.3
荷兰	41.2	42.6	41.5	39.7	37.4	39.1	39.5
挪威	39.2	42.6	40.9	42.6	43.3	43.7	43.6
波兰			36.2	31.6	33.4	34.3	33.5
葡萄牙	19.7	25.2	31.7	34.1	33.8	34.8	35.4
斯洛伐克				32.9	31.6	31.6	29.6
西班牙	18.4	27.2	32.1	34.2	34.7	35.8	36.7
瑞典	41.6	47.8	48.1	52.6	49.9	50.7	50.1
瑞士	24.5	26.1	27.8	30.5	29.1	29.7	30.1
土耳其	16.0	15.4	22.6	32.3	31.3	32.3	32.5
英国	35.3	37.6	34.7	37.3	35.6	36.5	37.4
非加权平均							
OECD平均	29.5	32.7	34.9	36.2	35.5	36.2	35.9
OECD美洲	28.8	25.0	26.7	28.0	26.2	26.9	27.4
OECD亚太	22.6	25.8	27.9	28.8	29.4	30.4	30.5
OECD欧洲	31.1	35.4	37.2	38.6	37.8	38.4	38.0

资料来源:OECD, Revenue Statistics 1965—2006, 2007, p.19。

看出,世界各国的宏观税负水平在 2000 年达到 36.2% 的高峰,之后略有下降,2005 年又回到了 2000 年的水平。当然,不同国家的税负水平也存在一定差异,其中,比利时、丹麦和瑞典等福利国家的宏观税负一直处于较高水平,2005 年都超过了 45%;相比而言,墨西哥的税收收入占 GDP 的比重在 2005 年仅为 19.9%,希腊、日本、韩国、瑞士和美国的税负水平在 20%—30% 之间。具体分析还可以发现,在 OECD 国家税负总体水平上升的前提下,不同区域国家税负水平提高的幅度也存在很大差异,2005 年 OECD 国家平均税负水平为 36.2%,然而,由美国、加拿大和墨西哥组成的 OECD 美洲区平均税负水平仅为 26.9%,大大低于 OECD 国家的平均水平;而由若干高福利国家组成的 OECD 欧洲区的平均税负水平为 38.4%,高于 OECD 国家的平均税负水平。

世界主要国家宏观税负水平的普遍提高表明政府公共支出规模的扩大,也说明在政府各种筹资手段中,税收仍是其他非税手段所不能替代的。

五、影响税收负担水平的因素

从总体上看,世界各国宏观税负水平的差异主要表现为发达国家与发展中国家的差异,发达国家宏观平均税负水平普遍高于发展中国家,一些低收入发展中国家的宏观税负水平甚至还不到发达国家的一半。形成这种差异的原因是多方面的,具体表现为:

(一) 经济发展水平影响

经济是税收的基础,也是决定税负水平的关键因素。一般而言,一国经济发展水平越高,人均收入水平也越高,纳税人的纳税能力越强,财源越充裕,税基越广泛,从而具备了课以较高税收的物质基础;反之,一国经济发展水平低,人均收入水平就低,纳税人的纳税能力较弱,税源不充裕,税基薄弱,从而难以承受较高的税负。虽然一些低收入的发展中国家试图通过提高税负、增加税收来发展本国经济,但由于纳税人客观承受能力有限,最终税负水平也难以提高。因此,税负水平的高低,并不取决于人们的主观愿望,也不仅仅取决于国家的需要,而应该考虑国家经济发展水平和纳税人的实际承受能力。只有在经济发展水平提高的基础上,税负水平才可能提高。

(二) 政府职能范围影响

税收是国家为实现其职能而进行的一种集中性分配。一般来讲,国家职能范围越大,政府的公共支出越多,其税负水平越高。发达国家大多建立了健全的社会保障制度,社会保障受益的享受面大,标准高,因而必须以高额的社会保障税来满足其支出的需要。由上述分析中可以看出,发达国家中最高税负国大都集中在欧洲的高福利国家。而发展中国家大多没有建立健全的社会保障制度,没有开征社会保障税,因而税负水平也较低。

(三)财政分配体制影响

税收是国家财政收入的主要形式,但除税收以外,国家筹集财政收入的手段还包括国有企业利润收入、公债收入、货币发行收入、规费收入等。筹集财政收入的手段的多少,决定了政府在集中社会产品时对税收手段的依赖程度。如果国家参与社会产品分配的主要形式是税收,则税负总水平就高,否则,税负总水平就低。

(四)税收制度影响

税收制度是国家对纳税人征税的法律依据,它对征税对象、计税依据、税率、税收优惠等的不同规定,直接导致纳税人税负的变动,同时,还会导致税负在不同纳税人与征税对象之间的转移,这些都会影响纳税人的税收负担。此外,税制是否健全,税收征管水平的高低,也会造成纳税人实际税负与名义税负的差异,对总体宏观税负水平产生影响。

(五)公共政策实施方式的影响

税收是政府用以提供公共产品的主要财力保证,也是进行收入再分配的重要政策工具。政府实施公共政策的方式不同,对税收负担的影响也不同。比如,对低收入者的照顾是采取税收豁免方式减免其应纳税额,还是采取先取得税收收入,再进行转移支付的方式,将直接影响税收收入总额,进而影响宏观税负水平。美国在设计个人所得税制时,对低收入者通常采取税收抵免方式,对收入过低者还可以实行返还性的税收抵免,即税收返还制度,这使其税收总额一般会低于其他发达国家,从而导致其宏观税负水平低于欧洲许多发达国家,也低于 OECD 国家平均水平。

第三节　世界各国税制改革

起始于 20 世纪 80 年代的税制改革对全球经济产生了重大影响。然而,由于不同时期的社会经济环境存在差异,世界各国税制改革的历史背景不同,因而税制改革也呈现出不同的特点,梳理不同时期不同类型国家税制改革的历史背景和改革特点,有助于我们对世界性税制改革有一个全面了解,从而把握世界性税制改革的总体趋势。

一、21 世纪以前世界性税制改革的特点

21 世纪以前的税制改革是从 20 世纪 80 年代美国税制改革开始的。当时,在供给学派思想的指导下,为了克服滞胀,美国开始了旨在消除税制中存在的

种种问题,促进经济发展的税制改革,在美国税制改革的影响下,其他发达国家和发展中国家都先后进行了大规模的税制改革,尽管各国税制改革的措施与方法千差万别,但总的改革背景基本相同,因而具有共同的特点。

(一) 发达国家税制改革的特点

自20世纪80年代以来,发达国家的税制改革基本上都顺应了时代发展的要求,满足了经济条件变化和经济政策调整的客观需要,促进了各国税制结构的不断完善和税收的国际性协调。总体上看,发达国家的税制改革呈现出以下特点:

1. 所得税改革以降低税率和拓宽税基为核心

20世纪80年代中期以来,发达国家普遍遵循公平、简化、促进经济增长等政策目标,采取了减少级次、减少优惠、降低边际税率等措施,从而拓宽了个人所得税和公司所得税税基,提高了征收效率。目前,这种税制改革的影响已波及全球,促使各国间所得税负担平均化,比如,各国公司所得税的税率多在30%—40%之间,个人所得税平均税率则保持在45%左右。

同时,在税制改革过程中,发达国家普遍采取税收指数化措施。20世纪80年代税制改革中的一个核心问题是如何弥补由于高通货膨胀率而导致的人们的纳税级次爬升所带来的影响,也就是说,在高通货膨胀率的影响下,由于纳税人名义所得增加,在实际情况相同的条件下,纳税人要承受较高的边际税率。另外,由于通货膨胀的影响,人们所获得的家庭津贴的实际价值也受到不同程度的侵蚀。一些经济学家提出,对税收爬升效应应该予以弥补,家庭津贴也应根据通货膨胀情况进行调整,许多国家采取了税收指数化措施以对付通货膨胀问题。

2. 增值税在各国迅速推行

从1954年法国首创增值税以来,该税种所独具的促进专业化协作生产、经济中性、鼓励出口以及强化税务行政管理的优点,已经被越来越多的国家所认识。1990年,征收增值税的国家和地区只有50多个,到2008年已达140多个。

3. 免除经济性重复征税整体化措施得到进一步推广

进入90年代以后,古典公司税制中股息(红利)所得在公司和股东两个层次上的重叠征税问题,越来越受到各国的关注,各国纷纷采取措施予以缓解或免除。所谓整体化措施大体包括两方面:一是公司层次上的股息扣除或双轨税率制;二是股东层次上的股息免税或归集抵免制。目前,免除经济性重复课税的整体化措施已在OECD国家得到广泛推行,其他国家也在着手研究可行的缓解措施。

4. 社会保障税地位得到极大提高

社会保障制度最早出现于19世纪末期的欧洲,但当时各国还未能为社会保障制度找到稳定可靠的资金来源。1935年,美国首创了社会保障税,突破"无偿性"税收分配原则,建立了专税专用的社会保障收支体系,以税收形式筹集资金,并向老年人、失业者、伤残人士和生活贫困者提供社会保障。20世纪50年代,社会保障税在各国得到空前发展,60年代以后,社会保障税已经在一些发达国家成为最主要的税种之一。进入20世纪90年代后,发达国家的社会保障税占税收收入总额的比重普遍上升,一般在30%—50%之间。在有些国家,社会保障税已超过个人所得税而成为第一大税种。

(二) 发展中国家税制改革的特点

从总体上看,21世纪以前发展中国家的税制改革可以分为两个阶段:第一阶段是从20世纪70年代中后期到80年代末;第二阶段是20世纪90年代以后的时期。这两个阶段的税制改革分别呈现出不同的特征。

1. 20世纪80年代税制改革的特点

20世纪80年代,多数发展中国家针对经济状况不断恶化的形势,逐步进行了一系列经济调整与改革,同时将税收作为其财政收入的稳定来源,以加强政府对经济的干预能力,促进经济增长。在这种背景下,各国税制改革的主要特点为:

(1) 改革经济体制,调整经济结构,建立健全各项税制。在发达国家经济调整和经济发展的影响下,为了发展本国经济,适应世界经济的发展,各发展中国家纷纷进行了经济调整与改革,改革传统的计划体制,实行商品经济,对所有制结构进行调整、改革,调整产业结构和产品结构,以扩大供给,实现国民经济的综合平衡。同时,各发展中国家还积极建立与商品经济相适应的税收制度和相应的法律,构建适合发展中国家经济特征的税收法律框架。发展中国家的税种主要为传统的商品和劳务课税,即销售税、增值税和货物税,此外,还有少量的财产税,还有包括个人所得税和公司所得税在内的所得税。不过,这一时期的收入仍然主要依赖国际贸易课税,即进口税和出口税。

(2) 降低税率,扩大税基。许多发展中国家为了促进经济增长,逐步调低了关税税率,扩大进口,以满足国内生产和生活需要;同时还降低了公司所得税税率,总体上从50%降低到30%左右,使企业的税收负担大大减轻,经济得以迅速发展。特别是一大批中小企业获得了快速的发展,吸纳了相当多的就业人员,减轻了社会就业的压力。与此同时,税率的大幅度降低也促进了外商投资,涉外企业得到了蓬勃发展,促进了就业和工业化、城市化的进程。这些发展中国家通过降低税率促进了经济规模的扩大,从而带来了税基的扩大;此外,它们还通过增加税种使税基得到了扩大。

(3) 扩大税收优惠。为了吸引外国的资金和技术以及先进的管理经验，刺激本国经济的发展，发展中国家普遍设立了名目繁多的税收优惠，以牺牲本国自然资源为代价，求得经济规模的扩大和就业人数的增加，在很大程度上也促进了经济和社会的稳定。然而，税收优惠的增加也产生了一定的负面效果，比如，过多的税收优惠导致逃税问题非常严重，各发展中国家之间不正当的税收竞争也日趋激烈，从而使各国税收大量流失。

(4) 增值税开始被采纳。20 世纪 70 年代末，欧洲经济共同体 12 个成员国普遍实行增值税促使其他国家也陆续开始实行增值税，取代不合理的旧税制，从而改变其在国际经济中的不利地位，改善自身的竞争条件。到 80 年代中期，美洲的巴西、乌拉圭、阿根廷、玻利维亚、巴拿马、墨西哥等 13 个国家实行了增值税，这些国家的增值税课税范围广，一般都扩展到零售环节。非洲的突尼斯、科特迪瓦、摩洛哥、塞内加尔、阿尔及利亚、马达加斯加等 6 国也实行了增值税。非洲国家课税范围较小，大部分都主要限于制造和进口环节。亚洲的菲律宾、韩国、以色列、土耳其、印度尼西亚等国家和地区也实行了增值税，征税的范围大都涉及批发和零售环节。

(5) 简化税制，加强税务征管。对于大多数发展中国家来说，20 世纪 80 年代的税收征管改革取得了显著效果，税收收入年均增长近 20%。这一方面归因于税收征管体系的改善，人员素质的提高和经济规模的扩大，另一方面也归因于税制的简化。多数国家在普遍降低所得税税率的同时也减少了纳税档次，将纳税档次减至 1—4 档，同时，通过合并税种达到简化的目的，从而提高了征管效率和经济效率。

2. 20 世纪 90 年代税制改革的特点

20 世纪 90 年代以来，市场化改革已成为各国经济改革的主题，优化经济结构、促进有效供给、增加就业和提高人民的生活水平成为各国经济改革的主要目标。因此，各国税制改革的目标也随之发生转移，从单纯组织财政收入转向在保证税收收入稳定增长的前提下发挥税收的宏观调控作用，最大限度地促进经济增长和效率提高，并兼顾公平。因此，本阶段的税制改革体现了以下特点：

(1) 增值税广泛被采纳。20 世纪 80 年代以来，发展中国家越来越倾向于采纳较为中性的增值税来取代各环节重复征收的流转税或销售税。根据国际货币基金组织的统计，截至 2000 年，世界上采纳增值税的发展中国家已超过 100 个，其中许多国家增值税税收收入已占本国税收总收入的 40%—60%。大多数国家倾向于选择税基较窄的消费型增值税，但也有少数国家采用税基较宽的生产型增值税和混合型增值税。

（2）逐步拓宽税基。除了采用具有广泛税基的增值税外，努力拓宽现有税种的税基也是发展中国家税制改革的重点。拓宽税基一方面可以增加财政收入，另一方面也有助于实现税制的简化、中性与公平。

在扩大税基的改革实践中，发展中国家常常受阻于对资本利得、住房租金和各种附加福利等收入的测算与衡量，使这部分所得难以完全、真实地纳入所得税的税基范围之中。针对这种情况，一些国家相继改革税收征管制度，采用了以下一些措施以保证税基的扩大：一是更多地采用推定课税的办法；二是在销售税和所得税征收的同时推广源泉扣缴税款的办法，加强税源控制；三是对各种资产规定征收最低税额；四是强化税收管理。通过这些努力，一些国家已成功地将各种附加福利和公营企业所得纳入所得税的税基。

（3）降低税率，减少纳税档次。在发达国家纷纷降低税率，减少税率档次的带动下，许多发展中国家也顺应潮流相应降低了其个人所得税税率，使20世纪80年代既高又复杂的税制结构得到了改进。通过降低边际税率和减少累进的税级及相应的分档税率，也降低了平均有效税率。这样，不仅有利于简化税制，而且也有助于实现税收中性的目标，在一定程度上消除累进税的抑制效应。目前，只有少数发展中国家的个人所得税最高一档税率超过50%。在哥伦比亚和墨西哥等国，80年代最高一档所得税税率就已经降低了一半。20世纪90年代以来，有更多的国家在探索如何使所得税的累进幅度更为平缓。牙买加的税率结构改革比较彻底，已把个人所得税的累进税率简化为单一的比例税率，并最终确定为与公司所得税税率相一致的水平，即33.3%。巴西于1999年宣布调整个人所得税税率，将最高税率从30%降低到27.5%，并从2003年起，再将最高税率降至25%。哥伦比亚从1999年11月起，增值税标准税率由18%降至15%。新加坡在2000年度预算案中，鉴于亚洲金融危机已经过去，为使经济迅速复苏，降低了企业税负，2001年起从26%降为25.5%，同时对发明创造和企业经营等采取了一系列税收鼓励措施，并对金融业实行税收优惠。

（4）降低税收优惠，减少税基侵蚀。由于发展中国家长期持续实施税收鼓励措施，因而产生了众多的税收漏洞，大量的减免税与毫无指导意义的折旧扣除等严重侵蚀了税基，同时也进一步扭曲了税制的横向公平与纵向公平。此外，税收优惠的另一个负面影响就是使税收收入减少，导致20世纪90年代以来税收收入占国内生产总值的比重一直呈下降趋势。

发展中国家由于积累水平较低，建设资金不足，因而需要在税收政策与其他宏观政策上充分重视投资与储蓄，采取鼓励投资与储蓄的措施。传统的做法是采取较多的投资激励与优惠措施，比如，资本所得在计算所得额时不予计列和对储蓄所得免税，其结果虽然有助于储蓄和投资，但也会带来损害税收公平和严重侵蚀税基等弊端。为此,一些国家倾向于尽可能不采用或少采用税收手段来刺激投资和储蓄,而主张从投资环境和储蓄机构等方面着手解决问题,创造条件,以吸引投资和储蓄。相应地,这些国家在税制改革中致力于把资本所得纳入公司所得税的税基,把储蓄与债券利息所得纳入个人所得税的税基,并妥善地处理对股息所得的重复征税问题。

二、21 世纪以来全球性税制改革的背景及特点

进入 21 世纪以来,为了应对越来越激烈的国际竞争和经济全球化带来的挑战,许多国家都研究并实施了新一轮的税制改革。OECD 国家对新一轮税制改革提出了“降低税率、简化税制、拓宽税基,提高效率”的口号。税制改革的内容,除了包括完善所得税制度和实行标准化的增值税制度等与上一轮税制改革衔接的部分外,还注重研究建立适应知识经济的新型税制,以及扩大绿色税收的征收范围。

(一) 21 世纪以来税制改革的背景

进入 21 世纪以来,各国纷纷推出了新的减税计划和方案,掀起了新一轮的世界性减税浪潮。税制改革的基本原因可以归纳为:

1. 经济全球化使传统税制模式受到冲击

经济全球化大大降低了投资与贸易障碍,促进了国家间资本、劳动和技术的转移,使得各国的税基受到冲击,造就了政府间的税收竞争。在这种税收竞争日益激烈的国际环境中,各国为吸引外国资本和保持本国资本,都力求使本国的税率低于或接近其他国家的税率,以在税基的争夺中处于有利地位。近年来世界性税制改革的实践均已证实,为避免他国降低税率给本国经济带来损失,许多国家相继进行了以减税为特征的税制改革。

2. 供给学派的理论主张仍主导着人们的实践

进入 21 世纪以来,世界性税改的指导原则仍延续了供给管理与需求管理相结合的思想,并以供给管理思想为主,主张政府要对经济进行适度干预,尤其在经济不景气时,政府应该减税,公司所得税边际税率的削减能够有效增加投资收益,强化人们的投资和创新冲动,从而形成“减税—增加投资—提高就业—经济增长”的良性循环。

3. 内生增长理论为经济增长提供了新的原动力

20 世纪 80 年代中期以来,内生增长理论日益深入人心,成为 20 世纪 90 年代以后蓬勃发展的知识经济的理论基础。内生增长理论认为,知识与技术不但是经济增长的内生变量,而且是促进经济增长的决定因素。基于这种认识,各国政府普遍对高新科技产业提供税收优惠,鼓励人力资本投资,特别是鼓励新

技术在本国的开发与利用,对跨国公司的研发(R&D)活动也给予所得税优惠等特殊政策。

4. 反经济周期的需要

进入21世纪后,主导世界经济潮流的美国经济在长达十余年的稳定增长后增速急剧下降,经济强国日本未能摆脱泡沫经济破灭后的不景气,欧洲经济增长开始急剧降低,拉丁美洲、东亚经济增长趋缓,这意味着世界经济出现了衰退。为扭转经济衰退局面,各国采取了一系列以战略性减税措施为主要内容的税制改革。战略性减税着眼于长期,其作用具有持续性,对熨平经济周期有显著的效应,因此已成为各国(地区)政府反经济周期的主要政策工具。

5. 税制自身需要不断完善和优化

各国税制尤其是所得税制本身存在诸多弊端:一是边际税率过高,不仅会挫伤人们储蓄、劳动和投资的积极性,也会增加逃税激励,提高征管成本;二是税收优惠过多所导致的税制复杂化,增加了纳税人的遵从成本的同时,也给逃税带来可乘之机。

(二) 21世纪世界税制改革的基本特点

1. 一般公司所得税综合税率明显下降

首先,发达国家一般公司所得税最高边际税率下降明显。OECD的30个成员国中,2000—2006年一般公司所得税综合税率(综合考虑了中央税、地方税、利润附加等)呈现下降趋势的有25国,占83%,保持不变的有5国,占17%,没有呈现上升趋势的国家,所有成员国平均税率下降了5.2个百分点。其次,发展中国家感受到了发达国家减税带来的压力,也相应推出了自己的减税计划。中欧和东欧减税力度尤其大,迄今已有9个国家对个人所得税和企业所得税实行了单一税制。目前,许多国家仍在酝酿继续下调公司所得税税率。

2. 各国公司所得税税率在较低的水平上基本趋同

公司所得税税率明显出现全球趋同,欧盟25国[①]公司所得税最高平均税率降至26.6%,东欧和西亚公司所得税最高平均税率降至19.1%。日益趋同的公司所得税税率必将产生积极的影响,大大缓解重复征税的矛盾,可在相当程度上减弱跨国纳税人从事避税活动的动机,有利于贯彻税收中性原则,提高资源配置效率。

3. 调整一般公司所得税优惠,加大科技创新的税收优惠力度

各国减少税收优惠、拓宽税基的主要做法是,对存货的税务处理做出更加严格的规定,限制折旧率的提高,减少或取消投资抵免等。同时,各国又有针对

---

① 指2007年以前的欧盟成员国,不包括罗马尼亚和保加利亚。

性地保留了一些重要的税收鼓励规定，突出表现在加强科技税收优惠政策的力度，对研发活动和科技成果应用等给予税收抵免、加计扣除、加速折旧、提取投资准备金等所得税优惠政策方面。

4. 所得税比重有所降低，增值税和消费税等商品税比重提高

许多欧盟国家和东欧国家或调低了个人及公司所得税税率，或推出了单一税改革方案，实行低水平的单一税税率，借以提升劳动、资本需求。欧盟成员国中个人所得税最高平均税率已降至40.6%，公司所得税最高平均税率已降至26.6%。在东欧和西亚实行单一税改革的9个国家中，个人所得税最高平均税率已降至18.8%，公司所得税最高平均税率已降至19.1%。所得税税率降低，累进税率档次减少，加之部分国家实行单一且非常低的税率，使所得税"稳定器"和公平功能被明显弱化。与此同时，商品税的作用和比重有所提高，如原欧盟15国[①]增值税平均税率从1975年的13.3%，上升至1993年的19.4%、2002年的19.44%，德国、法国、葡萄牙与西班牙等国均调高了增值税税率。不过，尽管所得税的重要性略有降低，但它仍是大多数国家最重要的税种。

5. 发达国家加快公司所得税和个人所得税一体化步伐

目前，大部分OECD国家都实行了公司所得税与个人所得税的一体化，以尽量消除经济性双重征税。1991—2000年间，约有一半的OECD国家采取完全或部分归集抵免制实现了所得税一体化。2000年以后，OECD国家在所得税一体化方面发生显著变化：采用古典制的国家开始逐年减少，所得税一体化趋势不可阻挡；由于归集抵免制要求的税收征管条件较高，近年来一些原实行归集抵免制的国家已转向部分计征制，21世纪以来采用部分计征制的国家大幅增加，发展态势良好，但归集抵免制仍是被采用得最广泛的方法。

三、全球性税制改革的国际趋势

（一）所得税边际税率下降与总体税负水平上升并存

降低税率、扩大税基一直是世界各国税制改革的主线。特别是1997年亚洲金融危机以后，各国对金融工具特别是对扩张性的货币政策持怀疑的态度，财政政策的地位日益重要，部分发达国家在减税方案中明确指出，减税就是为了促进经济的复苏和持续增长。多数发达国家的实践也证明，以降低税率、拓宽税基为核心的税制改革对促进经济增长起到了十分重要的作用。一方面，许多国家的个人所得税和公司所得税的最高税率都大幅度降低，据统计，20世纪80

---

① 原欧盟15国包括：奥地利、比利时、丹麦、芬兰、法国、德国、希腊、爱尔兰、意大利、卢森堡、荷兰、葡萄牙、西班牙、瑞典、英国。

年代中期，大多数 OECD 国家的最高边际所得税率都超过 65%，现在几乎没有国家最高税率超过 50%，且大多数 OECD 国家保持在或者低于 40%。这些国家的公司所得税最高税率的平均值已经从 1996 年的 37.6% 下降到了 2004 年的 30% 左右，2005 年和 2006 年税率又进一步下降到了 28.55% 和 28.31%，个人所得税最高税率的平均值为 44%。另一方面，由于改革的指导思想是保持税收中性，因此，世界各国在大幅度降低所得税税率的同时，也纷纷取消了大量的税收扣除和减免措施，扩大了税基，加强了征管，此外还增加了社会保障缴款和消费税等税收收入，从而使宏观税负水平仍呈上升趋势。2007 年 OECD《收入统计》表明，1975—2005 年，OECD 各成员国平均税负由 29.5% 上升到 36.2%，其中美洲国家由 28.8% 下降到 26.9%，欧洲国家由 31.1% 增加到 38.4%，环太平洋国家则由 22.6% 增加到 30.4%。

形成这种趋势的原因可归结为三个方面：一是政府支出规模日益膨胀对税收增长产生了外在压力。近年来，各国公共支出无论从绝对量还是从相对量来看，都呈现上升的趋势。税收是各国政府最主要的筹资形式，财政支出规模的持续扩张客观上要求其有一个较大幅度的提高。二是税制弹性的设计能保证一国税收总额的增长与 GDP 的增长保持一致，甚至高于 GDP 的增长。税制弹性是税收对经济增长的反应程度，在一国财政收入主要依赖于税收的情况下，政府都力求使本国的税制设计富有弹性，以满足不断增长的财政支出的需要，这也从税制上保证了税收水平的不断上升。三是面对政府支出压力以及经济自由化和税收国际竞争等的挑战，各国普遍加强了税收征管，通过完善征管制度和程序，加大征管力度，堵塞征管漏洞，矫正企业不正当的税收筹划行为。

（二）各国税制结构不断得到调整和完善，并逐步趋向一致

自 20 世纪 90 年代以来，各国税制结构通过不断调整和完善呈现出不同程度的趋同化倾向。具体表现为，一方面对所得税进行了较大幅度的改革。20 世纪 80 年代中期以来，西方发达国家普遍遵循“公平、简化和经济增长”的原则，进行了以降低税率、减少优惠、扩大税基为基本内容的所得税改革。通过改革，OECD 国家个人所得税和公司所得税税率皆下降大约 10 个百分点，其在税收收入中的比重也有所下降。另一方面，商品税日益得到各国政府的重视，特别是增值税在全球范围内迅速得到推广。并且从类型上，各国实行的几乎都是消费型增值税；从征税范围看，大多数国家课征到零售环节；从税率看，总体呈上升趋势。增值税的迅速发展，表明经过几十年对所得税的推崇后，各国开始重新认识商品税，商品税的地位已得到大大提升。

（三）经济全球化和新技术革命对世界各国税制改革提出了更高的要求

在经济全球化的背景下，商品、劳务、资本及人才的流动程度进一步提高，

各国都尽量使其税制更具竞争优势，因此税收竞争逐渐成为人们关注的热点问题。

20 世纪末，蓬勃兴起的新技术革命对未来各国产业结构和经营方式产生了巨大影响，全球性互联网络的建立促进了信息资源的分享，加速了最新科技成果的扩张与转换，突出表现之一是信息革命中的税收问题。

国际互联网贸易的飞速发展已经引发了一系列税收问题，传统的居民、来源地和常设机构等税收概念变得难以适用，商品、劳务、特许权难以区分，多国企业的转让定价问题变得更加复杂，税款流失严重，税收征管稽查困难重重。面对各种各样的新问题，各国都在加紧研究有效的税收对策。代表性的观点有两种：一是美国财政部关于互联网贸易的基本观点，即在有形交易和电子交易间应遵循保持中性的原则，平等地对待在经济上相似的收入。因此，他们指出最好的中性是不开征新税或附加税，即不开征增值税，而应通过对一些概念、范围的重新界定和对现有税制的修补来处理网络贸易引发的税收问题，提出以居民管辖权取代地域管辖权，改进管理，采用新技术，加强与私营部门的合作等。二是关于引入新的国际互联网税种的观点。这种观点与美国的观点相反，主张开设新税，以避免网上税款流失，并提出了“比特税”(Bit Tax)和“一般托宾税”(Tobin Tax)等方案。这些观点为解决互联网涉税问题提供了有益的尝试，但目前尚未取得一致的看法，有关的税收政策问题仍在继续研究和协调之中。

(四) 与环境保护相关的税收问题日益引起关注

环境关系到人类现在和未来的生活质量，如何使人口、资源、环境、经济协调发展，已成为各国税收领域研究的新课题。20 世纪 90 年代以后，环境与社会发展问题更成为世界最高级会议所讨论的中心议题之一，并进而催生了全球性可持续发展战略，世贸组织、欧盟和经合组织等都已制定面向 21 世纪的环境保护政策框架。环境保护税或绿色税收越来越受到各国政府的普遍关注，在这方面，欧盟国家拓宽消费税的范围和改革环境税的举措为世界各国税制改革提供了较好的典范(详见本书第七章)。

第四节　比较与借鉴

一、优化税制结构的国际经验

在实行复合税制的条件下，税制结构研究的实质是如何选择主体税种的问题。根据现代税收理论，政府课征的税种主要有四大类，即对商品课税、对所得课税、对行为课税和对财产课税。从世界各国的税收实践看，对行为课税和对财产课税尽管十分必要,但从筹集收入和税务管理角度看,都不能成为税制中的主体税种。因此,从根本上说,优化税制结构的问题就是选择以所得税作为主体税种还是以商品税作为主体税种的问题。

从理论上讲,主体税种的选择建立在对各类税种的效率与公平的分析的基础之上。税制优化理论应首先侧重对商品劳务税和所得税的效率与公平进行深入分析,比较二者在效率与公平上的功能差异,然后以此作为理论基础,确立主体税种,构建优化的税制结构。

事实上,效率与公平的关系是一种复杂的价值判断,对二者的界定也是经济学中公认的难题之一。无论从内涵上看,还是从层次上看,效率与公平历来都不是十分匹配的,效率是一个相对简单具体的经济学概念,而公平则是一个十分复杂抽象的哲学命题,对其认识涉及政治、经济、法律、伦理等一切意识形态领域。

根据税收政策目标的侧重点不同,税制结构分为三种类型:一是实行公平型税制结构,主要包括美国、加拿大、澳大利亚、日本和新西兰等发达国家。这些国家的政府收入主要依靠所得税来筹集,目的在于增进社会公平。二是实行效率型税制结构,主要包括韩国、印度等发展中国家。这些国家的税制结构设计偏重于效率原则,筹集税收收入的任务主要依靠国内商品劳务税。三是"兼顾型"的税制结构,在对所得税和国内商品劳务税的课征选择上,兼顾公平和效率,实行两税平衡的税制结构,更接近于"双主体"税制结构。这些国家包括荷兰、英国、意大利、比利时、爱尔兰、德国、丹麦、瑞士、西班牙、卢森堡等。

经过近百年的税制演变,发达国家逐渐形成了以所得税为主的税制结构模式,而发展中国家则选择了以商品劳务税为主的税制结构模式。然而,随着经济的发展以及世界经济全球化进程的推进,世界税制结构出现了一种逐渐趋同的发展模式。一方面,近年来发达国家对商品劳务税的重视程度日益增加,特别是随着具有较强税收中性的增值税被各国普遍采纳后,发达国家中所得税所占比重呈下降趋势,而商品劳务税所占比重则稳步上升,整体税制结构朝着以所得税为主的双主体税制结构模式转变;另一方面,随着发展中国家经济的增长和人均收入水平的提高,收入差距不断拉大,社会公平问题逐渐突出,因此发挥调节收入分配作用的所得税和社会保障税在税制结构中的比重会逐步提高,这样,发展中国家从另一个角度向着以商品劳务税为主的双主体税制结构模式靠近。由此可见,世界各国的税制结构一直都是随着经济的发展而不断调整的,最终趋势是形成侧重点不同的双主体税制结构模式。

因此,判断一国税制结构是否优化没有绝对统一的标准,而应根据该国政治经济环境、税收管理水平、税收政策目标等具体情况而定。综观世界各国税

制结构模式的演进历史与发展趋势,可总结如下优化税收结构模式的国际经验:

(1)税制结构的变动从总体上应与经济发展阶段相吻合。经济发展水平制约着税收参与国民收入分配的深度和广度,同时又通过决定生产结构制约着税收参与分配的结构。比如,中国现行税制结构的特点是商品劳务税比重偏大,所得税比重过小。这种税制结构导致财政收入过度依赖商品税,商品税的任何变动都会加剧财政收入波动的风险;而所得税比重过小则影响了税收调节功能的发挥,不利于经济稳定和收入分配公平。因此,中国在未来的税制改革中,应适时调整现阶段不合理的税制结构,在保证以商品劳务税为主体的基础上,逐步提高所得税比重,向以商品税为侧重点的双主体税制结构模式推进。

(2)政府在效率与公平之间的权衡会影响税制结构的变动。在市场经济中,税制结构的所有调整与变动都是围绕着这种权衡来进行的。这一判断是基于一个前提:任何税制结构的设计与调整都必须体现国家建立税收体系的基本政策目标,即在保证财政收入和参与对经济的宏观调控过程中,实现效率和公平。

(3)财政支出结构、税收征管水平和政治文化因素都会导致税制结构变动。就实践而言,由于税收政策已逐渐成为现代政府实现经济与政治之间均衡的一种调节因素,所以无论选择何种税制结构,都只是政府保证社会稳定、支持经济增长的一种政策安排而已,其关键在于选择怎样的政策安排才能实现政府的利益最大化取向。考虑到政府的目标是多重的,其政策安排的意义在于寻找到一个实现社会均衡的解。这也就意味着,税制结构的任何变动可能都不是某一个因素单独作用的结果,而是多种因素的合力导致的。

二、如何确定合理的税负水平

(一)中国宏观税负水平的国际比较

税负水平是税制结构的一种反映,也是评判一国税制改革成败的关键因素之一。关于中国宏观税负水平的争论,大致有五个方面的代表性观点。[①] 一是来自政府部门的,认为我国目前的税负仍然偏低,具有一定的提升空间。根据国家税务总局计划统计司的研究结果,我国宏观税负与国际水平相比属于较低水平,大大低于大部分工业化国家,甚至低于发展中国家的平均值。二是来自纳税人的。很多纳税人从切身感受中,觉得我国税负较重。三是来自我国学者

① 参见李波:《我国宏观税负水平的测度与评判》,《税务研究》,2007年12期。

的。学者们根据不同的研究口径和数据，对我国的宏观税负水平有不同的研究结论，主要有三类观点——高、适中、低，各持己见。四是来自美国财经杂志《福布斯》的。2005年美国财经杂志《福布斯》编制的全球“税负痛苦指数”排行榜中，我国排名高居全球第二。五是来自国际组织的。国际货币基金组织(IMF)长期跟踪研究23个工业化国家和14个发展中国家的宏观税负问题，2005年指出，目前中国的税负水平与日本持平，与发展中国家相比已属偏高，但略低于美国、德国，远低于瑞典等高福利国家。2006年底，世界银行与普华永道联合公布了全球纳税成本的调查报告，在175个受调查国家(地区)中，我国内地纳税成本高居第八位。

1. 中国与中低收入国家宏观税负水平的比较

税收负担与经济发展程度具有正相关性，无论是政府支出的增加，还是居民纳税能力的增强，事实上最终都是由经济发展水平所决定的。世界银行曾经针对不同国家收入水平类型提出宏观税负的参照标准：人均GDP低于785美元的国家为低收入国家，宏观税负水平平均值一般为13.07%；人均GDP为786—3 125美元的国家为中下等收入国家，宏观税负水平平均值一般为18.59%；人均GDP为3 126—9 655美元的国家为中上等收入国家，宏观税负水平平均值一般为21.59%；人均GDP大于9 656美元的国家为高收入国家，宏观税负水平平均值一般为28.9%。参照这个标准衡量，我国目前仍属于中低收入国家，含社会保障缴款的宏观税负水平(小口径)2005年为20.67%，宏观税负指标已经超过中低收入国家18.59%的平均值，接近中上等收入国家21.59%的平均值水平；含社会保障缴款的宏观税负水平(大口径)2005年为33%，已经超过高收入国家的平均值。因此可见，当前我国的实际宏观税负水平已大大超过了发展中国家的合理水平，与发达国家宏观税负水平持平。

2. 中国与发展中大国宏观税负水平的比较

选取发展中大国进行比较，理由主要是这些国家与我国一样，正在历经经济转轨的过程，经济总量规模较大，经济发展速度居世界前列，具有很高的可比性。我们以国家税务总局关于我国和20个发展中国家比较研究的表格为基础进行修正，形成表1-11。通过该表可以发现，考虑到社会保障因素，我国小口径的宏观税负水平超过了印度、墨西哥；考虑到我国的大量非税收入负担，大口径的宏观税负水平则超过了所有发展中大国。更何况巴西、墨西哥、俄罗斯均为世界银行所列的中上等收入国家，这就更说明中国宏观税负水平之高。

表 1-11　中国与部分发展中国家宏观税负的比较

国家	1995	2000	2001	2002	2003	2004	2005
巴西	29.4	32.70	33.60	34.90	35.80	—	—
印度①	—	14.24	—	15.88	—	—	—
俄罗斯	—	—	—	31.70	27.50	27.30	—
墨西哥	—	16.7	18.50	18.76	19.00	19.00	19.80
中国(小口径)	11.48	15.44	16.66	17.48	18.67	19.71	20.67
中国(大口径)	22.80	28.10	29.70	31.20	31.20	31.30	33.00

注:① 印度的宏观税负水平中不包括社会保障税。

资料来源:李波:《我国宏观税负水平的测度与评判》,《税务研究》,2007 年第 12 期。

通过比较可以发现:目前我国宏观税负总体水平偏高,小口径宏观税负水平确实不高,但是大口径宏观税负水平大大超过了中低收入国家的合理水平,高于发展中大国宏观税负水平,接近发达国家宏观税负水平。同时,我国宏观税负的增长速度迅速过快,纳税人的相对税负水平偏高。

(二) 评判税负水平是否合理的标准

从客观上讲,由于世界各国经济发展水平、政府职能范围、财政管理体制等因素的不同,税负水平肯定存在差异,很难用统一的标准来评判一国税负水平是否合理。但是,根据税收的功能特点,评判宏观税负水平是否合理主要应从两方面加以考虑:一是税收负担是否在纳税人的承受范围之内;二是政府能否尽可能满足纳税人的公共需求。归根结底,评判宏观税负水平是否合理的标准在于是否能提升国民福利。只有税收收入让国民共同分享,并且转化为国民福利,人民才能充分享受到税收带来的利益。如果税收收入高速增长,但税收收入没有带来相应增加的公共服务和社会保障,国民难以更多地享受到税收增长带来的福利,就是相应增加了国民的税收负担。

针对中国现行的宏观税负水平,结合社会经济环境和税制改革现状,可考虑从以下若干方面完善税制结构,并使中国税负水平达到合理范围。

(1) 改革现行税制,降低宏观税收负担水平。根据对当前国内外经济形势的判断,我国目前实行积极的财政政策,旨在通过增加政府支出及大规模减税来促进经济增长,可以说,降低我国宏观税负水平正当其时。

(2) 积极推进税费改革,减轻纳税人非税负担。由于政府收费过多、过乱使实际宏观税负水平过高,因此,只有大幅度减少政府的收费和乱收费,才能从根本上解决宏观税负水平不合理的问题。

(3) 调整优化公共支出结构。降低公共支出中固定资产投资的比重,严格控制行政费用增幅,坚决反对铺张浪费,控制基础设施建设规模;集中财力用于增加教育、公共卫生、社会保障、农业等领域的投入,通过持续增加政府对公共产品和服务的投入，使纳税人切实感受到和谐社会的氛围，最终提升人民福利。

三、成功税制改革的标准

由于各国经济发展水平和税收征管水平存在差异，每个国家都根据本国的国情和各税种本身的功能特征，选择了不同的税制结构，同时，也都针对本国社会经济的发展变化及税制中存在的问题，在经济全球化的大背景下进行税制改革。可以说，有些国家的税制改革取得了较大的成功，也有些国家的税制改革效果并不十分明显。

许多税收专家针对不同类型国家的具体情况，总结性地提出了衡量发达国家和发展中国家税制改革成功与否的标准。

（一）发达国家成功税制改革的基本标准

一些学者以不同发达国家的税制改革为样本，从不同角度概括了发达国家税制改革成功的标准。

英国财政学家锡德里克·桑福德通过对澳大利亚、加拿大、爱尔兰、新西兰、英国和美国等六国税制改革情况进行考察，提出了成功税制改革的三条标准。一是税制改革在多大程度上实现了改革者确定的目标。这一标准的优点在于无须价值判断，只根据改革发起者的标准来评估税制改革。二是税制改革的可持续性。三是税制改革产生合意的或不合意的副产品的程度。这些副产品是指税制改革所产生的可以预测到或没有预测到的影响。

美国众议院税收方法委员会主席比尔·阿彻在对美国20世纪80年代以来的税制改革进行分析和评价后，针对美国的情况提出了五条评价税制改革的标准，即简化征税程序和纳税程序；尽最大可能激励储蓄；最大限度地限制地下经济；除去出口产品和服务价格中所含的税金；增加进口产品和服务价格中所含的税金。

美国著名经济学家迈克尔·J. 博斯金提出了税制改革的五项检验标准。一是税制改革能否促进经济绩效的提高；二是税制改革能否有利于形成适度的政府规模；三是税制改革是否有利于巩固联邦制；四是新税制能否持续下去；五是税制改革能否使民主制度长期繁荣、稳定。

尽管阿彻和博斯金都是从美国实际情况出发提出税制改革评价标准的，但这些标准也可以作为考察其他国家税制改革是否成功的参考。

（二）发展中国家成功税制改革的基本标准

国际货币基金组织财政事务部主任坦兹提出了评估税收制度的八项指标，他是在两个假设条件之下提出这八项指标的：一是政府最好有为数不多但能有效贯彻经济政策的工具；二是政府强有力的控制着法定税制。

1. 集中性指标

在某种既定的税制体系下，如果以相对少量税种和税率就能筹措到大部分税收收入，那么这种税制就是优良的税制。具体可以用主体税种所产生的税收收入占税收总额的比例来计算。如果一国税制具有较高的集中性，则说明该国税制是有效的。

2. 分散性指标

这一指标要求收入少的小税种数量要保持在最低限度内。具体计算方法是用小税种所产生的税收收入占税收总收入的平均比例来确定，也称小税种的平均贡献率。坦兹认为，一国应当认真对待那些贡献率不到1%的税种。

3. 侵蚀性指标

这一指标是衡量一国税基是否受到侵蚀的指标。税基侵蚀一般有两个原因：一是方法措施原因，如免税期、税收豁免、纳税扣除、进口关税减免和零税率等；二是非法行为，如逃税、走私等。侵蚀性指标要求一国的实际税基要尽可能接近潜在的税基水平。

4. 征收时滞指标

征收时滞分为合法时滞和拖欠时滞。在高通货膨胀率的情况下，征收时滞越长，对纳税人越有利，对政府越不利。税制改革的基本目标之一是将征收时滞降低到最低限度。

5. 从量性指标

一国如果存在大量的从量税，税制弹性必然下降，从而违背现代税制的要求。因此，一个良好的税制必须使对从量税的依赖程度最小化。

6. 客观性指标

这是指对客观上可以测定的税基的征税程度。一个良好的税制要求有健全的核算体系和明确的会计标准，在此基础上，客观指标越高越好。

7. 执行性指标

如果一种税由于来自纳税人的阻力而得不到有效的执行，则法定税制与有效税制之间的偏差就可能足以使合法税制失去其存在的意义。尽管执行性指标相对比较模糊，但能在一定程度上反映现行税制的健全程度。

8. 征收成本指标

在其他条件不变的情况下，税收的征收成本越低，则这种税制越健全。

当然，在税制改革实践中，评判一国税制改革是否成功还应根据各国实际情况具体而定。

本章小结

1. 税收制度是在一个课税主权之下的各种税收组织体系的总称。税制结构以税种构成的多少为标准,可以划分为单一税制模式和复合税制模式。

在复合税制模式下,世界各国的税制结构可分为以所得税为主的税制结构和以商品税为主的税制结构。世界各国税制结构总体格局是:低收入国家以商品税为主体,而高收入国家以所得税为主体。影响各国税制结构格局的因素是多方面的,主要包括四大因素:一是经济因素;二是税收政策因素;三是税收征管因素;四是税收文化因素。

2. 税收负担是税收制度的核心,一国税收负担的轻重直接关系到国家与纳税人之间,以及各纳税人之间经济利益的再分配。税收负担合理与否,是衡量整个税制结构是否合理的重要因素,也是评价税收政策及设计和改革税制的基本依据。税收负担可以从不同的角度进行不同的分类。通常衡量税收负担的指标有:国内生产总值税收负担率、国民生产总值税收负担率、国民收入税收负担率、企业税收负担率和个人税收负担率。

世界收入水平不同的国家税收负担也存在差异,影响税收负担水平的因素很多,主要包括经济发展水平、政府职能范围、财政分配体制、税收制度和公共政策的实施方式等。

3. 自20世纪80年代以来,西方发达国家率先进行了以减税为核心的税制改革,之后,税制改革的浪潮席卷全球,发展中国家和处在经济转轨时期的国家也纷纷进行税制改革并取得了一定的成效。不过,由于各国税制改革的历史背景不同,税制改革也呈现出不同的特点。

本章重要术语

税收制度	宏观税收负担	实际税收负担	企业税收负担率
复合税制模式	微观税收负担	直接税收负担	个人税收负担率
税制结构	名义税收负担	间接税收负担	税制改革
税收负担	主体税种		

复习思考题

1. 复合税制模式下税种是如何划分的?
2. 发达国家与发展中国家的税制结构有什么差异?
3. 影响税制结构的因素有哪些?

4．什么是税收负担？衡量税收负担的指标体系包括哪些？举例说明不同收入水平国家的税收负担有何不同。

5．不同时期发达国家与发展中国家税制改革的背景与特点有哪些？

6．世界各国的税制改革有哪些共同趋势？

推荐阅读文献

1．林致远、邓子基:《从稳定经济的视角看我国的税制结构调整》,《税务研究》,2007 年第 2 期。

2．吕炜:《市场化进程与税制结构变动》,《世界经济》,2004 年第 11 期。

3．安体富:《中国税收负担与税收政策研究》,中国税务出版社 2006 年版。

4．OECD: Tax Burden: Alternative measures, *Tax Policy Studies*, No. 2, 2000.

5．John Norregaard and Tehmina S. Khan, Tax Policy: Recent Trends and Coming Challenges, IMF Working Paper 07/274, 2007.

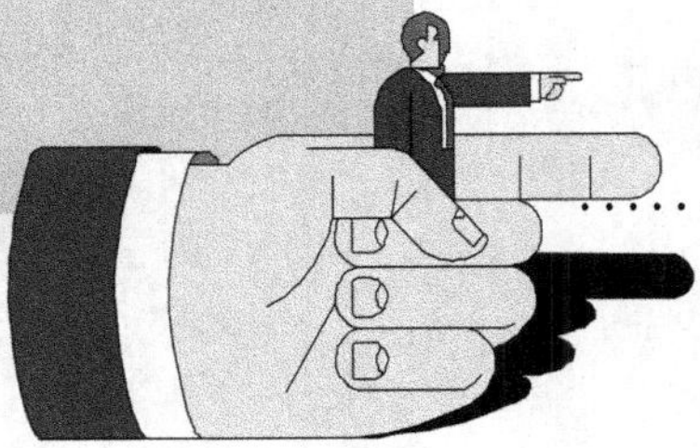

第二章

外国个人所得税制

学习目标

通过本章的学习,学生应该能够掌握以下内容:

- 世界个人所得税制产生的历史背景及发展趋势
- 个人所得税制的不同课税模式及特点
- 个人所得税课税制度设计的主要内容
- 发达国家的个人所得税制度
- 发展中国家的个人所得税制度
- 中东欧国家的个人所得税制度

第一节　个人所得税制概述

个人所得税是对个人取得的各项应税所得征收的一种税。自1799年英国在世界上最早开征所得税以来,个人所得税税制经历了两百多年的发展,该税以其特有的优点不仅成为多数发达国家税制体系中的主体税种,而且也被许多发展中国家逐步引入并进一步发展。在理论上,个人所得税一直被认为是调节收入差距,实现社会公平的最佳税种。

一、个人所得税的产生与发展

个人所得税最初仅仅是作为一种临时税种产生的。从发达国家来看,所得税的产生与发展往往和战争密切相关。1773年,英法两国爆发了大规模的战争,为了应付战争经费,当时的英国首相皮特于1789年创立了一种被称为"三部合成捐"的新税,这通常被认为是英国所得税的雏形。后来,这种税因征收方法漏洞甚多,在1799年被改为所得税。此后,所得税几经停征,直到19世纪初,英国才通过正式立法把所得税定为国家的经常性税收。美国于1860年南北战争爆发期间引入了个人所得税,主要目的是筹集内战所需经费,之后也几经反复,直到1913年,联邦议会才通过所得税法把所得税定为国家的永久性税收。日本的所得税初创于1887年(明治20年)。当时日本为了扩充海军,筹措战争经费,在原有的地税和酒税两项主要财政收入不能满足需要的情况下,开征了所得税。

第一次世界大战期间,个人所得税在许多发达国家陆续得到实施并迅速发展。1922年,美、英、德、法、日等五国个人所得税占各自税收总收入的比重分别达到65.3%、45.1%、25.7%、21.6%和20.7%。[①]

第二次世界大战期间,出于筹措战争所需经费的需要,各国均调整了个人所得税税率,提高了税收负担,英国曾实行了税率为100%的过分利得税(政府承诺战后退还20%)。美国最高边际税率也曾达到94%。

与发达国家的情况不同,发展中国家个人所得税的产生与战争的联系不是很密切。从亚洲来看,印度、缅甸、斯里兰卡、泰国、印度尼西亚和巴基斯坦等国早在19世纪中叶就已经开征了个人所得税,比法国、德国还早,但这些国家在税制上的这种选择并非出于战争的需要,而是对其宗主国——英国的一种简单

---

① 各国税制比较研究课题组:《个人所得税税制国际比较》,中国财政经济出版社1996年版,第2页。

模仿。同时,这些国家的个人所得税长期以来发展并不是很迅速,远远未达到发达国家的水平。

进入20世纪50年代以后,个人所得税制度发展得更加成熟。尽管这一时期并不存在大规模战争,但个人所得税本身所具有的课税公平、富有弹性和不易重复征税等特点,使其迅速成为各国税制体系中的主体税种。一方面,个人所得税以纯收入为课税对象,实行所得多者多纳税,所得少者少纳税的累进课税制度,同时,规定起征点、免征额及扣除项目,可以照顾低收入者,符合支付能力原则,是一种公认的具有公平特征的税种,该特征也被许多国家政府所运用,使其成为调节收入差距、实现社会公平分配的有效政策工具,这也为个人所得税的迅速发展提供了更大的空间。另一方面,个人所得税与国民收入具有较高的相关性。由于个人所得税实行累进税率,因而它可以在经济发展的不同阶段呈现出较大的弹性,通常能在经济增长过快或经济衰退期间起到自动调节经济的作用,被称为宏观经济的内在稳定器。

20世纪80年代后,随着世界各国以减税为核心的税制改革进程的推进,许多国家个人所得税的地位发生了一定变化,尽管个人所得税在多数发达国家仍居于主要地位,但其增长速度减缓,特别是进入21世纪以来,许多国家的个人所得税占税收收入总额及GDP的比重都呈下降趋势(见表2-1和表2-2)。

根据OECD的统计报告,个人所得税占税收收入总额的非加权平均比重在20世纪60年代中期基本稳定在26.2%的水平,20世纪70年代到80年代中期,这一比重上升到30%左右,而到20世纪90年代中期又回落到27.1%,2005年该比重为24.6%,低于1965年1.6个百分点(见表2-1)。在许多OECD成员国,个人所得税已不再是最大的税种。如果进一步考察各国的具体情况,我们会发现各国之间存在较大差异。比如,2005年斯洛伐克共和国这一比重仅为8.4%,捷克共和国为12.2%,波兰为12.6%,韩国为13.3%,而新西兰和丹麦则分别为41.1%和48.7%。

从个人所得税占GDP的比重看,1965年OECD成员国平均为7.0%,到1980年,该比重上升到10.2%,以后一直保持在10%左右的水平,2005年这一比重下降到9.2%。就具体国家而言,2005年韩国和斯洛伐克这一比重仅为3.4%和2.7%,而丹麦则为24.5%(见表2-2)。这表明,OECD各成员国之间在税收政策上,特别是在针对个人所得征税的政策上存在较大差异。

同时,随着时间的推进,各国个人所得税在发展程度上也存在很大不同。从1965年至2005年,在OECD成员国中,有15个国家个人所得税占税收收入总额的比重有了较大提高,11个国家该比重有所降低。在有些国家,个人所得税发展的速度相当快,比如,加拿大个人所得税占税收收入总额的比重从1965

表 2-1　OECD 成员国个人所得税占税收收入总额的比重(%)

	1965	1975	1980	1985	1990	1995	2000	2004	2005
加拿大	22.6	32.8	34.1	35.2	40.8	37.5	36.8	35.0	35.6
墨西哥									
美国	31.7	34.6	39.1	37.8	37.1	35.8	41.9	34.2	35.1
澳大利亚	34.4	43.6	44.0	45.2	43.0	40.6	37.8	40.2	39.8
日本	21.7	23.9	24.3	24.7	27.8	22.4	21.1	17.8	18.3
韩国		8.5	11.5	13.4	21.1	19.2	14.6	13.6	13.3
新西兰	39.4	54.3	61.6	60.5	48.0	45.0	43.1	41.0	41.1
奥地利	20.0	21.6	23.2	22.9	21.0	21.0	22.2	22.7	22.1
比利时	20.5	32.6	36.3	35.6	31.9	32.6	31.2	30.7	30.5
捷克						12.8	12.9	12.7	12.2
丹麦	42.3	55.8	52.2	50.7	53.2	53.7	51.8	50.8	48.7
芬兰	33.3	38.5	35.7	37.4	34.7	31.1	30.6	30.5	30.7
法国	10.6	10.6	11.6	11.5	10.7	11.4	18.0	17.0	17.3
德国	26.0	30.0	29.6	28.7	27.4	27.5	25.3	22.8	23.3
希腊	6.0	8.9	14.9	13.9	14.1	12.0	14.7	14.1	14.8
匈牙利						16.1	18.6	17.8	18.0
冰岛	19.5	20.2	23.1	19.5	26.9	31.1	34.6	36.9	34.8
爱尔兰	16.7	25.2	32.0	31.3	31.9	31.1	30.0	27.6	27.3
意大利	10.9	15.2	23.1	26.7	26.3	26.0	24.8	25.4	25.5
卢森堡	24.9	27.5	27.0	25.5	23.5	21.7	18.3	17.8	19.0
荷兰	27.7	27.1	26.3	19.4	24.7	18.9	15.1	16.4	18.0
挪威	39.4	31.5	28.5	22.5	26.2	25.9	24.1	23.7	22.1
波兰						22.9	23.0	11.8	12.6
葡萄牙					15.9	17.6	16.7	15.7	15.7
斯洛伐克							10.1	8.5	8.4
西班牙	14.3	14.5	20.4	19.7	21.7	23.6	18.6	17.7	18.0
瑞典	48.7	46.1	41.0	38.7	38.5	33.5	33.3	31.8	31.6
瑞士	33.4	39.2	38.9	39.2	38.8	36.3	34.9	34.8	35.7
土耳其	24.8	32.9	43.5	27.5	26.8	21.6	22.2	14.9	14.7
英国	33.1	40.0	29.4	26.0	29.4	28.8	29.3	28.6	28.6
OECD 平均	26.2	29.8	31.3	29.7	29.7	27.1	26.1	24.6	24.6
OECD 美洲	27.1	33.7	36.6	36.5	39.0	36.7	39.4	34.6	35.4
OECD 亚太	31.8	32.6	35.3	36.0	35.0	31.8	29.1	28.2	28.1
OECD 欧洲	25.2	28.7	29.8	27.6	27.6	25.3	24.4	23.1	23.0

资料来源:OECD, Revenue Statistics 1965—2006,2008。

表 2-2　OECD 成员国个人所得税占 GDP 的比重(%)

	1965	1975	1980	1985	1990	1995	2000	2004	2005
加拿大	5.8	10.5	10.6	11.5	14.7	13.4	13.1	11.8	11.9
墨西哥									
美国	7.8	8.9	10.3	9.7	10.1	10.0	12.5	8.9	9.6
澳大利亚	7.2	11.3	11.7	12.8	12.2	11.7	11.8	12.5	12.3
日本	4.0	5.0	6.2	6.8	8.1	6.0	5.7	4.7	5.0
韩国		1.3	2.0	2.2	4.0	3.7	3.4	3.4	3.4
新西兰	9.4	15.5	18.9	18.8	17.9	16.5	14.5	14.6	15.5
奥地利	6.8	7.9	9.0	9.4	8.3	8.6	9.5	9.7	9.3
比利时	6.4	12.9	15.0	15.8	13.4	14.2	14.0	13.8	13.9
捷克						4.8	4.6	4.9	4.6
丹麦	12.7	21.4	22.5	23.4	24.3	26.2	25.5	25.0	24.5
芬兰	10.1	14.1	12.7	14.8	15.1	14.2	14.5	13.2	13.5
法国	3.6	3.7	4.7	4.9	4.5	4.9	8.0	7.4	7.6
德国	8.2	10.3	10.8	10.3	9.6	10.2	9.4	8.0	8.1
希腊	1.1	1.5	2.8	3.1	3.2	3.0	4.4	3.8	4.0
匈牙利						6.7	7.1	6.7	6.7
冰岛	5.1	6.0	6.8	5.5	8.3	9.7	13.2	14.1	14.4
爱尔兰	4.2	7.2	9.9	10.8	10.6	10.0	9.5	8.3	8.3
意大利	2.8	3.8	6.9	9.0	9.9	10.4	10.5	10.4	10.5
卢森堡	6.9	9.0	9.6	10.1	8.4	8.0	7.2	6.8	7.3
荷兰	9.1	11.1	11.4	8.3	10.6	7.8	6.0	6.1	7.0
挪威	11.7	12.4	12.1	9.6	10.7	10.6	10.3	10.3	9.7
波兰						8.3	7.3	4.0	4.3
葡萄牙					4.4	5.6	5.7	5.3	5.5
斯洛伐克							3.3	2.7	2.7
西班牙	2.1	2.7	4.6	5.3	7.1	7.6	6.4	6.1	6.4
瑞典	17.1	19.2	19.2	18.5	20.3	16.1	17.5	15.9	16.0
瑞士	5.8	9.6	9.9	10.2	10.1	10.1	10.6	10.1	10.6
土耳其	2.6	5.3	7.8	4.3	5.4	4.9	7.2	4.6	4.8
英国	10.1	14.1	10.3	9.8	10.7	10.0	10.9	10.2	10.6
OECD 平均	7.0	9.4	10.2	10.2	10.5	9.8	9.8	9.1	9.2
OECD 美洲	6.8	9.7	10.4	10.6	12.4	11.7	12.8	10.3	10.7
OECD 亚太	6.9	8.3	9.7	10.1	10.6	9.5	8.8	8.8	9.0
OECD 欧洲	7.0	9.6	10.3	10.2	10.3	9.6	9.7	9.0	9.1

资料来源:同表 2-1。

年的 22.6% 上升到 1990 年的 40.8%,以后又逐步回落,2005 年该比重为 35.6%。新西兰的个人所得税占税收收入总额的比重从 1965 年的 39.4% 上升到 1980 年的 61.6%,2005 年又降低到 41.1%。另外,1965 年至 2005 年间,荷兰、挪威和瑞典的个人所得税在税收收入总额中所占比重都大幅度下降。这说明,随着世界各国税制改革的推进,许多国家对个人所得税的依赖程度在进一步减弱。

二、个人所得税课税模式

世界各国个人所得税的课税模式一般可分为三种,即分类所得税模式、综合所得税模式和二元或混合所得税模式。

(一) 分类所得税模式(scheduler pattern of income taxation)

这种模式是将所得按来源划分为若干类别,对各种不同来源的所得分别计算征收所得税。例如,可将所得额按工资薪金所得、股息利息所得、营业利润所得、租金所得分成若干类,对工资薪金或其他劳动报酬课以薪金报酬所得税,对股息利息所得课以股息、利息所得税,对营业利润所得课以营业利润所得税,对土地和房屋得到的租金所得课以不动产所得税,等等。分类所得税模式的优点,一是可以按不同性质的所得分别采用不同的税率,实行差别待遇;二是广泛采用源泉课征法,从而既可以控制税源,又可以减少汇算清缴的麻烦,节省稽征费用。这种模式的缺点是不能反映按纳税人的真正纳税能力,有失公平。

分类所得税模式最早创始于英国,但今天纯粹采用分类所得税模式的国家已经很少,即使采用,也是将其与综合所得税模式配合使用。

(二) 综合所得税模式(global pattern of income taxation)

这种模式是对纳税人全年各种不同来源的所得(包括以现金、财产或劳务等各种形式取得的收入)综合计算征收所得税。其突出的特征就是无论纳税人收入来源于什么渠道,也无论其收入采取何种形式,都将其各种来源和各种形式的收入加总求和,统一计算课征所得税。这种模式的主要优点一是最能体现纳税人实际负担水平,符合支付能力原则或量能课税的原则,二是可以作为调节社会经济的“自动调节器”,有利于调节个人之间的收入差距;缺点是手续较复杂,要求纳税人具有较高的法制意识和健全的财务会计,同时要求税务部门具有先进的税收管理制度。

综合所得税模式产生于 19 世纪中叶的德国,此后便迅速发展,逐渐被越来越多的国家所接受,成为当代所得税课征制度的一个重要发展趋势。目前,美国等发达国家大都采取这一模式。

（三）二元或混合所得税模式（dualistic or mixed pattern of income taxation）

这种模式也称分类综合所得税模式，它将分类所得税和综合所得税合并，也就是说，对纳税人的各类所得先课以分类所得税，然后再按其全年所得总额，对一定数额以上的所得运用累进税率征税。这种模式兼具分类和综合两种所得税课税模式的优点，既采用差别税率对不同来源的所得课税，又以累进税率对大额所得课税，因此，它既坚持了按支付能力课税的原则，对纳税人不同来源的收入综合计算征税，又坚持了对不同性质的收入实行区别对待的原则，对所列举的特定收入项目按特定办法和税率课税。在各国具体的税务实践中，分类综合所得税又可分为交叉型分类综合所得税和并立型分类综合所得税两种类型。

英国是实行交叉型分类综合所得税的典型国家。英国实行所得分类表制度，它先就各表收入扣除必要费用（某些项目不允许费用扣除）后的余额按标准税率从源扣缴，纳税年度结束时再计算全年总所得，根据纳税人在规定期限内提出的结算申报，从总所得中减除各项减免扣除项目，就其余额根据累进税率确定当年应纳税额，对从源扣缴时的已纳税款在结算时予以抵免，多退少补。这种分类征收和综合申报的结合，体现了分类与综合互相联系、互相交叉的特征。

日本是实行并立型分类综合所得税的典型国家。日本税法将纳税人的收入项目分为10类，按三种方法计征个人所得税：一是综合计征法，适用于不动产所得、经营利润、工薪收入、临时所得、其他收入；二是分类计征法，适用于退休金、林业收入；三是综合或分类选择计征法，适用于利息、股息和资本利得。

目前，世界各国由于历史文化背景不同，收入水平和征管水平存在差异，个人所得税的课征模式也不尽相同。在欧洲，除葡萄牙、英国采取分类综合课税模式外，其他国家采取的都是综合课税模式；在拉丁美洲，除尼加拉瓜、多米尼加、厄瓜多尔、智利实行分类综合所得税课税模式外，大部分国家和地区实行的是综合课税模式；在非洲，苏丹实行分类课税模式，塞内加尔、莱索托、摩洛哥、喀麦隆、突尼斯、阿尔及利亚、安哥拉等实行的是分类综合所得税课税模式，其他各国和地区实行的是综合课税模式；在亚洲，约旦、黎巴嫩等国实行的是分类课税模式，其他国家和地区实行的基本上皆为综合课税模式；大洋洲各国和地区实行的也皆是综合所得税课税模式（见表2-3）。

表 2-3　世界部分国家个人所得税的课税模式

国家	课税模式	国家	课税模式
部分发达国家		部分发展中国家	
英国	分类综合制	印度	综合制
法国	综合制	韩国	综合制
比利时	综合制	菲律宾	综合制
奥地利	综合制	印度尼西亚	综合制
荷兰	综合制	马来西亚	综合制
芬兰	综合制	老挝	分类制
葡萄牙	分类综合制	黎巴嫩	分类制
西班牙	综合制	苏丹	分类制
希腊	综合制	喀麦隆	混合制
德国	综合制	南非	综合制
丹麦	综合制	刚果	综合制
爱尔兰	综合制	部分中东欧国家	
意大利	综合制	俄罗斯	综合制
瑞典	综合制	匈牙利	综合制
挪威	综合制	捷克	综合制
卢森堡	综合制	罗马尼亚	综合制
瑞士	综合制	保加利亚	综合制
美国	综合制	克罗地亚	综合制
加拿大	综合制	白俄罗斯	综合制
日本	混合制	立陶宛	综合制

资料来源：夏琛舸：《所得税的历史分析和比较研究》，东北财经大学出版社 2003 年版，第 149 页。

三、个人所得税纳税人

个人所得税纳税人的确定与税收管辖权密切相关。税收管辖权是指一国政府在征税方面所行使的管辖权力，是国家主权在税收方面的体现。税收管辖权一般根据属地主义和属人主义两个原则确定，以此决定的税收管辖权也分为公民或居民税收管理权和地域税收管理权两种类型。如果根据一定标准，纳税人被认定是税收居民或公民，则该纳税人须承担无限纳税义务，即对其全球范围内的所得课征个人所得税；纳税人如果是非居民个人，则只承担有限纳税义务，即仅对其来源于本国境内的所得课征个人所得税。

在具体实践中，世界各国通常按照三个标准来对纳税人的税收居民身份进行认定：(1) 住所标准，即纳税人如果在本国境内有永久性住所或习惯性住所，就是本国居民；(2) 时间标准，即自然人如果在本国境内居住或停留超过一定时间，就是本国居民；(3) 主观意愿标准，即自然人如果有在本国境内居住的意愿就可认定为本国居民。表2-4为世界部分发达国家与发展中国家自然人居民的认定标准。

表2-4　世界部分国家居民自然人的认定标准①

国别	自然人居民身份的认定标准
美国	1. 所有为移民之目的,法律许可的永久性居民,即"绿卡"持有者 2. 满足"经常逗留标准"的个人,即当年在美国逗留不少于31天,并且在最近3年内在美国逗留的总时间在183天以上的个人
加拿大	1. 与加拿大有实际经济联系,考虑是否拥有住宅、信用卡、银行账户、社会和经营关系 2. 在加拿大有自己和家庭固定住所 3. 在一个日历年度内,在加拿大逗留183天以上
日本	1. 在日本居住1年以上且拥有住所 2. 居住时间5年以上为永久居民
荷兰	1. 主要依据事实,而不是法律,在荷兰具有居民身份 2. 夫妻双方中的任何一方,有意愿表明要在荷兰居住
爱尔兰	1. 在爱尔兰永久定居 2. 一个财政年度中,在爱尔兰居留超过183天 3. 前10年中,每一年平均居留超过90天,从第5年开始认定为居民,负无限纳税义务 4. 在爱尔兰求职,并有长期住所
法国	1. 在法国有永久性住所或者家庭在法国 2. 根据主要居留测定,一个财政年度内在法国居留时间超过183天,主要在法国从事专业性活动 3. 主要的经济活动中心在法国
印度	1. 一年内在印度停留182天以上,或者一个季度内在印度停留60天以上 2. 在前4年内累计停留时间达365天
韩国	1. 在韩国有住所 2. 在韩国居住1年以上
俄罗斯	一个日历年度在俄罗斯境内居住183天以上

注:① 世界各国对居民自然人的认定标准十分复杂。许多国家税法规定:只要纳税人满足其中一个标准,即可以被认定为居民自然人。

资料来源:国家税务总局税收科学研究所:《外国税制概览》,中国税务出版社2004年版。

四、个人所得税税基的确定

个人所得税税基即应纳税所得额(taxable income),它通常是基于纳税人在纳税年度内取得的总所得扣除必要的费用后确定的。一般来讲,确定应税所得应遵循两个原则:一是以净额为标准界定应税所得,也就是说,纳税人在取得收入时所发生的一些费用可以从其总收入中扣除，当然并非所有费用都准予扣除，在具体操作中各国都有不同的规定；二是应税所得是从广义上来讲的，即凡是以现金表示的各种所得都应计入应税所得，至于以实物形式体现的所得是否也应列入应税所得，理论上有不同的观点，实践中各国也各有不同的做法。实际上，个人所得税税基的确定涉及三个主要问题，一是如何界定所得，二是费用扣除的项目和标准，三是对于特殊类型所得的税务处理。

（一）关于所得的界定

关于所得的界定在税收理论上历来有不同的学说，在实践中各国也各有不同的做法。代表性的观点主要有：

1. 周期说或所得源泉说

这种观点认为，征税所得的来源应该具有规则性，即具有循环性、反复性和周期性，那种一次性或偶然性所得不能列入征税所得之列。也就是说，个人所得税的征税对象应是工资、薪金、利息、利润等具有反复出现特点的所得项目，而财产转让收入、债务豁免等具有偶然性特点的所得项目则不应征税。比如，澳大利亚对所得的界定通常强调周期性、规则性和可变现性，而对诸如赌博或彩票等非周期性所得则不征所得税。

2. 净值说或纯资产增加说

这种观点认为，所得是指某人的经济力量在两个时点之间净增长的货币价值。这一学说单纯强调货币价值的增加，而不管来源是否具有规则性，也就是说，所得不仅包括反复连续发生的收益，而且还包括临时性、偶然性、恩惠性的所得。以这一学说为基础确定的所得能更好地体现个人所得税的公平原则，但可能会带来操作上的困难。

3. 净值加消费说

这种观点是以美国经济学家海格和西蒙斯（R. M. Haig & H. C. Simons）的综合所得概念为基础形成的。他们认为，所得是个人财富增加的总量，凡能增加一个人满足程度的东西都应列入所得。因此，各种来源的所得，不论是经常的还是偶然的，规则的还是不规则的，已实现的还是未实现的，都属于所得的范围。这一学说的主要优点在于注重税收公平，使所得接近真实所得，从而能在更大程度上反映一个人的纳税能力，使所得税更符合按能力负担的原则。但是，按这一学说设计的所得税在具体操作上可能难度更大。

4. 交易说

这是从会计学角度来界定所得的一种学说。这种观点认为，所得就是某一时期一切在交易基础上实现的收入减去为取得这些收入而消耗的成本费用，再减去同期亏损后的余额。这种观点的优点在于以其为基础的所得税的设计比较简单,便于征收管理。但是,按这种观点界定的所得仅限于交易所得,不能真实反映纳税人的纳税能力,有背于税收的公平原则。

当然,在具体的实践中,受经济发展水平、税收征管水平、伦理道德等因素的制约,各国对所得的界定也存在很大差异。

(二)确定税基时的费用扣除

由于各国国情不同,在确定个人所得税应纳税所得额时,关于扣除项目的规定也存在差异(见表2-5),但总体上可归纳为五大类。

表2-5 世界部分国家确定个人所得税时的主要扣除项目

国家	扣除项目
加拿大	1. 奖金在限额内允许扣除 2. 提取的退休金按规定扣除 3. 个人按规定扣除生计费 4. 经营性利息据实列支 5. 捐赠在限额内列支 6. 对亲戚的生活资助在限额内列支 7. 医疗费在限额内列支
美国	1. 标准扣除。根据不同的纳税身份确定,老年人或残疾人还可享受额外扣除。每年根据通货膨胀进行指数化调整 2. 分项扣除。包括医疗费用、慈善捐赠、住宅抵押贷款利息、州和地方所得税、财产税、偶然损失和其他杂项费用
澳大利亚	1. 一般扣除,包括获取应税所得或经营过程中发生的必要费用 2. 符合条件的教育费支出在限额内列支 3. 赡养费全部扣除 4. 慈善捐赠可全部扣除,政治性捐赠按限额扣除
日本	1. 对人的扣除,包括基础扣除、配偶特别扣除、抚养扣除、老人扣除等,按规定标准扣除 2. 对事的扣除,包括社会保险费、小企业互助基金、人寿保险费、财产保险费、灾害损失扣除、医疗费、捐款等,按规定标准在限额内扣除
韩国	1. 基本扣除,每人每年100万韩元 2. 附加扣除,适用于老年人、赡养的残疾人或其他有赡养负担者 3. 小家庭扣除 4. 特别扣除,指限额内的保险费支出、医疗支出、教育支出、住房贷款利息支出、捐赠支出等
巴西	1. 个人基本扣除 2. 赡养费和养老缴款 3. 医疗费和医疗保险支出 4. 教育支出限额扣除 5. 与收入有关的诉讼费和律师费
俄罗斯	1. 标准化扣除,指针对某部分纳税人规定一个统一标准的最低定额扣除 2. 专项扣除,包括社会类、财产类和职业技能类三类税收扣除

1. 成本费用扣除

这种扣除是指为了产生或得到应税收入而发生的成本和费用。它必须是与取得所得密切相关的费用支出,对此,各国都明确规定了具体的标准。

2. 个人基本扣除

这种扣除也称生计扣除,是指为补偿劳动者的基本消耗,以实现简单再生产为目的的扣除,这部分扣除通常被认为是维持基本生活所必需的。个人基本扣除可采取两种办法:一是所谓的起征点,即当纳税人的应税所得没有达到规定的基本数额时,不征税,而一旦达到规定的数额,其全部所得都要纳税;二是通常所说的免征额,即不论个人所得多少,一律给予扣除规定的数额,比如,美国和加拿大的标准扣除,这一扣除标准一般每年都要根据通货膨胀情况进行指数化调整。

3. 赡养扣除

这是根据纳税人的家庭结构、婚姻和子女状况来确定的扣除。这种扣除通常对无收入来源的配偶和子女规定不同的标准,有些国家还根据子女的数量、年龄和子女之中是否有残疾者等具体情况做出了不同的规定。

4. 个人特许扣除

这是为了照顾某些纳税人的特殊开支需要,实现真正对净所得征税而给予的扣除,比如,某些纳税人因身体原因而发生大量的医疗费、为子女所负担的学费、由于未投保而受到的灾害损失、老年人和残疾人的照料费等。

5. 再分配性扣除

这是为了体现国家在个人所得税方面的优惠税收政策而给予的扣除。这类扣除的目的是鼓励纳税人按一定方向分配其所得,以实现国家的某些政策目标。比如,鼓励纳税人将其所得用于政府鼓励的经济活动,或者用于某种储蓄或某种消费。在加拿大,纳税人的风险投资允许扣除,纳税人用于注册养老金计划的储蓄也允许扣除。

(三) 特殊所得的税务处理

在具体的税务实践中,由于世界各国对所得的界定不同,税收政策目标和税收征管水平存在差异,因此,各国对某些特殊类型的所得也存在不同的税务处理。

1. 对附加福利的税务处理

从形式上看,所得可分为现金所得(income in cash)和实物所得(income in-kind)两种。实物所得通常是指除现金所得以外的各种利益,即附加福利(fringe benefits),它是指由雇主向雇员及其家人提供的各种权利、特权、劳务和工具设备等福利的总称。这种附加福利可以表现为汽车福利、停车福利、放弃债权福利、贷款福利、住房福利、报销费用、用餐福利、财产福利等。

在确定个人所得税税基时,如何对附加福利进行税务处理不仅要考虑税收公平目标,还应考虑税收的征管水平。从总体上看,世界各国对附加福利的税务处理有三种模式:

(1) 单独课征附加福利税。这种模式是对雇主向雇员提供的附加福利单独课征附加福利税,纳税人为雇主,雇员在计算个人所得税税基时无须计入其获得的附加福利。附加福利税的税率一般按照个人所得税的最高边际税率确定,目前采取这种模式的国家主要有澳大利亚和新西兰。

(2) 把附加福利计入个人所得税税基。这种模式是把个人所获得的附加福利按一定标准计入个人所得税税基,缴纳个人所得税。例如,美国税法规定,总所得不仅包括现金分红,还包括现金以外的资产分红,资产分红原则上应以分配时该资产的市场公正价格计入总所得。加拿大税法明确规定,个人所得不仅应包括工资、薪金及各种报酬,还包括雇主为雇员提供的各种附加福利,比如,公司提供的小汽车、公司为雇员提供的各种低息或无息贷款等,这些附加福利都按一定标准计入总所得。

(3) 对附加福利不征税。许多发展中国家从便于征管的角度出发,对于公司提供的免费或低价工作午餐、免费幼儿园入托、免费医疗、免费住房等给予免税。

2. 对转移所得的税务处理

转移所得是指纳税人无须付出任何代价而从其他人或从政府那里得到的所得。转移所得是所得分配环节中的一种再分配,这种再分配在一定程度上改变了纳税人作为所得的创造者而相应得到的初次分配。典型的转移所得是离婚赡养费和通过社会保障制度提供的福利。

对于转移所得的税务处理,发达国家的普遍做法是,因离婚所得到的赡养费一般列入征税范围,而对社会保障制度提供的福利则免税。美国、加拿大、墨西哥、哥伦比亚以及所有欧盟国家,都对社会保障福利实行免税,同时允许社会保障缴纳者在确定应税所得时扣除这些缴款,以体现政府特定的社会政策目标。在多数发展中国家,转移所得尚未纳入个人所得税的征税范围。

3. 对于推算所得的税务处理

推算所得(imputed income)是指由纳税人本人生产产品或提供服务,并由其本人消费这些产品或服务而得到的隐含性收入。典型的推算所得有两种,一是住宅所有者自己使用住宅,无须支出租金而享受的服务。比利时、意大利和哥伦比亚等国对住宅拥有者自己使用其住宅而得到的推定所得征税,原则上以位置和质量都类似的住宅的净租金收入作为计税依据。而在美国和其他许多国家对这种推算所得则仍实行免税,原因是确定推算所得的难度较大。第二种推算所得是农场主自己生产自己消费而不出售的农产品，特别是食品。在低收入的发展中国家，自给自足在经济中仍占相当大的比重，如果对这种推算所得征税，则会导致一方面所得的确定难以准确，征税成本较高，另一方面自给自足者一般为低收入的农民，对其征税不符合公平原则。因此，多数国家都没有把推算所得列入征税范围。

五、个人所得税的税率

(一) 税率的主要形式

从世界各国个人所得税的实践看，各国个人所得税税率的形式主要有三种类型。

1. 超额累进税率

在开征个人所得税的国家中，除少数国家实行比例税率外，多数国家对个人应纳税所得额都实行超额累进税率。

从历史上看，19 世纪末累进税率开始受到青睐。累进税率最初可分两种形式。一种是德国式，它接近于现代所得税的累进结构；另一种是英国式，即采用标准税与附加税相结合的形式，先征收比例税率的标准税，再对较高所得征收累进税率的附加税。在引进累进税率之初，累进税率的级次较少，累进程度较低。第一次世界大战后，累进税率的级次逐渐增多，累进程度不断提高。在第二次世界大战期间，累进程度达到前所未有的水平，许多国家的最高边际税率达到 70%、80%，甚至超过 90%。第二次世界大战后，税率的累进程度有所降低。20 世纪 80 年代中期以后，税率级次普遍减少，累进程度大幅度降低。

考虑到通货膨胀的影响，大部分国家采用指数化办法每年都对各纳税级次的应纳税所得额进行调整。

2. 非勤劳所得适用税率

在采用分类所得税模式的国家中，对于工薪等勤劳所得一般使用累进税率，但对于非勤劳所得一般使用比例税率，并从源代扣代缴。在采用综合所得税模式的国家中，部分国家的所得综合不够全面，将非勤劳所得划出，单独实行比例税率，也从源代扣代缴。① 此外，有些国家对资本利得专门适用较低的比例税率。②

3. 预提所得税税率

预提所得税的纳税人不仅包括自然人，还包括法人，这里指的是个人所得税适用的预提税率，其对象具体包括利息、股息、租金和特许权使用费。从世界

---

① 有的国家在分类征收后，再与其他所得汇总计税。

② 参见本书第四章第一节。

各国的情况看，对非居民适用的预提税率一般为25%、20%或15%的国家和地区比较多。各国的普遍做法是对与本国有税收协定的国家的非居民适用相对优惠的税率。

（二）个人所得税税率的改革趋势

自20世纪80年代以来，大多数发达国家个人所得税税率呈现出最高边际税率下降、税率档次减少的趋势。OECD成员国个人所得税平均税率从1980年的67%下降到2005年的43%，所有国家的最高边际税率都下降到50%以下（见表2-6）。20世纪90年代以来，中东欧许多处于转型时期的国家还采用了单一税率（见表2-7），特别是2001年俄罗斯实行单一税率取得了较好效果，从而引发了人们对单一税制的浓厚兴趣。

表2-6　20世纪80年代以来部分国家个人所得税最高边际税率变动情况（%）

	1980	1985	1990	1995	2000	2005	2007
澳大利亚	62	60	49	47	47	47	45
奥地利	62	62	50	50	50	50	50
比利时	76	76	55	58	58	52	50
加拿大	60	50	44	44	44	44	29
芬兰	65	64	63	55	52	37	32
法国	60	65	53	51	54	48	40
德国	65	65	65	66	59	42	45
希腊	60	63	50	45	43	40	40
爱尔兰	60	65	58	48	42	42	41
意大利	72	81	66	65	50	45	43
日本	75	70	65	65	60	37	40
韩国	89	65	60	48	44	36	35
卢森堡	57	57	56	50	49	38	38
墨西哥	55	55	40	35	40	40	28
荷兰	72	72	72	60	52	52	52
新西兰	62	66	33	33	39	39	39
葡萄牙	84	69	40	40	40	40	42
土耳其	75	63	50	55	45	40	35
英国	83	60	40	40	40	40	40
美国	70	50	33	42	42	35	35
OECD平均	67	63	53	50	47	43	—

资料来源：OECD，Taxation of Wage Income，2006。2007年数据根据各国税务部门网站数据整理。

表 2-7　部分中东欧国家个人所得税单一税率

国家	税率(%)	实施时间
爱沙尼亚	26	1994 年
立陶宛	33	1994 年
拉脱维亚	25	1995 年
俄罗斯	13	2001 年
塞尔维亚	14	2003 年
斯洛伐克	19	2004 年
乌克兰	13	2004 年
格鲁吉亚	12	2005 年
罗马尼亚	16	2005 年

六、纳税单位

界定个人所得税的纳税单位的制度可分为个人制和家庭制两种类型。在实践中,各国由于历史背景、社会传统不同,因而在纳税单位的确定上,其税法中也有不同的规定。有些国家把已婚夫妇也作为单独的纳税者,各自独立申报纳税(比如,加拿大);有些国家把已婚者统一作为一个纳税单位,联合申报纳税(比如,美国)。

(一) 个人制

个人制以独立的个人作为个人所得税的申报纳税单位,具体又分为未婚者单独申报和已婚者单独申报等形式。目前,加拿大、日本、奥地利等国都以个人为纳税单位。选择个人制的优点在于体现了婚姻中性(marriage neutral),对结婚既不鼓励也不惩罚,如果夫妻双方收入水平相当,则婚前与婚后个人所得税的税负没有变化。但是,这种制度也存在一定的缺点:(1) 这种制度是建立在个人主义的理论基础之上的,这种理论与两个人的婚姻甚至同居关系的实质不相容,在实践中容易出现家庭成员通过分散资产、分计收入的办法分割所得进行避税的现象。特别是当夫妻双方收入悬殊,一方需要纳税或适用较高档次的累进税率,而另一方则不需要纳税或只适用较低累进税率时,通过分割收入来避税的情况更容易发生。(2) 以个人为基础的制度不符合按能力负担的原则,因为即使在取得相同收入的情况下,由于不同纳税人赡养的人口数量不等、家庭负担不同,因而其纳税能力也不同,而对每个纳税人课征相同的税则有失公平。(3) 从家庭角度看,以个人为纳税单位可能会出现收入相对高的家庭不必纳税,而收入相对低的家庭反而纳税的情况。

(二) 家庭制

家庭制以家庭为个人所得税的纳税单位,包括已婚夫妇联合申报和户主申报等形式。这种制度的特点是纳税人申报纳税时必须将夫妻或全体家庭的收入加总。其优点在于:一是确定税收负担时充分考虑了家庭成员的收支状况,有利于保证税收负担的公平合理;二是可以防止家庭成员之间通过资产或收入的分割进行避税。然而,这种制度也存在一定的缺点:一是可能会对婚姻产生干扰,会鼓励收入悬殊的一对结婚,而惩罚收入接近者结婚,形成婚姻歧视;二是家庭制可能会降低妇女参加工作的意愿,特别是在税级档次多、税率高的情况下,如果妇女参加工作,其获得的收入要与丈夫合并计算,从而使其所得上升到较高的纳税档次,增加税收负担,因此从效用最大化的角度看,许多妇女宁愿选择不工作。

从理论上讲,纳税单位的选择应遵循一定的标准,包括:(1) 结婚与否不应受到税收的影响,即税收不应成为影响人们选择结婚与否的因素;(2) 拥有相同收入或财产的夫妇(丈夫与妻子)应得到相同的税收待遇,至于财产在其内部如何分配不应影响其纳税;(3) 丈夫与妻子间财务的安排不应受复杂税制的影响;(4) 税制应在单身纳税者和已婚纳税者之间体现税收待遇上的公平,同时,已婚夫妇中依赖单一劳动者的和夫妇共同取得收入的税收待遇也应公平;(5) 税收上的任何安排都应力求使纳税人明确其纳税义务以及有利于税务当局的税务管理;(6) 每位纳税者都有权保留其纳税方面的隐私。当然,在具体操作中,这些标准之间也经常出现矛盾。因此,各国在纳税单位的具体选择上通常根据本国的历史习惯来确定。

七、个人所得税的征收方法

个人所得税的征收方法主要有四种,即课源法、申报法、测定法和估计法。在具体的实践中,各国都综合运用这四种方法,但侧重点不同,因而形成了不同的特色。

(一) 课源法

课源法也称源泉扣缴法,是指在所得发生的当时当地,由支付者(即扣缴义务人)按规定税率扣缴所得者应负担的税款,直接上缴国库。一般来讲,支付工资、薪金、利息、股息、地租、房租等,通常都由支付单位预扣税款,然后汇总缴纳给税务机关。

这种方法的优点在于:能够控制税源,减少逃漏税与滞纳税,征管手续简便,节省征收成本;同时,采用课源法还可以根据各种不同所得的性质课以不同的税率;税款随所得的发生分期缴纳,每次数额较少,不会造成纳税人因税负过重而纳税困难。但是,这种方法的不足之处于在只能适用于一部分所得,不能适用于全部所得,特别是对经营所得无法进行源泉扣缴。

(二) 申报法

申报法是指纳税人按照税法规定在纳税期终了后的一定期限内,自行申报其所得,自行计算或由税务机关计算其总所得额,允许扣除相关费用及个人宽免额。如果计算全过程或大多数计算步骤由纳税人完成,征收机关需要对申报表进行调查或审核,通常是抽查。美国和加拿大每年通常要对2%—5%的申报表进行审查。这种方法的优点在于,纳税人参与税收计算的全过程,这使其对税收制度有较清晰的了解,可以激发人们的纳税意识,自觉地了解税收制度,发挥舆论监督作用,从而促进税制更加公平合理。但是,这种方法的不足在于,由于是由纳税人自行申报所得,因此容易出现匿报、短报现象,而且对纳税人的要求比较高。鉴于此,申报法主要在人们纳税意识比较强的发达国家实行。

(三) 测定法

测定法也称推断法,是指根据纳税人所表现的外部标志推定其所得,再按规定征税。测定法在具体税务实践中可分三种:一是净值法,即根据纳税人财产净值的多少来推定其所得额大小,决定其应纳税额;二是消费支出法,即根据纳税人平时生活水平与各种消费支出的数额来推测其所得,决定其应纳税额;三是银行账户法,即根据纳税人银行往来账户的情况决定其所得额和应纳税额。测定法对申报法和课源法等征纳程序难以掌握的所得,可起到重要补充作用。然而,仅从外部标志来推定所得主观性较强,因而不能作为主要的征税办法。

(四) 估计法

估计法是指对某些纳税人根据历史上的一些资料估算其应纳税额的方法,这种方法一般适用于对个人独资企业、个体工商业者征税。法国至今为止还在使用各种估计法,非洲许多欠发达国家也使用这种方法。

第二节 发达国家的个人所得税制度

一、美国的个人所得税制度①

个人所得税在美国联邦税收收入中一直居第一位。2005年,美国个人所得

① 指美国联邦个人所得税制度。

税占税收总额的比重为35.1%,占GDP的比重为9.6%,高于OECD成员国的平均水平。美国是世界个人所得税制度最完整也是最复杂的国家之一。

(一)纳税人

美国的纳税人分为公民、居民和非居民。公民和居民负有无限纳税义务,非居民负有有限纳税义务。在美国,判定一个人是否为美国居民必须依据一系列相关的客观标准。一般符合下列条件的外国人属于美国居民:

(1)所有以移民为目的,法律许可的永久性居民,即"绿卡"持有者;

(2)满足"经常逗留标准"的个人,即当年在美国逗留不少于31天,并且在近3年内在美国逗留的总时间在183天以上的个人。

(二)课税对象与税率

1.课税对象

美国个人所得税的课税对象是指除了法律规定不予计列的以外任何来源的全部所得,包括以任何形式实现的所得。具体的计税依据为应纳税所得额。一般来讲,纳税人应纳税所得额必须经过一系列复杂的扣除才能确定。为了便于说明,我们用下面的公式表示:

$$TI = AGI - PE - MAX(SD, ID)$$

其中,TI(taxable income,简称TI)为应纳税所得额;AGI(adjusted gross income,简称AGI)为调整后总所得;PE(personal exemption,简称PE)为个人免征额;SD(standard deduction)为标准扣除额;ID(itemized deduction)为分项扣除额,纳税人可以自主选择标准扣除或分项扣除。

(1)调整后总所得。调整后总所得,是指纳税人取得的全部所得经过调整后所确定的所得,它是确定应纳税所得额的第一步。尽管调整后总所得不等于应纳税所得额,但该项在所得税中仍起着十分重要的作用,它是衡量纳税人税前所得的一个重要指标,也是影响税收扣除及相应税收抵免的一个重要因素。调整后总所得直接影响纳税人应纳税额的多少。

调整后总所得等于应纳税收入总额减去调整项目。应纳税收入主要包括工资和薪金收入(包括自雇者的各种收入)、附加福利收入、实物收入、失业补偿金、银行存款及债券利息、股息、已实现的资本所得、租金收入和特许权使用费、非公司的经营利润、公司养老金及退休津贴、退休储蓄计划的补助拨款、残疾津贴、赡养费、非免税的奖金和奖学金。

调整项目包括经营费、雇主退还给雇员(并包括在雇员收入总额中)的经营费、支付给原配偶的赡养费、搬家费、学生贷款利息扣除、学费。自雇者还应减掉其部分健康保险支出,特别是退休储蓄计划的缴款等。

调整后总所得包括现金形式和实物形式两部分。实物形式的所得应按公平市场价格确定。当然,有些实物形式的所得属于免税部分,比如雇主为雇员购买的健康保险、牙医保险和集体人寿保险等。

(2) 个人免征额。个人免征额是指纳税人从调整后总所得中扣除的固定数额,这种扣除可以是为纳税人本人或配偶(如果是联合申报)进行的扣除,也可以是为符合条件的被抚养人进行的扣除。符合条件的被抚养人包括年龄在19以下(如果仍接受教育可到24岁)的儿童或其他符合条件的亲属。这些被抚养者必须拥有社会保障号码,并与纳税人一起生活至少半个纳税年度,且依赖纳税人的资助生活。免征额每年须根据物价变动进行指数化调整。

美国税法规定,对于高收入者,个人免征额会随着收入的提高逐渐减少。在实践中,通常根据纳税人的调整后总所得来确定个人免征额。

(3) 标准扣除和分项扣除。纳税人可以从调整后总所得中冲减的另一项固定数额为标准扣除额。纳税人可以选择按标准扣除额扣除,也可以选择按项目扣除,择其数额高者扣除。标准扣除额根据纳税人是单身、户主还是已婚(联合申报)来确定。比如,2005年度,联邦个人所得税的标准扣除额单身纳税人为5 000美元,联合申报者为10 000美元,而户主为7 300美元。此外,纳税人如果是盲人或者年龄在65岁以上的老人,还可享受一定的附加标准扣除。在实践中,纳税人还可以选择采取对一定费用开支进行分项扣除的办法。不过,这些费用并不是为取得收入而发生的,因此,分项扣除的目的并不是计算净所得。纳税人可以申报进行分项扣除的部分包括捐献给慈善机构的现金和财产价值、已缴纳的州和地方政府的所得税和财产税、抵押贷款的利息、医疗费、不能从保险公司得到赔偿的意外损失(在一定限额内),以及限额内的其他扣除。

分项扣除与标准扣除的不同之处在于,标准扣除取决于纳税人的纳税身份,而分项扣除则取决于纳税人如何支付其所得。美国政府规定纳税人某些支出项目可以进行分项扣除,从而可以减少纳税人的应纳税所得额,实际上,这相当于政府对纳税人按其边际税率对某些支出给予补助。美国联邦个人所得税中纳税人应纳税所得额的计算可用图2-1加以概括。

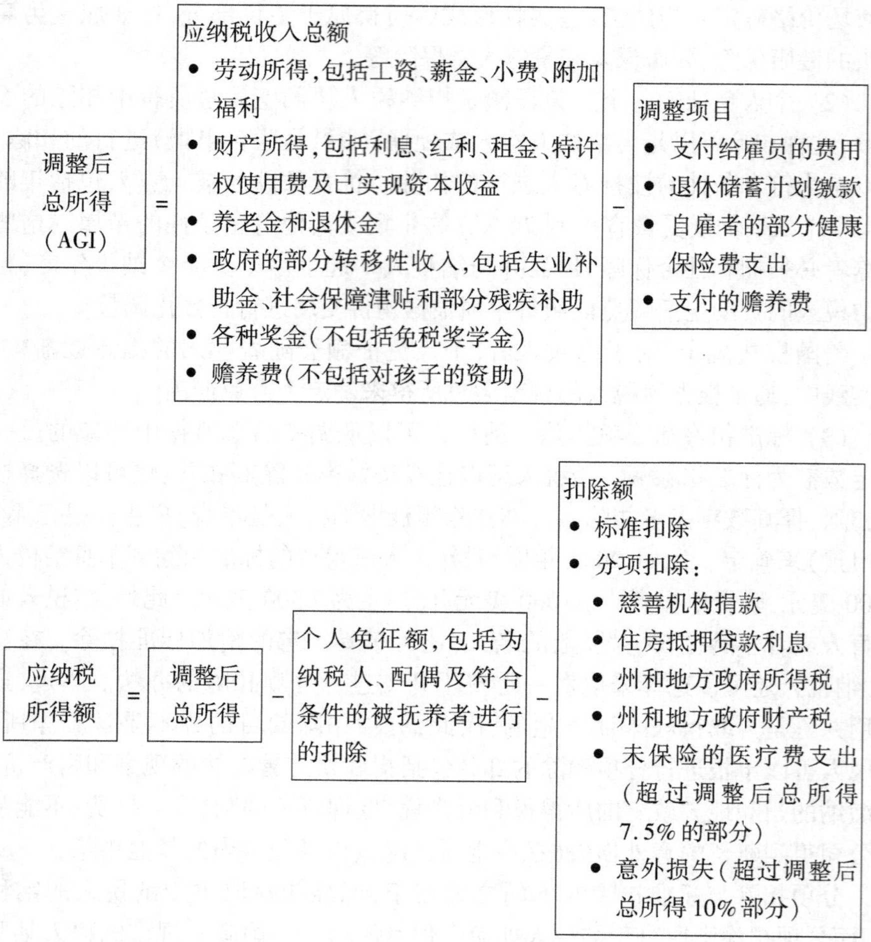

图 2-1　美国个人所得税税基①

2. 税率

在美国,纳税人在进行纳税申报时,首先应明其确纳税身份,再根据不同的纳税身份来确定其应税所得以及适用的税率,其中,税率表中应纳税所得额的数额每年都根据物价情况进行指数化调整。表 2-8 详细列示了 2007 年美国个人所得税中不同身份纳税人适用的税率。

---

① 参见 Neil Bruce, *Public Finance and the American Economy*, Addison-Wesley Educational Publishers, 1998。

表 2-8　美国个人所得税税率表(2007 年度)

级数	应纳税所得额(美元) 单身	应纳税所得额(美元) 户主	税率
1	0—7 825	0—11 200	10%
2	7 826—31 850	11 201—42 650	15%
3	31 851—77 100	42 651—110 100	25%
4	77 101—160 850	110 101—178 350	28%
5	160 851—349 700	178 351—349 700	33%
6	349 700 以上	349 700 以上	35%

级数	应纳税所得额(美元) 已婚联合申报	应纳税所得额(美元) 已婚单独申报	税率
1	0—15 650	0—7 825	10%
2	15 651—63 700	7 826—31 850	15%
3	63 701—128 500	31 851—64 250	25%
4	128 501—195 850	64 251—97 925	28%
5	195 851—349 700	97 926—174 850	33%
6	349 700 以上	174 850 以上	35%

资料来源:www. irs. gov。

(三) 税收抵免

税收抵免是政府为了实现某些政策目标,通过冲减应纳税所得额的方式提供的一种税收优惠措施。税收抵免一般是从应纳税所得额中扣除,直接减轻纳税人的税负。在实践中,税收抵免一般分为两种类型,一是可返还性的税收抵免(refundable tax credit),即当税法规定的抵免额大于应纳税所得额时,纳税人不仅不需要纳税,而且还可以获得政府的退税;二是不可返还性的税收抵免(non-refundable tax credit),即当税法规定的抵免额大于应纳税所得额时,纳税人的纳税义务为零,但纳税人不能得到退税。税收抵免额通常随着纳税人收入水平的提高而减少,纳税人收入达到一定水平时,就会失去获得税收抵免的资格。美国是主张通过税收抵免方式实现政府政策目标的典型国家之一,其中联邦个人所得税中的典型税收抵免包括:

(1) 儿童税收抵免(child tax credit)。该项抵免于 1997 年开始实施,主要针对 17 岁以下的儿童提供,最初每位符合条件的儿童可享受每年 400 美元的税收抵免。2001 年以后,该项抵免额提高到每人 1 000 美元。该项抵免属于返还性税收抵免。

(2) 儿童与赡养照顾抵免(child and dependent care credit)。该项抵免主要是针对赡养人口,特别是孩子的抚养费支出所提供的税收照顾。最高抵免额为每位被抚养者总抚养费支出的35%，总抵免额不能超过每人3 000美元，或两人以上6 000美元。当纳税人调整后总所得超过15 000美元时，该项抵免的标准会降低。该项抵免属于不可返还性税收抵免。

(3) 勤劳所得税收抵免(earned income credit)。该项抵免于1975年开始实施，主要是针对低收入家庭和个人，对其取得的工资所得提供的抵免，目的在于对取得勤劳所得的低收入家庭提供税收援助，以帮助其摆脱贫困。该项抵免属于返还性税收抵免。但是，当纳税人的工资收入达到一定水平后，该项抵免会减少甚至消失。

(4) 希望与终生教育抵免(教育抵免)(hope and lifetime learning credits, or Education credits)。该项抵免实施于1997年，主要对选择接受继续教育者提供援助。该项抵免规定，本科教育期间第一年和第二年的费用中100%的学费和50%的其他费用可获得抵免。对于选择接受其他终生教育者，可抵免20%的费用。该项抵免属于不可返还性税收抵免。

(四) 纳税申报与缴纳

1. 预缴税款

在纳税年度内，纳税人必须预缴个人所得税款。预缴方式有两种：(1) 雇主对工薪、付款方对诸如年金等所得实行代扣代缴制度；(2) 自营职业者和取得其他所得的纳税人按季度和估计的税款预缴，预缴税款的时间一般是纳税年度的第4个月、第6个月、第9个月和次年第1个月各月结束后15天之内。预缴的税款在年终纳税申报时根据应纳税额的实际数额，实行多退少补。但是，如果应补税额大于500美元并且高于总应纳税额的10%，则会受到相应的处罚。

2. 税款的申报与缴纳

一般情况下，当纳税人的总所得超过标准扣除额(包括针对老年人的额外扣除额，但不包括针对盲人的额外扣除额)和个人宽免额(不包括针对被抚养人的宽免额)两项之和时，必须进行纳税申报。

美国的纳税申报表种类很多，不同身份、不同申报方式的纳税人要填写不同的申报表，不同的申报项目要填写不同的分表。纳税人可选择邮寄申报、电子申报、电话申报和网上申报等不同的申报方式。

纳税申报必须在纳税年度终了后的第4个月的第15日之前完成。在规定日期前不能完成纳税申报的纳税人可以申请延期申报，延期一般为4个月。

一般从申报截止日起3年内，纳税人和国税局可以纠正申报中的错误，但涉嫌欺诈的申报等情况不受此期限的限制。如果纳税人在申报时遗漏的所得额超过其申报的所得额的25%，该期限可延至6年。

税款的缴纳期限与纳税申报的期限相同。不能按期纳税的纳税人可在规定期限内提出申请,可以延长期纳税,延长期最长不得超过6个月。

二、英国的个人所得税制度

英国是世界上最早开征个人所得税的国家。2005年,英国的个人所得税占税收收入总额的比重为28.6%,占GDP的比重为10.6%,高于OECD国家和欧盟国家的平均水平。

(一)纳税人

英国个人所得税的纳税人包括居民和非居民。对于居民个人,就其来源于全世界的所得和资本利得征收个人所得税;对于非居民个人,只就其来源于英国的所得(不包括资本利得)征收个人所得税。对于在英国境内无住所者的非英国来源的投资所得和资本利得,仅就其在英国收到的部分征税。

从其税法上看,英国对居民的界定标准是在某一纳税年度在英国停留183天以上,或者其在几年内访问英国累计超过183天。对于离开英国在海外从事全职受雇或者自雇活动的个人,自其离开英国之日到其结束海外受雇或自雇活动返回英国之日,只要符合以下两个条件,都视为英国的非居民或者非常驻居民:(1)未在英国停留,在海外受雇或自雇至少一年;(2)在海外受雇或自雇的任何税收年度,其访问英国的天数累计少于183天或者平均少于91天。

(二)课税对象与税率

1. 课税对象

英国个人所得税的课税对象为各类所得,主要包括工资薪金,自营职业者所得,养老金所得,利息、股息和红利所得,租金所得,信托所得等。但是,属于社会保障救济金(比如单亲家庭的救济金、丧失工作能力救济金与严重伤残补贴、工业伤残救济金、护理补贴、残疾人生活补贴、战争伤残救济金等)的某些所得免税。

个人所得税的计税依据为应纳税所得额,具体指按所得税分类表规定的各种来源所得,各自扣除允许扣除的必要费用后再按统一标准扣除生计费用后的余额。其中,允许扣除的生计费用被称为基本宽免额,具体包括个人宽免额、已婚夫妇宽免额、老年人宽免额、盲人宽免额等。但是,当纳税人的所得超过规定的收入上限时,所享受的宽免额会适当减少,但不会低于个人基础宽免额或已婚夫妇最低宽免额。一般来讲,不同类型纳税人的宽免额每年都会根据物价的变化进行指数化调整(见表2-9)。

表 2-9　英国个人所得税宽免额(英镑)

	2007—2008	2008—2009	2009—2010
个人宽免额	5 225	6 035	6 475
65—74 岁个人宽免额	7 550	9 030	9 490
75 岁以上个人宽免额	7 690	9 180	9 640
已婚夫妇宽免额(75 岁以下)	6 285	6 535	—
已婚夫妇宽免额(75 岁以上)	6 365	6 625	6 965
年龄宽免额的收入上限	20 900	21 800	22 900
已婚夫妇最低宽免额	2 440	2 540	2 670
盲人宽免额	1 730	1 800	1 890

资料来源:http://www. hmrc. gov. uk/index. htm。

2. 税率

英国个人所得税实行三级累进税率(见表 2-10)。一般来讲,在纳税级次和税率确定的基础上,每年都需要根据当年的物价指数对每一级的应纳税所得额进行调整。

表 2-10　英国个人所得税税率表

2007—2008		2008—2009		2009—2010	
应纳税所得额(英镑)	税率	应纳税所得额(英镑)	税率	应纳税所得额(英镑)	税率
0—2 230	10%	0—2 320	10%	0—2 440	10%
2 231—34 600	22%	2 321—34 800	20%	2 441—37 400	20%
34 600 以上	40%	34 800 以上	40%	37 400 以上	40%

资料来源:根据 HM Revenue and Customs 网站的资料整理而得,见 www. hmrc. gov. uk/rates/it. htm。

(三) 税收抵免

1. 外国税收抵免

英国居民个人就来源于海外的所得或者资本利得所缴纳的外国税收,按照避免双重征税的协定或者英国单边法律规定,可以采取扣除法或抵免法来抵扣英国的所得税和财产税。抵免额最高为国外所得总额按英国税法应纳的税额。在计算每一国外所得的抵免额时应分国考虑。如果英国与所得来源国签订了税收协定,则按协定规定办理。

2. 儿童税收抵免

儿童税收抵免(child tax credit, CTC)是对所有抚养儿童的家庭提供的一种普遍性的补助计划,属于返还性税收抵免。任何拥有 16 周岁以下或 16—18 周岁接受全职教育的儿童的家庭都有资格获得儿童税收抵免。具体抵免数额的确定需考虑家庭因素、儿童因素和是否残疾。2006 年,每个符合条件的儿童每年可获得1 765英镑的税收抵免,残疾儿童每年可获2 350英镑,严重残疾者可额外得到945英镑的税收抵免。一般来讲,这种税收抵免与家庭人员的就业状况没有直接关系,其主要目的在于对抚养儿童的家庭进行补助。

3. 工作税收抵免

工作税收抵免(working tax credit)是对低收入家庭提供的一种在职援助,无论该家庭是否有孩子,只要其收入低于一定水平都可获得税收抵免,它属于返还性税收抵免。一般情况下,取得工作税收抵免的资格必须与工作时间相联系,对于需要抚养儿童或残疾人的家庭,其成年人每周至少需工作16个小时;对于不必抚养儿童和残疾人的成年人(25周岁以上),每周至少工作30小时。同时,获得该项税收抵免必须符合相关经济条件,如果每年家庭税前所得低于5 220英镑,则可获得全额抵免;如果家庭税前所得超过这一标准,则所得每增加1英镑,抵免额即减少37便士。

(四) 纳税申报和纳税期限

英国实行个人自行申报制度。该制度要求纳税人自行计算其纳税义务并申报。纳税期限为纳税年度次年的1月31日前。[①] 然而,如果纳税人在9月31日前报送其纳税申报表,则可以申请让国税局进行必要的计算。从1998年1月31日开始,英国实行新的纳税期限,所得税达到一定数额要直接向税务机关分两次缴纳。第一次是纳税年度的1月31日前,第二次是7月31日前。所得税与资本利得税一起申报时,应于次年1月31日前缴纳。对延误纳税和未申报所得及利得的行为将处以罚息和罚款。

三、日本的个人所得税制度

(一) 纳税人

日本个人所得税的纳税人分为居民纳税人和非居民纳税人。居民是指在日本国内拥有住所、居住期满1年的个人,非居民指在日本国内没有住所、居住期不足1年的个人(居民以外的个人)。居民应就来源于全世界的所得纳税,非居民只对其来源于日本境内的所得纳税。无意在日本永久居住,居住期限在5年以下的非永久居民,仅对来源于日本境内的所得和在日本支付或汇往日本的境外所得纳税。日本的海外移居者最初5年通常被视为非永久居民;因工作派遣到日本居住不满1年的,作为非居民对待;在日本居住满5年的,即成为永久居民。

① 英国纳税年度为每年的4月6日至次年的4月5日。

（二）课税对象与税率

1. 课税对象

（1）一般规定。日本税法规定，个人所得税遵循综合课税原则，即将纳税人一年内的各种所得合计加总，然后按个人所得税税率课税。

（2）特殊规定。① 对利息所得、山林所得以及某些红利所得和转让所得实行源泉独立课税，课税后，不再计入综合课税所得总额。② 日本税法明确规定了非课税所得和免税所得。非课税所得是指无须特殊申请即可免税的所得，比如军人遗属领取的抚恤金和年金、失业者领取的失业保险津贴、低收入者领取的生活保障津贴、老人小额储蓄的利息、继承和赠与的财产收入、各种政府奖金等。免税所得指按税法规定属于应税所得，但政府出于社会政策的考虑，经申报批准给予免税的所得，比如开垦土地的农业所得。

2. 税率

由于日本采取分类综合课税模式，因此其税法规定，不同类型的所得适用不同税率。对于实行综合课税的综合课税所得、实行分类课税的山林所得适用4级超额累进税率；实行分类课税的利息所得、小额红利所得、不动产所得及股票转让所得单独规定比例税率，见表2-11。

表2-11　日本个人所得税税率（2006年度）

级数	应纳税所得额（万日元）	税率（%）
1	0—330	10
2	330—900	20
3	900—1 800	30
4	1 800 以上	37

（三）应纳税所得额和应纳税额的计算

1. 计税依据

个人所得税的计税依据为应纳税所得额。日本税务部门根据个人所得不同的来源或渠道，考虑到每种所得所花费的成本和劳动不同，把纳税人的课税所得分为10大类，对每一类所得分别计算应纳税所得额。[①] 见表2-12。

① 参见王国华主编：《外国税制》，中国人民大学出版社2008年版，第73页。

表 2-12　不同类型所得计依据的确定

所得类型	应纳税所得额的确定	课税类型
利息所得	应纳税所得额 = 收入金额	源泉独立课税，税率为 15%
红利所得	应纳税所得额 = 收入金额 - 为购买股票而借入金额的利息	原则上实行综合课税 （小额红利所得可选择独立课税。所持一个公司股票每年分红 10 万日元以下的，税率为 20%；年分红 50 万日元以下且持股比例不足该公司总股数 5% 的，税率为 35%）
营业所得	应纳税所得额 = 收入 - 必要费用 - 蓝色申报扣除（有正规会计制度的 45 万日元，其他 10 万日元）	综合课税
不动产所得	应纳税所得额 = 收入 - 必要费用 - 蓝色申报扣除（45 万日元或 10 万日元）	综合课税
工薪所得	应纳税所得额 = 收入 - 工薪所得扣除额	综合课税
退职所得	应纳税所得额 =（收入 - 退职所得扣除额）× 1/2	综合课税
转让所得	应纳税所得额 = 收入 - 转让资产的购置费用及转让费 - 特别扣除额（50 万日元）	不动产及股票转让所得独立课税（税率依持有时间长短及转让对象不同而不同）；其他资产的转让所得综合课税（其中持有期超过 5 年的资产的转让所得还要乘 1/2）
山林所得	应纳税所得额 = 收入 - 必要费用 - 特别扣除额（50 万日元）- 蓝色申报扣除（10 万日元）	独立课税。税率为综合课税的税率，考虑其生产期长，实行"五分五乘"的轻税政策
一次性所得	应纳税所得额 = 收入 - 相关费用 - 特别扣除额（50 万日元）	综合课税
杂项所得	公共养老保险课税所得：收入 - 公共养老保险扣除额 其他：收入 - 必要费用	综合课税

注：① 不动产所得是指出租土地、房屋等不动产的所得；山林所得是指出售拥有 5 年以上所有权的山林或山林的树木、活树的所得。出售持有期不足 5 年的山林或该山林的树木、活树的所得属于营业所得或一次性所得；杂项所得是指前面 9 项所得所不能涵盖的所得。② 蓝色申报扣除只有蓝色申报者才能享受。③ 工薪所得的扣除表如表 2-13 所示，实行超额累退比率扣除制。但是，如果工作所需费用中的主要 5 项（交通费、调动工作搬家费、培训费、取得资格费用、因工作而两地分居时的探亲费）支出合计大于按规定计算出的工薪所得扣除额，则可按该合计金额进行扣除。④ 退职所得扣除额按如下标准确定：退职者连续工作 20 年以下的年份，每年扣除 40 万日元，超过 20 年以上的年份，每年扣除 70 万日元。⑤ 山林所得的"五分五乘"制度是指，山林收入减去必要费用、特别扣除额、蓝色申报扣除计算出山林所得，用该所得乘 1/5，再适用个人所得税税率求出基本税额，然后用该基本税额再乘 5，得出山林所得的应纳税额。

表 2-13 日本工薪所得扣除率表(2006 年度)

工薪所得(万日元)	最低扣除额(万日元)	扣除率(%)
162.5—180	65	40
180—360	72	30
360—660	126	20
660—1 000	186	10
1 000 以上	220	5

2. 扣除规定

在计算应纳税所得额时需要进行必要的扣除,日本个人所得税扣除项目较多,主要包括两大类,即对人的扣除和对事的扣除。

(1) 对人的扣除,主要包括基础扣除、配偶扣除、抚养扣除、残疾扣除等(见表 2-14)。

表 2-14 日本个人所得税中对人的扣除(2006 年度)

项目	扣除(万日元)
基础扣除	38
配偶扣除:一般扣除对象的配偶	38
老人扣除对象的配偶(70 岁以上)	48
配偶特别扣除	38 以下
抚养扣除:抚养家庭成员	38
抚养特定家庭成员(16—23 岁)	58
抚养老年家庭成员(70 岁以上)	48
同居老父母等加算	+10
同居特别残疾人加算	+35
老人扣除	50
残疾人、寡妇、鳏夫、打工学生扣除	27
其中:特级残疾人	40

(2) 对事的扣除,包括医疗扣除、保险费扣除、杂项扣除、捐款扣除等。

① 社会保险费。家庭构成不同,扣除标准也不同:独身为 11.4 万日元,夫妇为 22 万日元,1 个孩子的家庭为 28.3 万日元,2 个孩子的家庭为 38.4 万日元。

② 小企业互助基金。全额扣除。

③ 人寿保险费。最高扣除限额为 10 万日元。

④ 财产保险费。最高扣除限额为 1.5 万日元。

⑤ 灾害损失(减去保险赔付)扣除。如果损失很大,当年不能全部扣除,可转到以后 3 个年度扣除。

⑥ 医疗费。纳税人本人或其他家庭成员的医疗费支出减去综合课税所得总额的5%或10万日元后的金额作为医疗费扣除额，但最高以200万日元为限。

⑦ 捐款。以对中央和地方政府以及特定公益事业超过1万日元的捐款为扣除对象，最高限额为综合税所得总额的25%。

3. 亏损弥补

对于经营性亏损，原则上可以按一定程序从其他所得中予以弥补，当年弥补不完时，可以在未来3年内结转。

（四）税收抵免

1. 股息的法人税抵免

这是为了避免个人所得税与法人税双重征税而设置的股息抵免项目。在对个人的股息所得课税时，应对就股息所得已缴纳的法人税给予一定程度的抵免，具体规定是：当纳税人的应纳税所得总额低于1 000万日元时，抵免额为股息所得的10%；当纳税人的应纳税所得总额超过1 000万日元，但股息所得以外的部分不足1 000万日元时，则对属于综合课税所得总额1 000万日元以内的股息部分按10%抵免，其余的股息所得按5%抵免；如果股息所得以外的综合课税所得已超过1 000万日元，则对其红利所得一律按5%计算抵免。

2. 外国税收抵免

对于在日本以外的国家取得的所得，为了避免日本个人所得税与外国个人所得税双重征税，日本设置了外国税收抵免。日本居民的国外源泉所得，依据外国法律已缴纳的外国税额可以从日本的个人所得税中抵免。

3. 长期住宅贷款特别抵免

按照促进居民住房购置特别措施法的规定，对居民购置自用住房而借贷10年期以上的长期住宅贷款，允许最初6年每年从该居民应纳的个人所得税税额中扣除借贷本金余额的一定比例。

4. 其他特别政策抵免

为了鼓励个体经营，对于从事经营的个人，其因事业发展需要而支出的研究开发费、特定设置购置费的一定比例，可以作为抵免额，从其应纳的个人所得税税额中抵免。

（五）税款的缴纳

日本个人所得税实行源泉扣缴与年终申报相结合的制度，每个纳税人年终都必须进行申报并缴纳税款。日本税法规定，纳税人必须于每年2月16日至3月15日之间确定申报并纳税。确定申报税额减去源泉扣除的税款和预缴税款后，即为年终应补缴税款，纳税人提交申报后，在每年3月15日之前缴纳税额的1/2以上，剩余税额可在5月31日前缴纳。

<资料卡>

澳大利亚的附加福利税

澳大利亚的附加福利税(fringe benefits tax, FBT)是一种独立的联邦税收,是对雇主向雇员提供的工薪、养老金和特定福利之外的其他福利征收的一种税。该税根据《附加福利税法》于1986年开征,其主要目的在于防止企业所得税与个人所得税纳税人运用实物福利替代实际工资收入逃避税收,避免税收流失。澳大利亚附加福利税的主要内容包括:

1. 纳税人

澳大利亚附加福利税的纳税人为向雇员提供各种附加福利的所有雇主。税法规定,不论雇主是个体商贩、合伙企业、信托机构、公司、非公司实体,还是联邦政府或州政府,也不论其是否享有所得税或其他税收的免税待遇,都应适用附加福利税。雇员无须缴纳附加福利税,同时,雇员在确定个人所得税税基时,其获得的附加福利也不必计入税基。

2. 征税对象

附加福利税的征税对象为全部应税附加福利的总价值。附加福利是指由雇主、合伙者或第三方向雇员或其家人提供的各种好处,包括权利、特权和服务或设施。税法中列举了13类应税的附加福利项目:汽车福利、停车福利、放弃债权福利、贷款福利、住房福利、报销费用、离家居住补贴、航空飞行福利、用餐福利、餐饮招待福利、娱乐福利、财产福利、其他福利。

3. 税率

附加福利实行单一的比例税率,相当于于个人所得税最高边际税率(含医疗税税率),从2006年4月1日起为46.5%。

资料来源:Australian Master Tax Guide 42nd Edition, 2008 CCH。

第三节 发展中国家的个人所得税制度

一、印度的个人所得税制度

(一) 纳税人

印度个人所得税的纳税人分为居民纳税人和非居民纳税人。税收居民的标准是:1年内在印度停留182天以上,或者一个季度内在印度停留60天以上;

在前4年累计停留时间达到365天。非居民纳税人是指:不具备确定居民身份必备条件的个人;征税年度前10年中,有9年不居住在印度的个人;征税年度前7年中,在印度累计居住时间不超过730天的个人。居民纳税人就全世界所得纳税,非居民纳税人只就来源于印度的所得纳税。

(二)课税对象

1. 所得的确定

印度个人所得税的征税对象为净所得,包括所有的经济增值,具体而言为工资所得、利息所得、资产所得、事业所得、转让所得和其他来源所得。在实践中,对居民纳税人因工作所取得的实物报酬(如汽车、住房等)一般不征税。但如果实物福利是由某些免税的或不纳税的企业提供的,则应征税。现金补贴如探亲补贴、教育补贴等也被列入应税范围。

2. 对资本利得的税务处理

在印度,短期资本利得计入应税所得按正常税率纳税;长、短期利得的划分标准和长期资本利得的税务处理与公司资本利得相同。

3. 扣除项目

印度在计算个人所得税应纳税所得时的扣除项目包括三项:

(1) 经营性支出项目的扣除。经批准后允许按毛收入的5%扣除,但是每年最高不得超过129.6万卢比。

(2) 非经营性支出项目的扣除。经印度财政部批准的养老基金缴款允许扣除;缴纳的所得税、支付的抵押贷款利息以及慈善捐款等不能税前扣除。

(3) 个人扣除。2002税收年度的扣除标准为:纳税人288万卢比;妻子144万卢比;抚养的子女(最多不超过3个)每人14.4万卢比。

(三)税率

印度税法规定,个人所得税实行超额累进税率。2008—2009年度,印度个人所得税的起征点为150000卢比,对于应税收入超过1000000卢比的部分,还要征收10%的附加税。此外,在征收个人所得税的基础上,还按3%征收教育税。具体见表2-15。

表2-15　印度个人所得税税率表(2008—2009年度)

级数	全年应纳税所得额(卢比)	税率(%)
1	0—150000	0
2	150001—300000	10
3	300001—500000	20
4	500000以上	30

资料来源:http://www.worldwide-tax.com/india/india_tax.asp。

(四) 税款的申报与缴纳

印度个人所得税的征收实行源泉扣缴与自行申报相结合的制度。印度税法规定,雇主必须对支付给雇员的工薪所得源泉扣缴个人所得税及社会保险缴款,此外,就股息、利息和特许权使用费等所应缴纳的税款也采取源泉扣缴办法。对于经营所得,要在每年 10 月 31 日前填写年度申报单,印度的纳税年度为每年的4 月 1 日至下一年的3 月 31 日。对于不按规定缴纳税款的行为,印度税法规定按每月应缴税款的 10% 给予处罚。

二、韩国的个人所得税制度

(一) 纳税人

韩国个人所得税的纳税人为居民和非居民。韩国的税收居民是指凡在韩国有住所或在韩国居住 1 年以上的个人,居民应就其来源于全世界的所得纳税;非居民则只就其来源于韩国的所得纳税。

(二) 课税对象和税率

韩国个人所得税的应纳税所得既包括综合所得也包括分类所得。根据其 2005 年修订的《所得税法》,个人所得税的应纳税所得具体分为:

(1) 综合所得。包括不动产租赁所得、经营所得、工薪所得、临时财产所得、养老金所得和其他所得(如奖励所得、博彩所得等)。

(2) 退职所得。指退休金及退休后的临时所得。

(3) 林木所得。指出售木材或林木所得。

在上述所得中,综合所得按累进税率征收个人所得税,退职所得和林木所得则实行单独税率分项征收个人所得税。综合所得适用的累进税率见表 2-16。

表 2-16　韩国个人综合所得税率表

级次	全年应纳税所得额(万韩元)	税率(%)
1	1 000 以下	8
2	1 000—4 000	17
3	4 000—8 000	26
4	8 000 以上	35

(4) 利息和股息所得。1997 年以前并入综合所得征收。1997 年以后规定,利息和股息年所得在 4 000 万韩元(含)以内时,按单独税率征收预提所得税,税率为 14%,超过 4 000 万韩元时则按两种方法计算,取其较大者:① 利息和股息所得的 4 000 万韩元部分按预提税率计征,超过部分纳入综合所得征税;② 全部利息和股息所得按预提税率计征,超过 4 000 万韩元的部分不再计入综合所得征税。

(5) 资本利得。指出售土地建筑物或其权利的净所得,资本利得采取按不同税率分项征收办法(见表 2-17)。

表 2-17　韩国资本利得税税率表

项目	税率
土地或建筑物持有期超过 1 年,以及其他财产实现的利得	适用普遍所得的税率
土地或建筑物持有期少于 1 年实现的利得	36%
未注册资产转让	60%
公司股票:	
主要公司的大股东持有不足 1 年的	30%
中小型公司	10%
其他	20%

此外,韩国对个人所得税纳税人还按照其所得税额 10% 的比例征收附加税,作为地方居民税。

(三) 应纳税所得额的计算

在计算应纳税所得额时,除按正常规定扣除费用支出外,综合所得还可按规定比例分别进行以下扣除。

(1) 基本扣除。居民可以按照家庭人数每人每年扣除 100 万韩元。

(2) 附加扣除。对于年龄在 65 岁以上的老人以及需抚养未满 6 岁孩子的女工或单身男工,在基本扣除的基础上,可以按照每人每年 100 万韩元追加扣除(年满 70 岁以上者追加扣除标准提高到每人每年 150 万韩元);被赡养的残疾人,每人每年追加扣除额为 200 万韩元;无配偶或有赡养负担的女户主家庭,可追加扣除 50 万韩元。

(3) 小家庭扣除。对于包括纳税人在内的家庭成员为 1 人或者 2 人的,可以分别扣除 100 韩元或 50 万韩元。

(4) 特别扣除。对工薪所得者给予有限额的保险费支出、医疗支出、教育支出、住房贷款利息支出、捐赠支出等多项特殊扣除。

纳税人如果没有申请上述扣除或者综合所得中没有工薪所得,则可以选择年标准扣除,扣除标准每年 60 万韩元。

(四) 税收抵免

(1) 股息抵免。居民获得国内公司分配的股息所得并入综合所得缴纳个人所得税的,其股息所承担的公司所得税允许抵免。

(2) 国外税收抵免。居民境外所得在国外已纳税款的,在计征个人所得税时允许抵免,但是,抵免额应以该项所得按照本国税法计算的应纳税额为限,不足抵免部分可向以后年度结转 5 年。

(3) 工薪所得的特别抵免。对于工薪阶层,可以根据其应纳所得税额的大小按照表2-18所示的抵免率享受特别抵免,但抵免额不能超过50万韩元。

(4) 灾害损失抵免。纳税人因自然灾害造成财产损失30%以上者,可按财产损失比例抵免个人所得税,但抵免额不能超过财产损失额。

表2-18 工薪所得抵免率表

应纳综合所得税税额	抵免率
不超过50万韩元的部分	55%
超过50万韩元的部分	30%

(五) 纳税申报与缴纳

韩国个人所得税实行主动申报计征制度。每年5月1日至5月底为最终申报期,居民应在申报期内申报上一年度的所得税,并在其住所或经营场所及时缴款。对于有综合所得的纳税人,要按其上一年度已付或应付税额的1/3,每年9月30日前进行第一次预缴,12月31日前进行第二次预缴,在年末申报纳税时结算。

三、巴西的个人所得税制度

(一) 纳税人

巴西个人所得税纳税人分为居民和非居民。居民应就其来源于世界的所得纳税,非居民只就其来源于巴西境内的所得纳税。巴西对居民身份的界定标准为:(1) 持有长期护照的外国人、持有临时护照(有效期不超过两年)但在巴西签有就业合同的外国人,自其进入巴西境内之日起就认定为巴西税收居民;(2) 持有临时护照、在12个月内在巴西停留超过183天者为巴西税收居民。

(二) 税基与税率

1. 税基

巴西个人所得税的税基为各种所得,所得来源按照所得支付者所在地判定,而不论其在何地工作。主要所得包括:

(1) 就业所得。所有直接或间接与工作有关的收入,包括工薪、奖金、各种津贴、会费以及由公司提供的轿车等,都应当计入所得纳税。

(2) 资本利得和投资所得。资本利得和投资所得原则上应计入应纳税所得,但是在一定条件下某些交易可以免税或者适用单独的低税率实行源泉扣缴。

(3) 非应税所得。下列所得免征个人所得税:① 由雇主免费或按照低于市场价格提供的伙食费、交通费和特定工作服;② 在外地工作所提供的每日食宿津贴;③ 在法定数额内的工作赔偿;④ 雇主为雇员缴纳的私人社会保障项目的款项;⑤ 应雇主要求而搬迁的安置补偿费。

2. 税率

巴西无论是单身纳税人还是已婚纳税人,已婚纳税人无论是单独申报还是联合申报,所得税都适用一个税率(见表 2-19)。

表 2-19　巴西个人所得税税率表(2005 年度)

级数	年应纳税所得额(雷亚尔)	税率(%)
1	0—13 968	0
2	13 969—27 912	15
3	27 912 以上	27.5

(三) 个人所得税应纳税所得额的确定

巴西的个人所得税实行源泉扣缴,最终纳税义务在年度申报时汇算清缴,多退少补。在计算年应纳税所得额时,经营支出一般不能扣除,某些非经营支出可以扣除,主要包括:(1) 赡养费支出和养老金缴款;(2) 医疗费用和参加医疗保险计划的支出;(3) 教育支出,每年每个学生不超过 1 998 雷亚尔;(4) 社会保障缴款;(5) 在规定限额内参加巴西私人养老金的缴款;(6) 65 岁以上的纳税人年所得到的最多不超过 12 696 雷亚尔的养老金和退伍金;(7) 纳税人承担的与税收有关的诉讼费和律师费。

此外,在计算应纳税所得额时,纳税人可以进行一定数额的标准扣除,2006 年每赡养一个人的标准扣除额为 1 516.32 雷亚尔(约 695 美元)。

第四节　中东欧国家的个人所得税制度

一、俄罗斯的个人所得税制度

个人所得税在前苏联时期就已经存在, 但当时在税收收入总额中所占比重较低。1992 年, 俄罗斯重新规定了有关个人所得税征收的规则, 使其成为重要的直接税。2000 年,《俄罗斯联邦税法典》(第二部分)进行了较大修订, 其重要改革措施之一是对个人所得税实行了单一比例税率,引起了世界的广泛关注。

(一) 纳税人

俄罗斯个人所得税的纳税人是所有的俄罗斯居民和非居民。居民纳税人就来源于全世界的所得纳税,非居民纳税人只就来源于俄罗斯的所得纳税,且一般实行源泉扣缴。俄罗斯的居民是指一个日历年度在俄罗斯境内居住 183 天以上的个人。

(二) 税基与税率

1. 税基

根据《俄罗斯联邦税法典》第23章的规定,个人所得税的税基为就业所得和其他各种应纳税所得。此外,在对个人所得税税基的规定中,《俄罗斯联邦税法典》对四类税基进行了特殊规定:

(1) 实物形式收入。对于纳税人以商品(劳动、服务)和财产权利等方式获得的实物形式收入要按照《俄罗斯联邦税法典》的相关规定先确定其价值,然后换算成货币形式计税。

(2) 物质利益形式的收入。这是指纳税人贷出款项而得到的超出银行规定利率的利息收入、额外获得的商品(劳动、服务)以及有价证券的收益时的收入。

(3) 保险赔款。这里的保险赔款主要是指纳税人根据人寿、财产保险合同和非国家强制养老保险合同获得的保险赔款。对此要附加一些条件,比如,计税时不扣除保险支出,但可以扣除保险理赔前已发生的医疗支出以及时间在5年以下的人身保险理赔等。

(4) 参加企业、组织活动的收益。这主要是指股息收入,适用税率为30%。该收益如果发生在国外则要进行相应的扣除。

此外,特定身份的外国公民如外国政府、国际组织的派出人员的所得免征个人所得税。

2. 税率

自2000年以来,俄罗斯个人所得税实行单一比例税率13%。另外,还规定了两档税率,分别为为35%和30%。

其中,适用35%的税率的收入为:

(1) 从事博彩、赛马以及其他赌博活动所获得的中彩收入;

(2) 各种奖金收入和广告收入等超过2000 卢布的部分;

(3) 从自愿性保险合同中获得的超过《俄罗斯联邦税法典》有关规定的保险赔款;

(4) 纳税周期内卢布存款和外币存款超过中央银行规定利率情况下所获得的利息收入。

适用30%的税率的收入为:

(1) 股息收入;

(2) 非俄罗斯居民(自然人)的收入所得。

3. 免征收入或税收免除

《俄罗斯联邦税法典》还规定了31 类享受税收豁除的收入,主要是各级政府发放的社会保障类、救济类费用，还有科学技术文化领域获得的捐赠及奖金、各种学历教育中发放的补助、原苏联和现联邦政府及地方政府发放的有价证券利息等。其中，一些条款比较有特色，比如，《俄罗斯联邦税法典》第23章第217条第14款规定，农民或小农场（规模在3人以下）从事农业生产、加工销售的收入在5年内免缴个人所得税；第15款规定，从事采集药用性植物、野生浆果、干果及其他野生产品并向有关企业出售而获得的收入免于纳税；第16款规定，北部少数民族、氏族成员从事传统渔猎经济的所得免于纳税；第28款规定，特定收入在2 000卢布以下时免征所得税，如纳税人从企业或个体企业家那里获得的礼品，竞赛中的奖品，各种博彩、竞赛的中彩、奖金收入，以及广告收入等。

（三）应纳税所得额的确定

在确定应纳税所得额时，允许纳税人在税前进行必要的扣除。俄罗斯税法规定了两类个人所得税扣除，一类是标准化扣除，另一类是专项扣除。

（1）标准化扣除。所谓标准化扣除，是针对某部分纳税人规定一个统一标准的最低扣除定额。俄罗斯现行税法的标准扣除额共分4档：一档是纳税期内在月收入中扣除3 000卢布，主要针对的是切尔诺贝利核污染及其他核辐射的受害者、卫国战争中的残疾者等群体；第二档是纳税期内在月收入中扣除500卢布，主要针对的是获苏联英雄、俄罗斯英雄称号和三级荣誉勋章的人，国内战争和卫国战争的参与者，自幼残疾和一级、二级残疾者等；第三档是在月收入中扣除400卢布，适用于一般的纳税人；第四档是在月收入中扣除300卢布，指的是纳税人每供养一个孩子每月可扣除的数额。

（2）专项扣除。专项扣除包括社会类、财产类和职业技能类三类税收扣除，它是一种定额和定率相结合的扣除。社会类扣除针对的是纳税人用于福利目的的支出，扣除额不得超过实际支出的25%；纳税人用于本人或家庭成员学习、医疗的支出，每年不得超过2.5万卢布。财产类扣除指的是纳税人出售的房产、地产（所有权持有年限少于5年），可以进行100万卢布以下的扣除，所有权持有年限为5年或以上时可全部扣除；出售其他财产（所有权持有年限少于3年），可以进行12.5万卢布的扣除，所有权在3年或以上时，出售收入全部扣除。职业技能类扣除针对的是创作者、发明者获得的酬劳，对不同行业扣除比率不同。

（四）税款的缴纳

俄罗斯个人所得税的缴纳方式采取的是税收代理扣缴与填报税收申报单自行缴纳相结合的方式。所谓税收代理指的是源泉扣缴，即组织（企业）、个体企业家和外国常驻企业办事处需要就向雇员（纳税人）所支付的工资、薪金代计代缴所得税。填写税收申报单的纳税人主要是指那些从税收代理以外获得收入或者是未经税收代理扣税的自然人。税收申报单按年由纳税人上报其居住地税收机构。

二、匈牙利的个人所得税制度

(一) 纳税人

匈牙利个人所得税的纳税人包括居民个人和非居民个人。居民个人负有无限纳税义务,就其来源于全球的所得纳税;非居民个人负有限纳税义务,就其来源于匈牙利境内的所得纳税。匈牙利对居民个人的界定标准是在一个公历年度内至少在匈牙利停留183天或者在匈牙利有常住住宅的个人。

(二) 税基与税率

个人所得税的税基为应纳税所得额。来自在匈牙利境内完成的活动的所得,即使支付地是在国外,也属来源于匈牙利境内的所得。国外支付的所得,不论是否汇回国内,都应按规定纳税。

个人所得税的应纳税所得就是个人以各种名义取得的财产,包括现金、商业消费券、实物、股票、服务、可以买卖或拥有具体价值的权利(如专利、专有技术)、由企业代替个人承担的债务或费用等。

匈牙利个人所得税税率与世界所得税率趋势一致,呈逐步下降趋势。匈牙利现行税率见表2-20。

表2-20　匈牙利个人所得税税率(2007年度)

级数	全年应纳税所得额	税率(%)
1	不超过170万福林的所得部分	18
2	170万福林以上的所得部分	36

注:本表主要适用于就业所得与综合性所得。利息所得、不动产所得等适用不同的税率。

(三) 应纳税所得额的确定

匈牙利个人所得税的应纳税所得额是总所得减去允许扣除的项目和费用支出后的余额。具体包括:

1. 就业所得

就业所得包括雇主支付给雇员的所有现金报酬和大部分其他对职工的支出(如海外津贴、保险、养老金等)。但公司提供的住房符合一定条件的可以免税。匈牙利税法规定,自2007年1月1日起,年收入不超过340万福林的纳税人可以享受某些特殊项目的扣除,如学费、慈善捐赠、购买人寿保险和购买自愿型养老保险的支出等。

2. 利息所得和股票转让所得

银行存款利息以及买卖股票获取的差额盈利均应缴纳个人所得税，税率为20%。税金由银行或证券公司源泉扣除，纳税人无须上报税务部门。

3. 不动产所得和转让不动产所得

不动产所得是指使用不动产而产生的所得，比如出租不动产取得的租金。从2005年1月1日起，不动产所得和转让不动产所得的适用税率为25%。

此外，对于拥有不动产产权已经超过5年的个人，转让不动产可享受税收减免优惠，即从第6年开始，每年按10%递增减免所得，第15年开始，转让不动产可享受100%的减免。

4. 个体经营者所得

个体经营者个人所得税的计算，可选择以下两种方式：

（1）按照实际支出计算应纳税所得和应纳税款。选择这种纳税方式的个体经营者，其应纳税所得额为经营收入总额扣除所有成本开支后的余额，其适用税率为16%。从2006年1月1日起，符合条件的个体经营者，其500万福林以内的所得，适用税率为10%。

（2）按照税法规定的行业统一纳税标准来计算和缴纳个人所得税，但必须同时符合以下两个条件：一是在选择行业统一纳税标准之前的一年，以及该纳税年度内，年收入不超过800万福林；二是经营者本身与任何一方没有聘用关系。

匈牙利税法规定，确定个体经营者应纳税所得额时的扣除标准如下：

① 对于一般个体经营者，准予扣除的经营性支出为收入的40%。

② 对于经营专项业务的个体经营者，比如专门从事工业或农业产品生产、建筑工程、加工、农耕、畜牧、养殖、林业等的经营者，准予扣除的经营性支出为收入的80%。

③ 对于专营零售业务的个体经营者，准予扣除的经营性支出为收入的87%；但专门经营综合食品类商店、食品类连锁店、保健品商店或日用品商店的，准予扣除的经营性支出为收入的93%。

④ 对于小型农场经营者，准予扣除的经营性支出为收入的85%；但从事畜牧以及动物类产品生产的，准予扣除的经营性支出为收入的94%。

从2006年1月1日起，选择统一纳税标准的个体经营者适用普通个人所得税税率。

（四）税收抵免

1. 家庭赡养抵免

抚养三个以上孩子且年收入不超过600万福林的纳税人可享受家庭赡养

抵免，其标准为每个孩子每月4 000福林。抚养未成年子女超过三个的家庭，每多一个孩子，纳税人的年收入上限可提高50万福林。年收入超过800万福林者，将无权获得任何补助。

2. 外国税收抵免

对于已经缴纳的外国税收，给予抵免，抵免限额为外国来源的所得在匈牙利的应纳税额。

（五）税款的申报与缴纳

匈牙利税法规定，纳税人通常在每个纳税年度都须向税务部门申报一次个人所得，计算并支付税款。也有部分纳税人需要根据纳税义务的多少，按月或按季度进行申报。

自2004年起，纳税人不仅可以选择自己申报、计算个人所得，也可以选择由税务当局计算、确定全年个人所得及税款。如果纳税人在纳税年度内获得的收入全部来自聘方或其他付款方，并且这些收入属于必须申报的项目，则可以签署声明，选择由税务部门根据定期上报的相关信息确定个人所得税。但是，在某些特殊情况下，纳税人只能自己申报、结算个人所得及税款。如果纳税人在纳税年度内完全没有任何收入，或者只获得免税收入或无须申报的收入，则无须向税务部门申报所得，缴纳税款。

三、捷克共和国的个人所得税制度

（一）纳税人

捷克的个人所得税体系接近发达国家，实行综合税制，纳税人按年度计算纳税。捷克个人所得税的纳税人也分为居民和非居民两类。居民纳税人为具有永久居留权的个人，或一年内在捷克居留时间超过183天的个人，其他则为非居民纳税人。居民纳税人要就境内外取得的所有收入缴纳个人所得税；而非居民纳税人仅就在捷克境内取得的收入纳税。

（二）税基与税率

1. 税基

捷克个人所得税的税基为各项所得，具体包括雇佣所得、经营活动和职业劳务所得、来源于资本资产的所得、租金所得、其他来源所得。如果雇主为捷克居民或在捷克有常驻机构，不管薪金的支付地在哪里，都属于捷克来源所得。受雇于在捷克没有常设机构或名义经营场所的外国雇主的非居民，其雇佣所得免纳捷克个人所得税。在计算应纳税所得额时，捷克税法规定了一些扣除项目。

(1) 标准扣除。捷克每个纳税人有一个标准的扣除额度，为38 400克朗/年。

(2) 抚养扣除。如果抚养子女,每个子女的扣除额度为23 520 克朗/年。

2. 税率

捷克个人所得税实行4 级超额累进税率,见表 2-21。2004 年,捷克的年平均工资水平为200 000 克朗左右,根据税率表可以看出,这一工资水平减除扣除项目后面临的边际税率为20%。在捷克,中高收入阶层可以轻易达到最高边际税率32%;能够达到第3 档25%税率水平的个人非常多。

表 2-21　捷克个人所得税税率表

级数	全年应纳税所得额(捷克克朗)	税率(%)
1	0—109 200	15
2	109 201—218 400	20
3	218 401—331 200	25
4	331 200 以上部分	32

(三) 税款的申报与缴纳

有单位或雇主的个人,不需要自己填写纳税申报表,其个人所得税由单位或雇主按月代扣代缴,每年纳税期结束,同样由单位代为汇算清缴。但是如果个人在单位之外有收入,税法则要求个人主动填写申报表。个人所得税报税期截止于次年的3 月 31 日。随后税务局会进行交叉稽核,如发现有人偷税逃税,除责令其补缴税款外,还要按每日2‰的比例追加滞纳金。

第五节　比较与借鉴

一、个人所得税制的国际经验

个人所得税制产生两百多年以来,在理论和实践中逐步得到完善,尽管由于世界各国在社会经济发展水平、政治法律制度和文化上存在差异,使个人所得税在税制体系中的地位、税制模式、征税范围等方面表现出了不同的特征,但从总体上看,个人所得税制在世界各国,特别是发达国家的长期实践中积累了丰富的经验。

(一) 征税范围广泛,计税依据具体

尽管不同发达国家个人所得税的税基宽窄不同,但从总体上看,个人所得税都采取了综合课税模式,而且征税对象即应纳税所得的范围具有相当的广泛性。根据各国所得税法,个人所得税的课税范围不仅包括周期性所得,还包括偶然所得;不仅包括以货币表现的工资薪金所得、营业所得、财产所得等,还包括具有相同性质的实物所得、福利收入;不仅包括正常交易所得,还包括可推定的劳务所得。总之,为保证税收公平和反映纳税能力,将一切能够实际给纳税人带来物质利益的进一步满足和消费水平提高的货币和非货币收益均纳入应征个人所得税的所得范围。

在确定计税依据即应纳税所得额时,各国在税法中都做了详细具体的规定。一般来讲,所得都必须做必要的费用和生计扣除,其余额才是个人所得税的税基。其中,对个人所得税中与取得应纳税所得有关的成本费用扣除都规定了明确的扣除原则和标准,也可采取列举细目的办法;对生计扣除则充分考虑了家庭具体情况,包括纳税人抚养的人数及其年龄、是否残疾等因素,同时,对生计扣除每年都根据通货膨胀率进行指数化调整。

(二) 实行超额累进的税率制度

西方发达国家的个人所得税制强调能力支付原则,这与其作为主体税种和宏观经济重要调节手段的功能相适应。除德国实行线性累进税率制度以外,其他各国均采用多级超额累进税制。然而,发达国家的实践证明,高税率、多档次不一定会大幅增加财政收入,反而有可能会造成巨大的效率损失。有鉴于此,20 世纪 80 年代中期以来,以美国的税制改革为开端,西方发达国家为了刺激劳动者的工作热情和投资者的投资欲望,提高经济增长率,纷纷实行以降低最高边际税率、减少累进档次为主要内容的改革。

(三) 实行按年综合课征与自行申报相结合

西方个人所得税以个人或家庭为纳税主体单位,以年为纳税的时间单位,要求纳税人就其全年全部所得减去法定的可扣除费用和生计扣除额后的余额纳税,适用超额累进税率或比例税率(少数国家)。但为了保证税款入库的均衡,便于纳税人安排营业和消费活动,还均实行源泉代扣代缴和按时(如按季、按月)预缴年终结算的办法。源泉代扣代缴适用于经常性、周期性的应税所得项目(如工资薪金),按时预缴适合于工薪所得以外的其他所得。

由于个人所得税的税基以全年的收入减去可扣除费用和生计扣除额后的余额为税基,并且实行超额累进税率制,因此,在多数情况下,源泉代扣代缴和预缴的税款与实际必须缴纳的税款不一致。因此,必须在纳税年度结束以后,进行汇总清算,多退少补。总清算的办法是于纳税年度终了的一定时期内,由纳税人或其代理人按税法规定填写所得税申报表,自行申报各项所得额,自行计算其总所得额、允许扣除的费用额以及个人宽免额、应纳税所得额、应纳税金。

(四) 严密的交叉稽核措施与有效的处罚机制相结合

为了保证纳税申报的真实性,防止偷逃税,许多发达国家都依托信息化建立起了严密的交叉稽核制度。税务机关首先通过强大的计算机系统,将从银行、海关、卫生等部门搜集的纳税人信息集中在纳税人的税务代码之下，再与纳税人自行申报的信息、雇主预扣申报的信息进行比对和交叉稽核。交叉稽核采取人机结合的方式进行，稽核软件可以实现自动比对，并对异常情况进行报告。比对没有问题，并不表明纳税人申报准确，稽核软件还要对纳税人的各项数据进行测算，并与设定的各项指标进行对比，对申报表进一步进行分类和选择。对于申报异常的，进行重点稽核。比如，美国对个人所得税申报表的稽核占申报表总数的1%—2%，而且高收入者比低收入者更有可能被稽核，因为他们的申报项目更为复杂，偷逃税的可能性也更大。

此外，对偷逃税行为的惩罚较为严厉，并且执法的刚性很强，增加了纳税人的违法成本。对于纳税人的错误申报，如果是因为计算错误或者税法发生变化，一般不予以处罚，只要求纳税人改正；对于故意偷逃税的纳税人，则予以严惩。对于偷逃税数额小的案件，一般只是罚款；对于偷逃税数额大的案件，则要提起诉讼。偷逃税罪名一旦成立，偷逃税者除要缴纳数倍于应纳税款的巨额罚款外，还可能被判刑入狱。比如，美国每年因偷逃个人所得税而被起诉的案件大约5 000件，税务机关的胜诉率在97%左右。另外，除了经济上的惩罚和诉讼外，许多国家还将偷逃税行为记录在个人的信誉档案中，以备信息相关者查询。信誉的污点将使纳税人在向银行贷款、就业、与他人进行交易时困难重重。这样，纳税人偷逃税的边际成本非常高，这也在客观上有效地防止了偷逃税行为的发生。

二、个人所得税制改革的国际趋势

鉴于其重要地位，个人所得税不仅成为许多发达国家的重要税种，而且也是各国税制改革的主要切入点。20世纪60年代以后，受凯恩斯国家干预理论的影响，西方各国政府试图通过税收手段来医治经济危机，因而个人所得税税率不断降低。如美国在1964年把个人所得税的最高税率由91%降到70%。20世纪80年代以来，由美国率先引领的全球性税制改革也是首先从个人所得税入手进行的。从总体上看，个人所得税的发展经历了较大的变革，世界各国个人所得税制呈现出了以下发展趋势。

（一）在税制体系中仍处于主体地位，但对其依赖程度有所减弱

对于多国发达国家而言，个人所得税在税制体系中仍属于主体税种。主体税种的功能表现为通过个人所得税而获得的财政收入占全部财政收入的比重最大，税收制度的效率与公平目标主要通过个人所得税来实现。

在OECD国家的税收结构中，个人所得税平均比重为25%，社会保障税平均为26%（OECD，2008），由于社会保障税（缴款）也是以个人所得为课税对象

征收的，因此，如果把二者加在一起构成广义个人所得税，则平均比重达51%。这使其成为公共财政的第一大税收来源。因此，政府对宏观经济和社会发展的调节也主要依赖于个人所得税。个人所得税政策的变化成为民众关注的焦点问题之一。

然而，根据OECD的统计，如果单纯对个人所得税的发展趋势进行考察，则可发现个人所得税的地位发生了细微变化，许多国家对个人所得税的依赖程度正在减弱。这种变化可以通过个人所得税占税收收入总额的比重和个人所得税占GDP的比重两个指标来考察。

从个人所得税占税收收入总额的比重(见表2-1和表2-2)看，OECD各成员国个人所得税占税收收入总额的比重在20世纪60年代中期基本稳定在26.2%的水平，20世纪70年代到80年代中期，这一比重上升到30%左右，而到20世纪90年代中期又回落到27.1%，2005年，该比重为24.6%，低于1965年1.6个百分点。在许多OECD成员国，个人所得税已不再是最大的税种。

从个人所得税占GDP的比重看，1965年OECD成员国平均为7.0%，到1980年，该比重上升到10.2%，以后一直保持在10%左右的水平，2005年，这一比重下降到9.2%。

同时，随着时间的推进，各国个人所得税在发展的程度也存在很大不同。从1965年至2005年，在OECD成员国中，有15个国家个人所得税占税收收入总额的比重有较大提高，11个国家该比重有所降低。在有些国家，个人所得税的发展速度相当快，比如，加拿大个人所得税占税收收入总额的比重从1965年的22.6%上升到1990年的40.8%，以后又逐步回落，2005年该比重为35.6%。新西兰的个人所得税占税收收入总额的比重从1965年的39.4%上升到1980年的61.6%，2005年又降低到41.1%。另外，1965至2005年间，荷兰、挪威和瑞典的个人所得税在税收收入总额中所占比重大幅度下降。这说明，随着世界各国税制改革的进行，许多国家对个人所得税的依赖程度在进一步削弱，个人所得税的收入职能有所减弱。

对个人所得税依赖程度的减弱是以减税为核心的世界性税制改革的必然结果，也表明在一定程度上，世界各国对社会保障缴款和消费税的依赖程度逐步超过了对所得税的依赖程度。

(二) 最高边际税率下降，调节功能弱化

总的趋势是，各国个人所得税纳税级次减少，最高边际税率降低。美国个人所得税自1913年产生以来，税率不断调整。就最高边际税率而言，1913年为7%，1917年调高至67%，1925—1931年间为25%左右，从1932年开始又逐年增高，1944年达到历史最高水平，即最低边际税率为23%，最高边际税率为

94%,以后税率逐渐降低,1964 年最高边际税率为 77%,1982 年为 50%,1987 年为 28%。20 世纪 90 年代以后,税率又有所提高,1991 年最高边际税率为 31%,1993 年增至 39.6%。进入 21 世纪后,税率又有所下降,2007 年最高边际税率为 35%(见表 2-22)。

表 2-22 OECD 国家中央政府个人所得税纳税级次和税率的变化

国家	纳税级次		最低边际税率(%)		最高边际税率(%)	
	2000	2007	2000	2007	2000	2007
加拿大	3	4	17	15	29	29
墨西哥	10	5	3	3	40	28
美国	5	6	15	10	39.6	35
澳大利亚	4	4	0	0	47	45
日本	4	6	10	5	37	40
韩国	4	4	10	8	40	35
新西兰	4	4	15	15	39	39
奥地利	5	5	0	0	50	50
比利时	7	5	25	25	55	50
捷克	4	4	15	12	32	32
丹麦	3	3	7	5.48	28	26.48
芬兰	7	5	0	0	37.5	32
法国	7	5	0	0	53.25	40
德国	3	3	0	0	51	45
希腊	5	3	5	29	45	40
匈牙利	3	2	20	18	40	36
冰岛	2	1	26.41	22.75	33.41	22.75
爱尔兰	2	2	17	20	44	41
意大利	5	5	18.5	23	45	43
卢森堡	10	10	0	0	46	38
荷兰	4	4	4.5	2.5	60	52
挪威	3	3	10.35	12.6	29.85	24.6
波兰	3	3	19	19	40	40
葡萄牙	5	7	14	10.5	40	42
斯洛伐克	7	1	12	19	42	19
西班牙	6	4	15	15.66	39.6	27.13
瑞典	3	3	0	0	25	25
瑞士	11	11	0	0	13.2	13.2
土耳其	6	4	15	15	40	35
英国	3	3	10	10	40	40

资料来源:OECD,Taxation of Wage Income,2006。

（三）单一税制改革引起关注

单一税就是按单一税率课征的税，最早（1981 年）是由美国学者罗伯特·霍尔和阿尔文·拉布卡提出的。它分为两部分，一部分是对企业征收的所得税，另一部分是对工薪收入征收的个人所得税。企业所得税的税基是毛收入减去各类成本费用和投资之后的余额。工薪税的税基是工资、薪金和补助金之和减去税收免征额、个人投资之后的余额。单一税改革建议在美国财政部 1984 年报告中曾被考虑过，并引发了一场关于税收公平与效率的争论。虽然单一税未被政府采纳，但其中降低税率、扩大税基、简化征管的中性税收思想却被广泛接受，并由此产生出美国 1986 年的《税制改革法案》。

在实践中，部分中东欧国家最早实施了单一税制改革，俄罗斯于 2001 年取消了原有的 12%、20% 和 30% 的三档累进税率，对居民纳税人获得的大部分收入（如工资、薪金等）实行 13% 的单一税率。此外，针对非居民纳税人和某些特定收入，如特定利息收入、博彩收入等设置 30% 和 35% 的两档补充税率。为了照顾低收入者，并考虑到纳税人的一般生活需求，新税制还设定了标准扣除额。事实证明，俄罗斯单一税制改革取得了较好的效果。据统计，实施单一税的 2001 年，个人所得税收入 2 547 亿卢布，比 2000 年增加了 802 亿卢布，增幅为 46%，扣除通货膨胀因素，实际增长了 28%。至此，单一税制改革在税收理论和实践上引起了人们的极大关注。

尽管目前实行单一税制的国家主要分布在中欧转型国家，但由于这种税具有简化、效率以及刺激经济增长等优点，恰好可以弥补高边际税率的超额累进税制的缺陷，因此，这种税制改革受到许多学者的青睐，使其对未来世界个人所得税制改革的发展趋势产生了重要影响。

三、中国个人所得税制的改革取向

1994 年税制改革时，中国的个人所得税收入在税收总额中所占比重不足 1%。随着经济的发展和人均 GDP 水平的提高，近年来个人所得税收入增幅较大，其在整个税制体系中已经成为具有较大发展潜力的税种。近年来，随着市场化改革的深入，中国居民收入来源不断扩大，贫富分化加剧。鉴于个人所得税的地位及其本身的特殊功能，完善个人所得税制的改革已经成为深化总体税制改革的关键。

（一）中国个人所得税制存在的主要问题

1. 个人所得税比重偏低，宏观调节功能不足

个人所得税的重要功能之一是对宏观经济周期性进行自动调节，这种调节功能主要是通过个人所得税的累进税率增强税制整体的累进性。而中国目前

的税制结构中,商品劳务税所占比重超过70%,所得税所占比重较低,特别是个人所得税收入仅占税收收入总额的7%左右。个人所得税所占比重偏低使其自动调节经济运行的作用的发挥受到局限。

2. 纳税目标定位不准,收入再分配功能难以发挥

从总体上看,中国个人所得税总体税收负担低于许多发达国家,但对纳税人具体而言,这种税收负担却极为不公平。尽管导致目前居民收入贫富悬殊的因素很多,但现行个人所得税制设计上的缺陷也是其重要因素之一。

由于税收征管水平的限制,加之没有形成一个良好的纳税人收入管理系统,中国现行个人所得税在设计时把征收的重点放在了易于征收的纳税目标上。高收入者由于收入来源多样,逃税和漏税现象较多;对不合理或不合法的收入缺乏有效的监管手段;只有工薪阶层收入来源单一,实行源泉扣缴,使其成为个人所得税的主要纳税群体。这种设计思路,不仅使个人所得税难以发挥调节收入再分配的功能,也加剧了收入分配上的不公平,使贫富差距进一步扩大。

3. 税制设计不合理,难以实现公平目标

中国现行个人所得税制采用分类课税模式,将收入划分为11类,按不同税率征税,使同样数额的所得因其来源不同而承担不同的税负,在某些特定情况下,甚至出现劳动所得(工薪)的纳税额高于非劳动所得(租赁)的情形,从而造成勤劳所得与非勤劳所得税负上的扭曲。另外,在各种收入中,对某些收入,比如工资薪金所得与劳务报酬所得的界定不清,有可能造成收入相同但税负不同的现象,在客观上鼓励纳税人利用分解收入的办法避税。此外,个人所得税制中对起征点、税率级次及边际税率等的设计上也存在不合理的问题,使个人所得税不能充分反映纳税人的能力,难以实现税制公平的目标。

(二) 个人所得税改革的主要内容

1. 逐步采用综合课税模式

一般来讲,综合课税模式税基较宽,能够反映纳税人的综合纳税能力。对于收入来源多元化的纳税人而言,项目合并征收后可以导致其税收负担相应增加,这可以有效抑制纳税人利用分解收入达到合理避税的行为。

考虑中国从现行的分类课税模式过渡到综合课税模式要涉及许多问题,实施难度较大,比较稳妥的改革办法应该是,先将工资薪金所得、劳务报酬所得、经营所得等经常性所得纳入综合课税项目,其他所得,特别是对于一些不具有综合性质的项目,比如偶然所得、特许权使用费所得等,可仍采取分类课税方式。

2. 合理确定税基和设计税率

个人所得税税基的设计是关系到税制是否公平的关键因素。个人所得税

制的国际经验表明,在确定应纳税所得额时要进行必要的扣除。中国目前以个人而不是家庭为课征对象,因而在规定费用扣除项目时忽略了纳税人的实际生活支出。因此,在未来个人所得税制改革中,应考虑家庭人员的不同构成以及基本生活水平需求的实际情况,增加专项扣除,使其有利于低收入阶层的纳税人。根据中国的国情,可考虑增加以下扣除项目:(1) 针对残疾人或赡养残疾人者的费用扣除;(2) 纳税人为培养子女而向教育机构实际缴纳的学费;(3) 某些社会公益性支出,如养老金和医疗储蓄账户的强制性收费,医疗、药品保险和伤残保险等各种社会保险等。

在税率方面,应顺应个人所得税制改革的宽税基、低税率、简税制的国际趋势,调整我国现行个人所得税税率。在目前对工薪所得实行的9级超额累进税率中,最高两档40%、45%基本没有适用的纳税人,而对中等收入者税负显得过高。因此,可以考虑通过调整纳税级次和级距,达到减轻中低收入者税负,增加高收入阶层税负的效果,从而有利于税制公平目标的实现。

3. 提高征管水平,完善征税制度

成功的税制改革依赖于自觉守法的程度,要完善个人所得税制度,必须加强个人所得税的征管。因为自觉守法程度不高将导致税收征收成本提高,使净税收收益下降。另一方面,统一、公平和严格的税制设计,又是自觉守法的关键。自觉守法程度既取决于发现逃税行为的概率和对之惩罚的力度,也依赖于个人所得税制度的公正性。可以说,税收制度的设计与征管是相辅相成的。

4. 完善个人所得税制配套改革

对个人所得税进行综合征收的一个主要问题在于,我国现存的分配渠道过于分散,难以掌握关于纳税人收入的准确信息。目前个人所得税的信用制度、财产登记制度以及储蓄存款联网制度都没有建立,而实行综合个人所得税制要求对纳税人的收入加强监控,这需要建立一系列配套制度。比如,应该建立以信息化为依托的个人所得税信息管理系统,即个人收入银行监控系统、个人纳税申报管理系统、代扣代缴申报管理系统、个人所得税交叉稽核系统、个人税收违法发布与查询系统等。

本章小结

1. 个人所得税是对个人取得的各项所得征收的一种税。世界最早开征个人所得税国家是英国。个人所得税是当今世界最主要的税种之一,是西方国家公认的最公平的一个税种。相比而言,发达国家个人所得税在税收收入总额中所占的比例高于发展中国家。

2. 个人所得税按其征收方式不同可分为分类所得税模式、综合所得税模式以及分类综合所得税模式三种类型。每种课税模式各有利弊,但从税制发展看,由分类所得课税模式或混合所得课税模式转向综合所得课税模式是一种必然趋势。

3. 各国个人所得税制度往往是根据不同国家的国情设计的,在纳税人、征税范围、起征点、税率结构、申报制度等方面都存在一定的差异。但从总体上看,发达国家的个人所得税在制度设计时考虑的因素较多,因而税制较为复杂;发展中国家则由于受到征管水平和人均收入的制约,个人所得税制相对比较简单;中东欧国家的个人所得税正经历着以单一税率为主的税制改革,引起了国际社会的普遍关注。

本章重要术语

个人所得税	混合所得税模式	生计扣除
分类所得税模式	附加福利税	累进税率
综合所得税模式	推算所得	纳税单位

复习思考题

1. 世界各国个人所得税按其课征方式有哪几种模式? 它们各自有哪些利弊?

2. 如何确定个人所得税的税基? 结合实际,分析各国在确定个人所得税的扣除项目时一般考虑哪些内容。

3. 个人所得税的纳税单位分哪几种类型? 每种类型都存在哪些优缺点?

4. 个人所得税的课征方法有哪几种? 各有哪些利弊?

5. 结合实际,分析个人所得税制有哪些国际经验。

6. 结合个人所得税制改革的国际趋势,探讨中国个人所得税制改革的基本取向。

推荐阅读文献

1. 杨斌:《西方模式个人所得税的不可行性和中国式个人所得税的制度设计》,《管理世界》,2002 年第 7 期。

2. 刘尚希、应亚珍:《个人所得税:功能定位与制度设计》,《税务研究》,2003 年第 6 期。

3. OECD Tax Policy Studies, Fundamental Report of Personal Income Tax, No. 13, 2006.

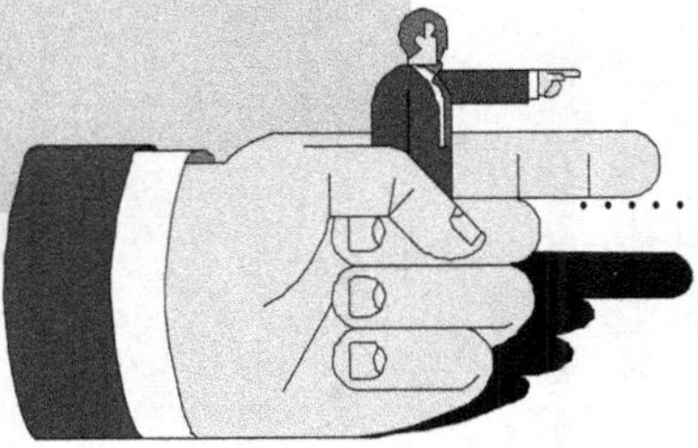

第三章

外国公司所得税制

学习目标

通过本章的学习,学生应该能够掌握以下内容:

- 公司所得税的发展演变及类型
- 公司所得税课税制度的内容
- 发达国家公司所得税制的内容和特点
- 发展中国家公司所得税制的内容和特点
- 中东欧国家公司所得税制的内容和特点
- 公司所得税制改革的国际趋势

第一节　公司所得税制概述

公司所得税是对公司所创造和实现的纯收入征收的一种税。从严格意义上说,公司所得税属于一种法人税。

一、公司所得税的产生与发展

与个人所得税一样,公司所得税的产生也与战争经费的筹措密切相关,但从产生的时间看,它比个人所得税稍晚,它通常是在公司制度的基础上产生的。1915—1924 年,英国对公司征收特别税,但直到 1937 年才正式开征公司所得税;日本在 1894 年中日甲午战争期间,为了筹措不断膨胀的经费而开征了公司所得税;美国于 1909 年颁布了一项法案,规定对所有超过 5 000 美元的公司所得课征 1% 的税,1913 年修改宪法后,公司所得税取得了合法地位。在 1913—1941 年间多数年份中,美国的公司所得税收入曾超过个人所得税,1941—1967 年,公司所得税是仅次于个人所得税的第二大税种。随着社会保障税收的产生与发展,公司所得税的重要地位有所下降,退居第三大税种。

自 20 世纪 80 年代以来,特别进入 21 世纪以后,随着以减税为核心的税制改革的深入,世界各国为了吸引外资,促进本国经济的增长,纷纷降低了公司所得税的税率。据统计,自 2000 年至 2006 年,OECD 的 30 个成员国中,有 25 个国家的公司所得税税率呈下降趋势,占 83%;保持不变的国家只有 5 个,30 个成员国综合平均税率从 2000 年的 33.6% 下降到 2006 年的 28.4%。其中,德国、希腊、冰岛、爱尔兰、波兰和斯洛伐克等国税率下降幅度都超过了 10%。

表 3-1 和表 3-2 显示了 1965—2005 年 40 年间 OECD 成员国公司所得税发展变的趋势。从中可以看出,尽管世界各国公司所得税税率在不断降低,但公司所得税占税收收入总额的比重及公司所得税占 GDP 的比重仍呈稳步上升趋势。其中,公司所得税占税收收入总额的比重从 1965 年的 8.8% 上升到 2005 年的 10.3%,公司所得税占 GDP 的比重从 1965 年的 2.2% 上升到 2005 年的 3.7%。这说明公司所得税在各国税制体系中仍处于十分重要的地位。

表 3-1　OECD 成员国公司所得税占税收收入总额的比重(%)

	1965	1975	1980	1985	1990	1995	2000	2004	2005
加拿大	14.9	13.6	11.6	8.2	7.0	8.2	12.2	10.6	10.5
墨西哥									
美国	16.4	11.4	10.8	7.5	8.9	10.3	8.7	9.5	11.4
澳大利亚	16.3	12.4	12.2	9.4	14.1	14.8	20.2	18.2	19.3
日本	22.2	20.6	21.8	21.0	22.4	15.9	13.8	14.2	15.5
韩国		8.9	11.0	11.4	13.5	12.3	14.1	14.3	16.0
新西兰	20.7	11.8	7.8	8.3	6.5	11.9	12.4	15.5	16.8
奥地利	5.4	4.3	3.5	3.5	3.6	3.5	4.8	5.4	5.4
比利时	6.2	6.9	4.7	4.9	4.8	5.4	7.2	7.1	7.7
捷克						12.2	9.8	12.4	12.0
丹麦	4.5	3.2	3.2	4.8	3.7	4.8	6.6	6.5	7.6
芬兰	8.1	4.7	3.4	3.4	4.5	5.0	12.5	8.1	7.6
法国	5.3	5.2	5.1	4.5	5.3	4.9	6.9	6.3	6.2
德国	7.8	4.4	5.5	6.1	4.8	2.8	4.8	4.5	4.9
希腊	1.8	3.4	3.8	2.7	5.5	6.3	12.1	9.6	10.3
匈牙利						4.5	5.7	5.8	5.7
冰岛	1.8	2.6	2.5	3.1	2.8	3.0	3.7	3.3	5.6
爱尔兰	9.1	4.8	4.5	3.2	5.0	8.6	11.7	12.0	11.2
意大利	6.9	6.3	7.8	9.2	10.0	8.7	6.9	6.9	6.8
卢森堡	11.0	15.6	16.2	17.7	15.8	17.7	17.8	15.3	15.5
荷兰	8.1	7.7	6.6	7.0	7.5	7.5	10.1	8.2	9.8
挪威	3.8	2.9	13.3	17.2	9.0	9.2	20.9	22.8	27.0
波兰						7.7	7.6	5.7	6.1
葡萄牙					8.0	7.5	11.4	8.8	8.8
斯洛伐克							8.3	8.3	8.7
西班牙	9.2	6.9	5.1	5.2	8.8	5.4	8.9	9.8	10.8
瑞典	6.1	4.3	2.5	3.5	3.1	5.8	7.6	6.3	7.5
瑞士	7.7	8.5	6.4	6.8	7.6	6.6	9.0	8.6	8.9
土耳其	4.8	5.1	4.1	9.5	6.7	6.7	7.3	7.3	7.1
英国	4.4	6.2	8.4	12.6	9.9	8.1	9.8	8.1	9.3
OECD 平均	8.8	7.6	7.6	8.0	8.0	8.0	10.1	9.6	10.3
OECD 美洲	15.6	12.5	11.2	7.9	8.0	9.2	10.5	10.1	10.9
OECD 亚太	19.7	13.4	13.2	12.5	14.1	13.7	15.1	15.5	16.9
OECD 欧洲	6.2	5.7	5.9	6.9	6.7	6.9	9.2	8.6	9.1

资料来源:OECD Revenue Statistics 1965—2006。

表 3-2 OECD 成员国公司所得税占 GDP 的比重(%)

	1965	1975	1980	1985	1990	1995	2000	2004	2005
加拿大	3.8	4.3	3.6	2.7	2.5	2.9	4.4	3.6	3.5
墨西哥									
美国	4.0	2.9	2.8	1.9	2.4	2.9	2.6	2.5	3.1
澳大利亚	3.4	3.2	3.2	2.6	4.0	4.2	6.3	5.7	5.9
日本	4.0	4.3	5.5	5.7	6.5	4.3	3.7	3.7	4.3
韩国		1.3	1.9	1.9	2.5	2.4	3.3	3.5	4.1
新西兰	5.0	3.4	2.4	2.6	2.4	4.4	4.2	5.5	6.3
奥地利	1.8	1.6	1.4	1.4	1.4	1.4	2.0	2.3	2.3
比利时	1.9	2.7	1.9	2.2	2.0	2.3	3.2	3.2	3.5
捷克						4.6	3.5	4.8	4.5
丹麦	1.4	1.2	1.4	2.2	1.7	2.3	3.3	3.2	3.8
芬兰	2.5	1.7	1.2	1.4	2.0	2.3	5.9	3.5	3.3
法国	1.8	1.8	2.1	1.9	2.2	2.1	3.1	2.8	2.8
德国	2.5	1.5	2.0	2.2	1.7	1.0	1.8	1.6	1.7
希腊	0.3	0.6	0.7	0.6	1.3	1.6	3.6	2.6	2.8
匈牙利						1.8	2.2	2.2	2.1
冰岛	0.5	0.8	0.7	0.9	0.9	0.9	1.4	1.3	2.3
爱尔兰	2.3	1.4	1.4	1.1	1.6	2.7	3.7	3.6	3.4
意大利	1.8	1.6	2.3	3.1	3.8	3.5	2.9	2.8	2.8
卢森堡	3.1	5.1	5.8	7.0	5.6	6.6	7.0	5.8	6.0
荷兰	2.6	3.2	2.9	3.0	3.2	3.1	4.0	3.1	3.8
挪威	1.1	1.1	5.7	7.3	3.7	3.8	8.9	9.9	11.8
波兰						2.8	2.4	1.9	2.1
葡萄牙					2.2	2.4	3.9	3.0	3.0
斯洛伐克							2.7	2.6	2.8
西班牙	1.4	1.3	1.1	1.4	2.9	1.7	3.1	3.4	3.9
瑞典	2.1	1.8	1.1	1.7	1.6	2.8	4.0	3.1	3.8
瑞士	1.3	2.1	1.6	1.8	2.0	1.8	2.8	2.5	2.6
土耳其	0.5	0.8	0.7	1.5	1.3	1.5	2.4	2.3	2.3
英国	1.3	2.2	2.9	4.7	3.6	2.8	3.6	2.8	3.4
OECD 平均	2.2	2.2	2.4	2.6	2.6	2.8	3.6	3.4	3.7
OECD 美洲	3.9	3.6	3.2	2.3	2.5	2.9	3.5	3.0	3.3
OECD 亚太	4.1	3.1	3.3	3.2	3.9	3.8	4.4	4.6	5.2
OECD 欧洲	1.7	1.8	2.1	2.5	2.4	2.5	3.5	3.2	3.5

资料来源:同表 3-1。

二、公司所得税的类型

公司所得税在各国税制体系中居重要地位，在实践中往往会出现对同一税源的课税对象（如股息所得）既征收公司所得税又征个人所得税的重复征税现象，这种重复征税称为经济性重复征税，或经济性重叠征税。世界各国针对公司所得税与个人所得税的这种经济性重叠征税采取了不同的态度和处置方法，根据这种制度安排的不同，公司所得税可以分为古典制、双率制、股息扣除制和归属制四种类型。

（一）古典制

古典制（classical system）就是对公司取得的所有利润都要征收公司所得税，支付的股息不能扣除，股东取得的股息必须作为投资所得再缴纳个人所得税。也就是说，把公司所得税和个人所得税作为两个相互独立的税种并行征收，对重复征税问题不予考虑。古典制的理论依据是“法人实在说”，认为公司是独立于股东之外的客观存在的法人实体，是与个人不同的纳税人，因此公司与个人应各自承担其税负。

这种类型的公司所得税的优点是有利于获取更多的财政收入。但是，在实践中由于对同一税源重复征税的问题没有得到充分考虑，因而容易导致三种扭曲效应。一是公司部门与非公司部门之间存在扭曲。投资者通常将其资金运用划分为公司部门和非公司部门两部分，以平衡税后报酬率。在独立课征公司所得税的情况下，对公司所得课税过重，可能会使资源配置由公司部门转向非公司部门，造成公司部门产出过少，而非公司部门产出过多；二是股利与保留利润之间存在扭曲。独立课征公司所得税实质上起到了鼓励公司保留其利润，以避免重复征税的作用。这样，将使资金市场受到扭曲，抑制股东投资的积极性，不利于公司融资；三是存在举债与募股之间的融资方式的扭曲。在独立课征公司所得税的情况下，股利支出不可以扣除，而以举债方式进行筹资时利息支出可以扣除，这必然会起到鼓励公司以举债方式筹措资金的作用，最终容易增加公司的风险和破产的可能性。因此，为防止公司通过保留利润方式为高所得的股东避税，在实行古典制的国家中，税法都对公司的保留利润做了限制性规定。目前，实行古典制的国家主要有卢森堡、比利时、瑞士、荷兰等国。

（二）双率制

双率制（dual-rate system）也称分率制（split-rate system），是指对公司已分配利润和保留利润按不同税率课税的制度。一般对已分配利润适用较低的税率，而对保留利润课以较高的税率。双率制的公司所得税最早始于德国，最初德国对已分配利润和保留利润规定的税率分别为36%和56%，1999年改为30%和

40%。在实践中,这种制度的实施难点在于两种税率的设计。双率制的两种不同税率如果相差过小,结果会接近古典制;如果二者相差过大,则公司所得税实际上就变成了对未分配利润的征税。另外,双率制只能减轻对股息重叠征税的程度,并未从根本上消除对股息的双重征税。因此,要完全消除对股息重叠征税的现象,还必须采取其他方法配合。比如,德国在公司分配阶段实行双率制,在股东分配阶段则实行完全归属抵免办法加以配合,收到了较好的效果。

(三) 股息扣除制

股息扣除制(dividend reduction system)是指在计征公司所得税时,对于所分配的股息允许从公司应纳税所得额中全部或部分扣除。这实际上是把股息的支付视同费用支出。目前,实行这种制度的国家主要有芬兰、挪威、瑞典等国。比如,在芬兰,60%—100%的已分配股息可以在计算应纳税所得额时扣除,挪威可扣除的比例为55%,瑞典这一比例为70%,希腊允许扣除全部已分配的利润。事实上,如果允许把公司分配的股息红利全部作为公司费用扣除,公司所得税实际上变成了只对公司保留利润征税,而对已分配利润免税。因此,在这一制度下消除重叠征税的程度取决于股息扣除数的多少。如果在计算应纳税所得额时,允许股息全部扣除,则可以彻底消除重叠征税问题,同时由于股息支出与利息支出具有同等的税收待遇,因此企业在筹资时举债与募股之间的扭曲现象也可得到消除。然而,这一制度不利于企业保留利润,不利于企业的可持续发展。此外,实行股息扣除制还存在一个很现实的问题,就是对外国股东是否一视同仁,如果外国股东也享受相同的待遇,而外国股东不在本国缴纳个人所得税,因此相当于把利益让位于他国。世界各国对这种情况一般采取两种处理办法:一是对转移到国外的股息征收预提所得税;二是对支付给外国股东的股息,在征收公司所得税时不允许扣除。

(四) 归属制

归属制(imputation system),是指在计算股东个人所得税时,首先将股东获得的股息还原成税前股息,然后将还原的股息与其他所得项目合并计算个人所得税,在确定个人所得税应纳税额时,准予股东从应纳税额中抵免已缴纳的公司所得税。归属制一般可分为部分归属制和完全归属制两种形式。目前,在世界各国中,英国、法国、西班牙、日本和爱尔兰等国实行部分归属制。澳大利亚和意大利实行完全归属制。完全归属制的主要优点在于,对股息重叠征税的问题得到了基本消除,在股息上实现了完全的两税合一,有利于消除古典制下所产生的资源配置的扭曲。但是,归属制也存在一定的局限性,一是部分归属制仍不能从根本上完全消除对股息重叠征税的问题;二是归属制在计算过程中比较复杂,要求具有较高的税收征管水平。

三、公司所得税的纳税人

公司所得税纳税人的确定与个人所得税一样,也是由一国所行使的税收管辖权所决定的。一般而言,各国公司所得税的纳税人分为居民公司和非居民公司,居民公司负有无限纳税义务,即就其来源于世界范围的所得缴纳公司所得税;非居民公司负有限纳税义务,只就来源于境内的所得缴纳公司所得税。

在居民公司的认定上,各国采用的主要标准有:

(1) 公司组建地标准。公司组建地标准,也称登记注册地标准,是指一个公司只要在本国注册登记,即为本国居民公司,政府就有权要求该居民公司就来源于世界范围内的收入纳税。采用这一标准的国家主要有美国、瑞典、澳大利亚、加拿大、挪威、丹麦、印度、新西兰和荷兰等。有些国家,除这一标准外,还同时采用其他标准,来判定一个公司是否为本国居民公司。比如,澳大利亚、加拿大都规定,在本国组建的公司为本国居民公司,同时,虽然不在本国组建但在本国开展营业活动并将中心管理控制机构设在本国的公司也是本国居民公司。

这一标准的优点在于对居民身份比较容易确认和识别,可以有效地防止公司采取某些行为变更自己的居民身份,因为变更身份须经过一定的法律程序,手续复杂。但是,这一标准也存在一定的局限性:一是某些公司的登记注册地和实际经营管理地可能不一致,公司可以脱离注册国而在另一个国家经营,从而难以对这类公司进行有效的监督和税务管理;二是纳税人可以选择注册地来进行避税。

(2) 管理控制中心标准。这一标准是指公司的管理控制中心在哪个国家,该公司就属于哪国的居民公司。公司管理控制中心的判定标准主要有公司董事会开会的地点、公布分红的地点、公司进行营业活动的场所的所在地、公司的各种账簿保管地点、股东大会召开的地点等。

(3) 公司所在地标准。这一标准是指公司的所在地位于哪一国,公司就属于哪一国的居民公司。目前,采用这一标准的国家主要有德国、奥地利、比利时、西班牙、法国、意大利、葡萄牙、瑞士等国。

(4) 主要机构或总机构所在地标准。这一标准是指公司的总机构设在哪个国家,公司就属于哪国的居民公司。日本采用这一标准。

在实践中,多数国家根据本国的具体情况,都是同时综合采用上述两个或多个标准来判定居民公司。

四、公司所得税的税率

世界各国公司所得税税率大体分两种类型,一是比例税率,二是累进税率。

（一）比例税率

比例税率是指对公司应纳税所得统一按比例征税的一种税率形式。在具体实践中，比例税率又可分为单一比例税率和分类比例税率两种形式。

1. 单一比例税率

世界各国的公司所得税大多实行单一比例税率。这种税率形式的特点是税制简化，易于操作，有利于税收征管。

2. 分类比例税率

在税务实践中，有些国家根据纳税人的不同性质、不同行业或不同公司类型，实行了分类比例税率，具体可分为：(1) 根据企业规模和收入规模确定不同税率；(2) 根据是否为居民公司确定不同税率；(3) 根据行业或公司类型确定不同税率。

（二）累进税率

世界尚有少数国家按累进税率征收公司所得税。比如，韩国实行两级超额累进税率，公司全年应纳税所得额不超过 1 亿韩元的部分，适用税率 13%，超过 1 亿韩元的部分，适用税率 25%。美国实行 15%—39% 的超额累进税率，但对年应纳税所得超过一定标准的，规定相应较优惠的税率。

五、公司所得税的税基

（一）公司所得税税基确定中的一般问题

公司所得税的税基为应纳税所得额，即净收益，它要求经过一个从“毛所得”到“净所得”的计算过程。各国通常都有关于确定税基的具体规定，一般来讲，在确定税基时，应考虑以下内容。

1. 应计税的收入项目

各国应当计税的收入项目通常包括：(1) 销售利润，即销货收入减去销货成本；(2) 权利金、佣金、奖金以及不必偿还的债务收入；(3) 前期已支付费用的补偿收入，如保险收入等；(4) 利息、股息收入；(5) 财产租赁收入；(6) 财产变价收入；(7) 其他损益，如营业外收入等。

2. 免予征税的收入项目

各国在确定应纳公司所得税的收入时，有些项目免予征税。免予征税的收入项目主要有两种类型：一是出于政策原因，对某个行业或某项所得免税；二是出于管理的原因，对某一些收入，如资本得利、不动产所得等规定不征收公司所得税，而征收其他税。

3. 税法规定准予扣除的项目

征收公司所得税时只能扣除与取得收入有关的那部分必要的费用支出。

因此,在确定扣除项目时必须区分业务支出与个人支出、营业性支出与非营业性支出、收益支出与资本性支出。上述三对支出中,每对中前者准予扣除,后者不准予扣除。比如,向雇员支付的薪金是企业必要的费用支出,应当予以扣除。但是,雇员本人及其家庭的必要生计费,只能在对雇员计征个人所得税时按规定扣除,在计算公司所得税时则不可列支。由此可见,在计征公司所得税时,不存在计征个人所得税时存在的所谓"宽免额"问题。

(二) 公司所得税税基确定中的具体问题

1. 资本利得的税务处理

资本利得是指个人或公司因出售或交换资本项目所得到并实现的收益。无论是个人所得税还是公司所得税,都面对着如何对资本利得课税的问题,这一问题在税收理论界争论已久,在各国税收实践中的做法也不相同。鉴于资本利得的特殊性和复杂性,本书将把资本利得课税单独作为一章(详见第四章),这里不再阐述。

2. 存货估价

在销货成本的计算中,存货估价占重要地位。在一个纳税年度内,企业销货收入可以按照实际发生额计量,但销货成本的计量却有多种选择,特别是存货的估价。从各国的实际做法看,主要有三种方法:一是"先进先出"法,即先进货的先销售或先进货的先投产。这种方法在客观上反映了货物流通的时间顺序,但是,在物价不断上升的情况下,存货的增值实际上构成了企业利润的一部分,被课征以公司所得税。二是"后进先出"法,即后进货的先销售或后进货的先投产。这种方法在价格上涨时利润较少,当价格下降时,损失也较少。因此,与"先进先出"法相比,它可以提供一个稳定的税基,从而自然地消除由于通货膨胀而增加的税收收入。三是"市场与成本孰低法",即在稳健主义思想的指导下,在计量存货价值时,如果市场价格低于成本,则按照较低的价格计量。此外,有些国家对存货的估价还采取"加权平均法"和"最高进价先出法"等方法。

3. 开办费

在创建业务或建立企业过程中所发生的费用,称为开办费。如何处理这项费用,对公司所得税税负的确定有直接影响。

对开办费的税务处理各国情况各异,一般主要有四种情况:(1) 在某些国家,创建一项业务所发生的成本可以立即从其发生的财政年度中的盈利中扣除,比如在德国,开办费可以从其发生的财政年度的盈利中扣除;(2) 某些国家规定这类成本可以或必须在数年之内摊销,比如在美国,开办费可以在不少于60个月的时间内摊销;(3) 在某些国家,这类成本既不允许扣除也不允许计提折旧,比如丹麦规定,注册费和咨询费等,既不可以扣除也不得摊销;(4) 还有一些国家规定营业前发生的某些开支项目,可以在开始营业后扣除。

4. 折旧的处理

折旧是对企业固定资产损耗的补偿。公司企业的固定资产在生产过程中不断磨损,为了重置和更新固定资产,就需要提取折旧。由于折旧要作为一项费用计入成本,因此,折旧的数额直接关系到企业应纳税所得额的确定。各国公司所得税制都对折旧的基础、折旧的期限和折旧的方法作了具体的规定。各国公司所得税在这方面的差异,主要体现在究竟应该允许投资者采用什么速度来补偿其投资支出。一般而言,资本费用扣除越早,企业当期缴纳的税款就越少,投资者获得的税收利益就越大。如果考虑到货币的时间价值和通货膨胀因素,尽早计提折旧的好处就更加明显。影响折旧的因素主要有三个,一是折旧的基础,二是计算折旧的期限,三是折旧期内的折旧速度。各国政府通常把折旧政策作为调节经济的一种重要工具。

(1) 折旧的基础。各国通常以固定资产的原始价值为基础计提折旧。但是,在存在严重通货膨胀的情况下,如果仍按固定资产的原始价值计提折旧,则不能保证有足够的资金更新资本设备。因此,许多国家采取了两种办法:一是准许企业按照固定资产的重置费用计提折旧,即可按高于原始价值的标准每年多提一部分折旧;二是对固定资产原值进行指数化调整,按调整后的基数计提折旧。无论采取哪种方法,其结果都会使税基因资本设备产生溢价收入而减少,从而直接减少税收收入。

(2) 折旧的限期。折旧期限一般是按照固定资产的耐用期限确定的。但近几十年来,出于刺激企业投资和加速更新机器设备的政策需要,在许多发达国家出现了人为缩短折旧期限的做法,有的国家甚至对某些机器设备允许在购置的当年100%计提折旧。然而,在20世纪80年代世界范围的税制改革中,为了实现降低税率、拓宽税基的目标,这种缩短折旧期限的趋势有所减缓。从理论上讲,折旧期限的长短,直接关系到折旧额的大小和企业利润的高低,从而影响公司所得税税额。也就是说,折旧期限越短,企业应缴纳的税款越少,这实质上相当于国家以减少税款为代价向企业提供无息贷款。

(3) 折旧的速度。折旧的速度主要体现在折旧的方法上,折旧方法一般有三种:一是直线法,即按照固定资产使用年限每年提取均等数额的折旧费;二是余额递减法,即根据资产账面余额按固定比率(大于直线法的折旧率)计算折旧,递减后的余额次年再按固定比率计算,折旧逐年减少;三是年数合计法,即每年折旧额等于价值乘以剩余年数与耐用总年数之比。

5. 亏损的结转

由于种种原因,企业在经营过程中往往会出现亏损。各国公司所得税制在对亏损的税务处理上存在很大不同。

从结转方式上看,主要分以下几种情况:一是允许同时回转(carry back)和向以后年度结转(carry forward)。前者是指将亏损转回到以前年度,冲抵以前年度内的应纳税所得,这种方法可以使纳税人的亏损尽快得到弥补,有利于促进风险投资,但这可能会使国家承担退税责任;后是指将亏损结转到以后年度,冲抵未来的利润或应纳税所得,这会造成以后年度纳税义务的减少。一般情况下,各国在规定回转期限和向以后年度结转期限时有不同的做法,多数国家规定的回转期限为3年或5年,向以后年度的结转期限一般为5年、8年和10年,也有一些国家允许无限期结转。二是只允许向后结转,不允许回转。许多发展中国家和部分发达国家采取这种方式。三是不允许结转亏损,目前有少数发展中国家采用这种方式。

从结转冲抵的范围看,主要分两种情况:一是亏损不分类,可综合冲抵所有来源的所得或利润;二是亏损按收入类型分类,某类亏损只能用来冲抵同类所得或利润,不得混合冲抵。

六、公司所得税的税收优惠

从世界各国税法来看,公司所得税的税收优惠内容十分丰富。从税收政策目标看,世界各国主要从产业政策目标和社会政策目标等方面实施税收优惠,具体包括刺激投资,鼓励科研开发、环境保护、节能,促进区域开发,吸引外资,扩大就业,提高企业竞争能力等。从税收优惠形式看,有比较简单、易于操作的免税期、优惠税率、加速折旧等形式,还有较为复杂的抵免、退税、递延纳税等形式。

(一) 体现产业政策的税收优惠

贯彻产业政策是各国实施税收优惠的主要政策目标,不同类型国家的产业政策存在一定差异。一般而言,低收入国家通常还停留在产业构建阶段,所以对农业、基础产业,特别是制造业给予种种税收优惠,优惠形式主要有免税期和低税率。高收入国家注重行业的领先优势,重视节能、环保、高新技术企业、高风险行业、高附加值产业等,优惠形式主要是加速折旧和各类税收抵免。

加纳、以色列、意大利、毛里求斯、特立尼达和多巴哥、赞比亚等国家对特定产业实行低税率,以鼓励其优先发展。但许多国家在对某些行业实行税收优惠时,在税法规定的具体措辞上存在一定差异。比如,印度尼西亚规定的是"重点部门",澳大利亚规定的是"经批准的行业",印度规定的是"基础产业",等等。具体给予优惠的行业也千差万别。比如,爱尔兰、肯尼亚、纳米比亚、阿曼、巴布亚新几内亚等对普通制造业给予税收优惠;澳大利亚、巴巴多斯等对离岸银行给予税收优惠；中国香港地区对保险公司给予税收优惠；安提瓜和巴布达等小国特别强调对旅馆业实行税收优惠；毛里求斯等国家对海运公司和船东实行税收优惠；韩国和西班牙等国家对节能、环保产业实施税收优惠；印度等国家对基础产业和建筑业实施税收优惠；阿根廷、柬埔寨等国家对矿业实施税收优惠，等等。

（二）鼓励投资的税收优惠

部分国家，特别是低收入国家，为了鼓励投资，对新办企业和对老企业的追加投资规定了一系列优惠，优惠形式包括免税期、低税率、税收抵免、加速折旧和再投资退税等。

科特迪瓦、肯尼亚、卢森堡、莫桑比克、巴拉圭、波兰、葡萄牙、罗马尼亚、新加坡、斯洛文尼亚、所罗门群岛、土耳其和委内瑞拉等国家对新增投资都给予免税期和税收抵免的优惠。

为了吸引外资，匈牙利、以色列、韩国、老挝（全部外资企业都适用）、立陶宛、罗马尼亚和越南等国家对某些外资企业给予免税期或低税率的优惠。

马来西亚、马耳他、巴拿马和塞内加尔等国家对企业的再投资给予退税或抵免。

此外，为了吸引跨国公司将总部移到本国，少数国家专门制定了相应的优惠政策。巴巴多斯、比利时、马来西亚和新加坡等国家对居住在本国，但所得来源于国外的跨国企业规定了极低的税率。

（三）鼓励科研开发的税收优惠

为了鼓励科研开发，马来西亚等国家对高新技术企业实行低税率，而澳大利亚、奥地利、法国、爱尔兰、日本、韩国、马耳他、墨西哥、荷兰、西班牙、中国台湾地区、英国和美国等高收入国家和地区采用对科研开发费用允许特殊扣除或抵免的方式给予纳税人以税收优惠。例如，澳大利亚规定，对于纳税人的科研开发费用准予125%扣除。此外，对于计算机等高新技术企业用于科研开发的资产、设备，部分国家准予在购买当年全额扣除，或实行特别优惠的加速折旧政策。

（四）促进区域开发的税收优惠

为了贯彻特定的区域开发政策，建设“出口加工区”、“开发区”等，部分国家规定，对在这类鼓励开发地区投资的纳税人给予免税期、低税率、加速折旧或税收抵免等优惠。其中，减免税不局限于公司所得税，有的还包括进口关税、财产税、印花税、各类地方税、增值税等。

巴巴多斯、比利时、加拿大、智利、哥斯达黎加、丹麦、埃及、斐济、危地马拉、匈牙利、印度、印度尼西亚、以色列、意大利、肯尼亚、马拉维、马来西亚、莫桑比克、纳米比亚、尼日利亚、巴拿马、秘鲁、菲律宾、波兰、塞内加尔、西班牙、泰国、土耳其、乌克兰、越南和津巴布韦等国税法都有专门鼓励区域开发的各类税收优惠规定。

（五）促进出口的税收优惠

为了鼓励出口，许多国家的税法不仅给予出口企业以流转税方面的优惠，还给予所得税和关税等其他税种的优惠。公司所得税方面的优惠形式主要表现为免税期、低税率、加速折旧和税收抵免。优惠幅度较大的国家有巴巴多斯、哥斯达黎加、厄瓜多尔（免税）、斐济、危地马拉（免税）、圭亚那、印度、日本、韩国、马拉维、马来西亚、马耳他、毛里求斯、纳米比亚、尼日利亚、阿曼、巴布亚新几内亚、菲律宾、罗马尼亚、斯洛伐克、所罗门群岛、斯里兰卡、特立尼达和多巴哥、美国、赞比亚和津巴布韦等。

此外，新加坡和斯里兰卡等国还专门制定了鼓励劳务出口的税收优惠政策。

（六）促进就业的税收优惠

为了促进就业，澳大利亚、保加利亚、比利时、法国、卢森堡、斯洛文尼亚、西班牙、斯里兰卡、特立尼达和多巴哥、美国和津巴布韦等国家都给予完成一定就业指标或投资于高失业地区的企业以税收优惠，优惠形式主要是税收抵免。

为了促进残疾人就业，俄罗斯和立陶宛等前苏联国家的税法规定，对雇用残疾人达到一定比例的纳税人，给予免税期或低税率的优惠。

此外，有些国家，如澳大利亚、立陶宛、巴拿马、西班牙、赞比亚等国，还制定了支持小企业发展的税收优惠政策。

从上述分析中可以看出，一国税收优惠政策明显地与该国国情和经济发展水平存在着密切关系。高收入发达国家与中低收入的发展中国家之间存在着明显差别。从政策目标上看，低收入发展中国家普遍强调鼓励投资，吸引外资，扩大出口，区域开发，以及支持农业、基础产业、普通制造业甚至旅馆业这些在发达国家已经成熟的产业的发展；而高收入发达国家则一般更重视科研开发、环境保护和就业等，注重计算机硬件业、软件业、环保产业、高风险行业、高附加值行业的优先发展。从税收优惠的方式上看，低收入发展中国家主要采取免税期、低税率等简单方式，且优惠规定不够具体细致，方向性不强；而高收入发达国家则较少使用免税期这一方式，更多地采用加速折旧、税收抵免等方式，制定了复杂的扣除规定，其税收优惠规定漏洞较少，方向性比较强，并且以信贷等优惠措施如各类贷款支持、政府担保、财政贴息等相配合，总体政策优惠布局更为合理。

第二节 发达国家的公司所得税制度

一、美国的公司所得税

(一) 纳税人

美国公司所得税的纳税人为居民公司和非居民公司。居民公司就其来源于全世界的所得纳税,非居民公司仅就其来源于美国境内的所得纳税。美国对居民公司的判定标准是,在美国境内根据美国法律登记注册的公司,无论其是否在美国境内经营或拥有财产,都属居民公司。在美国境内从事贸易或经营的外国公司为非居民公司。

在美国,公司的种类很多,但并不是每种公司都必须缴纳公司所得税。比如,S 公司[①]就既可以选择缴纳公司所得税,也可以选择与合伙企业相同的纳税处理方式,把所得按股权划归股东分别缴纳个人所得税。

(二) 税基与税率

1. 税基

美国公司所得税的税基为应纳税所得额,即公司收入总额减去不予计列项目金额及允许扣除项目金额。其中,不予计列项目与个人所得税基本相同。在税基的确定中,主要涉及以下问题。

(1) 扣除项目。扣除项目主要有:

① 费用扣除。美国公司所得税费用扣除需要满足三个标准:一是必须是本纳税年度发生的;二是与经营有关的;三是被认为是正常的和必要的。为了防止纳税人把私人支出作为经营费用扣除,税法对具有私人消费性质的支出规定了许多限定条件。比如,企业招待费用的扣除标准为实际发生额的 50%。另外,美国对国际、国内因公差旅费的扣除也有一定的限制。

② 税金扣除。在确定公司所得税税基时,可以扣除的税金为州、地方及外国政府的所得税,不动产税,雇主所支付的工薪税,销售税,消费税,燃油税,特许权税及其他杂税。

③ 慈善捐赠扣除。公司所得税中,允许扣除的慈善捐赠不得超过应纳税所得额的 10%。超过部分不允许扣除,但可以向后结转 5 年。

---

① 在美国,S 公司是一种享受特殊税收待遇的公司。符合条件(比如,只能是国内公司,股东人数少于 75 个,且只能是个人、遗产管理机构、免税组织和某些信托组织等)的美国公司,可以根据《税收法典》第 S 分章的规定,选择获得 S 公司的身份。S 公司具有一般公司的法律特征,但可以获得类似于合伙企业的税收待遇。

④ 机构费与新企业开办费的扣除。机构费和新企业开办费可以在不少于60个月的期限内进行摊销。

（2）折旧的处理。在美国公司所得税中，对折旧基础、折旧期限、折旧方法等都作了具体规定（见表3-3）。在实践中，纳税人可以选择采用余额递减法与直线法相结合的方法。一般来讲，在资产使用年限的最初年份中，余额递减法所计算的扣除额高于直线法所计算的扣除额，因此许多企业选择采用前者。而在使用余额递减法几年后，采用直线法计算的折旧额会较大，企业可改而选择直线折旧法，这时折旧扣除额就等于未折旧资产价值余额除以剩余年数。

表3-3　美国固定资产折旧制度

折旧年限	固定资产项目举例	折旧方法	折旧率（%）
3	拖拉机、赛马	双倍余额递减法	67.7
5	火车、汽车、计算机、办公设备	双倍余额递减法	40
7	通信设备	双倍余额递减法	28.6
10	飞机、货船、农业设施	双倍余额递减法	20
15	土地改良物、工业发电设备	1.5倍余额递减法	10
20	其他农业建筑物	1.5倍余额递减法	7.5
27.5	租用住宅	直线法	3.6
39	非居住性不动产	直线法	2.6

（3）公司间股息的税务处理。在一般情况下，美国公司从其他美国公司获得的股息可以扣除。具体标准为：

① 当获得股息分配的公司拥有分配股息的公司20%以下股权时，可扣除股息70%；

② 当获得股息分配的公司拥有分配股息的公司20%—80%的股权时，股息扣除比例为80%；

③ 当获得股息分配公司拥有股息分配公司80%以上股权时，可扣除全部股息。详见表3-4。但是，美国公司从外国公司获得的股息一般不能扣除。

表3-4　美国公司间股息扣除率

股份比例	股息扣除比例
小于20%	70%
20%—80%	80%
80%以上	100%

（4）外国所得的税务处理。美国对公司从外国分支机构取得的所得和接

受的外国股息，通常采取一定的方法避免重复征税。一是外国税收抵免法，二是扣除法。对于美国股东拥有50%以上股权的外国子公司，美国《国内收入法典》F部分规定，对美国股东就外国子公司某些未分配的所得征税。F部分规定的所得通常包括：非勤劳所得，如股息、利息、租金、特许权使用费、净外国货币及物品利得和出售某些投资财产获得的利得；某些保险所得；航运所得；与石油有关的所得；某关联团体的销售和服务所得。此外，受控外国公司对美国财产的投资（包括给美国股东的贷款）被视同给予美国股东的股息。

（5）亏损的结转。在计算公司所得税时，净经营性亏损可向前结转2年，如亏损仍有剩余，还可以向后结转20年。在1997年8月以前的税收年度发生的亏损，可以向前结转3年，向后结转15年。纳税人也可以选择放弃向前结转，但选择一旦做出，通常不允许改变。此外，美国还制定了一些复杂的规定，限制公司在重组或所有权发生其他变化后对净经营性亏损的使用。比如，如果发生亏损的公司的50%以上的股票所有权发生了变化，则用向后结转亏损来冲抵将来的所得就会受到一定限制。

2. 税率

美国公司所得税适用累进税率（见表3-5）。个人服务公司适用35%的比例税率。

表3-5　美国联邦公司所得税税率（2008年度）

级数	全年应纳税所得额	税率（%）
1	不超过50 000美元（含）的部分	15
2	超过50 000美元至75 000美元（含）的部分	25
3	超过75 000美元至100 000美元（含）的部分	34
4	超过100 000美元至335 000美元（含）的部分	39
5	超过335 000美元至1 000 000美元（含）的部分	34
6	超过1 000 000美元至1 500 000美元（含）的部分	35
7	超过1 500 000美元至18 333 333美元（含）的部分	38
8	超过18 333 333美元的部分	35

（三）税收优惠

1. 特定区域与企业投资的税收优惠

为鼓励公司投资于特殊地区、经济贫困地区并雇用当地居民，美国税法规定，凡在特殊的、经济贫困地区经营的公司，可申请享受投资优惠，如工资抵免、债券筹资免税等。

2. 小型企业税收优惠

为鼓励对小型企业(总资产不超过 5 000 万美元的公司)投资,美国政府提供了一系列税收优惠,其中最主要的优惠是:对投资者出售符合条件的小型企业股票所获利得的 50% 免税,但是,持有小型企业股票的时间必须满 5 年。

3. 税收抵免优惠

通过抵免方式实施的税收优惠是美国公司所得税的主要特色之一。每一种税收抵免都规定了相应的抵免条件和抵免标准,也体现了美国政府特定的政策目标。从总体上看,许多税收抵免的政策性较强,变动性也较大(见表 3-6)。

表 3-6 公司所得税税收抵免情况

税收抵免项目	政策目标
投资税收抵免	鼓励对设备的新投资,刺激经济,增加就业
研究开发抵免	鼓励新技术的研究
促进就业抵免	鼓励雇主雇用失业工人
修复的税收抵免	鼓励修复旧房屋和历史建筑,以留后世
节约能源抵免	鼓励节约能源,促进可替代燃料的使用
残疾就业抵免	鼓励小企业为残疾人提供就业
酒精燃料抵免	鼓励使用从酒精中提取的燃料
石油回收抵免	鼓励使用三次回收方法生产石油
重新造林抵免	促进木材生产企业重新植树造林

(四) 税款的申报与缴纳

美国税法规定,公司必须在其纳税年度的第 4、6、9 和 12 个月的第 15 天之前预缴估计的税额,在其纳税年度终了后第 3 个月的第 15 天之前进行纳税申报。如果公司采用日历年度,申报期限为 3 月 15 日。如果不能按时申报,可以在申报截止日之前提交延期申报的申请,经国税局批准,纳税人最长可获得 6 个月的延期。

二、日本的法人税

(一) 纳税人

日本法人税的纳税人是以营利为目的普通法人组织和其他有经营性收入的法人组织。法人税纳税人分为国内法人和国外法人。国内法人是指在日本国内有总部或主要事务所的法人,国内法人具有无限纳税义务,即就其来源于国内外的全部所得纳税。国内法人又分为普通法人、合作组织、无法人资格的社团和公益法人等四类。其中,普通法人和合作组织的课税对象为全部所得,无法人资格的社团和公益法人的课税对象为从事营利性营业的所得,法人税对其从事的业务是否为营利性营业作了具体规定。国外法人具有有限纳税义务，即仅就来源于日本国内的所得承担纳税义务。

（二）税基与税率

1. 税基

日本法人税的税基为年应纳税所得额，即每一纳税年度的利润总额减去费用后的余额。一般而言，法人课税所得与会计核算利润既有联系又有区别，在对法人课税时，通常以法人税法规定的收入和费用为准。在实践中，一般以企业会计核算中的本期利润为基础，并对其进行必要的调整。在确定税基时，通常涉及以下问题：

（1）股息红利的处理。为了避免重复征税，1988年以前日本实行的是将所有股息红利收入皆不列入法人税课征对象范围的制度。20世纪80年代以后，法人相互持股成为普遍现象，许多企业纷纷把股息红利作为其投资的主要手段，法人股息红利收入普遍增加。因此，从1989年开始，日本税法规定，对于法人持股低于25%的，将法人取得股息红利的20%列入应计税收入；对于持股25%以上，且持有时间在6个月以上的，对其股息红利仍不征税。

（2）固定资产折旧的税务处理。在日本法人税中，纳税人可以选择使用余额递减法和直线法计提固定资产折旧。余额递减法不适用于1998年4月1日以后购进的建筑或固定资产。残值为购置成本的10%。日本税法规定了不同种类固定资产的使用年限和使用上述两种方法时的年折旧率（见表3-7）。网站服务器使用年限为4年。

表3-7 日本不同类型固定资产的使用年限及折旧率

不同类型固定资产	使用年限（年）	直线折旧率（%）	余额递减法折旧率（%）
办公用钢筋水泥建筑	50	2.0	4.5
客车	6	16.6	31.9
电子计算机	4或5	25或20	31.9
桌椅或木制橱柜	8	12.5	25.0
制造业自动化成套设备	10	10.0	20.6
钢铁成套设备	14	7.1	15.2

此外，根据产业政策的需要，日本税法规定了特别折旧制度，这是日本税收优惠政策的主要组成部分，一般在每年的预算编制过程中提出，以税法修正案的形式实施，或者通过一次立法规定以后若干年实施。特别折旧制度主要有以下几方面：高技术产业设备特别折旧、电子器械设备特别折旧、中小企业等机械特别折旧，以及强化事业基础设备特别折旧等。

（3）扣除项目的规定。在确定应纳税所得额时，关于扣除项目的规定如下：

① 交际费用扣除。日本税法对法人交际费用的扣除做了一定的限制。具体规定为：对于资本金为1 000万日元以下的法人，交际费支出中400万日元以下（含）的部分，可将其80%列入费用，超过400万日元的部分不能计入费用；对于资本金为1 000—5 000万元日元的法人，交际费用支出中300万日元以下（含）的部分，可将其80%计入费用，超过300万日元的部分不能计入费用；对于资本金为5 000万日元以上的法人，其全部交际费用支出不能计入费用。

② 特种基金和准备金的税务处理。对于为应对未来可能发生的费用、损失而提取的法人特种基金和准备金，日本税法在原则上允许将其计入当期费用。但是，为了防止纳税人提取准备金的项目过多而造成税基收缩，日本税法对允许计入当期费用的基金、准备金项目及提取方法等进行了严格的规定。比如，对呆账准备金，按不同行业规定了不同的提取比率，批发零售业为1%，分期付款零售业为1.3%，制造业为0.8%，金融保险业为0.3%，其他行业为0.6%。特种基金和准备金提取后，如果一定期限内未使用或未使用完，则要按规定将其取出，重新列入收入。

③ 向外国分支机构支付的特许权使用费。日本法人向外国分支机构支付的特许权使用费允许扣除，但是必须符合独立公司交易价格的规定。对资本弱化公司而言，对关联公司负债的日本法人支付的利息的可扣除部分受限制，负债资产比例超过3∶1时，不得扣除负债利息。

④ 捐赠扣除。日本税法规定，对政府的捐赠和指定捐赠可全额列入费用；对特定公益法人（如为大学生提供优惠贷款和奖学金的日本育英会、日本红十字会、国际交流协会、学校法人、社会福利法人和综合研究开发机构等）的捐赠，每年可计入费用的最高限额为：（期末资本金额×0.125%＋当年所得金额×1.25%）；对上述两项以外的一般捐赠，可计入费用的最高限额与对特定公益法人的捐赠相同，但要单独计算。此外，对外国分支机构的捐款则一概不予扣除。

⑤ 不予扣除规定。日本税法规定，未向税务机关提供收款人姓名、住址等信息资料的费用支出一概不得扣除。除了征收正常的法人税和居民税以外，对这类费用支出还将适用48.28%的特殊税率征税。

（4）亏损结转。对于法人某一会计年度发生的亏损，原则上不允许结转。但对于实行蓝色申报纳税的企业，允许其将亏损向后结转5年，即允许从今后5年实现的利润中抵扣（特殊情况允许结转7年至10年）。不论法人税还是法人居民税，均不允许向前结转亏损。

2. 税率

根据法人性质的不同，日本法人税分别规定的不同的税率，见表3-8。

表 3-8　日本法人税税率(%)

法人分类		1990	1998	2003	2006
普通法人		37.5	34.5	30	30
普通法人中的中小法人和没有法人资格的社团等	年所得 800 万日元以下的部分	28	25	22	22
	年所得 800 万日元以上的部分	37.5	34.5	30	30
合作组织、公益法人、特定医疗法人		27	25	22	22

注:普通法人中的中小法人是指资本金不超过 1 亿日元的法人。

(三) 税收优惠

1. 对国内投资法人的进口税收鼓励

日本税法规定,国内制造业法人于本年度进口的某些指定免税进口货物超过自 1989 年 4 月 1 日以来各年中此类进口物品最大数量至少 5% 时,可以要求从法人税额中扣除进口商品增加额的 4%。对于特定的国内投资法人,符合一定条件时,其组建后最初 5 年产生的亏损允许向后结转 7 年(标准结转期为 5 年)。

2. 对资本性投资的税收鼓励

中小企业于 2002 年 3 月 31 日之前购进并使用的指定机械和设备(包括电子计算机系统)购进成本的 7% 以及购进的指定的节能型机械、设备调整后购进成本(25% 至 100%)的 3.5% 或 7%,可以从法人税额中扣除。最大扣除限额为法人税额的 20%。

1998 年创建的中小企业促进投资税制进一步降低了机构设备的购进成本和租赁费用,由特定中小企业购进的机械、设备、家具、固定组装设备、货车、大型船只的购进成本可按 7% 进行特别税额扣除或者按 30% 提取特别折旧,适用期限从 1998 年 6 月 1 日至 2004 年 3 月 31 日。7% 的税额扣除也可以适用于特定租赁资产。

3. 对研究与开发费的鼓励

对于于 1985 年 4 月至 2003 年 3 月 31 日之间开业的提交蓝色申报表的中小企业,各会计年度产生的试验研究费允许其从法人税额中扣除,扣除率为中小企业支出的试验研究费的 10%。扣除限额是法人税额的 12% 至 14%。对于符合创新经营促进法规定的中小企业,如果其在 10 年以内实施新开拓计划,同时上年度试验研究费和开发费总额占收入金额的比例超过 3%,那么企业内部留成不予征税。

(四) 税款的申报与缴纳

纳税人必须在会计年度终了后的两个月内向税务部门提交法人税的纳税

申报书。因本年度亏损不用缴纳法人税的纳税人也必须进行确定申报。特殊情况可适当延期申报。

三、法国的公司所得税

（一）纳税人

法国公司所得税纳税人包括在法国从事生产经营活动的法人实体、公司注册地在法国的法人实体，主要包括有限责任公司、有限股份合伙企业和外国公司的子公司。

在法国，对公司所得只由中央政府征收公司所得税，城镇和地方不征公司所得税。

（二）税基与税率

1. 税基

法国公司所得的征税对象为在法国境内通过生产、经营活动取得的利润。法国对居民公司来自法国境外的利润不征税，但是对居民公司从其国外分支机构取得的所得予以征税。法国公司所得税的税率为33.33%。外国公司在法国的常设机构比照居民公司纳税。资本利得视同一般所得征收所得税。

法国公司所得税的税基为应纳税所得额，即纳税人每一纳税年度的收入总额减去准予扣除项目后的余额。在确定应纳税所得额和应纳税额时，主要涉及以下问题：

(1) 扣除项目。在确定应纳税所得额时，有些扣除项目应按照规定的范围和标准扣除。

① 折旧费用。法国税法规定，折旧费用允许从应纳税所得额中扣除，各种设备的折旧可以采取直线法或余额递减法。采取直线法的项目及折旧率见表3-9。

表3-9　采取直线法的项目及折旧率

项目	折旧率
商业建筑	2%—5%
办公设备	5%—20%
工具和机械设备	10%—20%
汽车或卡车	20%—25%
飞机	12.5%

采取余额递减法计提折旧的固定资产必须是使用年限超过3年的机器设备，允许使用余额递减法计提折旧的固定资产包括五类：一是受酸碱腐蚀的设备；二是常年处于震颤之中的厂房和建筑物；三是常年处于高温条件下的设备；

四是用于科学研究的设备;五是医疗和社会福利机构的建筑物。

此外,下列固定资产可以加速折旧:2003 年 1 月 1 日之前建成的用于净化工业用水的设备,在投入运行的第一年可以 100% 的计提折旧;在 2007 年 1 月 1 日之前建成的有助于节约能源、有利于资源再利用、有利于保护环境的设备,电动汽车在投入运行的第一年可以 100% 的计提折旧;软件设备在使用的前 12 个月可以 100% 计提折旧。

② 关联公司所得的扣除。公司支付给关联公司的合理费用可以在应纳税所得额中扣除,但是,如果支付费用明显不合理,税务机关有权根据法国税法第 57 条予以调整。在法国的关联公司包括母公司、姊妹公司。

法国母公司从其子公司取得的红利的 95% 可以免除企业所得税,但是,余下 5% 的部分必须加回到母公司的应纳税所得额纳税。

③ 税款的扣除。除公司所得税和罚款外,大多数税款可以在应纳税所得额中扣除,如增值税、营业税、注册税。

④ 研究费用扣除。经有关部门审核确认的研究费用,可以从当年的应纳税所得额中扣除,研究费用扣除标准为当年研究费用总额减去前两年该项费用平均额的 50%,但是每年的最高扣除额不得超过 200 万欧元。

(2) 存货计价原则。法国对纳税人存货成本的确定遵循历史成本原则,以取得时的最低成本或市场价格计价,存货的领用、发出采用先进先出法或加权平均法,禁止使用后进先出法。

(3) 亏损结转。法国的净经营性亏损可以向后结转 5 年,由于折旧而出现的经营亏损可以向后无限期结转。

(4) 避免双重征税的规定。居民公司来源于境外的所得已经在境外缴纳的公司所得税款,准予在汇总纳税时,从其应纳税所得额中扣除,具体采取三种办法:一是对已经在境外缴纳所得税的红利,给予免税处理;二是对于来自与法国签订了避免对所得双重征税协定的国家的利息、特许权使用费,按协定中对利息、特许权使用费有关征收预提所得税的规定处理;三是对于来自与法国尚未签订避免对所得双重征税协定的国家的利息、特许权使用费,其已经在境外纳税部分,准予在汇总纳税时从其应纳税所得额中扣除。

2. 税率

法国公司所得税税率分为标准税率、低税率和特殊税率。

标准税率为 33.33%。另外,年营业额超过 763 万元欧元、年缴纳所得税税款超过 76.3 万元欧元的公司,还应就所得税税款超过 76.3 的部分,缴纳附加税,税率为 3.3%。

低税率为 8%—15%,适用于:(1) 长期资本利得;(2) 中小企业,其中年利润低于38 120 欧元的部分,税率为15%,年利润超过38 120 欧元的部分,税率仍为33.33%。

特殊税率主要适用于租赁收入、林业收入、农业收入,税率为24%;来自免税公司的红利所得,税率为10%。

(三) 税款的申报与缴纳

法国公司和其控股达95%的本地子公司可以合并申报缴纳公司所得税,各子公司如果有盈有亏,可以盈亏相抵后,缴纳公司所得税。其他公司集团,只要拥有其子公司50%的股份,经财政部许可,也可以合并申报缴纳公司所得税。

法国公司所得税按会计年度缴纳,实行分季预缴,预缴数为上一会计年度应纳税所得额的1/4,在下一个会计年度的前3个月内实行年终汇算清缴,多退少补。

第三节　发展中国家的公司所得税制度

一、韩国的公司所得税

(一) 纳税人

韩国公司所得税的纳税人分两类,即本国公司和外国公司。本国公司即居民公司,指在韩国依法注册成立、在其境内设置总机构或主要机构、管理与控制中心在韩国的公司,居民公司就其全世界所得纳税。其余的有来源于韩国境内所得的公司为外国公司,即非居民公司,它们仅就其来源于韩国的所得纳税。

(二) 税基与税率

1. 税基

公司所得税的应纳税所得包括一般经营所得、资本所得和清算利得。公司转让资本实现的资本利得,不区分持有期限的长短,统一按普通所得征税。

在确定税基的过程中,正常的费用支出一般都可以在税前扣除,韩国税法关于扣除项目的规定有:

(1) 准备金扣除。下列准备金可以在规定限额内扣除:

① 退休准备金,在支付给雇用1年以上职工工资的10%以内,且准备金累计总额不超过应当支付给所有职工(假定他们在年底退休)退休金的40%。

② 坏账准备金,可选择按坏账总额的1%(金融机构为2%)和当年坏账损失占上一年应收账款的比例两者中较大者扣除。

③ 韩国保险企业法规定提取的负债准备金和应急准备金,不超过总统令中

所规定的限额。

④ 保险公司的支付给保险人的利息准备金,不超过金融监管委员会和经济财政部所规定的限额。

(2) 捐赠扣除。下列捐赠支出可以扣除,但是扣除额总计不能超过应纳税所得额的5%,超过部分可以往后结转3年:

① 向公益单位、社会福利组织和宗教组织的捐赠。

② 以促进学术研究、技术开发和发展体育技能为目的的捐赠和设立的奖学金;

③ 向总统令规定的公共团体的捐赠。

此外,无偿向政府机构捐赠的货物和现金、出于国防和战争目的的缴款以及为灾害救济而捐赠的货物和现金,可以在限额以内扣除,但是超过部分不能结转。

(3) 折旧费用。韩国税法规定可提折旧的固定资产包括建筑物及其附属物、车辆、器具及设备、机械设备、其他固定资产。资产折旧方法可选择直线法或余额递减法,建筑物及无形资产采用直线法,建筑物以外的固定资产则可选择其中任一种折旧方法。

关于折旧的年限,一般钢铁、水泥及混凝土建筑物标准折旧年限为40年(下限30年,上限50年);金融机构的固定资产折旧标准年限为5年(下限4年,上限6年)。资产折旧方法选定后应保持不变,在特殊情况下,公司如要变更折旧方法须报经税务当局批准。

(4) 业务招待费。业务招待费的用途必须与本公司业务有关。它可以在不超过下列两数额合计的范围内扣除:一是纳税期月数乘1 200万韩元(中小企业为1 800万韩元)再除以12;二是根据经营年度毛收入和表3-10中所列扣除比例计算的扣除额。

表3-10 业务招待费扣除标准

毛收入	扣除比例(%)	扣除额
不超过100亿韩元	0.2	毛收入×0.2%
超过100亿—500亿韩元部分	0.1	2 000万韩元+(毛收入-100亿韩元)×0.1%
超过500亿韩元部分	0.03	6 000万韩元+(毛收入-500亿韩元)×0.03%

此外,韩国税法还规定,5万韩元以上的业务招待费支出须用信用卡支付或转账支付,否则不得扣除。

(5) 资本性支出。韩国税法规定,已有固定资产的修理费金额在300万韩元以下的部分及每3年定期修理的费用，可作为费用支出，300万韩元（含）以上的部分作为资本性（固定资产）支出；购入的物品价值在100万韩元（含）以上的，作为资本性（固定资产）支出，价值在100万韩元以下的，作为当年费用支出。

2. 税率

韩国公司所得税实行两档累进税率，见表3-11。

表3-11　韩国公司所得税税率表

级数	全年应纳税所得额	税率（%）
1	不超过1亿韩元的部分	13
2	超过1亿韩元的部分	25

此外，公司所得税纳税人还应按照其应纳公司税额的10%缴纳属于地方所得税的地方居民税。

外国企业，如果在韩国设有常设机构，则只就归属于该常设机构的来源于韩国的所得按照普通公司所得税率纳税；如果在韩国没有常设机构，则对外国企业就来源于韩国的所得征收预提税（见表3-12）。对外国公司的清算所得不征公司所得税。

表3-12　韩国预提所得税税率表

所得类型	预提税税率
经营所得和船、飞机的租赁所得	2%
个人劳务所得	20%
证券股票利得	售价的10%①
股息、利息、特许权使用费和其他所得	25%②

注：① 如果证券或者股票的购置成本能够确认，则预提税税率可以按照售价的10%或出让差价的25%两者中的较少者计税。

② 与韩国签有税收协定的，从其规定。

（三）税收抵免

韩国的税收抵免主要包括外国税收抵免和灾害税收抵免。

1. 外国税收抵免

本国公司在国外缴纳的公司所得税可以抵免，但是不能超过国外来源所得按本国税率的应纳税额，不足抵免部分可往后结转5年；符合条件的子公司在国外已纳税额的，如果韩国与该国签署的税收协定允许，则母公司可以从其股息所得税额中抵免。符合条件的子公司是指被本国公司连续6个月以上控股20%或者更大比例者；本国公司的国外来源所得，如果在国外享受免税待遇，则在税收协定允许的范围内,可以饶让抵免。

2. 灾害损失抵免

本国公司因自然灾害造成财产损失 30% 以上的,可被认为存在纳税困难,可以按其财产损失比例抵免其公司所得税。

(四) 税收优惠

韩国通过《税收减免管理法》和《外国投资促进法》采取了一系列税收优惠措施以贯彻政府的特定政策。韩国于 1999 年 1 月 1 日制定了《特别税收待遇管理法》,合并替代了前述两法中规定的税收优惠措施。

1. 对中小企业的税收优惠

(1) 对投资准备金的规定。符合条件的中小企业在其年底资产价值的 20% 以内设立的投资准备金,可以在税前扣除。但税前扣除的准备金应当从提取准备金后第 3 年起分 36 个月作为实现利得分摊计回应纳税所得额。

(2) 对投资抵免的规定。中小企业购置机器设备等企业资产,或者在销售店安装信息管理系统的,可以按照购置额的 3% 抵免公司所得税。

(3) 对新建企业的税收优惠。符合条件的新建中小企业,可以自企业首次实现盈利年度起享受 6 年减半征收公司所得税的优惠。

(4) 对中小企业的特别优惠。在大城市内的中小企业,根据其行业不同,可以享受减征 10% 至 30% 的公司所得税的优惠。

2. 促进技术和人力资源开发的税收优惠

为了鼓励技术和人力资源的开发,韩国政府规定:(1) 技术和人力资源开发的准备金可以按一定比例在税前扣除;(2) 技术和人力资源开发费可以按照一定的计算方法享受税收抵免;(3) 技术转让和风险资本利得免税。

3. 鼓励投资的税收优惠

为了鼓励企业进行特定投资,韩国政府规定,为提高生产率,如果本国公司投资于提高中小企业工艺和制造自动化水平的设备、提高制造技术和技能的设备和电子商务设备的,可按投资额的 3% (中小企业为 5%) 抵免公司所得税。另外,为了引导企业的投资方向,韩国税法规定,如果公司投资防污设备、清洁设备、防止工业危害设备和采矿设备的,其投资支出可获得 3% 的抵免。

(五) 税款的申报与缴纳

韩国税法规定,企业必须在次年 3 月底前将经外部会计师审计后的年度税务结算书向主管税务当局申报纳税。

公司年所得税缴纳额在 1 000 万韩元以上的,可分期缴纳。纳税人中期预缴的,金额可按上一年度的所得税额除以上一纳税年度的月数再乘以 6 计算 (即按上年的 50% 预缴),于 8 月底和 9 月底分两次缴付。全年公司所得税经外部会计师审计并结算后在次年的3月底和4月底分两次缴清。

二、马来西亚的公司所得税

（一）纳税人

马来西亚公司所得税的纳税人分为居民公司和非居民公司。居民公司是指公司董事会每年在马来西亚召开、公司董事在马来西亚境内掌管公司业务的法人。居民公司就其来源于全世界的所得纳税，而非居民公司仅就来源于马来西亚的所得纳税。

（二）税基与税率

1. 税基

马来西亚的所得税法对法人征税没有特殊规定，采取按照所得种类划分、综合计算应纳税所得额的方法。与法人相关的所得大体分为四种：一是经营所得；二是投资所得，比如股息、利息等；三是资产所得，如租赁费、使用费、佣金；四是其他具有所得性质的利得或收益。

马来西亚所得税的税基为应纳税所得额，在确定应纳税所得额时，对哪些项目可以列支，马来西亚税法并没有明确的规定，实务上的判断标准包括：一是所得税法和其他法律有特别规定的；二是该支出与经营活动有关；三是该支出是在当期经营年度内发生的；四是该支出不是资本性支出。在确定应纳税所得额时，主要涉及折旧的处理与关于扣除项目的规定等问题。

（1）折旧的处理。税务上认可的折旧资产包括工业用建筑、机械设备、农业及林业资本性支出、矿业资本性支出等。对工业用建筑、机械设备计提折旧的种类有：购进时的期初折旧、逐年折旧（直线法）、差额折旧。工业用建筑按购进成本的10%提取期初折旧或按照购进成本的2%逐年折旧，后者的计算基础是购进成本，不是扣除期初折旧后的余额。加速折旧适用于计算机、通信技术设备、环保设备和资源再生设备。出口商品和以出口为目的的进口商品的保管仓库，教育和培训设备，制造业、宾馆旅游业、幼托业等行业从业人员的居住设施，年折旧率为10%，折旧年限10年；公路及其他产业的年折旧率为2%至40%，折旧年限为15年至30年。

（2）扣除项目。马来西亚在确定应纳税所得额时，主要扣除项目包括：

① 交际费。以下四种费用可以扣除：

第一，向从业人员支付的福利费；

第二，为振兴出口在外国举办的商品展示会上展出的赠品；

第三，为扩大市场而提供的新产品的样品；

第四，开展业务所需的社会文化活动和体育活动而支付的费用。

② 红利。1997 年后，红利的列支限额规定为工资的 1/6。

③ 创业费及开办费。对授权资本金不超过 25 万林吉特的公司，创业费可以按照一定比例扣除。

(3) 亏损的结转。马来西亚税法规定，当期经营亏损可以在所在年度内从其他经营所得以及投资或投资所得中扣除。不足扣除的经营亏损(包括不足抵扣的折旧)可以往后无限期结转，但是只能冲抵经营所得，没有往前结转的规定。

2. 税率

马来西亚的公司所得税自 1998 年起一直采用 28% 的税率，从 2001 年起对法人实行申报纳税制度，对非居民公司则实行特殊的预提税制度。预提税税率为 10%—15%，见表 3-13。非居民公司从马来西亚取得的利息和特许权使用费就其总额缴纳预提税，马来西亚没有股息预提税(税收协定税率为零)。对非居民公司向马来西亚中央政府、州政府、地方当局或法定实体提供信贷收取的利息不征预提税。对在马来西亚经营的商业银行支付给非居民公司的利息免税。

表 3-13　马来西亚预提税税率表

收入项目	税率(%)
利息	15
租金或其他使用动产支付的费用	10
特许权使用费	10
和财产使用有关的劳务费，向非居民购买的厂房或机器的安装、操作费	10
技术咨询费、援助费或者与技术经营管理有关的劳务费	10

1983 年以后，马来西亚加强了对建筑行业非居民承包商的预提税的征收，按照承包合同，对非居民承包商的预提税税率为 20%(包括法人税 15%、个人所得税 5%)

(三) 税收优惠

马来西亚的税收优惠主要体现在以下几个方面：

1. 国内投资与资本性投资鼓励

在马来西亚境内投资的国内外投资者可以享受许多税收和投资优惠。新兴企业，无论所处行业为制造业、农业、旅游业还是其他产业，只要从事受鼓励活动或者生产受鼓励产品，在投产 5 年内，其 70% 的法定所得免纳公司所得税；对资本密集型和高技术投资，可以按照逐案审查原则给予全部免税。在马来西亚半岛东部省份如沙巴岛、沙捞越省设立的企业可享受 5 年减免 85% 公司所得税的优惠。1991 年以后，获得认可的免税企业在无特殊情况下，免税期限为 5 年。

2. 再投资优惠

对着手计划扩大业务,进行现代化、自动化改造,或者对现存制造业、加工业进行多样化革新的公司给予再投资优惠。再投资优惠额为5年内规定资本性支出的60%,资本性支出包括用于购买工厂、设备和用于扩建、现代化和自动化改建或多样化革新项目的支出。再投资优惠每年限额为税后利润的70%。

风险投资企业来自于经批准的风险投资企业股份的利得,享受免税3年的优惠。

3. 促进出口的优惠措施

对制造业、农业以及饭店、旅游等服务业,采取以下优惠措施:

(1) 针对制造业的出口增加额,当产品包含30%的附加价值时,按照增加部分的10%进行扣除;当产品包含50%附加价值时,按照增加部分的15%扣除。

(2) 以促进出口为目的的广告费,为国外顾客提供的样品,取得情报信息的费用及其他销售费用、差旅费、参展费等,可以在计算应纳税所得额时双倍扣除。出口企业的各种费用汇总计算后,从以后年度产生的利润中扣除。

4. 技术与职业培训扣除

对从事技术与职业培训的公司给予100%的投资扣除优惠。投资扣除最大限额为每年税后利润的70%。

三、印度的公司所得税

(一) 纳税人

在印度,公司所得税的纳税人为居民公司和非居民公司。居民公司的认定标准为注册地标准或控制管理机构所在地标准,也就是说,凡是在印度境内注册或在纳税年度内管理控制中心在印度境内的公司都为居民公司,否则,为非居民公司。居民公司就其来源于全世界的所得纳税;非居民公司就其来源于印度境内的所得纳税。

(二) 税基与税率

1. 税基

印度公司所得税的征税对象为应纳税所得额,纳税年度为当年4月1日至翌年3月31日。在计算应纳税所得额时,主要涉及以下内容:

(1) 折旧的税务处理。纳税人拥有和使用的、用于经营活动的固定资产允许扣除正常折旧,这些资产被划分为建筑物、家具和装置、机械设备、船只。资产分类后,建筑物按照5%—20%的折旧率折旧,家具和装置按10%—15%的折旧率折旧,机械设备按照20%—100%的折旧率折旧,船只按照10%—20%的折旧率折旧,无形资产折旧率为25%。

(2) 关联交易。对于关联企业之间的交易,税务当局如果认为交易价格过高或者不合理,可以全部或部分不承认。

(3) 所得合并。除特殊情况外,每个纳税人的所得应单独计算并予以分类,由此计算出的所得总额按照适用税率征税(资本利得除外)。不允许公司在计算应纳税额时,将本公司的所得与其子公司或者其他公司的所得合并计算。

2. 税率

印度公司所得税的税率为35.7%,其中包括2%的附加税。近年来,随着全球范围内公司所得税税率的降低,印度公司所得税的税率总体上也呈不断下降的趋势。最初,印度对公开持股和不公开持股的公司分别征收50%和55%的差别税率,1993—1994年税率统一为40%,并于1997—1998年将税率降至35%,同时对企业征收10%的股息税,2000—2001年股息税税率上升到20%,但2001—2002年又降回10%,并改对股息的拥有者股东征收,在2003—2004年,股息税再一次改为对公司征收。

(三) 亏损结转

在一定条件下,纳税人从事经营活动所发生的亏损允许向后结转8年,冲抵此项经营活动和其他经营活动的所得,条件是发生亏损的此项经营活动在抵减期内仍在进行。不过经营亏损如果是由未提取的折旧所引起的,则允许无限期地向后结转,抵减任何所得,条件是冲抵之年有所得。

(四) 税收优惠

为实现国家的税收政策目标,印度规定了以下税收优惠:

第一,在经济落后的邦和地区新成立的工业企业,自营业之日起可以申请免公司所得税3年或5年,并在此后的5年内减征30%。同样的优惠也适用于符合条件的旅馆业。

第二,从事房地产开发、科学研究等的企业符合条件的,也可以申请优惠。其优惠期从5年至10年不等,优惠程度在初期有的减征30%或50%,有的全免,后面的年份则减征30%。2001年印度财政法案把类似的优惠扩大到从事食品或粮食加工、储藏、运输的一条龙服务的企业。

第三,从事电力的生产、传输和销售的企业,提供通信服务企业,开发和维护基础设施或工业园的企业,其前15年(高速公路项目为20年)内,任何连续的10年实现的利润可以享受上述类似的免税优惠。2001年印度财政法案把宽带网和互联网服务纳入了通信服务范围,允许提供此种服务的企业享受税收优惠政策,而且优惠程度扩大到100%免税。

第四节　中东欧国家的公司所得税制度

一、俄罗斯的公司所得税

（一）纳税人

俄罗斯公司所得税的纳税人根据注册地原则分为俄罗斯企业和外国企业。俄罗斯企业就其来自全世界的所得纳税；外国企业只就通过在俄罗斯的常设机构实现的所得和来源于俄罗斯大陆架或经济特区的所得纳税。

（二）税基与税率

1. 税基

俄罗斯公司所得税的征税对象为各种应纳税所得，具体是指销售商品、固定资产和其他财产，提供劳务，以及其他交易实现的收入扣除各项交易支出和允许扣除项目后的总利润。

税基为应纳税所得额，在确定应纳税所得额和应纳税额时，通常会涉及以下问题：

（1）折旧费用。俄罗斯固定资产的使用年限和折旧率一般由政府规定，通常采取直线折旧法。具体规定如下：① 建筑物适用 0.4%—10% 的折旧率；② 车辆适用 10%—20% 的折旧率；③ 办公用品适用 5%—15% 的折旧率；④ 生活用品及多数无形资产适用 10% 以内的折旧率，如果使用年限不确定，摊销期一律定为 10 年。自 1990 年以来，俄罗斯的折旧率从未进行过调整，高科技企业可以适用加速折旧。

（2）扣除项目。俄罗斯在确定应纳税所得额时，严格规定扣除项目的范围和标准。关于利息支出，俄罗斯规定，银行本币贷款的利息支出按照不超过中央银行再融资利率加 3% 的利率标准扣除；外币贷款的利息支出按照每年不超过 15% 的利率扣除。

（3）税收抵免。向其他国家缴纳的税款可以申请外国税收抵免。抵免额不得超过俄罗斯对这部分外国来源所得应征的税额。对未抵完的部分，俄罗斯税法没有结转规定。

（4）亏损的结转。净营业亏损可以向后结转 5 年，但是每年冲抵的亏损额限于当年应税利润的 50%。亏损不能在集团内部的公司或子公司之间结转，也不能往前结转。资本性利亏，可以在其产生的会计年度内冲减资本利得，但不能向前或向后结转。

2. 税率

俄罗斯公司所得税的税率一般不超过35%。其中,联邦政府统一按11%的税率征收;地方政府各地税率不一,但最高不超过24%。但是,对银行、交易所、保险公司、经纪和中介组织等的高盈利经营活动,最高税率可达43%,即地方政府最高可以按照32%的税率征税。

对外国法律实体来源于俄罗斯的所得,俄罗斯税法规定征收预提税,具体而言,对利息、股息以及在俄罗斯企业参股的所得,预提税的税率一般为15%;对特许权使用费、租赁费和其他来源于俄罗斯的所得(不包括运输收入),预提税税率为20%;对运输收入,预提税税率为6%。已签署税收协定的,按照税收协定规定的优惠税率征税。

(三) 税收优惠

俄罗斯联邦政府针对中小企业以及特定的经营活动规定了多项税收优惠措施。但是,公司所得税优惠总额不能使其应纳税所得额减少50%。此外,对有些实体如宗教团体、公共组织等,免征公司所得税。

二、匈牙利的公司所得税

(一) 纳税人

匈牙利公司所得税的纳税人为所有的经营组织。这种经营组织可以是有限责任公司、股份公司或合伙企业,具体包括居民公司和非居民公司。居民公司是指在匈牙利设立的公司。居民公司就其来源于全世界的所得纳税,非居民公司只就其来源于匈牙利境内的所得纳税。

(二) 税基与税率

1. 税基

匈牙利公司所得税的税基为应纳税所得额。通常税基的确定是根据匈牙利有关税法规定对会计利润进行调整后得出的。在确定税基时,一般涉及以下内容:

(1) 存货的计价。匈牙利税法规定,对存货按照成本与市场价孰低原则计价。成本根据先进先出法或平均成本法确定。

(2) 折旧的处理。资产折旧按照直线法计提。关于折旧率规定如下:计算机和其他高技术设备为33%;机动车为20%;建筑物为2%。

此外,兼并企业取得的商誉,必须在5年至10年以内摊销。

纳税人在指定区域如“企业区”内设有总机构或者常设机构的,其新设备(不包括客车)可以选择即时折旧,而坐落在区内的建筑物可以按照10%的折旧率计提折旧。对1995年12月31日以后安装的新机器,纳税人也可以选择按照会计折旧率计提折旧,但是折旧率不能超过30%。

(3)股息的处理。除了受控外国公司外,收到的股息免征公司所得税。支付给国外投资者的股息,应当征收预提税。

(4)扣除项目。在确定应纳税所得额时,匈牙利的扣除项目主要包括:①利息支出扣除,贷款利息支出的扣除,受资本弱化规定的限制,其债务权益的规定比例为4:1,超过该比例的债务利息支出不能扣除;②呆账、坏账损失在规定的比例内允许扣除;③招待费和对客户及雇员的礼品支出的扣除,不得超过公司年营业额的0.5%;④支付给雇员的福利及其小额福利税,可以扣除。

2. 税率

匈牙利公司所得税的税率一般为18%。此外,布达佩斯和其他各县市征收地方税,对净销售收入加利息所得减相关成本后的余额征收,税率各地不一,但最高不超过2%。

匈牙利对资本利得(利亏)比照普通所得(损失)征税。

(三)亏损的结转

对净营业亏损,除了金融机构以外,最初3年发生的亏损可以向后无限期结转;以后年度发生的亏损只能向后结转5年。将亏损冲销以后年度利润时,按照“先进先出”原则,即先冲销允许冲销的最早年度的亏损,依此类推。如果经营的第四个年度及以后年度的净销售收入占总成本支出的比率不超过50%,则只有经过税务部门批准,其亏损才能向后结转。亏损不能向前结转。

(四)税收优惠

匈牙利的税收优惠措施是1998年实施的,有效期至2011年,主要措施包括:

第一,1996年12月31日以后开始投资的,投资额至少为30亿福林的公司,可以享受免税10年的优惠。该优惠只有在下列年度适用:销售额相对上一年度的增加额至少为投资成本的5%,而且与投资开始的前一年相比,公司至少创造100个新就业岗位。

第二,1998年12月31日以后在匈牙利境内开始投资的,投资额超过100亿福林的公司,可以享受免税10年的优惠。该优惠只有在下列年度适用:销售额相对上一年度的增加额至少为投资成本的5%,而且与投资开始的前一年相比,公司至少创造500个新就业岗位。

三、罗马尼亚的公司所得税

(一)纳税人

所有在罗马尼亚境内从事经营的法人,包括罗马尼亚股份公司和外国法人实体(分支机构以及其他常设机构)都是罗马尼亚公司所得税的纳税人。如果一个公司在罗马尼亚有固定居所,或者其管理中心在罗马尼亚,那么该公司就是罗马尼亚的居民公司。通过在罗马尼亚境内设立常设机构进行经营的外国法人为非居民公司。居民公司就其来源于全世界的所得缴纳公司所得税,非居民公司仅就其来源于罗马尼亚的所得缴纳公司所得税。

(二) 税基与税率

1. 税基

罗马尼亚公司所得税的征税对象为从事经营所获得的利润和资本利得。税基为应纳税所得额,即所得减去相关费用支出后的余额,在确定应纳税所得额时,一般涉及以下内容:

(1) 存货的估价。大多数资产和负债都是按购置成本或产品的技术成本进行估价的。对存货进行估价允许使用的方法包括标准成本、平均成本和先进先出法。

(2) 折旧与摊销。有形资产在税收上的折旧是按照与确定会计折旧相同的原则来计算的。对于税收上的折旧,罗马尼亚法律上针对每一个领域的活动都规定了一个特殊的使用系数,并随时更新。这可能会导致一部分税收上的折旧不能扣除。无形资产通常采用直线法在最长为 5 年的期限内摊销。

此外,固定资产必须根据前一年的国内通货膨胀率进行重新估价。如果前 3 个年度的通货膨胀率加起来高于 100%,那么每年都要进行重新估价。

(3) 扣除项目。在确定公司所得税的应纳税所得额时,除下列费用外,公司为实现收入而发生的其他所有费用都可以得到扣除。不能扣除的费用包括:所得税和向在罗马尼亚境内从事生产经营的外国法人实体支付的外国所得所缴纳的税;超过按照法律规定的比率计提的折旧、摊销和折耗;向罗马尼亚和外国政府支付或者交纳的费用和罚款;超过净利润 2% 的招待费用(交际费用);用于建立和增加准备金的金额超过法律允许的部分;超过净所得 5% 的赞助费用。此外,罗马尼亚对坏账准备金和其他准备金的扣除有严格的限制。

2. 税率

2002 年,罗马尼亚公司所得税的一般税率为 25%,适用于罗马尼亚股份公司和外国法人实体;出口商的出口销售利润适用 6% 的低税率。对投资于动产或者不动产的利润,可以减半征收所得税,但是必须将免征的这部分所得税转增不可分配的准备金。公司支付的股息按 10% 的税率征收预提税。

(三) 亏损的结转

罗马尼亚税法规定,公司年度经营亏损可以自亏损年度起向后结转 5 年,亏损不可结转至以前年度。按照来源地的原则,在外国发生的亏损只能从源于外国的所得中扣除。

（四）税收优惠

在罗马尼亚，税收优惠（包括免税期）主要是提供给在“欠发达地区”进行投资的、满足一定条件的投资者，目的是为了增加就业机会。“欠发达地区”是指结构性失业率高、基础设施落后的地区。另外，在港口和边境地区的一些自由贸易区的投资可以享受免税期和增值税免税的优惠，在技术园区的投资也可以享受同样的税收优惠。

第五节　比较与借鉴

一、公司所得税改革的国际趋势

（一）公司所得税改革的背景

20 世纪 80 年代以来，OECD 国家的公司所得税税制一直在各个方面进行着改革。特别是英国于 1984 年、美国于 1986 年实行的旨在“降低税率、拓宽税基”的税制改革更是具有深远的影响。进入 21 世纪以后，对于 OECD 各国，一方面，国际经济一体化的深入、资本自由流动导致税收竞争加剧；另一方面，其国内经济增长乏力，失业率增加，而社会公共支出不断增加，种种社会矛盾要求税收制度进行改革，以更好地适应新的环境。在公司所得税方面，OECD 国家面临着如下挑战。

1. 就业压力增大

在其他条件不变的情况下，公司所得税税率设计过高会直接影响企业的投资决策：一方面，高税率会导致本国资本外流，另一方面，高税率也不利于外国资本进入。在国际经济增长普遍缓慢的大背景下，企业盈利能力较差、税负过重将使企业缺乏竞争力。同时，由于资本自由流动，如果增加公司所得税负担，则跨国公司将会选择离开，从而导致就业率下降。

2. 所得税税基受到侵蚀

随着国际税收竞争的加剧，国际社会存在大量的避税港或“避税天堂”，许多大公司或跨国公司纷纷聘请税收专家进行纳税筹划，因此，在其他条件不变的情况下，对资本利得和某些跨国公司课税越来越难。此外，网上交易越来越多，也使征税难度进一步加大。

3. 税收遵从观念变化

越来越多的公司热衷于税收筹划，不愿安分守己纳税，而且欧洲法院近些年的一些判决，例如裁定政府的“反滥用条款”（如资本弱化规则）与欧盟《罗马公约》精神不符,这也导致政府税收征收困难。

在此背景下,OECD 国家只有继续选择“降低税率、拓宽税基”的改革之路。

（二）全球公司所得税的改革趋势

1. 公司所得税税率普遍呈下降趋势

自 20 世纪 80 年代美国税制改革以来,为了保持自身税制的国际竞争性,世界各国也纷纷改革其公司所得税制度,使其税率呈下降趋势。

从表 3-14 可以看出,OECD 的 30 个成员国中,2000—2006 年一般公司所得税综合税率呈现下降趋势的有 25 个国家,占全部成员国的 83%;保持不变的有 5 个,占 17%;所有成员国平均下降 5.2 个百分点。这说明,进入 21 世纪以来,OECD 成员国一般公司所得税税率总体变化呈下降趋势。

此外,发展中国家也感受到了发达国家减税带来的压力,纷纷推出了本国的减税计划,以获得竞争优势,促进投资和经济增长。例如,印度 2001 年将公司所得税税率从 35% 降到 30%,废除了公司所得税 10% 的附加税;马来西亚的公司所得税税率从 35% 降到了 28%;印度尼西亚的最高公司所得税税率由 35% 降到了 30%。

中东欧转型国家在降低公司所得税税率方面的改革力度更大,目前,许多中东欧国家除了在个人所得税改革方面实行了单一税制外,对公司所得税也采取了单一税制。

从发展趋势看,世界范围内公司所得税税率下降会依然存在,并在较低水平上达到基本趋同,这主要取决于经济全球化所引起的国际税收竞争。这种日益趋同的公司所得税税率将对世界经济产生一定的影响。一是大大缓解国际重复征税的矛盾,使跨国资本在资本输出国与资本输入国所适用的所得税税率趋于一致;二是可以在相当程度上减弱跨国纳税人从事避税活动的动机;三是有利于贯彻税收中性原则,提高资源配置效率,从而进一步推动经济全球化的进程。

表 3-14 2000—2006 年 OECD 国家一般公司所得税综合税率(%)

国家	2000	2001	2002	2003	2004	2005	2006
澳大利亚	34.0	30.0	30.0	30.0	30.0	30.0	30.0
奥地利	34.0	34.0	34.0	34.0	34.0	25.0	25.0
比利时	40.2	40.2	40.2	34.0	34.0	34.0	34.0
加拿大	44.6	42.1	38.6	36.6	36.1	36.1	36.1
捷克	31.0	31.0	31.0	31.0	28.0	26.0	24.0
丹麦	32.0	30.0	30.0	30.0	30.0	28.0	28.0
芬兰	29.0	29.0	29.0	29.0	29.0	26.0	26.0

（续表）

国家	2000	2001	2002	2003	2004	2005	2006
法国	37.8	36.4	35.4	35.4	35.4	35.0	34.4
德国	52.0	38.9	40.2	40.2	38.9	38.9	38.9
希腊	40.0	37.5	35.0	35.0	35.0	32.0	29.0
匈牙利	18.0	18.0	18.0	18.0	16.0	16.0	16.0
冰岛	30.0	30.0	18.0	18.0	18.0	18.0	18.0
爱尔兰	24.0	20.0	12.5	12.5	12.5	12.5	12.5
意大利	37.0	36.0	34.0	34.0	33.0	33.0	33.0
日本	40.9	40.9	40.9	40.9	39.5	39.5	39.5
韩国	30.8	30.8	29.7	29.7	29.7	27.5	27.5
卢森堡	37.5	37.5	30.4	30.4	30.4	30.4	30.4
墨西哥	35.0	35.0	34.0	34.0	33.0	30.0	29.0
荷兰	35.0	35.0	34.5	34.5	34.5	31.5	29.6
新西兰	33.0	33.0	33.0	33.0	33.0	33.0	33.0
挪威	28.0	28.0	28.0	28.0	28.0	28.0	28.0
波兰	30.0	28.0	27.0	27.0	19.0	19.0	19.0
葡萄牙	35.2	35.2	33.0	33.0	27.5	27.5	27.5
斯洛伐克	29.0	29.0	25.0	25.0	19.0	19.0	19.0
西班牙	35.0	35.0	35.0	35.0	35.0	35.0	35.0
瑞典	28.0	28.0	28.0	28.0	28.0	28.0	28.0
瑞士	24.9	24.7	24.1	24.1	24.1	21.3	21.3
土耳其	33.0	33.0	30.0	30.0	33.0	30.0	30.0
英国	30.0	30.0	30.0	30.0	30.0	30.0	30.0
美国	39.4	39.3	39.4	39.4	39.3	39.3	39.3
OECD 平均	33.6	32.5	30.7	30.7	29.8	28.6	28.4

资料来源：OECD Tax database，2007。

2. 在普遍降低一般公司所得税税率的同时，小公司受到更多重视

大量小公司的存在不仅是各国就业岗位的主要提供者，而且还是“新经济”的主要参与者。因而，小公司的发展对于一个国家的技术创新、经济增长与充分就业具有举足轻重的作用。基于这种认识，许多国家对小公司都单独设置了较低的税率，并在普遍降低一般公司所得税税率的同时，对小公司的税率也进一步降低，见表 3-15。

表 3-15 OECD 部分国家中小公司所得税税率(%)

国家	2001	2002	2003	2004	2005
比利时	28.84	28.84	24.98/24.25	24.98/24.25	24.98/24.25
加拿大	18.62	18.62	18.62	18.62	18.62
法国	26.50	15.45	15.45	15.45	15.22
日本	29.34	29.34	29.34	29.34	29.34
韩国	17.60	16.50	16.50	16.50	14.30
卢森堡	20.80	20.80	20.80	20.80	20.80
荷兰	30.00	30.00	29.00	29.00	27.00
西班牙	30.00	30.00	30.00	30.00	30.00
英国	20.00/10.00	19.00/0.00	19.00/0.00	19.00/0.00	19.00/0.00
美国	20.25	20.28	20.30	20.24	20.24

资料来源:OECD Tax database,2007。

3. 公司所得税的税收优惠得到调整

20 世纪 80 年代以来世界性税制改革的基本特征之一就是拓宽税基与降低税率同时进行。拓宽税基的主要方法之一就是缩小税收优惠的范围。在 20 世纪的税制改革中,拓宽税基的具体做法是:对存货的税务处理作出更加严格的规定,限制折旧率的提高,减少或取消投资抵免等。代表性的国家包括奥地利、芬兰、德国、爱尔兰、葡萄牙、西班牙、美国等。

发展中国家在税收优惠调整方面更为明显。20 世纪 80 年代,多数发展中国家的税制改革基本以扩大税收优惠范围为主要特征,到了 90 年代中后期,越来越多的国家认识到应该逐步缩小税收优惠的范围。进入 21 世纪以后,许多发展中国家逐步将这种改革理念付诸行动之中。比如,在对资本利得征税方面,哥伦比亚政府已认真开展了对股票市场的资本收益的征税,还有一些国家试行了对不动产交易的资本收益征税。

在拓宽税基的同时,许多国家都有针对性地保留了一些重要的税收鼓励规定,其中许多国家都加强了对科技的税收优惠政策的力度,具体表现为:对研究开发活动(R&D)和科技成果应用等方面给予税收抵免、加计扣除、加速折旧、提取投资准备金等所得税优惠政策。比如,日本税法规定,2003—2005 年度一般企业可以用年研发支出的 10%、中小企业可以用当年研发支出的 15% 进行税收抵免,但当年的税收抵免额不能超过应纳税额的 20%;英国规定,大型企业研发投资的抵免率为 125%,中小企业为 150%;韩国在鼓励研究开发活动方面规定,技术开发准备金、技术及人才开发费在规定的限度内可以享受税前扣除的优惠,研究试验用设备投资享受税前扣除或加速折旧的优惠。

二、公司所得税与个人所得税的协调

在公司所得税制与个人所得税制并存的国家中,对股息所得征税必然涉及公司所得税和个人所得税两个税种,引起重复征税。根据税收的公平原则,对同一来源所得课征两道所得税是不合理的,这是世界上大多数国家认可的基本观点。在实践中,对股息重复征税的直接后果会明显加重股票融资的税收负担,增加筹资成本,从而使公司不愿采取股票融资,而更愿意采取税收负担相对较轻的留利融资或债务融资。这通常会扭曲最优的融资结构。

如何协调公司所得税与个人所得税,消除对股息所得的这种经济性双重征税,矫正其带来的负效应,是各国税收理论研究者和实际工作者不断探索的问题。在理论上,主要有两种思路,一是调整股息所得的计税方法,利用所得税一体化措施来降低股票融资的总体税负;二是直接调低股息所得税的税率,从而直接降低股票融资的税收负担。

在实践中,20 世纪 70 年代至 90 年代,除少数国家坚持传统的古典制外,西方发达国家主要实行所得税一体化方法来消除或减缓经济性双重征税,矫正税收对投资决策的扭曲。英国于 1973 年改革古典所得税制,实行部分归集抵免制度;法国则实行彻底的完全归集抵免制度;德国同时采取分劈税率和归集抵免制两种方法来降低股息的所得税负担,以更好地提高经济效率。20 世纪 90 年代以后,OECD 国家中大多数国家采用了归集抵免法或者部分免税法来降低股息税负,其中,优化股息计税方法成为股息所得税制度改革的主流。

进入 21 世纪以后,公司所得税与个人所得税的协调方法出现了以下发展趋势。

第一,美国由古典税制向一体化转型。美国长期以来实施的都是古典税制,但多年来也一直在探索对公司和股东征税制度的改革和完善。美国财政部早在 1992 年就发表过《关于个人所得税和公司所得税的一体化的报告:对营业利润征税一次》,该报告研究了对公司和股东征税一体化的各种可能方案,以替代美国现行的古典税制。为降低双重征税带来的不利影响,在 2003 年美国将红利和资本利得的最高法定联邦税率降低为 15%,该税率的降低有助于改变美国人在投资时过多考虑投资地点、融资模式(借款还是发行股票)、红利政策等因素的影响的思维方式。该项税收减免将促进投资,并提高股票市场价值。2003 年 5 月 23 日,美国国会通过了 3 500 亿美元的经济振兴计划的修正案,在 2004—2006 年三年内暂停征收股息税,具体步骤是:2003 年股息税削减 50%,2004—2006 年期间免征股息税,2007 年恢复按 30% 的税率征收股息税。

第二,欧洲由归属抵免制向古典税制回归。欧洲国家一直采用归属抵免制来协调对公司和股东的征税问题,但这种情况近年来有所改变。其主要原因在于欧盟法院(ECJ)的裁决对欧盟成员国税法的修订产生了巨大影响。根据欧盟条约对直接税的规定,虽然征税是欧盟成员国职权范围内的事,但成员国必须确保其国内税法规定的措施符合欧盟法律。2004 年 7 月 15 日,欧盟法院公布了一项关于奥地利对外投资所得税歧视一案的先行裁决(preliminary ruling),欧盟法院判决奥地利的归属抵免制税法对资本的自由流动构成了不公正的限制。2004 年 9 月 7 日,欧盟法院再次做出判决,认为芬兰的税法规定构成了对资本自由流动的限制,这原则上为欧盟条约所禁止。由于各国采用的归属抵免制一般只适用于居民股东,非居民股东并不能从中受益,因此归属抵免制被欧盟法院认为阻碍了资本的自由流动。因而,许多国家在欧盟法律的压力下已经放弃了归属抵免制。

目前,欧盟各国企业所得税的改革趋势是引入改进的古典税制。比较流行的观点是,古典税制与归属税制相比,其制度结构简便易行,除了对股息和利息会因税务处理不同而产生扭曲外,对跨国经济行为的扭曲总的来说比较少。另外,欧盟成员国荷兰一直强烈反对归属抵免制,因为荷兰一直以来都拥有诸多全球上市的大型跨国公司的分支机构,如果只对荷兰居民实行归属抵免制,而对全球非居民股东不给予抵免,势必产生巨大的扭曲。而若对全球股东都给予抵免,从预算的角度来看又难以行得通。欧盟法院的裁决以及荷兰的“示范”效应,都使越来越多的欧盟国家正在考虑放弃归属抵免制,重新引入古典税制。

三、中国企业所得税改革

从 2008 年 1 月 1 日起,中国企业所得税改革迈出了实质性的一步。统一的《中华人民共和国企业所得税法》终于实施。

中国现行企业所得税在制度设计、优惠政策等方面不仅充分考虑了中国国情,还更多地关注了国际经济的发展趋势,更有利于完善整体税制体系,规范投资环境。从未来发展趋势看,中国企业所得税制还应在以下方面进一步完善。

(一) 完善企业所得税的归属制度

企业所得税应归属于中央政府还是地方政府不仅取决于该税种的属性,还取决于一国的财政体制。从世界实行分税税制国家的实践看,多数国家把企业所得税作为中央税。根据美国库珀斯里伯德国际税收网统计,在世界上 88 个征收公司所得税的国家和地区中,有 71 个国家和地区把公司所得税作为中央税,占 80.7%;有 17 个国家把公司所得税作为中央与地方共享税,占 19.3%。中央与地方共享的方法一般是分率分征,即中央与地方分别按各自的税率征收企业所得税,但地方税率大大低于中央税率,并且各地方的税率不尽一致。

中国企业所得税实行的是中央与地方分享体制，即把企业所得税作为分成式共享税，由国家税务局征收管理，就地按比例分别划入中央库和地方库。这种方式不利于调动中央与地方两个积极性。

借鉴国际经验，更好的改革方案是：把企业所得税作为分率分征式共享税，在统一税基的基础上，国税局和地税局分别按各自的税率征收，税款分别进入中央库和地方库。然而，实行分率分征，在实践中会出现一系列问题，必须研究科学合理的解决方案，否则，将会加大改革成本。

第一，对同一课税对象中央与地方重复征税，容易导致征纳关系复杂化，造成重复劳动，加大税收成本。对此，应积极研究政府间税收分配协调方案，寻求科学合理的所得税分配规则。同时，为了调动地方政府的积极性，可授权其对地方企业所得税部分享有自己制定政策的权利，比如对地方企业所得税部分减税、免税或加成征收等，以便在保证中央收入的前提下，各地方能根据自身实际情况制定符合当地实际的具体政策，从而完善和健全地方税体系。

第二，在研究分享体制时，还应考虑到如果以法人单位作为纳税人，在实行合并纳税时，中央与地方共享的矛盾将会突出。只要税款不全部归中央政府，汇总和合并就会涉及各级政府间的财政协调问题，即如何将汇总和合并申报的所得税在不同地区的政府间进行分配。参考国际上比较成熟的做法，对于纳税人各分支机构收入的归属，可将分支机构的人员工资、销售总额、资产总额等占整个企业的比例作为分配收入的比例，以保证分支机构所在地的财政收入。

（二）进一步协调企业所得税与个人所得税的关系

企业所得税作为所得税制的一个组成部分，其改革内容必须与个人所得税互相衔接与协调，其中，对企业收入和利润的双重征税问题涉及需要重点进行协调的事宜。

1. 明确各自纳税人的范围

在建立法人所得税制度后，凡具备法人资格的纳税人都应归入法人所得税的课税范围，自然人则归入个人所得税的课税范围，避免旧税制下重复征税与征收漏洞并存的问题。

2. 平衡两税之间的税收负担

目前，改革后的企业所得税基本税率为25%，小型微利企业为20%，高新技术企业为15%。个人所得税实行分类课税模式，工薪所得最高边际税率为45%；对劳务报酬和其他所得实行比例税率，对劳务报酬实行加成征收。个人所得税税收负担大大高于企业所得税。因此，在我国企业所得税改革已经取得实质进展的同时，应加快个人所得税改革的步伐，实现企业所得税与个人所得税二者税负水平的基本均衡。这样，不仅可以体现公平税负的原则，更有利于个人合伙企业、独资企业的发展，使其税收负担与法人组织负担基本一致，从而减少纳税人的逃税动机。

本章小结

1. 公司所得税是对公司所创造与实现的纯收入征收的一种税。从严格意义上说，公司所得税属于一种对法人征收的税。公司所得税的产生也与战争经费的筹措密切相关，但从产生的时间看，它比个人所得税稍晚，它通常是在公司制度已经建立的基础上产生的。尽管20世纪80年代以来的税制改革，使公司所得税税率呈现普遍下降的趋势，但其收入在整体税收收入中仍占有较高的比重，公司所得税仍是世界各国税制体系中的主要税种。

2. 世界各国针对公司所得税与个人所得税对股息重复征税方面采取了不同的态度和处置方法，根据相关制度安排的不同，公司所得税可分为古典制、双率制、股息扣除制和归属制四种类型。

3. 世界各国在公司所得税制度设计上，在包括纳税人的确定、课税对象、存货计价、折旧的税务处理、税率水平、亏损结转以及税收优惠等方面都存一定差异，这些差异分别在发达国家、发展中国家以及中东欧转型国家的公司所得税制度中得到了具体体现。

4. 20世纪80年代以来的税制改革，使世界各国公司所得税制度发生了较大变化，特别是进入21世纪以后，公司所得改革的国际趋势表现为：公司所得税税率普遍下降；小公司受到更多重视；税收优惠政策得到调整。此外，世界范围内公司所得税与个人所得税一体化的进程也呈现出新的发展态势。

本章重要术语

公司所得税　古典制　双率制　股息扣除制　归属制

复习思考题

1. 根据公司所得税与个人所得税之间的关系的不同，公司所得税可分为哪几种类型？

2. 世界各国在公司所得税税基的确定上存在哪些差异？

3. 公司所得税改革的国际趋势有哪些？

4. 世界公司所得税与个人所得税协调的进程如何？

5. 结合实际，探讨完善中国企业所得税的政策思路。

推荐阅读文献

1. 安体富、王海勇:《世界性公司所得税改革趋势及对我国的启示》,《涉外税务》,2007 年第 1 期。

2. 魏志梅:《企业所得税与个人所得税一体化的国际比较与借鉴》,《税务研究》,2006 年第 9 期。

3. 王逸、姚涛:《OECD 国家消除经济性双重征税的经验及借鉴》,《涉外税税》,2006 年第 6 期。

4. Michael P. Devereux, Rachel Griffith, Alexander Klemm, Why Has the UK Corporation Tax Raised So Much Revenue? The Institute for Fiscal Studies, WP/04/04.

第四章

外国资本利得课税[①]

学习目标

通过本章的学习,学生应该能够掌握以下内容:

- 资本利得课税的特征与课税政策
- 发达国家资本利得课税制度
- 发展中国家资本利得课税制度
- 中东欧国家资本利得课税制度
- 世界各国资本利得课税制度设计的难点

① 从严格意义上说,资本利得课税不是一个独立的税种,但许多国家都针对其设计了不同于所得课税的政策和制度,因此本书将其单列为一章。

第一节　资本利得课税概述①

资本利得税(capital gains tax),也称资本收益税,是指对纳税人出售或转让资本性资产所实现的增值收益课征的税。从税种性质上看,因其课税对象为收益额,即所得额,因此,国际上通常将其视为所得税类。

一、资本利得的概念与分类

(一) 资本利得与资本性资产的界定

资本利得是从资本性资产的转让或销售中获得的收益。资本性资产是指纳税人永久持有或使用的资产,具体包括土地、建筑物、机器设备、有价证券、商誉、专利权、特许权等。从内涵和外延上看,对资本性资产做出一般性规定不太容易。

在实践中,许多国家通常采用一些具有一定可操作性的方法来界定资本性资产。

1. 目的法

目的法就是根据获得资产的目的来判断其是否为资本性资产,如果获得资产的目的不是为了销售,而是为了拥有使用并获利的权利,则可认为该资产是资本性财产。

2. 销售频率法

销售频率法就是根据销售活动的数量与频率来判断其是否为资本性资产,某项资产如果销售活动非常频繁,则极有可能是为了出售而购买,一般不被认为是资本性资产。

3. 资产状况判定法

资产状况判定法就是根据资产的状况和条件来判断其是否为资本性资产,如果资产的状况和条件得到改进或改善比如维修或更新改造后销售,则这种行为通常被视为正常的经营活动,这类资产也不能视作资本性资产。

4. 经营活动关联法

经营活动关联法就是根据出售资产的活动与纳税人的主要经营活动之间的关系来判断其是否为资本性资产,如果出售资产的活动与主要经营活动是相互联系的,则该行为被视为一般的经营活动,该资产也不属于资本性资产。

---

① 本节主要参考了资本利得课税研究小组:《资本利得课税理论与实践》,中国税务出版社2004年版。

5. 时间判定法

时间判定法就是根据资产拥有时间的长短来判断其是否为资本性资产，一般而言，拥有资产的时间越短，则越具有经营活动的特征，该资产则不属于资本性资产。

在上述区分资本性资产与一般经营性资产的方法中，时间判定法通常是税收和会计意义上操作性较强的方法。因此，许多国家都采用简便易行的时间判定法来确定资本性资产及资本利得。也就是说，拥有时间满一定年限的资产为资本性资产，其销售或转让所得即为资本利得，否则，则为普通经营所得。有些国家为了贯彻特殊的政策还根据资本性资产持有时间的长短，将资本利得划分为长期资本利得和短期资本利得。

（二）资本利得的特点

虽然资本利得是所得的组成部分，但资本利得在性质上不同于其他所得，尤其是不同于一般经营所得，它具有以下特点：

1. 资本利得是一种消极所得

所得按性质划分可分为劳动所得和非劳动所得。资本利得属于非劳动所得，它不是靠生产劳动和经营努力取得的。而且由于生产劳动不追加于资本性资产，因此，资本利得不体现为价值增值，只是一种货币增值，这主要是资源稀缺和通货膨胀因素作用的结果，货币增值并不意味着实际拥有财富的等量增长，货币增值与价值增值相比，价值增值负税能力更强。

2. 资本利得是一种非定期取得的所得

资本性资产作为生产要素的组织部分，是一种长期持有或使用的资产，其交易具有非经常性和不确定性，由此决定了资本利得的取得并不是预期的。资本性资产的转让主要由三个因素决定：一是在完备的市场经济条件下，由市场机制作用，纳税人为实现最优的投资组合和资源配置，谋求经济效益最大化，客观上需要进行资本性资产的交易和转让。二是政府的税收政策影响。在对已实现资本利得课税的情况下，若延迟资本利得的实现，即可延期纳税，纳税人为了减轻税负，就会刻意慎重地选择资本利得的实现时机，以达到节税少税的目的。三是投资者行为的投机性质。由于资源的稀缺性，某些资本性资产短期内会出现较大幅度的货币价值增值，因此，资本利得的实现具有非预期性和不确定性。

3. 资本利得的实现一般需要较长时间

资本性资产的流动性很小，因此，投资于资本性资产与投资于经营性资产不同，它不可能在短期内获益。正是因为资本利得的实现需要较长时间，因此在实行累进税率的情况下，如将资本利得与其他普通所得一并计算课税，则可能会出现资本利得一次集中实现而导致税负过重的问题。

4. 资本利得通常容易与正常所得相混合

在现实经济生活中，以资本利得形式体现的所得并不是纯粹的资本利得，它往往含有其他所得尤其是由投资所得转化而来的成分。也就是说，所谓的资本利得一般是由纯粹的资本利得和部分正常所得混合在一起的。如股息是一种投资所得，如果公司获得的利润不作为股息分配，而将这些盈余资本化，则公司总资产就会因此而增加，相应地，公司股票在市上的价格就会随之上涨，因此，出售升值股票所获得的资本利得就含有由投资所得转化而来的成分。

(三) 资本利得的类型

由于资本利得是从对资本性资产的处置中获得的收益，因此，资本利得的分类也应以资本性资产的分类为基础，具体包括以下几种：

(1) 不动产利得，指出售或交换土地、房屋、建筑物等不动产所取得的所得，一般按实现的价值扣除原值来计算。对不动产利得，各国都无一例外地将其作为资本利得的组成部分，但在具体判定时，可采取不同方法。

(2) 有形动产利得，指出售机器、艺术作品等获取的所得。

(3) 有价证券利得，指从事股票、债券等有价证券的买卖而获取的所得。

(4) 无形资产利得，指转让无形资产，如著作权、专利权、商品权、土地使用权、矿业权、生产及贸易许可权、专有技术权、商誉、计算机软件、长期购销合同等取得的所得。

(四) 资本利得的产生

1. 公司留存收益的转化

纳税人出售公司股票所获得的资本利得在一定程度上反映了公司留存收益和再投资的情况。公司的利润作为公司的经济收益可以划分为两部分，一部分用于股息分配，另一部分是公司留存收益，公司留存收益用于公司的再投资，以扩大生产规模。公司留存收益的资本化，意味着公司的总资产的增加。一般来说，在其他条件不变的情况下，公司总资产增加会引起公司股票的市场价格上涨，出售这些升值了的股票，就会获得资本利得。

2. 预期收益的变化

资本利得的形成和增长还源于因资本性资产预期收益的变化而导致的资产价格的变动。在理论上，资产的价格是根据对其将来收益的预期而形成的。而资产将来的收益则受供求状况、利率水平、物价水平、风险以及各种资产间相对收益率的影响。

3. 自然增长

资本利得的另一个来源是资产价值的自然增长。这些资产包括森林木材及相类似的资产。树木生长时，它的价值就会增加。

4. 加速折旧

资产的加速折旧也会形成资本利得。税收政策上的折旧超过了经济折旧时，就是实行了加速折旧政策，从而会产生资本利得，因为资产的价值基数被打了折扣。例如，某项资产购进时价格为500万元，实行加速折旧政策，5年内提取折旧额为300万元，这项资产的残值为200万元，但实际出售该项资产时获得的收入为300万元，因此产生了100万元的资本利得。

5. 通货膨胀

通货膨胀不仅会增加产品的名义价值，而且会增加用于产品生产的物质形态的资本性资产的货币价值。这些物质资产包括不动产和反映物质资产的财务资产，如公司股票红利。然而，通货膨胀虽然不会直接影响债券的价格（只要通货膨胀是预期的），但却会在利息率上反映出来。通货膨胀的非预期变化能够影响利息率，反过来，也会间接地影响现在的债券价格。由于通货膨胀所引起的资本性资产的货币价值的增加并不代表实际财富的等量增长，因此，这种利得也是一种虚幻的名义利得。

多数发达国家对资本利得都要征税。在美国，资本利得税由所得税法来调整。而许多欧洲国家，如德国、奥地利、荷兰、比利时、英国、爱尔兰、丹麦、葡萄牙和希腊等国，都制定了独立的资本利得课税制度。

二、资本利得课税范围

（一）证券利得的课税

1. 证券利得的课税方式与税率

证券利得课税，指的是对股票、债券等一般有价证券的利得课税。此外，有些国家还对认股证书（如日本、葡萄牙）、投资股权（如西班牙）、金融衍生工具（如葡萄牙、匈牙利）以及其他某些证券财产权利（如意大利）的利得课税。

从各国对证券利得课税的实践看，对证券利得课税主要有三种方式：

（1）免税。免税主要有三种情况。一是对一般利得都免税，因而对证券利得也不征税，如荷兰规定，个人非经营性资产利得免税。另外，新加坡、荷兰、马来西亚（不动产除外）也规定对个人利得一般不征税；二是对其他利得课税，但对证券利得免税，如奥地利、墨西哥、埃及等；三是对部分证券利得免税，如葡萄牙原来对持有一年以上长期证券利得免税，对短期证券利得按普通所得征税，但从2003年1月1日起，证券利得则不分长短期，统一免征2 500欧元，超过部分就其1/2视同普通所得征税。

（2）视同所得课税。实行这种课税方式的国家主要是那些不区分利得与所得而同等课税的国家，如挪威对公司和个人实现的利得（包括证券利得）一般都按普通所得征税。此外,许多国家对短期证券利得视同所得课税,如印度、土耳其、德国等。

(3) 对证券利得实行特别课税。对证券资本利得实施特别课税的国家,有的适用特别税率,一般为比例税,比如,巴西该税率为15%,法国公司的证券利得适用税率为19%,个人的证券利得适用税率为16%,不包括附加税,葡萄牙该税率为10%[①],菲律宾的非上市股票利得适用税率为5%和10%;有些国家采用简易办法征税,即按出让价格的一定比例计征,如日本、瑞典、菲律宾(非上市股票)等。从总体上看,对证券利得单独课税的税率一般都比普通所得的适用的税率低。

2. 不同证券利得课税的区别

在对证券利得课税时,多数国家都按不同的标准对证券利得区别对待。

(1) 长期证券利得与短期证券利得。区分长期利得和短期利得是资本利得课税不同于所得课税的重要表现之一,特别是对证券利得和不动产利得,多数国家都按持有期限区分长期利得和短期利得分别课税。

一般来看,区分证券长期利得和短期利得的基本标准为1年,即持有期1年以上的证券利得为长期利得,持有期不足1年的证券利得为短期利得,采用这一标准的国家有奥地利、印度、土耳其、葡萄牙(2002年底前)等。但区分界线也有长于1年的,如丹麦为3年,西班牙为2年等;也有国家不足1年,如卢森堡为6个月。

从征税措施来看,对短期证券利得一般都视同所得课税,对长期证券利得实行减免税,如土耳其、印度对短期证券利得都视同所得课税,对长期证券利得,土耳其免税,印度适用20%的比例税率。

(2) 其他不同证券利得的课税。证券利得除按持有期区分为长期利得和短期利得分别课税外,通常还按以下几个标准区别课税:

① 按控股程度课税。在对证券利得征税的实践中,许多国家对达到一定控股程度的公司股票的出让所实现的利得实行特别课税。所谓"达到一定控股程度"是指达到规定的控股比例。一般达到规定控股比例的股票或股份,通常称为"重要股权"。这种做法主要是为了防范纳税人的避税行为,因为拥有的股票达到一定控股比例的投资者往往对公司的重要决策具有重大影响。因此,有些国家对达到一定控股程度的股票利得给予特别课税规定。比如,德国规定,对持有期2年以上的股票利得免税,但如果出让者拥有"重要股权",即控股10%以上(2002年1月1日起为控股1%以上)的,则应将其出让所实现的利得纳入

---

① 仅适用于短期证券利得,长期证券利得免税。而且,从2003年1月1日起已不区分长短期利得,改按利得的1/2纳入普通所得征税。

一般所得课税；荷兰规定，个人实现的利得一般不征税，但如果出让者拥有公司“重要股权”，即纳税人直接或间接拥有该公司5%以上的股票，则其出让所实现的利得适用25%的特别税率；奥地利规定，持有期1年以上的股票的出让利得免税，但拥有某公司1%以上股票的，其转让股票的利得按普通所得税率减半征收；卢森堡规定，对持有期限不超过6个月的股票投机利得按所得征税，但如果居民纳税人持股比例在25%以上，即使其持有期限已超过6个月，其出让利得仍按其总应税所得适用的累进税率的50%征税，即最高边际税率为19%。

② 按证券是否上市课税。在对证券利得征税的实践中，有些国家对上市证券与非上市证券在税务处理上区别对待，一般对待上市证券课以轻税，见表4-1。

表4-1　部分国家对上市证券与非上市证券利得课税情况的比较(2002年)

国家	上市证券	非上市证券	备注
丹麦	近3年内任何时候持有上市股票的市值不超过121 400克朗的，免税；超过部分视同“股票所得”纳税	视同“股票所得”纳税，即适用28%、43%两档税率	限于持有期限超过3年的为长期股票利得；短期利得不论上市与否统一按普通所得征税
印度尼西亚	总价的0.1%	视同普通所得，适用10%、15%、30%三档税率	创立股东出让上市股票，按总价的5.1%确定
日本	适用税率26%，或按推定利得的20%征收；2003年1月1日起上市股票长期利得为10%	26%	推定利得为售价的5%或2.5%
菲律宾	售价的0.5%	不超过10比索的部分适用税率为5%；超过部分适用税率为10%	
韩国	上市股票免税	大公司股票适用税率为20%或30%；中小公司股票适用税率为10%	个人所得税税率为9%—36%四档
匈牙利	金融衍生工具为20%	金融衍生工具视同所得	个人所得税税率为20%、30%、40%三档
瑞典	视同资本利得，适用30%的税率；可按售价的20%计算取得的成本	视同“资本利得”，适用30%的税率	上市、非上市证券损失对应冲抵

资料来源：《资本利得课税研究》小组：《资本利得课税理论与实践》，中国税务出版社2004年版。

在表4-1中,丹麦的“视同股票所得”征税是指利得不超过38 500克朗的部分,税率为28%,超过部分税率为43%。需说明的是,股票所得是丹麦个人所得税两项应税所得项目中的一项,包括长期股票利得和分配股息,另一项为普通所得,包括个人所得和资本所得。按规定,持有期短于3年的短期股票利得应按资本所得缴税。丹麦上市股票除享受表中的免税规定外,其损失处理也与非上市股票不同:非上市股票的长期损失允许从股票所得中扣除,负股票所得税额可以抵免最终应纳税额。而上市股票的长期损失,如属利得免税范畴,则损失不得扣除;利得应税的,则其损失可对应冲抵利得并可向后结转5年。

上市证券税负普遍较轻主要是因为其交易透明度高、便于管理。因此,有些国家如菲律宾等甚至将“上市”条件延伸到要求在本国交易所交易。

③ 交易是否涉及外国居民。为了保障本国经济安全,有些国家在税收方面通过对出售给外国居民股票进行征税的办法来限制外国居民控股,比如比利时规定,出让私人财产(住宅、证券等)实现的利得一般不征税,但如果将比利时股票大量卖给外国公司的,则按16.5%的税率征税,此外还征收市附加税;有些国家则通过对外国公司股票利得免税来鼓励本国居民购买外国公司的股票,如奥地利规定,公司出售持有2年以上且直接控股25%以上的外国公司股票所实现的利得免征公司税,而其他利得一般按普通所得征税。

(二) 不动产利得的课税

对不动产利得的课税不仅涉及土地、建筑等不动产,还涉及不动产权(如韩国、法国)、土地股权、土地认购权及其他土地权(如马来西亚)等。

1. 不动产利得的课税方式

由于不动产的持有期较长,因此,与一般资本性资产相比,世界大多数国家皆对不动产利得区别长期利得和短期利得,分别课税。同时,从长期短期年限的衡量标准看,长期不动产利得的最低持有年限一般比其他利得的期限长。表4-2显示了若干国家2002年长期资本利得最低持有期限。

表4-2 各国长期资本利得最低持有期限标准(2002)

国家	不动产(年)	证券(年)	其他(年)
丹麦	3	3	3
意大利	3		
韩国	1	1	1
土耳其	4	1	
奥地利	10	1	
卢森堡	2	0.5	
波兰	5	0.5	

（续表）

国家	不动产（年）	证券（年）	其他（年）
印度	3	1	3
日本	5	1	5
西班牙	2	2	2
葡萄牙	2	1	
德国	10	1	
俄罗斯	5	3	3
匈牙利	6		

资料来源：同表4-1。

对不动产按长期利得和短期利得分别课税，有三种方式：

（1）长期利得免税，短期利得视同所得征税，采用这一方式的国家有奥地利、土耳其、俄罗斯等；

（2）长期利得税负随持有期限的增加而降低。比如，比利时规定，对非经营用土地的课税是，持有不足5年的未开发不动产利得适用33%税率；持有5年以上但不足8年的未开发不动产利得、持有不足5年的已开发不动产利得适用16.5%的税率；持有5年以上的已开发不动产和持有8年以上的未开发不动产利得免税。再比如，丹麦在1999年以前也曾规定，不动产利得原则上按普通所得中的“资本所得”项目征税，但持有期满3年后每增加1年，其应税利得减征5%，最多可减征30%。

（3）对长期利得短期利得都单独征税，如日本、韩国、马来西亚等国即采用这一方式。日本税法中对公司的不动产利得按持有期分长期利得、短期利得和超短期利得分别课税，规定，持有5年以上所获利得为长期利得，除按正常税率缴纳公司税（包括国税和地方的居民税）外，另征10%和2.07%的附加税；持有2年（不含）至5年所获利得为短期利得，则另征20%和4.14%的附加税；持有不长于2年所获利得为超短期利得，国税和居民税分别按67.5%和13.97%的税率单独计征。

个人不动产利得也按5年持有期限为界限划分长期利得和短期利得进行课税，但不分超短期利得。日本规定，长期利得适用税率为26%（其中，国税为20%，地方居民税为6%）；对于短期利得，国税按以下两者中较高者征税：适用52%的统一税率（其中，国税40%，地方居民税12%），或按（国税和地方居民税的）普通累进税率计算的110%征收。

2. 住宅利得的税务处理

由于住宅是人们生活中最重要的生活必需品，因此对出让住宅实现的利得课税时各国都通常都给予特殊减免照顾。从总体来讲，住宅利得的税收减免主要有三种方式：

（1）有条件免税。有条件免税是指对住宅利得的免税规定一定的条件，比如，该住宅必须为主要住宅，或要求居住一定的期限等。这种规定主要是为了防范纳税人的避税行为。目前，奥地利、丹麦、荷兰、法国、冰岛、挪威、英国等国对住宅利得免税都规定了一定条件（见表4-3）。

（2）住宅利得减税。如日本税法规定，对主要住宅出让利得不超过3 000万日元的，原则上不征国税和居民税；如主要住宅居住10年以上再出让的，则超过3 000万日元的部分适用如表4-4所示的低税率。

表4-3　住宅利得的免税条件

国家	免税条件
奥地利	居住2年以上的主要住宅
芬兰	自住2年以上住宅
冰岛	居住2年以上的住宅；居住未满2年的，滚动递延纳税
英国	主要住宅
丹麦	面积少于1 400平方米的自住住宅
法国	主要住宅或第二住宅
挪威	出让前2年内至少居住1年以上的住宅
美国	限额内免

资料来源：同表4-1。

表4-4　日本住宅出让实现利得适用税率

应税利得（日元）	国税税率（%）	地税（居民税）税率（%）
3 001—6 000万	10	4
超过6 000万的部分	15	5

资料来源：同表4-1。

（3）再投资优惠。对出让住宅收入用于再投资的，即住宅出让后又用于购买住宅的，免税或递延纳税。日本、葡萄牙、瑞典、西班牙等国都有这方面的规定。比如，日本规定，不动产作为主要住宅居住10年以上，且满足一定条件（如售价不超过2亿日元），其出让收入2年内又全部用于购买另一主要住宅的，其利得免征所得税。葡萄牙规定，住宅利得作为不动产利得，仅就利得的50%纳入应纳税所得征税，同时规定，如个人住宅出让后又重新购置另一住宅，则其利得免税。

三、资本利得课税的税负选择

从理论上讲，对资本利得课税有四种选择：一是高税负，即资本利得税负比普通所得税负高；二是等税负，即资本利得与普通所得的税负一致；三是低税负，即资本利得所承担的税负比普通所得税负轻；四是零税负，即资本利得全部免税。从实质上看，对资本利得课税在税负上的选择在一定程度上反映了赞成和反对对资本利得课税的种种理由。一般来讲，高税负体现了纵向公平的要求；等税负体现了横向公平的观点；低税负更多考虑了资本利得的特点；零税负则意味着对资本利得不课税，反映了反对对资本利得课税者的观点。

（一）资本利得课税的高税负

对资本利得课以重税，主要是基于资本利得是一种非劳动所得，其纳税人往往是拥有较多财富的“富裕阶层”，本身具有较高的纳税能力，因此，对资本利得课以重税，符合税收的纵向公平原则。在实践中，选择这种课税方式的国家并不多，1996 年以前，爱尔兰对资本利得课税税负一般高于普通所得的税负，韩国对不动产利得的税收规定也体现了这一特点，但在近年来的税收政策调整中，资本利得高税负政策已有了变化。

爱尔兰原税法规定①，不论是公司还是个人，其实现的应纳税资本利得都按 40% 的统一税率征税；而爱尔兰当时的公司所得税税率，应纳税所得（不含资本利得）50000 爱镑以内的部分适用税率 30%，超过部分适用税率 38%，低于资本利得税税率；个人所得税虽实行 27% 和 48% 的两档超额累进税率，但若单人应纳税所得不超过 21675 爱镑，其实际税率仍低于 40%。2002 年，爱尔兰的个人所得税税率仍为两档，不超过 2800 欧元的部分适用 20% 税率，超过部分则适用 42% 的税率，其资本利得税的税率则统一降为 20%，虽然仍高于公司经营所得当时适用的税率（16%，2003 年进一步降为 12.5%），但实际已低于公司的其他投资性所得适用的税率，后者为 25%；而与普通个人所得税相比，20% 的税率已是爱尔兰个人所得税的最低档税率。

韩国原来的不动产利得税收政策规定，公司实现的不动产利得除纳入公司应纳税所得征收公司所得税外，对登记和未登记的不动产还分别征收 20% 和 40% 的附加税。但从 2002 年 1 月 1 日起已取消了附加税，即不动产利得原则上与普通所得一样征税。

韩国对个人实现的不动产利得则单独征税，但近年来的税负已经发生了较大的变化。表 4-5 比较了 1996 年与 2002 年个人利得税与普通所得税税率的情况。

---

① 指 1996 年以前的税收政策规定。

表 4-5　韩国 1996 年与 2002 年个人利得与普通所得适用税率的比较

1996		2002			1996	2002
应税利得项目	税率	应税利得项目	税率	应税所得	税率	税率
持有 2 年以上的登记不动产和其他规定财产：				不超过 1 000 万韩元部分	10%	9%
不超过 3 000 万韩元部分	30%	持有 1 年以上的登记不动产和其他规定财产	9%			
超过 3 000 万至 6 000 万韩元部分	40%					
超过 6 000 万韩元部分	50%					
持有不到 2 年的未登记不动产和其他规定财产	75%	持有不到 1 年未登记财产	36%	超过 1 000 万至 4 000 万韩元部分	20%	18%
		其他财产	60%			
未上市股票：		中小公司股票	10%	超过 4 000 万至 8 000 万韩元部分	30%	27%
中小公司股票	10%	中小公司股票				
大公司股票	20%	持有 1 年以上	20%	超过 8 000 万韩元部分	40%	36%
		持有不到 1 年	30%			

资料来源：同表 4-1。

从表 4-5 中可以看出，在 1996 年，除未上市股票外，其他利得课税的税率一般都高于普通所得适用税率；而在 2002 年，持有 1 年以上的长期利得与普通所得适用税率相同，只有未登记财产实现的利得和持有不到 1 年的登记财产和股票实现的短期利得适用的税率仍高于普通所得的税率。

（二）资本利得课税的等税负

对资本利得与普通所得同等课税，主要基于两方面的考虑：一是实现资本利得与实现所得一样，都意味着纳税能力的提高，因此从税收公平角度看应同等课税；二是有利于保护所得税收入，避免因资本利得免税或低税而造成的投资扭曲。在实际生活中，由于资本利得和普通所得在一定条件下可以互相转化，因此，如果在税收上对两者不同等对待，则纳税人的避税行为不仅会导致所得税流失，而且还会使资源配置扭曲。

从世界各国对资本利得课税的实践看，对所有利得都与普通所得同等课税的国家并不多。目前，埃及、墨西哥、挪威等国家对资本利得一般比照普通所得征税，但也有某些特别规定。比如，埃及规定，初次出售不动产的，按总价的 2.5% 征税；墨西哥规定，公司从外国人手中购入墨西哥的不动产或股票的，须按全价的20%征预提税;挪威规定,私人拥有的住房,若出让前两年内居住满1年,则实现的利得免税。

多数国家的做法是对部分利得——主要是经营资产利得和非经营资产的短期利得——与普通所得同等课税,而对其他利得适用特殊规定(见表4-6)。

表4-6 世界若干国家个人利得课税与普通所得课税的比较(2002年)

国家	同普通所得	有无特殊规定	有无免税规定
澳大利亚	是*	无	有
比利时	否	有	有
加拿大	是*	无	有
埃及	是	无	有
法国	是	有	有
匈牙利	否	有	有
印度	是	有	无
爱尔兰	否	有	有
日本	是*	有	有
卢森堡	是	有	有
墨西哥	是	无	有
挪威	是	无	有
波兰	是	有	有
俄罗斯	是	无	长期利得免
西班牙	是短期	有	有
瑞士	无	无	不征
英国	是	无	有
奥地利	是	无	有
巴西	是	有	有
丹麦	是	有	有
芬兰	否	有	有
德国	是*	无	有
冰岛	否	有	有
印度尼西亚	是	有	无
意大利	是	有	有
韩国	否	有	有
马来西亚	否	有	有
荷兰	否	有	不征
菲律宾	是*	有	无
葡萄牙	是*	有	有

（续表）

国家	同普通所得	有无特殊规定	有无免税规定
新加坡	否	无	不征
瑞典	否	有	无
土耳其	是	无	有
美国	是	有	有

注：带*号的国家，资本利得按一定比例折征计税。

资料来源：同表4-1。

对表4-6需要说明的是，资本利得同普通所得课税，并不等于资本利得与所得同等课税。在许多国家，资本利得被纳入所得征所得税，并意味着其与普通所得的税负完全相同。一方面这可能是计税时资本利得没有被100%地纳入税基，比如加拿大税法规定，对资本利得课税时，只将其1/2纳入税基征收所得税。美国在1986年税制改革前，也规定对资本利得豁免60%。另一方面，资本利得实际上可能适用特别税率（包括零税率）或有特别规定，如美国虽然对资本利得征收所得税，但规定长期利得最高税率为20%，大大低于个人所得税最高税率39.1%。卢森堡对不动产长期利得按纳税人普通所得适用的实际有效税率的一半征收。因此，区分资本利得课税是单独课税还是通过视同所得课税并不重要，重要的是两者实际承担的税负是否有差别。在实践中，大多数国家都是把资本利得视同所得课税，尽管也有一些国家对资本利得的课税政策与对普通所得的课税政策并不一致，对资本利得按独立税种课税，如爱尔兰的资本利得税和马来西亚的不动产利得税。

（三）资本利得课税的低税负和零税负

对资本利得课以轻税甚至免税，主要是出于以下几方面的考虑：

第一，通货膨胀的影响。通货膨胀现象普遍存在，使资本利得中含有“虚增”价值成分，财产的名义增值并不能真实反映财产的实际增值。财产持有期限越长，通货膨胀的影响可能越大。而通货膨胀调整本身也存在局限性，因此，资本利得不应同普通所得一样课税。为剔除通货膨胀的影响，许多国家在对资本利得课税时都规定了各种特殊措施，比如通货膨胀调整、利得税基折征、税率和税基随财产持有期限的增加而调减等。

第二，锁住效应（lock-in effect）的影响。所谓锁住效应是指，由于对资本利得课税仅限于已实现的资本利得，对没有实现的资本利得并不课税，因此在资本利得税率较高的情况下，资产的所有者可能会选择持有其资产或推迟出售。这就导致投资被“锁住”，即把投资者锁住在现有的投资组合中，制约了资本性资产正常流通，使资本由于税收因素的影响不能完全通过市场进行组合从而达到合理的结构,最终干扰资源的有效配置。因此,降低利得税负可以削弱这种负效应。

第三,税负方面的考虑。对资本利得课税通常会存在财产增值的多年积累与资本利得在实现当年集中课税的矛盾,特别是在累进税率的情况下,更会使得税负过重。但反对者也认为,正是因为利得一般只在实现时课税,才使财产所有者从产生利得到实现利得这一过程中得到了递延纳税的好处。但事实上,未实现的财产增值对持有者来说并没有多大的现实意义,除非用于抵押等,而且如果财产税按重估价值征收,持有者还将多纳税款。

第四,征管方面的限制。对资本利得课税,不仅存在财产课税所普遍面临的财产估价的困难,而且还涉及历史资料管理和通货膨胀调整,对征管要求很高,征收成本也相对较高。因此,出于征管方面的考虑,对利得免税或采用简易的征收方法也是一种可行的选择。

第五,培育市场等政府宏观政策的需要。政府为了达到某种政策目标而可能采取一定的鼓励措施,如为培育和促进证券市场、房地产市场的健康发展,就可能对证券利得、不动产利得课税实施一些优惠措施。

从各国资本利得课税的现实来看,与普通所得相比,多数国家对利得课税都有特殊规定,而且这些特殊规定除少数国家外多属轻税或免税性质。对利得课税的税负减免措施主要包括以下几方面:

第一,税基折征。即对资本利得课税时,在税基确定上仅将利得的一定比例纳入税基征税。世界上采取这种措施的国家主要有加拿大、美国(1986 年以前)、澳大利亚、德国、日本、菲律宾(除不动产、证券外的长期利得减征 1/2)、葡萄牙、瑞典(不动产利得减征 1/3)等。

第二,适用特别税率。这一措施主要是指对资本利得适用低税率。比如印度长期利得适用税率为 20%;法国证券利得适用税率为 16%;波兰持有少于 5 年的不动产利得适用税率为 10%,等等。这里需要解释的是,在规定利得适用特别税率(多为比例税率)而个人所得税适用累进税率的情况下,特别税率往往界于最高累进税率与最低累进税率之间。这样,很难说清利得的税负与普通所得的税负究竟哪个高。但是,由于资本利得纳税人往往属于拥有较多财富的高收入阶层,实际上适用累进税率的档次都较高,因此,利得所适用的税率相比而言仍属较低的。

第三,按财产持有期限折征或降低税率。按持有期限折征的国家主要有马来西亚、丹麦、英国等;按持有期限降低税率的国家主要是匈牙利等国。

第四,按简易办法征收。即按财产售价直接计税,或按财产售价的一定比例估算利得征税。前者称为“总价法”,如印度尼西亚、埃及、菲律宾等国即采用该办法;后者称为“估处法”,又分为“直接估算法”和“间接估算法”。直接估算法就是直接根据财产售价的一定比例计算应纳税利得(即推定利得)的计税方法,采用此办法的国家有日本、俄罗斯;间接计算法是指按财产售价的一定比例计算财产的扣除成本以计算应纳税利得,如韩国、芬兰、瑞典即采用该办法。无论采取哪种办法,都难以判断利得的税负是否低于普通所得的税负,因为这取决于这些简易计算办法中的各种“估算比例”与财产实际增值率的比较。但一般而言,估算比例都要比实际增值率低,因此采取简易办法课税时税负也相对较轻。

此外,通过通货膨胀调整、平均化、再投资递延纳税等措施在实际上也能降低利得的税负水平。

事实上,对资本利得单纯实行零税负或高税负,即对所有资本利得都免税或课以重税的国家是不存在的。因为无论在理论上还是在实践中,资本利得与普通所得都没有一个明确的界线,而且二者在一定条件下还可以互相转化,比如股息分配与股票的市值就直接相关。因此,这种区别并没有什么实际意义。现实情况往往是不同类型的资本利得所享受的税收待遇不同,从而形成不同的税收政策组合。

四、资本利亏与再投资

(一) 资本利亏的处理

世界各国对资本利亏的处理,在性质上与对经营亏损的处理是一致的,一般允许结转抵补。由于各国对利得与所得的区分及税收处理不尽相同,因此对资本利亏的抵补也有不同的做法。一般来讲,对资本利亏的抵补主要从两方面考察:一是抵补的范围;二是抵补的期限。

1. 抵补范围

世界各国对资本损失抵补的范围大体分三种类型:

(1) 冲减所得,即所产生的资本损失允许由普通所得抵补,实行这种抵补范围规定的国家有比利时、印度尼西亚等国。从纳税人的角度看,这是最宽松的一种抵补方式,有利于纳税人进行资本投资。

(2) 冲减利得,即所有资本损失只允许由资本利得抵补,不允许由普通所得抵补,实行这种抵补范围规定的国家有澳大利亚、西班牙、菲律宾、爱尔兰等国。

(3) 冲减同类利得,即资本损失只能从同类型的资本利得中抵补,或按资产类型同类抵补,比如股票的资本损失只能由股票利得抵补等,实行这种抵补范围规定的国家有丹麦、印度等;或按资产的经营性质同类抵补,如芬兰税法规定,公司的经营资产损失只能冲抵经营所得;或按资产的持有期限同类抵补,如西班牙税法规定,短期资本损失只能冲抵短期资本利得,长期资本损失只能冲抵长期资本利得。

从税收收入角度看,资本损失的抵补范围规定得越窄,税收收入就越有保障,但从税务管理角度看,资本利亏抵补的规定越严格,其征管难度也越大,征纳双方所付出的成本可能越高。

2. 抵补期限

从各国税法规定看,对资本利亏的抵补期限的规定与对经营亏损的抵补期限的规定基本是一致的。比如,美国税法规定,公司经营亏损抵补和资本利亏抵补都可以向前结转3年,向后结转5年;澳大利亚、爱尔兰都允许往后无限期结转抵补;丹麦允许往后结转5年抵补,印度允许往后结转8年抵补。但也有少数国家对资本利亏与经营亏损的抵补期限有不同规定,比如西班牙规定,公司亏损可以往后结转7年抵补,而资本利亏只能往后结转5年。

从资本利亏的结转方式看,像美国那样规定资本利亏既允许向前结转又允许向后结转的国家并不多见。多数国家都规定只允许往后结转,具体年限各有不同,有的甚至可无限期结转。也有国家规定既不能往前结转,也不能往后结转,如菲律宾、瑞典、俄罗斯等国。

(二) 再投资处理

资本性资产转让收益的用途有两种情况:一是用于消费;二是用于再投资。国外学者把前者称为“纯销售”,后者为“融资转换”。资本利得课税对这两种情况所产生的影响是不同的,对“纯销售”型资产转让的利得课税的直接影响在于减少消费资金,而对后者的利得课税,则会直接减少投资资本。因此,为消除或降低资本利得课税的这种负效应,往往对“融资转换”型资产转让采取特别的税收政策,即对资本利得再投资给予特殊处理。

在实践中,各国通常选择免税方式来消除利得课税的负效应,如葡萄牙规定个人住宅出让又重新购置另一住宅的,其利得免税;埃及也规定公司资产重置可以免税,但其免税是通过税款分3年返还的形式来实现的,因此这实质是一种递延免税。最为常用的选择是税收递延,但在具体操作上,各国税收递延的方式和适用范围各有不同(见表4-7)。

从税收递延的方式看,主要有折旧递延、限期递延和滚动递延三种。折旧递延就是在新购置资产的折旧期内递延纳税,通过设立重置准备金的方式冲减新购置资产成本就是折旧递延方式的一种,如卢森堡就采用了这种方式;限期递延则不按新购置资产的折旧期,而按税法规定的年限递延纳税,如西班牙税法规定,公司转让持有期限不少于1年的固定资产或不少于5%的公司股份,其收入若再投资于同类资产,则其实现的利得(经通货膨胀调整后)可选择限期递延的方式(也可选择折旧递延方式)纳税,即3年再投资期(不含资产出让当年)满后分7年递延纳税;滚动递延则是指纳税义务可递延到新购置资产再出让时与其新增利得一并计税,若再出让后又用于再投资,则可继续递延,如丹麦对经营用不动产处置后3年内重置的实行滚动递延纳税。

表 4-7　部分国家资本利得再投资的税务处理

国家	资产类型	再投资期限	投资方向	税务处理	备注
丹麦	公司和个人的不动产	3年	不动产	滚动递延	
匈牙利	公司		重组	限期递延	分3年纳税
爱尔兰	公司、个人的经营性资产		再投资	滚动递延	
卢森堡	公司:持有5年以上的财产或非折旧资产	2年		折旧递延	列重置准备金
西班牙	公司:持有1年以上的固定资产;控股5%以上的公司的股份	4年	同类资产	限期7年递延;折旧递延	两者选一
	个人:主要住宅	2年	重置	滚动递延	
葡萄牙	公司:持有1年以上的固定资产和国内公司股份 个人:主要住宅	4年	重置	50%免征	处置前1年后3年内重置
	个人住宅		住宅	免税	
比利时	公司:5年固定资产	3年	固定资产	折旧递延	购置不动产为5年
埃及	公司:资产		资产重置	免税	税款3年返还
荷兰	公司:固定资产	3年	固定资产	折旧递延	列重置准备金
	无形资产			折旧递延	
波兰	个人:不动产	2年	重置	免税	
英国	公司:不动产、设备等8类经营资产	4年	8类经营资产	滚动递延	处置前1年,后3年
美国	公司清算重组的资产交易;公司和个人的经营或投资资产(不含证券)与强制征用财产		同类置换	滚动递延	

资料来源:同表4-1。

第二节　发达国家的资本利得课税制度

一、英国的资本利得课税

英国的资本利得税始于 1965 年,主要针对个人(individuals)和信托托管人(trustees)在处理资产时产生的利得征收。公司所获得的资本利得直接计入公司所得税,因此英国的公司不承担资本利得税的纳税义务。

(一) 征税范围

资本利得等于出让时财产的价值减去财产的原购入价。作为一种所得税,英国的资本利得税也规定了起征点,低于起征点的,不需缴纳资本利得税。在 2006—2007 年度,英国对个人规定的起征点为 8 800 英镑,信托机构为 4 400 英镑。总资本利得减去起征点,即可得到应纳税资本利得额。资本利得课税的最低税率为 10%,基本税率部分为 20%,超过基本税率的部分为 40%。实际上,许多资本利得都按 40% 纳税。

1998 年,英国对资本利得税进行了改革,引入了渐退制度,取消了原来实行的指数化津贴(反映单纯由于物价变动而带来资产价值的增加)。如表 4-8 所示,在渐退制度中,持有资产的时间越长,资本利得税额越少。对于非经营性资产而言,资本利得税渐退制度受益的持有期为 3 年。对于经营性资产而言(指全部或部分参与贸易经营),该制度的受益时间为 1 年。

表 4-8　资本利得渐退制度

1998 年后资产持有时间(年)	非经营性资产		经营性资产	
	利得应计比例(%)	实际税率(%)	利得应计比例(%)	实际税率(%)
0	100	40	100	40
1	100	40	50	20
2	100	40	25	10
3	95	38	25	10
4	90	36	25	10
5	85	34	25	10
6	80	32	25	10
7	75	30	25	10
8	70	28	25	10
9	65	26	25	10
10 年或以上	60	24	25	10

资料来源:www. hmrc. gov. uk。

从原则上讲,英国所有形式资产的转让都须缴纳资本利得税,公司就其资本利得缴纳公司所得税。个人、合伙企业就其处置资产所获资本利得缴纳个人所得税。具体应税财产包括土地和建筑物、固定资产、股票、债券、外币、珠宝和古物等。

(二) 计税依据和税率

英国税法规定,资本利得指的是应纳税资产的出让收入与资产成本之间的差额。出让收入必须按市价计算。资本利得的实现日期为资产销售或赠与的实际日期或合同规定的日期。

公司与个人的资本利得都要同其他所得一起计算纳税,适用普通所得税税率。公司与个人的资本损失可以用同期的资本利得抵补,不足抵补的部分可以无限期向后结转,但不能用其他所得抵补。

同个人所得税的其他所得一样,夫妻的资本利得也要分别缴纳,夫妻之间的财产转让所获得的资本利得可以延期纳税。

个人应纳税的资本利得额根据资产的性质和纳税人持有资产时间的长短来确定:

(1) 对于生产经营性资产,如果转让之前其持有时间超过 4 年,只须将转让后所获得资本利得的 25% 计入应纳税所得额;

(2) 对于非生产经营性资产,如果转让之前其持有时间超过 3 年,则须将转让后所获得资本利得的 95% 计入应纳税所得额。在此基础上,持有时间每增加一年,应纳税的资本利得比例可降低 5%,持有期超过 10 年的,应纳税资本利得比例降为 60%。

个人和公司的资本利得一般应计入个人或公司的总所得中,按照普通个人所得税税率或公司所得税税率纳税。

(三) 税收优惠

1. 公司资本利得的优惠待遇

在大多数情况下,集团公司之间转让资产以及公司股份资本重组所获得的资本利得免税。

公司转让符合政府规定的生产经营性资产,如房屋和土地、机器设备、船舶、卫星、商誉以及一些农业和渔业配额等,在转让之前的 12 个月之内和转让之后的 3 年之内,如果购买了这类资产,可以享受延期纳税的优惠。

2. 个人资本利得的优惠待遇

免税的资本利得包括:年度基本免税额(2001—2002 财政年度为 7 500 英镑);纳税人唯一或主要的住宅、比赛用马、政府公债、符合规定的公司债券、捐赠给慈善机构的资产等。

个人因公司重组或兼并而进行的股票换股票交易、股票换公司债券交易所产生的资本利得可以延期纳税。

二、美国的资本利得课税

(一) 征税范围

根据美国的税法规定,资本利得是所得的一个组成部分,所谓资本利得就是转让资本性资产取得的收益。资本性资产的范围非常广泛,既包括动产也包括不动产。一般出于投资、拥有、日用、享乐等方面的目的而持有的资产都属于资本性资产的范围。例如,房地产、家具、股票、债券、珠宝、自用汽车、艺术收藏等都属于资本性资产。资本性资产与经营性资产的区分主要是看资产持有者持有资产的目的,例如,如果汽车商购买汽车是为了销售,则他的汽车属于经营性资产,如汽车供个人自用则属于资本性资产。

(二) 计税依据

资本利得或损失是指资本性资产的转让价格减去其购置成本后的余额。购置成本一般包括买价、运费、佣金和税金等费用。固定资产转让后,其转让价格高出购置成本的部分才能视为资本利得,而对于已提折旧的,资产转让所得只能作为普通所得征税。

在美国,资本利得分为长期资本利得和短期资本利得,长期资本利得是指持有期在 1 年以上的资产转让后取得的利得,短期资本利得是指持有期在 1 年以下的资产转让后取得的利得。

在一般情况下,长期资本利得只须将其 40% 的部分计入应纳税所得额,其余 60% 免税。

公司的资本损失只能用当期资本利得抵补,抵补不完的部分可以向后结转 5 年,但只能与资本利得相抵。

个人的资本损失首先用当期资本利得抵补,不足抵补的部分可以用普通所得抵补,但最高限额为每年 3 000 美元,不足抵补部分可向以后年度无限期结转。

(三) 税率

一般情况下,个人转让的资本性资产在转让前持有时间超过 12 个月的,转让后获得的资本利得适用的最高税率为 20%。如果个人普通应纳税所得额适用 15% 的税率档次,则其长期资本利得适用的最高税率为 10%。如果个人资产持有时间超过 5 年,以上两档税率则分别由 20% 和 10% 降为 18% 和 8%。个人短期资本利得视为普通所得,适用普通个人所得税税率。

(四) 税收优惠

美国税法规定,对资本利得课税可采取以下优惠措施:

第一,符合下列条件的公司合并、清算和重组所进行的资产交易可以延期纳税:① 母公司对其拥有80%以上股权的子公司进行清算;② 法定的公司合并或联合;③ 公司用自己拥有的股票以股票换股票的方式获取被兼并公司80%以上的股票。

第二,机器设备等固定资产转让所发生的资本利得可以享受长期资本利得的优惠,发生的资本损失可以全部与普通收入相抵,而不受每年3 000美元相抵额的限制。

第三,单独申报的纳税人出售其拥有的住宅,如果在其出售之前的5年中,至少有2年是作为其主要住宅,其获得的资本利得可享受250 000美元的免税待遇;夫妻联合申报的免税利得为500 000美元。

第四,纳税人出售主要自用住宅后,如果在24个月内购建了新的住宅,且新购建的住宅价格高于已出售的住宅,那么出售旧住宅所获得的资本利得原则上可以暂不纳税。但新购建住宅的买价要减去这笔暂不缴税的资本利得数额,从而降低新住宅在税收上的价格基数,待将来出售此新住宅时与那时的资本利得一并计税。如果新购建住宅的价格低于已出售住宅的价格,原则上纳税人就不能享受此项税收优惠。另外,在原则上此项优惠纳税人2年之内只能享受一次。

三、荷兰的资本利得课税

(一) 征税范围

根据荷兰税法规定,资本利得一般视为普通所得征税,但对有些资本利得实行轻税政策。

对公司而言,公司处置固定资产、无形资产和证券(如销售、交换股份)等获得的资本利得应纳税。

对个人而言,个人取得的下列资本利得应纳税:(1) 转让经营性资产获得的利得;(2) 拥有某公司"重要股权"的纳税人出让所持有的该公司的股票所获得的利得。如果纳税人单独或与其亲属共同直接或间接地拥有一个公司发行的5%以上的股份就表示其拥有该公司的重要股权。

从总体上说,荷兰对个人主要就经营性资本利得课税,而对非经营性资产实现的资本利得不征税,但拥有公司重要股权者出让该股权获得的股票利得除外。

(二) 计税依据

资本利得或损失一般是指资本性资产的转让价格减去其购置成本后的余额。

由于只对经营性资产的利得课税，因此资本损失与营业损失没有实际上的差别，即资本损失可以向前结转3年，并且可以无限期向后结转。但享受优惠待遇的资产项目所发生的资本损失，只能用相应的资本利得抵补。

公司的资本利得只有实现以后才纳税，但资本损失只要有充分的理由预计发生，就可以作为损失处理。

（三）税率

对于公司，资本利得按一般公司所得税税率纳税。荷兰的公司所得税实行超额累进税率，22 689欧元及以下的部分适用税率29%，超过22 689欧元的部分适用税率34.5%。

对于个人而言，个人转让经营性资产所获得的资本利得按普通税率缴纳个人所得税（税率见表4-9）。对于个人出售重要股权所获得的资本利得按25%的比例税率课税。

表4-9　荷兰个人所得税税率表（2002年度）

级数	应纳税所得额（欧元）	税率（%）
1	0—15 331*	2.95
2	15 332—27 847*	8.45
3	27 848—47 745	42
4	超过47 745的部分	52

注：*第一、第二两档，还应按29.4%的税率征国家保险税，因此，其综合税率分别相当于32.35%和37.85%。

（四）税收优惠

荷兰税法规定，下列情况可享受资本利得课税的优惠：

第一，处置固定资产而产生的资本利得可以与重置资产的购置成本相抵，资本利得可递延到重置资产被销售时纳税。

第二，从股权交易中产生的资本利得可以滚动延期纳税。

第三，资产对股权的交易可以延期纳税。

第三节　发展中国家的资本利得课税制度

一、韩国的资本利得课税

（一）征税范围

韩国规定，居民公司实现的资本利得纳入公司普通所得课税。韩国2002年1月1日前对转让土地、建筑和不动产权等取得的不动产利得单独征收附加税(不动产已在政府机构注册登记的,税率为20%,没有注册登记的,税率为40%),2002年1月1日起停征此项附加税。居民公司处理其国外分支机构或子公司获得的资本利得纳入应税所得,按正常税率征税。

非居民公司仅就来源于韩国的所得纳税。同样,其来源于韩国的转让不动产获得的资本利得、通过转让居民公司发行的股票取得的资本利得、通过转让居民公司或非居民公司的常设机构发行的证券取得的资本利得,都应按规定纳入所得纳税。

居民个人应纳税资本利得包括:转让土地或建筑物实现的利得;转让不动产权实现的利得;转让艺术品或古玩(200万韩元以上)实现的利得;转让非上市公司股票的利得。

(二) 计税依据

韩国税法规定,居民个人转让已登记的不动产所获资本利得,根据持有该不动产的时间的长短分别课以不同税率,持有时间满2年的,按40%—60%的累进税率征税,持有时间不足2年的,税率为60%;如果所转让的不动产未登记,则转让所实现的利得适用税率75%。2002年,韩国居民个人转让已登记的不动产,其实现利得已改按1年为界线区分长期利得和短期利得分别课税,持有1年以上的,同普通所得,适用9%—36%的四级累进税率,持有不足1年的,适用税率36%;至于未登记不动产,适用税率60%。此外,对于非上市股票规定:出让大公司的股票,持有1年以上的按20%税率征税,持有不到1年的按30%税率征税;出让小公司的股票,适用税率则为10%。出让上市股票实现的利得则免税。对于出售一套以上的、符合特定要求的、拥有2年以上的房屋所获得的资本利得按30%的税率征税。出售一套拥有和居住了3年以上的房屋,如房屋附属用地不超过房屋占地面积的10倍,房价不超过5亿韩元,则获得的资本利得免税。

韩国对应纳税资本利得规定了专门的计算方法:

应纳税资本利得 = 售价 - 按通货膨胀指数调整的原始成本 - 累计折旧

通货膨胀指数 = 批发物价指数变化百分比 × 资产持有年限

韩国的《资产重估法》规定,如果批发物价指数从获得资产之日或上次重估之日至资产处置时上涨了25%以上,则可按市场价值对资产价值进行重估,增值部分按3%缴税以后,计提折旧以调整后的账面价值为基准。

(三) 税收优惠

韩国税法规定,下列各项资本利得给予免税:

(1) 法院裁定破产的企业,其资本转让取得的资本利得;

(2) 农场主转让耕作超过8年的居住地农田所获得的资本利得;

(3) 因政府征用而转让农田所获得的资本利得；

(4) 转让家庭住房及附属用地(面积不大于房屋的10倍,在市内规划区的不大于房屋的5倍)的资本利得；

(5) 农场主交换农田所取得的资本利得；

(6) 企业迁移(经营2年以上)时转让土地、建筑物所取得的资本利得；

(7) 农场、牧场迁移(经营5年以上)时转让土地、建筑物所取得的资本利得；

此外,韩国税法还规定,转让新开垦土地所取得的资本利得减半课税。

(四) 征收管理

韩国税法规定,纳税人应在政府注册机构登记财产权或其他权利的获得、产生、转移、改变或终止。纳税人在注册登记时应缴纳登记税,税基为纳税人获得财产时所申报的价值,若所申报的价值低于政府公布的标准价值,则按标准价值征税。登记税适用0.01%—5%的税率。

纳税人是否进行资产登记注册,关系到适用税率、税收优惠待遇等方面。比如,在2002年,个人资产如未登记,其不动产转让利得适用税率为60%,登记的则为9%—36%。如果一家居民公司通过现金投资的形式增加资本,并在有关机构注册登记了,那么,从登记之日起36个月内可在每个会计年度内将增加的资本的10%或12%从公司的应纳税所得中扣除。

韩国规定,纳税人应自行核定税款,并要求纳税人在申报的同时缴纳应缴税款。

二、泰国的资本利得课税

(一) 公司利得课税

泰国规定,居民公司来源于出售不动产、土地和建筑物取得的资本利得,视同一般所得,依公司所得税税率课税。2002年公司所得税一般税率为30%,上市公司可有条件适用25%或20%的低税率。

居民公司从另一居民公司取得的股息不超过公司扣除费用前应纳税所得总额的15%,且收到股息前持有股票3个月以上的,如果该公司是上市公司则所获股息免税;如果该公司是非上市公司,则所获股息的50%免税。

泰国税法规定,非居民公司中的外国分支机构就来源于泰国的所得缴纳公司所得税。合伙企业和合营企业视同居民公司纳税。

(二) 个人利得课税

个人出售资本性资产实现的利得一般纳入普通所得按正常的超额累进税率征税。但是,出售共同投资基金和在泰国证券交易所上市的公司的股票实现的利得免税；而出售政府债券、企业债券实现的利得，个人可以选择按15%的税率缴纳预提税。

在计税时，个人发生的资本损失不能冲抵资本利得。居民来自境外的资本利得，不汇回的，不征税。

三、印度的资本利得课税

（一）公司利得课税

印度税法规定，非折旧资产持有不满3年（股票为1年）而出让所获利得为短期利得，按经营所得适用税率征税。长期资本利得按经通货膨胀指数调整后的取得成本计算，适用20.2%的税率（20%税率，0.2%的附加税）。

折旧资产无论持有期限长短，转让该资产实现的利得均作为短期利得按正常经营所得征税。

对于转让在印度上市的证券所获得的长期利得，纳税人可以选择按前述方法纳税，或选择不经通货膨胀指数调整而适用10.2%（外国公司为10%）税率纳税。

此外，资本损失只能冲抵当年或以后8年的资本利得。

（二）个人利得课税

印度税法规定，个人实现的短期利得计入应纳税所得按正常税率征税，长期利得适用20%的统一税率。

印度个人长期利得、短期利得的划分及长期利得的税收处理与公司利得相同。

第四节　中东欧国家的资本得利课税制度

一、俄罗斯的资本利得课税

俄罗斯于1993年1月1日生效的《个人所得税法》修改案就对资本利得区别征税的问题做出了规定，即对个人出售财产，尽管已经按销售额课征了流转税，其资本利得仍须并入所得税税基：个人出售不动产、汽车、美术工艺品等，销售额未达到法定月最低工资（当时为14 620卢布，约7.4美元）500倍的，其资本利得免税，出售其他财产未达到法定月工资50倍的，其资本利得免税。

从俄罗斯现行的资本利得课税制度来看，对于公司的资本利得，按标准利润课税，但资产转让产生的资本损失不能扣除。同时，公司取得的资本利得可根据通货膨胀情况进行调整。

对于个人资本利得而言,主要规定如下:(1) 经营性利得视同普通所得征税。(2) 不动产持有5年以上,其他资产持有3年以上实现的利得为长期利得,反之为短期利得。(3) 非经营性利得,长期利得实行免税;短期利得按总售价减规定扣除额计算推定利得,再适用普通税率(13%)征税。不动产的规定扣除额为100万卢布,其他资产为125 000卢布。纳税人也可以选择按正常方法计算利得纳税。(4) 证券和金融衍生工具也按持有期限分别征税。上市证券损失不能冲抵非上市证券利得,反之亦然。(5) 损失不能结转。

二、匈牙利的资本利得课税

(一) 基本规定

1992年,匈牙利在当时的《个人所得税法》中对资本利得做出了有别于普通所得的征税规定:

(1) 1992年1月1日前购置的不动产,而且持有期满10年的,其转让所得免税。

(2) 转让不论何时购置的不动产,其所得用于购置住宅的免税。

(3) 销售动产(含证券)价值不足10万福林的所得免税。

(4) 不动产转让所得作为个人所得税税基时只按50%计入。

在资本利得的计算中,匈牙利还规定,有关购置证券的费用必须扣除,证券的无偿转让或压价转让时应计入的收入要进行调整,资本利得的计算应剔除物价上涨因素等。

(二) 具体规定

1. 公司资本利得课税

匈牙利税法规定,公司资本利得应纳入公司普通所得纳税。公司重组利得(即资产重估增值)由新成立公司纳税,允许在重组后3年内平均递延纳税。处置经营资产发生的资本损失可以纳入普通亏损。存货、投资和证券的贬值允许税前扣除。

2. 个人资本利得课税

匈牙利税法对个人资本利得课税规定:

(1) 利得单独分项征收个人所得税。

(2) 不动产利得:不动产和不动产权实现的利得适用20%的税率。当不动产持有期限满6年时,其实现利得的税基减征10%,以后持有期限每增加1年,税基递减10%,持有期限满15年时全部免征。

出售前6个月或出售后4年内,将出售不动产实现的利得用于购置常住住宅的,免税,购置住宅的时限可以分别延长到出售前1年或出售后5年。但是,新购置住宅如在5年内出售,则其原先享受免税的利得应纳税。

(3) 证券利得:转让证券和上市衍生工具实现的利得适用20%的税率,但转让非上市衍生工具实现的利得应纳入普通所得征税,即按个人所得税累进税率征税。

(4) 其他利得:转让其他私人动产实现的利得,也适用20%税率,但最初的20万福林免税。

三、波兰的资本利得课税

(一) 基本规定

波兰决定从1996年1月1日起对自然人证券交易的资本利得征税,此处所指之证券包括股票、债券、私有化产权证书、信托资产股权等,设计税率为20%,税基是证券售价减购进价格(含手续费)的余额。对不同资本利得的征税规定有:长期投资于公开上市的证券或政府发行的债券实现的利得适用优惠税率。如证券持有期满1年后出售而实现的资本利得适用税率为15%,满2年后出售而实现的资本利得适用税率为10%,满5年出售的免税,转让国债的所得免税。

此外,波兰税法还规定,公开上市的证券的交易,除按上述办法计征外,还可选择按交易额,根据上述持有期的不同,分别按0.3%、0.7%和10%的税率征税。

(二) 具体规定

1. 公司资本利得课税

波兰的公司资本利得一般按所得课税,资本损失可与普通损失一起,由普通所得弥补。

2. 个人资本利得课税

(1) 转让持有期限不超过5年的不动产实现的利得单独按10%的税率征税。

(2) 自取得之日起6个月内出售动产实现的利得按照普通累进税率征税。

(3) 出让2003年底以前1989年以后发行的国库券和自治地区1997年以后发行的公债实现的利得免税。

(4) 住宅、建筑物或土地出售后2年内重置的,所取得的利得免税。

第五节　比较与借鉴

一、世界各国资本利得课税设计中的难点

对资本利得课税是所得税制设计中最复杂的部分,其中,在具体设计税制

时，关于税制中一些基本要素的规定在理论上和实践中都引起了许多争议。

(一) 资本利得课税范围的规定

在理论上，资本利得是指资本性资产随时间推移而发生的增值，它相当于资产增值扣除损失后的净增加额。然而，在实践中，什么是资本性资产，如何确定资本性资产的增值所得通常存在一定的技术性困难。在种种资本性资产中，不动产的估价相对容易，但动产的估价，往往由于缺乏市场参照体系而存在相当大的难度。

鉴于实践中的种种困难，世界各国在确定资本利得课税的征税范围时，通常主要集中在容易把握的资产种类上，比如，法人资本资产、土地、建筑不动产和金融证券类动产等。

(二) 资本利得纳税义务发生时间的确定

大多数其他形式所得(个人所得、企业经营所得)的纳税义务发生时间一般以所得的事实产生为基础来确定。资本利得实际上由两部分组成：一是已实现的资本利得；二是未实现的资本利得。如果对资本利得课税以事实产生的资本利得为基础来确定纳税义务的发生时间，那么将产生一个重要的问题，即资产所得者可能会为缴税而被迫过早处置其拥有的资本性资产。同时，由于部分动产(有价证券)的市场价格处于不断变化之中，即使有明确市场价格的证券资产，如果持有人拥有的资产数量十分巨大，其在处置资产的过程中，也势必加大证券价格的波动水平，使初始计算的未实现的资本利得与真正实现的资本利得存在较大差距。因此，如果从税收征管可行性和公平性的角度考虑，以事实产生为基础确定资本利得的纳税义务发生时间不太现实。

在实践中，世界各国资本利得税的纳税义务发生时间均以市场已经实现的资本利得为基础确定，而对于事实已经发生但尚未实现的利得，一般都将之排除在资本利得课税的征税范围之外。当然，这种对“实现利得课税”的原则，也可能会使资产所有者为逃避纳税而延迟利得的实现，这也是资本利得课税会产生锁住效应的制度根源。

(三) 资本利得实现的集中与波动问题

对“实现利得课税”是资本利得课税较为可行的方法，也是世界开征资本利得税国家较为通行的做法，但是，由此也会产生另一个问题，即市场实现利得集中于某一个纳税年度，而利得的真实发生却分散于各期，按集中实现的利得课税，将会产生收益的“归集效应”(bunching effect)，导致实现利得年度纳税人税负过重。

为了减轻这种在利得实现年度所引起的归集效应的影响，有些国家引进了平均化调整措施，以保护那些在某一纳税年度资本利得实现过多的纳税人的利益，但与此同时，在追求税制建设公平目标的同时，也加大了税制建设的复杂性，可能会引发一定的效率损失。

（四）对通货膨胀影响的税务处理

通货膨胀通常会对各国税制，特别是对所得税制产生较大的负面影响。在公司所得税方面，通货膨胀造成折旧扣除减少而使公司的实际税负大幅提高；在个人所得税方面，通货膨胀可能使一部分原本按税法规定不必纳税的纳税人因通货膨胀而导致实际起征点降低而归入应缴纳个人所得税者之列，还可能使个人名义收入提高而产生适用税率的"档次爬升"效应，从而使纳税人在实际收入没有增加的情况下按高税率纳税。而资本利得产生的原因之一也是通货膨胀，这部分资本利得实际上是一种虚拟利得，并不代表资产所有者资本拥有量的实际增加，如对之征税，则明显不符合税收的公平原则。

在实践中，为了避免通货膨胀的影响，一些国家纷纷采取了所得税指数化调整措施，即按照每年消费物价指数的涨落，自动确定应纳税所得额的适用税率和纳税扣除额，同时对虚拟的资本利得采取资本利得课税的低税负政策。

二、影响世界各国资本利得课税制度的因素

从总体上看，世界各国资本利得课税制度存在一定差异，而这种差异的形成主要取决于经济发展水平、税制结构特征和税收征管水平等因素。

（一）经济发展水平

从世界各国的经济发展水平看，资本利得税是和资本市场、产权市场的快速发展及个人收入差距不断加大相联系的。从历史演变看，资本利得税的大规模应用扩张是在 1945 年以后，当时西方国家普遍处于由自由竞争资本主义向垄断资本主义过渡的阶段。在此期间，资本市场、产权交易市场得到空前发展，企业、个人的金融资产资本利得，不动产投资资本利得也大幅度增长。由于人们在占有生产要素以及劳动技能等方面存在差异，西方社会收入分配差距不断扩大成为一个亟待解决的难题，为此，政府需要出台一系列调节收入分配差距的政策措施，而对资本利得课税则是调节收入差距的有效措施之一。相比而言，如果一个国家没有健全的资本市场和产权交易市场，就难以确定资本利对收入差距的影响，也无所谓资本利得课税问题。

（二）税制结构

从世界各国税制结构的变动趋势来看，资本利得课税是和以所得税为主体税种的税制结构相联系的。资本利得属于所得的一种特殊形式，因此，在以所得税为主体的多数发达国家中，在征收资本利得税时或合并纳入综合所得，或单独处理，都不存在技术上、征管上的难题。相比而言，对于以流转税为主体税

种的发展中国家来说，在征收环境上与资本利得税的征收要求相差较远。

（三）税收征管水平

从世界各国的税收征管环境来看，资本利得税的顺利课征需要满足较高的征收条件。从各国年度税收收入的税种构成上看，资本利得税在税收总额中所占比重通常较低，不到1%，各国开征资本利得税的主要目标是调节收入分配差距。一般来讲，对公司资本利得，各国均采取合并征收企业所得税的做法，在征管上不会有太高的要求，而对个人投资资本利得课税，则对硬件设施的要求相当高。在发达国家以个人所得税和社会保障税为主体税种的税制结构下，引入资本利得税并不需要太大的制度变迁成本，即引入资本利得税的边际成本接近于零，而在发展中国家以流转税为主体税种的税制结构下，引入资本利得税的制度变迁成本相对较高。

三、中国资本利得课税政策的选择

中国现行的税法中并没有资本利得的概念，在税收条例和法规中也没有资本利得课税的提法，对资本利得课税问题尚处于探索阶段。

（一）资本利得课税规定中存在的问题

（1）关于资本利得课税的规定仍处于分散状态，没有形成较为系统完整的法律文本，不利于从整体上把握和规范资本利得课税制度，也不利于明确资本利得课税的政策取向。

（2）现有关于资本利得课税的规定在征税范围、税负水平等方面过于抽象，导致实际计算较为复杂，不利于操作；有关处理方法不明确，不利于税收管理，不仅为纳税人进行税收筹划避税提供了机会，还加大了税收的征管成本。

（3）没有将证券资本利得全部纳入征税范围。目前我国对转让股票所得征税的基本情况是：在交易环节，无论盈亏都要征收较高的流转税，其中主要是在股票发行的一级市场向双方征收证券交易印花税，二级市场的证券交易税并没有开征。但是，证券交易印花税实际上是就交易行为课税，与印花税的名称不符，而且印花税不论交易数额大小、持券期长短，一律按同一比例对交易双方征收，这虽然可以在控制股票交易频率方面发挥一定作用，但对于国家重点调控的资金大户操纵股票市场的现象却无能为力，也不能采取免税方式给中小投资者以适当的优惠，难以实现公平，调节收入的作用有限。在所得环节，企业转让股票取得的所得按照普通所得缴纳企业所得税，个人转让股票取得的所得暂时免缴个人所得税，这显然违背了税收的公平原则。

（4）现行企业所得税和个人所得税就资本利得部分存在重复征税。个人所得中的股息、红利所得是指个人拥有股权取得的公司（企业）分红。在企业所得税中,对企业的盈利已经征税,但是,当税后利润再以股息、红利形式分配给个人时,又按一定税率征收个人所得税,这显然存在重复征税的问题,必然会影响个人参与企业经营的积极性。

(二) 完善资本利得课税的政策取向

(1) 近期对资本利得宜采取轻税政策,将资本利得并入所得一并征税。中国经济尚处于成长时期,对投资的需求较大。为了实现经济的高速、持续、稳定增长,保持较高的投资水平,合理有效调整投资结构,转变经济增长方式,培育、促进和规范资本市场,中国在近期内应对资本市场和资本利得采取轻税政策。

从世界范围看,把资本利得并入企业所得征税已经成为一种发展趋势。从中国的实际情况看,由于我国税收征管效率不高,纳税人的纳税意识比较淡薄,将资本利得并入所得征税,有利于简化税制,提高征管效率。但在政策制定和税制设计时,要对资本利得的概念、范围、纳税人、税率、税收优惠等做出严格规定,避免和其他所得混淆,以抑制将一般所得转化为资本利得的避税行为。

(2) 从长远看,开征资本利得税是大势所趋。随着中国资本市场规模的不断扩大、市场结构的逐步完善、投资行为的日益理性化和税收征管水平的不断提高,在适当时机,选择开征资本利得税乃是大势所趋。

值得注意的是,对资本利得课税只是税收制度的一个环节,其功能主要在于重新调整资本流转收益。要将资本利得税作为一个独立的税种征收还需要其他税种的配合和协调,一个系统、理想的资本利得税制需要从所有真实所得扣除所有真实损失,并恰当地同公司所得税和个人所得税相结合。当然,任何一种税制都不是完美无缺且固定不变的,资本利得课税制度也需要立足于社会经济环境,并不断地进行调整和完善。

本章小结

1. 资本利得税也称资本收益税,是指对纳税人出售或转让资本性资产所实现的增值收益课征的税。

对于资本利得课税的设计首先应充分理解资本利得的特点、来源,然后才能根据不同类型的资本利得设计出符合实际的资本利得课税制度。资本利得不同于一般所得,它主要表现为:(1) 资本利得是一种消极所得;(2) 资本利得是一种非定期取得的所得;(3) 资本利得的实现一般需要较长时间;(4) 资本利得通常容易与普通所得相混合。

2. 由于各国在市场经济制度完善程度、税收体系等方面存在差异,因此各国关于资本利得课税的政策规定也不尽相同。从总体上看,世界各国对资本利得的课税政策可分为四种类型:(1) 资本利得的高税负政策;(2) 资本利得的等税负政策;(3) 资本利得的低税负政策;(4) 资本利得的零税负政策。不同税负政策会产生不同的效应。

3. 世界各国对资本利亏(或资本亏损)的处理,从性质上与对经营亏损的处理是一致的,一般允许结转抵补。由于各国对利得与所得的区分及税收处理不尽相同,因此,对资本利亏的抵补也有不同的选择。从抵补范围上看,世界各国对资本损失抵补的范围大体分为冲减所得、冲减利得和冲减同类利得三种类型;从抵补期限上看,世界各国对资本利亏抵补期限的规定与对经营性亏损弥补的规定基本一致。

本章重要术语

资本利得税　锁住效应　资本利亏　税基折征

复习思考题

1. 资本利得与普通所得相比具有哪些特点? 资本利得的来源是什么?
2. 世界各国是如何确定资本利得课税范围的?
3. 对资本利得课税的税负政策有哪几种类型?
4. 世界各国对资本利亏是如何处理的?
5. 结合实际分析资本利得课税的难点,探讨中国资本利得课税的政策取向。

推荐阅读文献

1. 资本利得课税研究小组:《资本利得课税理论与实践》,中国税务出版社2004年版。

2. 李楚楠:《资本利得课税:中国资本市场达摩克利斯之剑》,《中国纳税人》,2007年第6期。

3. OECD, Taxation of Capital Gains of Individuals, *Policy Considerations and Approaches*, No. 14, 2006.

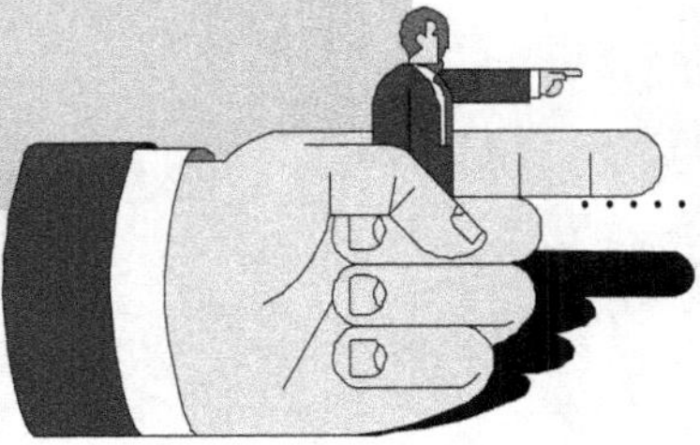

第五章

外国社会保障税制

学习目标

通过本章的学习,学生应掌握以下内容:

- 社会保障税产生的背景及发展趋势
- 社会保障税的制度特征和基本内容
- 发达国家社会保障税的设置模式与内容
- 发展中国家社会保障税的基本内容
- 中东欧国家社会保障税的基本内容

第一节　社会保障税制概述

一、社会保障税[1]的产生与发展

社会保障税(social security tax)也称为社会保障缴款(social security contribution),它是伴随着社会保障制度的产生和发展而开征的一种税。根据国际货币基金组织的统计,目前世界上大约有172个国家开征了社会保障税或类似的税。从性质上看,社会保障税是一种直接税,它是根据受益原则征收的。一般地说,社会保障税的纳税人是取得工资收入的雇员和雇用职工的雇主,在多数情况下,自营职业者也缴纳社会保障税以便获得享受社会保障资金的权利。在有些国家,社会保障税也称工薪税;有些国家出于政治策略等方面的考虑,把社会保障税称为社会保障缴款,但它在实质上与社会保障税具有共同的特征。

美国是世界上最早开征社会保障税的国家之一。在世界各国的所得税体系中,社会保障税已成为最重要的组成部分之一,它的产生具有一定的经济和历史背景。

20世纪30年代,世界范围的经济危机使许多国家的经济陷入了停滞甚至倒退的局面,失业人员大量增加,人们的基本生活得不到保障。为了应对经济危机带来的困境,美国于罗斯福新政时期的1935年颁布了《社会保障法》,采用税收手段筹集社会保障资金。美国最初的社会保障计划包括两部分内容,一是针对老年人的保障,二是针对失业者的保障。其中老年保障只包括老年与遗属保险,通过对工薪所得征税来筹措老年人的退休金,因此也称为工薪税。工薪税实行专款专用,使社会保障成为一种财务自理的制度。最初,工薪税的税率仅为1%,雇主雇员各交纳一半,并按照雇员工薪所得的最初的3000美元交纳,适用的职业范围也不广泛。后来,随着保险救济与工薪水平的不断提高,应纳税的工薪所得额也随之增加,社会保险的范围逐步扩大。1956年和1966年,社会保险的范围又相继增加了残疾保险和医疗保险等内容。目前,美国针对老年人、遗属和残疾人的保障被划归一个税目,称为OASDI,医疗保险被列为一个税目,即HI。美国为失业保障而设置的失业保险税是一个相对独立的税目,它是根据1935年美国《联邦失业税法》设立的,具体内容和标准由各州的法律规定,各州在具体方法上略有不同,但其资金来源都是由联邦管理,而且仅由雇主按3.2%的税率缴纳失业保险税,多数州都是按所得的最初的4200美元缴纳。随

---

① 由于社会保障税的主要税目是由各类社会保险构成的,因此有的国家也称其为社会保险税(social insurance tax)

着社会经济的快速发展和社会保障制度的完善，工薪税实施范围逐步扩大，税率不断提高，其占美国联邦政府税收收入总额的比重不断上升。1950 年，工薪税占联邦税收收入总额的比重为 9%，1960 年这一比重上升到 18%，1970 年达到 26%，从 20 世纪 80 年代起，该比重超过了 30%。

在美国社会保障税的示范效应下，其他发达国家也纷纷开征了社会保障税。德国、法国、瑞士、荷兰、加拿大等发达国家的社会保障税体系是按照“福利国家”的设想设计的，因此这些国家的社会保障税尽管开征时间较晚，但由于起点高，增长快，已成为最主要的税种之一。表 5-1 和表 5-2 分别显示了 1965—2006

表 5-1　OECD 成员国社会保障税占税收收入总额的比重(%)

	1965	1975	1980	1985	1990	1995	2000	2004	2005
加拿大	5.6	10.0	10.5	13.5	12.1	14.0	13.6	15.1	14.8
墨西哥	—	—	14.1	11.3	13.4	16.6	16.5	16.5	15.7
美国	13.3	20.5	21.9	25.2	25.1	24.8	23.2	26.0	24.7
澳大利亚	—	—	—	—	—	—	—	—	—
日本	21.8	29.0	29.1	30.3	26.4	33.5	35.2	37.7	36.8
韩国	—	0.9	1.1	1.5	5.1	7.0	16.7	20.7	21.0
新西兰	—	—	—	—	—	—	—	—	—
奥地利	24.9	27.6	30.9	31.8	32.9	36.0	34.2	33.9	34.5
比利时	31.4	30.2	28.9	31.6	33.2	32.9	31.0	31.2	30.6
捷克	—	—	—	—	—	41.3	44.2	42.3	42.9
丹麦	3.8	0.6	1.3	3.0	2.0	2.2	3.6	2.4	2.2
芬兰	6.8	20.4	23.3	21.9	25.6	30.8	25.2	26.8	27.3
法国	34.2	40.6	42.7	43.3	44.1	42.9	36.0	37.1	37.0
德国	26.8	34.0	34.3	36.5	37.5	39.0	39.0	40.7	39.9
希腊	31.6	29.5	32.9	35.6	30.2	32.4	30.8	35.8	35.2
匈牙利	—	—	—	—	—	35.6	29.3	30.1	31.3
冰岛	8.1	2.7	2.2	2.4	3.1	8.1	7.8	8.3	8.0
爱尔兰	6.5	13.8	14.3	14.8	14.8	14.6	13.3	14.8	14.8
意大利	34.2	45.9	38.0	34.7	32.9	31.5	28.6	30.3	30.8
卢森堡	32.3	29.4	28.7	26.2	27.0	26.5	25.7	28.8	28.0
荷兰	30.8	38.4	38.1	44.3	37.4	41.9	38.9	36.9	33.9
挪威	11.9	24.8	21.1	20.8	26.3	23.5	20.9	21.7	20.4
波兰	—	—	—	—	—	30.4	29.2	40.2	39.7
葡萄牙	21.8	34.6	29.5	25.9	27.2	30.1	30.3	32.7	32.7
斯洛伐克	—	—	—	—	—	—	40.0	41.7	40.4
西班牙	28.3	47.5	48.6	41.3	35.4	36.2	34.9	34.8	33.7

（续表）

	1965	1975	1980	1985	1990	1995	2000	2004	2005
瑞典	12.1	19.5	28.8	25.0	27.2	27.6	26.4	27.4	26.7
瑞士	14.9	22.0	23.4	22.7	23.4	27.0	24.3	24.4	23.9
土耳其	5.9	9.5	14.0	14.3	19.7	12.1	28.7	23.9	22.4
英国	15.4	17.5	16.7	17.8	17.0	17.8	17.0	18.9	18.8
平均	17.6	22.0	22.1	22.1	22.3	24.7	24.5	26.0	25.6

资料来源：OECD Revenue Statistics 1965—2006。

表 5-2 OECD 成员国社会保障税占 GDP 的比重(%)

	1965	1975	1980	1985	1990	1995	2000	2004	2005
加拿大	1.4	3.2	3.3	4.4	4.4	5.0	4.9	5.1	5.0
墨西哥	—	—	2.3	1.9	2.3	2.8	3.0	3.1	3.1
美国	3.3	5.2	5.8	6.4	6.9	6.9	6.9	6.8	6.7
澳大利亚	—	—	—	—	—	—	—	—	—
日本	4.0	6.1	7.4	8.3	7.7	9.0	9.5	9.9	10.1
韩国	—	0.1	0.2	0.2	1.0	1.4	3.9	5.1	5.4
新西兰	—	—	—	—	—	—	—	—	—
奥地利	8.4	10.1	12.1	13.0	13.0	14.8	14.6	14.5	14.5
比利时	9.8	11.9	11.9	14.0	14.0	14.3	13.9	14.0	13.9
捷克	—	—	—	—	—	15.5	15.6	16.2	16.2
丹麦	1.1	0.2	0.6	1.4	0.9	1.1	1.8	1.2	1.1
芬兰	2.1	7.5	8.3	8.7	11.2	14.1	11.9	11.7	12.0
法国	11.6	14.4	17.1	18.5	18.5	18.4	16.0	16.1	16.3
德国	8.5	11.7	12.5	13.2	13.0	14.5	14.5	14.2	13.9
希腊	4.9	5.0	6.2	7.9	6.9	8.1	9.1	9.7	9.6
匈牙利	—	—	—	—	—	14.7	11.1	11.3	11.6
冰岛	2.1	0.8	0.6	0.7	1.0	2.5	3.0	3.2	3.3
爱尔兰	1.6	4.0	4.4	5.1	4.9	4.7	4.2	4.5	4.5
意大利	8.7	11.6	11.3	11.7	12.4	12.6	12.1	12.4	12.6
卢森堡	8.9	9.6	10.2	10.3	9.6	9.8	10.1	10.9	10.8
荷兰	10.1	15.8	16.5	18.9	16.0	17.4	15.4	13.8	13.3
挪威	3.5	9.7	9.0	8.9	10.8	9.6	8.9	9.4	8.9
波兰	—	—	—	—	—	11.0	9.2	13.4	13.6
葡萄牙	3.5	6.8	6.8	6.5	7.5	9.5	10.3	11.0	11.4
斯洛伐克	—	—	—	—	—	—	13.1	13.2	12.8
西班牙	4.2	8.8	11.0	11.2	11.5	11.6	11.9	12.1	12.0
瑞典	4.2	8.1	13.5	11.9	14.4	13.3	13.9	13.7	13.5

（续表）

	1965	1975	1980	1985	1990	1995	2000	2004	2005
瑞士	2.6	5.4	5.9	5.9	6.1	7.5	7.4	7.1	7.1
土耳其	0.6	1.5	2.5	2.2	3.9	2.7	6.1	7.5	7.2
英国	4.7	6.2	5.9	6.7	6.2	6.2	6.3	6.7	6.9
平均	4.6	6.5	7.1	7.6	7.8	8.9	9.0	9.3	9.2

资料来源：OECD Revenue Statistics 1965—2006。

年 OECD 成员国社会保障税的发展情况。从表中可以看出，自 20 世纪 60 年代以来，社会保障税增长迅速。从社会保障税占税收收入总额的比重看，1965 年为 17.6%，1975 年为 22.0%，1995 年为 24.7%，2005 年为 25.6%；从社会保障税占 GDP 的比重看，该比重从 1965 年 4.6% 提高到了 2005 年的 9.2%。从具体国家来看，社会保障税已成为德国等欧洲国家的第一大税种，成为美国等发达国家的第二大税。

相比而言，发展中国家的社会保障制度虽然也得到了一定的发展，但仍有一些发展中国家尚未开征社会保障税。

二、社会保障税的特征

尽管社会保障税属于所得税的范畴，但由于其主要是为筹集社会保障资金而设立的，因此在具体的制度设计中，社会保障税在课税对象和税率等方面与其他所得税相比都具有其特殊性。

（一）课税对象上的特殊性

从课税对象看，社会保障税的征税对象是经立法通过的一定数量的工资，包括在职职工的工资、薪金以及自营人员的事业纯收益。与个人所得税相比，社会保障税的课税对象具有以下特点：

（1）对工薪收入通常附有最高应税限额的规定，它不是就全部工薪收入征税，而只是对一定限额以下的工薪收入课税。

（2）没有宽免或费用扣除，而是把毛工薪收入直接作为课税对象，因而无须经过一系列的计算过程。

（3）不包括纳税人除工薪收入以外的其他收入，如资本利得、股息所得、利息收入等均不计入社会保障税的税基。因而，社会保险税的税基比以综合收入为税基的个人所得税小。

（二）税率上的特殊性

从税率看，社会保障税一般实行比例税率，由于社会保障的范围及种类不同，一般对不同种类的社会保险规定不同比例的税率，比如规定失业保险税率、医疗保险税率、老年人和遗属保险税率等。由于它们的征税对象一般是工资薪金所得,因此也可以把它们加总在一起统称社会保险税率。

此外,从缴纳方法看,社会保障税一般采取源泉扣缴法,即由雇主统一在支付雇员工资时扣缴,形成社会保障基金。

由于社会保障税是一种"专款专用"的税,因此,它虽然由税务部门负责统一征收,但税款入库后则一般集中由负责社会保障的专门机构统一管理,专门用于社会保障的各项支出。

三、社会保障税的课税制度

社会保障税是各国为筹集社会保障资金而开征的税种,具有明确的目的。尽管各国社会制度存在差异,但社会保障税制在设计上却存在一定的共性。

(一) 纳税人

社会保障税的纳税人一般为雇员和雇主,纳税义务由双方共同承担。具体分担的比例各国不同,有些国家雇主和雇员各承担一半,比美国、英国、瑞士等;有些国家则全部由雇主缴纳,比如奥地利(健康保险)、德国(事故保险);有些国家则全部由雇员缴纳,比如荷兰(丧失劳动能力保险)。

对于自营职业者,由于不存在雇佣关系,也没有确定的工薪所得,关于是否将其纳入征税范围,各国做法不同。根据专款专用的原则,只有纳税者才有权享受社会保障的利益,因此,有些国家在行政管理可行的条件下,把自营职业者也纳入了征税范围。

对于雇主和雇员纳税人的确定一般以境内就业为准,凡在征税国境内就业的雇主和雇员必须承担纳税义务,不论其国籍和居住在何地。本国居民被本国居民雇主雇用在国外工作的,有些国家也要求缴纳社会保障税,比如美国和巴西。

(二) 征税对象

社会保障税的征税对象一般为雇员的工资、薪金收入和自营职业者的经营纯收益。工资以外的投资所得、资本利得等所得项目无须交纳社会保障税。雇员的工资、薪金收入,不仅包括雇主支付的现金,还包括具有工资性质的实物收入和等价物收入。

关于计税依据的规定,各国差异较大,有的国家规定了单项扣除,有的规定了最高应税限额,只对一定限额以下的工薪收入征税。至于最高限额的数额,各国的规定也不尽相同,一般随着消费物价水平的变化而每年进行调整。比如,美国 1980 年最高限额为 25 900 美元,1996 年调整为 62 700 美元。在有些国家如法国,税基最高限额依不同的保险项目而定。社会保障税一般没有减免额或费用扣除额，也没有个人免征额。

（三）税率

世界各国对社会保障税税率的设计，除少数国家实行单一的比例税率外，多数国家按不同的保险项目分别规定不同的差别税率，然后按项目分别规定由雇主和雇员各自负担的税率。从税率的形式上看，社会保障税税率主要分两种：

1. 比例税率

多数国家社会保障税采用比例税率，但这一税率在不同国家又有不同表现形式。

（1）单一比例税率。根据库伯斯·里伯兰德国际税收网提供的资料，目前在开征社会保障税的国家中，采用单一比例税率的国家和地区有：巴巴多斯、根西岛、泽西岛、智利、塞浦路斯、多米尼克、多米尼加、斐济、加纳、直布罗陀、意大利、肯尼亚、利比里亚、利比亚、塞内加尔、马耳他、巴布内亚新几内亚、巴拉圭、葡萄牙、圣卢西亚、圣文森特、坦桑尼亚、乌干达及沙特阿拉伯等。

（2）分项比例税率，即按保险项目分别规定不同的税率。目前采用这一税率形式的国家很多，大部分为发达国家。据统计，实行分项比例税率的国家和地区有：阿根廷、奥地利、玻利维亚、加拿大、哥斯达黎加、荷兰、法国、德国、冰岛、印度、牙买加、日本、黎巴嫩、墨西哥、荷兰、巴拿马、秘鲁、波多黎各、瑞典、瑞士、土耳其、美国、乌拉圭、赞比亚等。法国把保险项目分为疾病、老人年金、儿童福利、家庭补助、失业补贴、工薪保险与抚恤金等七项，规定的税率分别为5.45%、8.2%、9%、0.1%、4.08%、0.25%和2.76%。

（3）差别比例税率，即根据纳税人不同情况规定差别不同的税率。目前采用这一类型税率的国家主要有澳大利亚、比利时、科特迪瓦、新喀里多尼亚、挪威、委内瑞拉等。在比利时，差别比例税率是根据纳税人是从事体力劳动还是从事非体力劳动而定的；科特迪瓦则视纳税人是否为移民而定，移民雇员适用税率为16%，当地雇员税率适用10%。而新喀里多尼亚则根据就业的意外事故风险程度确定税率，低风险职业适用税率11%，中等风险职业适用16%，高风险职业税率适用13%；挪威的差别税率（仅指雇主缴纳的部分）则视雇员居住地区的差别而定，若雇员居住于开发区，则税率为13.7%、10.5%或3.7%不等[①]。澳大利亚税率一般为5%，而南威尔士和维克多利亚两地的税率则为6%。

（4）分档次比例税率，即按一定标准将纳税人分成若干档，每一档规定一个比例税率。例如，阿曼根据公司雇员人数将纳税人分为四档，雇员人数为

① 参见王乔、席卫群主编：《比较税制》，复旦大学出版社2004年版，第178页。

20—50 人的适用税率 2%，51—300 人的税率为 3%，301—1 000 人的税率为 5%，超过 1 000 人的税率为 6%。

2. 定额税率

定额税率即按应税工薪额的一定数量直接规定固定的税率。例如，英国规定，个人从事各项独立劳动的所得，按固定税额征收社会保障税。哥伦比亚规定，由雇主和雇员共同负担的社会保障税部分，按工薪收入的高低定额征收，低的每周 286 元，高的每周 1 612 元。

从总体上看，世界各国社会保障税税率水平往往与各国社会保障制度的覆盖面和受益人收益的多少相联系，社会保障税开征之始一般税率较低，随着保险项目的逐渐增加，税率也随之提高。目前，凡是保险收益多的国家，社会保障税的税率都比较高，欧洲福利国家社会保障税税率一般都在 30% 以上，许多西方发达国家社会保障税税率还随着物价指数的增长而经常调整。部分 OECD 国家社会保障税税率如表 5-3 所示。

表 5-3　部分 OECD 国家社会保障税税率(2006 年)

国家	税基	边际税率(%)		计税基础(本国货币单位)	
		雇主	雇员	最低限额	最高限额
奥地利	月收入总额	21.63	18.06	4 664	52 500
比利时	月收入总额	34.72	13.07	—	—
加拿大	年收入总额	2.62	1.87	0	3 500
		7.57	6.82	3 500	39 000
		4.95	4.95	39 000	42 100
捷克	月收入总额	35.00	12.50	—	—
丹麦	年收入总额		8.00		
芬兰	地方调整的收入	24.00	5.65	—	—
			1.33		
法国	年收入总额	41.05	13.6	0	31 068
		43.05	12.15	31 068	93 204
		29.85	3.25	93 204	124 272
		25.47	0.85	124 272	
德国	年收入总额	20.50	21.40	0	42 750
		13.00	13.00	42 750	63 000
希腊	月收入总额	28.06	16.00	—	5 077
匈牙利	年收入总额	29.00	8.50		
		3.00	5.00		
冰岛	年收入总额	5.79	—	900 732	

（续表）

国家	税基	边际税率（%）		计税基础（本国货币单位）	
		雇主	雇员	最低限额	最高限额
爱尔兰	年收入总额	8.50	4.00		
		10.75	6.00		
			2.00		
意大利	年收入总额	32.08	9.19	0	85 478
			10.19		
日本	月收入总额	7.321	7.321	0	620 000
		4.1	4.1	0	980 000
		1.15	0.80	0	—
韩国	年收入总额	9.220	7.190	—	—
卢森堡	年收入总额	15.78	13.05	0	4 400
			14.05	4 400	90 205
			1.00	90 205	—
墨西哥	月收入总额	6.62	1.25	0	4 293
		8.7	1.97	4 293	32 915
		6.95	1.345	32 915	35 778
		0	—	35 778	—
荷兰	年收入总额	7.86	5.20	0	15 138
		11.31	6.5	15 138	43 856
	中央应纳税所得	6.5	31.7	0	30 015
挪威	年收入总额	13.30	7.80		
波兰	年收入总额	20.43	16.26		
		4.17	18.71		
葡萄牙	月收入总额	23.75	11.00	—	—
斯洛伐克	月收入总额	13.75		6 900	49 649
		1.65	8.00	6 900	24 824
		10.00	1.4	6 900	47 475
		0.8	4.00	6 900	—
西班牙	年收入总额	30.60	6.35	7 574.4	34 772
瑞典	年收入总额	32.28	7.00	—	—
瑞士	年收入总额	11.20	11.20	0	106 800
		11.70	11.70	106 800	267 000
		10.05	10.05	267 000	—
土耳其	年收入总额	21.50	15.00		41 418
英国	月收入总额	12.8	11.00	97	645
			1.00	645	—
美国	年收入总额	13.85		0	7 000
		7.65	7.65	7 000	94 200
		1.45	1.45	94 200	—

（四）社会保障税的税目

由于世界各国社会保障的范围存在差异，因此各国社会保障制度的保险项目也有多有少。总的趋势是，社会保障开始之时，社会保障范围较窄，保险项目也较少，但随着社会经济发展水平的提高以及社会保障范围的扩大，保险项目也逐步增加。从各国社会保障税的实践看，纳入社会保障税的保险项目主要有养老保障、失业保险、医疗保险、伤残保险和遗属保险等五项。

1. 养老保险

养老保险是社会保险税中最重要的一项，它规定缴纳社会保障税的劳动者在达到标准退休年龄后，可以享受以社会保障税给付的退休金。许多国家对老年人享受社会保障税的养老保险还规定了其他资格条件，包括缴纳期限、受保期限以及在本国的最短居住时间等。

2. 失业保险

劳动者就业时缴纳社会保障税而在其非自愿失业时可以向政府申请失业救济，但未满规定缴纳期限或就业期限，以及自愿离职或因违反国家有关规定被解雇者不能享受失业保险的待遇。

3. 医疗保险

医疗保险也是社会保障税中的一个重要保险项目。因为国民的健康是社会经济发展的基本保障，因此，为了保证劳动者拥有良好的健康状况，各国往往把医疗保险作为重要保险项目纳入社会保障范围。一般来讲，医疗保险项目包括医生出诊、医院门诊、住院治疗、基本药品的提供、产前产后的医疗等。

4. 伤残保险

伤残保险是社会保险制度中为那些因公长期丧失劳动能力的人而设立的一个税目，纳税人或缴款人如果因公失去了劳动能力，则可向政府申请救济，得到保障。

5. 遗属保险

遗属保险是社会保险制度下，向已故受保人的遗属（妻子、丈夫、未成年子女及其生前赡养的父母等）提供的救济。

（五）税收负担与征收办法

多数国家的社会保障税税负都由雇主和雇员双方共同负担，雇主所缴纳的税款可以在公司所税税前列支，而雇员所缴税款则不能作为个人所得税的扣除项目。但有些国家可以采取税收抵免方式，如加拿大。社会保障税款一般实行由雇主进行源泉扣缴征收的办法，雇员应负担的税款，由雇主在支付工资薪金时负责扣缴，连同雇主本人应负担的税款一起向税务机关申报纳税，通常要求雇员向雇主提供社会保障卡。自雇职业者应纳税款则必须自行申报，一般同个人所得税一起缴纳。

（六）社会保障税的征收与管理

1. 社会保障税的征收机构

社会保障税的征收机构一般可有两种选择：一是由国家税务部门负责征收；二是由基金管理部门进行征收。

多数国家选择由税务机关负责征收社会保障税。比如，加拿大的国内收入局负责征收除魁北克（该省的社会保障税由省收入部自行征收）以外所有省的社会保障税；美国所有的联邦社会保障税均由国内收入局征收；瑞典的税务机关（包括中央级的税收委员会和地方各级税务机关）负责社会保障税的征收。这种把征收税款的权力集中于一个机构的办法，有利于减轻雇主的负担，避免一些重复性工作，有利于降低税收的征管成本，提高税收征管效率。

有些国家的社会保障税则由基金管理部门负责征收，如德国和俄罗斯。德国的社会保障税主要由大病基金部门负责征收，这种选择是历史原因造成的。德国的劳工及社会事务部，财政部以及医疗、养老金和失业保险机构之间存在着密切的合作关系和共享的数据库，各部门相互配合，彼此监督，因此在德国很少发生偷漏社会保障税的问题。雇主名称及雇佣合同必须在有关政府部门登记，以便作为个人总收入的确认依据及社会保障税减免的依据。由于所有社会保障税都由为在职人员提供医疗保险的组织征收，这使得雇员获取社会保障的资格同缴纳社会保险税紧密相连，更有助于保证所有雇主遵守缴纳税款的有关条款。

但是，这种征收办法可能会加大雇主的纳税成本，因为雇主需要同许多机构保持联系，比如，每月缴纳所得税时须同财政部联系，每月缴纳社会保障税时须同各大病基金联系，而且每年须向大病基金、联邦就业服务机构和其他相关机构汇报其雇员数量、雇员收入以及大病基金税额缴纳情况。俄罗斯的社会保障税由社会基金管理部门征收，全国约有 3/4 的社会基金自己征收社会保障基金。这种办法所产生的最大问题是由于各基金均独立征收税款，造成许多重复性工作，从而导致征收成本高，征收效率低，因而受到社会各界的批评。

2. 社会保障税的纳税期限

由于各国税收法规存在差异，因此社会保障税的纳税期限也不同。多数国家按月征收社会保障税。比如，瑞典规定雇主应按月为其全体雇员向税务机关缴纳社会保障税，税款应在次月的 10 日内缴清；德国规定所有雇主和自由职业者都要在每月 15 日之前，把上一月的社会保障税存在有关账户；俄罗斯的雇主按规定应按月向社会基金缴纳社会保障税。

有些国家的社会保障税的纳税期限视企业规模而定。比如，美国要求雇主将社会保障税定期直接汇入国内收入局，汇款期限因企业的规模不同而不同，大型企业每5—7天汇款一次，小企业每2个月汇款一次；与美国相类似，加拿大税法规定，代扣代缴总额不超过15 000加元的雇主按月申报，代扣代缴总额在15 000—50 000加元之间的，每半个月申报一次，总额更多的每周申报一次。

此外，对于自营职业者，各国税法都做了特殊规定。比如，美国规定，自营职业者应在缴纳所得税的同时缴纳社会保障税，每2个月预缴一次，每年年底申报所得税并进行汇算清缴；加拿大要求自营职业者按季缴纳社会保障税税款。

3. 社会保障税的管理与监督

（1）社会保障税的管理。各国社会保障基金管理体系大体分两种类型：一是通过各自的政府资金管理系统对社会保障基金进行财务管理；二是社会保障机构拥有自己的资金管理系统。第一种类型的典型国家是美国，美国征收的社会保障税收入先存放于全国各地商业银行的联邦财政部门的账户中，然后转入财政部在中央银行的主要经常账户中。所有的社会保障资金管理和投资活动均由财政部长统一控制和管理。此外，加拿大和瑞典的社会保障基金管理体系也属于这种类型。第二种类型的典型国家是德国。德国的各基金管理委员会负责管理所收取的税金，以及支付需要支付的福利费。俄罗斯也采用这种方式。实际上，各国社会保障基金的管理机构与其社会保障税的征收部门是相对应的。一般而言，由税务当局征收社会保障税的国家，其社会保障税的资金管理部门往往是该国的政府资金管理系统，如美国、瑞典和加拿大；由社会保障机构征收社会保障税的国家，其社会保障税的资金管理部门通常是该国的社会保障机构的资金管理系统，如德国和俄罗斯。这往往取决于各国社会保障机构的地位和作用。

此外，各国一般都将社会保障基金的留存部分用于投资，以使这部分社会保障税保值增值。比如，美国社会保障基金的留存部分可以用于国债投资，投资活动由财政部运作，并由不同的社会保障机构监督；加拿大和瑞典指定一个独立的委员会来管理这些积累下来的税款提留。该委员会可以投资私营企业的证券，但这种运作受国家政府监督。所有收入在转入社会保障委员会账户之前，必须经国家相关部门批准。

（2）社会保障税的监督。经过多年的实践，各国都形成了核定雇主缴纳社会保障税的准确性与诚信度的机制。在有些国家中，这种机制是通过税务机关与社会保障基金管理部门的配合来实现的。比如美国，雇主每3个月须向国内收入局提供一份报告，列明已上缴的税款总额及其在社会保障税和个人所得税间的分配状况。每年雇主还须向养老保障机构提供一份报告，列出其雇员的人数、收入及从每个人的收入中代扣代缴的税款。养老保险机构将这些报告和季度纳税申报表进行比较,以核定就业服务局汇报雇员的收入及年度社会保障税缴纳的数额。各基金管理部门将从大病基金获取的税金的数量与雇主的报告进行对比,以核定雇主纳税的准确性。在其他国家中,这种机制是单纯通过税务机关或社会保障基金管理部门来实现的。比如,瑞典的税务机关有权对任何纳税人的账目进行审计;在俄罗斯,雇主必须提交报告说明雇员工资及每个季度向各基金管理部门支付的税款。每个雇主向银行支付的款项,均被记录在基金管理部门的电脑系统里。社会保障基金管理部门通过比较银行款项与雇主提交的社会保障税清单上的数字,来核定雇主是否缴纳了正确的税额。

各国都依靠征收机构的内部审计和国家审计来保证税法的严格执行,并使社会保障税税款不被挪用。比如,加拿大收入局将纳税申报表所反映的年度养老金和失业金与按月申报的实际额对账,并对两账不符的雇主进行审计。加拿大收入局负责准备加拿大公共账户的账务报表,以及所有政府部门的账务报表,说明收入与支出,并接受审计总长的审计。审计总长负责起草《加拿大公共账户报告》,内容包括政府的财务报表,表达审计总长对报表的意见和看法。德国的大病基金、养老基金、长期医疗基金和联邦就业服务机构都拥有内部审计权,而该国的劳工及社会劳动事务部连同审计总署负责对整个社会保障体系和各项基金进行审计监督。美国财政部每天公布其中央银行主要账户的现金流入和流出量。美国养老保险和医疗保险机构的保险统计和管理人员会监控社会保障支出报告,以确保社会保障税的收入得到适当的运用。政府账户的现金流动情况,每年由美国政府聘请独立审计师或财政部的总检查员审计。这些审计在美国会计综合办公室的监督下进行,该办公室将监督结果汇报给国会。

第二节　发达国家的社会保障税制度

一、美国的联邦社会保障税

联邦社会保障税也称工薪税,是对工薪所得征收的一种专门用于社会保障支出的税种。美国于 1935 年开征社会保障税,是世界上最早通过税收形式筹集社会保障资金的国家之一。

最初,美国的整个社会保障分为两个系统:一是联邦和州的老年保险,二是联邦和州的失业保险。其中,老年保险在开始时只针对老年人,以后又陆续增加了遗属的抚恤、残疾保险和 65 岁以上老人的医疗保险,这些以老年、遗属、残疾、医疗保险制度为主体,满足老年、遗属、伤残保险以及健康保险项目需要的社会保险税统称为一般社会保障税。但是，在实践中，通常把老年、遗属和残疾保险划归一个税目，统一设计一个税率，由雇员和雇主各承担50%的税款；把医疗保险单独列为一个税目，规定一个税率，雇员和雇主各承担50%的税款。自营职业者缴纳的税款为雇员和雇主的合计数。失业保险是社会保障系统中一个相对独立的部分，同时，为失业保险筹资的社会保障税的税款也全部由雇主承担。另外，美国还有一套自成体系的铁路员工保障税，有独立的缴款和发放款项的办法。由此可见，美国的社会保障税不是一个单一的税种，而是将承保项目和承保对象结合起来而设计的社会保障税体系。

随着社会保障制度的发展，社会保障税在美国联邦税制中的地位越来越重要。目前，社会保障税已经成为美国联邦政府仅次于个人所得税的第二大税种。

随着社会保障制度的发展，社会保障税在联邦税制中占据着极为重要的地位。1965 年，美国社会保障税收入占税收收入总额的 13.3%，2005 年该比重提高到了 24.7%。社会保障税已经成为美国联邦政府仅次于个人所得税的第二大税种。

（一）纳税人

联邦社会保障税的纳税人为在美国境内发生雇佣关系、领取和发放工薪的雇员和雇主（无论其是否为美国公民或居民），以及作为美国公民或居民的自营职业者。

失业保险税的纳税人是在一个日历年度内任何一个季度支付了 1 500 美元的工薪，或者在一个日历年度内的任何 20 天雇了至少 1 名雇员的雇主。

（二）课税对象

社会保障税的课税对象为现金、福利或其他形式的工薪所得。工薪所得具体包括工资、薪金、奖金、津贴、假日薪金、小费、退职费、加班费、雇员的股票分红、佣金等。对于非现金形式的工薪，则要根据领取时的公平市场价格确定。对于附加福利，应税口径与个人所得税基本相同。对于个体企业主或合伙人，课税对象为净经营所得，即自营所得。

在实践中，对于应纳税工薪所得和应纳税自营所得，税法都规定了最高限额，也就是说，对纳税人的工薪所得超过限额以上的部分不征社会保障税。这一限额每年都要根据物价指数和其他因素进行调整。比如，2006 年，美国的老年、残疾和遗属保险税目的应纳税工薪所得和应纳税自营所得的最高限额皆为 94 200 美元，2007 年该限额为 97 500 美元，2008 年为 102 000 美元。

美国税法规定,纳税人领取的工伤补偿金、社会保障津贴①、符合规定的退休金,缴纳的州失业保险税等可以免缴个人所得税。

(三) 税目和税率

美国社会保障税可分为三个税目。其中,老年、残疾、遗属保险(OASDI)适用一个税率;医疗保险和失业保险分别适用单独的税率。近年来,美国社会保障税税率水平变化不大,但应纳税所得的最高限额每年都要进行调整(见表5-4)。

表5-4 美国联邦社会保障税税率(%)

社会保障税	2008	2009
老年、残疾、遗属保险税		
雇主与雇员	各6.2%,最高限额102 000美元	各6.2%,最高限额106 000美元
自营职业者	12.4%,最高限额102 000美元	12.4%,最高限额102 000美元
医疗保险税		
雇员与雇主	各承担全部收入的1.45%	各承担全部收入的1.45%
自营职业者	全部收入的2.9%	全部收入的2.9%
失业保险税		
雇主	6.2%	6.2%

注:自营职业者缴纳的社会保障税和医疗保险税可以从所得税中抵免。

资料来源:Internal Revenue Code, 26 U.S.C. § 1401—1403。

(四) 应纳税额的计算

1. 雇主或雇员社会保障税

对于雇主或雇员,社会保障税应纳税额计算方法如下:一般是计算出应纳税工薪总额后,乘以1.45%计算出医疗保障/险部分的应纳税额;最高限额以内的工薪乘以6.2%计算出OASDI的应纳税额;此外,雇主就其最高限额以内的应税工薪乘以6.2%计算出失业保险税。

2. 自营职业者的社会保障税

美国自营职业者社会保障税应纳税额的计算相对复杂一些,一般按以下步骤计算:(1) 按规定确定应纳税的净经营所得额。净自营所得额的计算公式为:应纳税净经营所得 = 汇总的各类经营所得 - 某项经营亏损 - 兼职工薪所得 - 经营费用 - 专门的扣除项目金额。(2) 净经营所得额乘以2.9%计算出医疗保险部分的应纳税额;最高限额以内的净经营所得乘以12.4%计算出OASDI部分的应纳税额。

(五) 税款的申报与缴纳

美国税法规定,雇主和自营职业者应自行申报缴纳社会保障税,雇员应缴

① 对于领取社会保障津贴超过一定水平的纳税人,其领取的社会保障津贴要缴纳所得税。

纳的社会保障税由雇主申报并代扣代缴。

不同类型的纳税人使用不同的申报表。在填写申报表时,雇主要填写自己和雇员的纳税人识别号码,自营职业者也要填写纳税人识别号码。除申报表外,雇主还要在至少4年的时间内保存好有关的申报资料。

联邦社会保障税一般按季申报,申报期限为季度终了后的一个月内。失业保险税按年申报,申报期限为会计年度终了后的第4个月的第15天之前。国税局根据纳税人应纳税额的大小确定雇主的纳税期限,分为按周纳税、按月纳税和按季按税几种情况。

二、英国的社会保障税

英国的社会保障税被称为"国民保险缴款"(national insurance contributions, NICs)。一方面,它与税收具有相同的性质,以收入额为课税对象;另一方面,这种缴款与其社会保障收益也存在一定联系,即缴款者都有资格享受利益。但在实践中,近年来这种联系逐渐削弱。2006年度英国的国民保障缴款为896亿英镑,占英国税收收入总额的19%,是仅次于所得税的第二大税种。英国国民保险缴款采取的是按照不同承保对象分类设置的模式。具体而言,英国国民保险缴款由四大类构成,见表5-5。

(一)第一类国民保险缴款

第一类国民保险缴款是指由雇员及雇主缴纳的部分,它是国民保险缴款中最大的一类。该类缴款主要由两部分构成,一是雇员缴款(主缴款);二是雇主缴款(次缴款)。对于雇员而言,只要年龄超过16周岁,并在享受国家养老金年龄(男性65周岁,女性60周岁)以内,同时收入超过所得起征点(Earnings Threshold,ET)即具有缴款义务。雇员国民保险缴款的计税依据是超过所得起征点的全部收入。自1975年以来,雇员国民保险缴款额的计算与雇员本人的收入额(包括雇员的养老金)密切相关,一般规定收入下限和收入上限,对于最高限额以下的部分,按比例税率缴款,超过最高限额部分,按较低税率缴款。对于雇主而言,只要其雇用的雇员年龄超过16周岁,就应对超过起征点部分的雇员收入按一定比例缴款。

在实践中,第一类国民保险缴款还包括两种情况:一是雇主向雇员提供汽车等实物福利的,雇主应按实物价值缴纳国民保险;二是雇主与雇员签订工薪代扣代缴协议的,按单独的税率缴款。

(二)第二类国民保险缴款

第二类国民保险缴款是由自营职业者缴纳的部分。其纳税人为16周岁以上、享受国家养老金的年龄以下的英国居民,这类缴款根据自营职业者每周的

表 5-5 国民保险缴款税率及宽免额

收入	2007—2008	2008—2009	2009—2010
第一类主缴款最低收入限额(英镑/周)	87	90	95
第一类主缴款最高收入限额(英镑/周)	670	770	844
主缴款起征点(英镑/周)	100	105	110
次缴款起征点(英镑/周)	100	105	110
雇员缴款率(起征点与最高限额之间)	11%	11%	11%
雇员缴款率(超过最高限额部分)	1%	1%	1%
雇员签约折扣	1.6%	1.6%	1.6%
已婚妇女低税率(起征点与最高限额之间)	4.85%	4.85%	4.85%
已婚妇女超过最高限额部分税率	1%	1%	1%
雇主缴款率	12.8%	12.8%	12.8%
雇主折扣率—工薪计划	3.7%	3.7%	3.7%
雇主折扣率—货币购买计划	1.4%	1.4%	1.4%
第二类缴款率(英镑/周)	2.20	2.30	2.40
第二类最低收入限额(英镑/年)	4 635	4 825	5 075
第二类渔民特别缴款率(英镑/周)	2.85	2.95	3.05
第二类自愿缴款工人(英镑/周)	4.35	4.50	4.75
第三类缴款率(英镑/周)	7.80	8.10	12.05
第四类最低利润限额(英镑/年)	5 225	5 435	5 715
第四类最高利润限额(英镑/年)	34 840	40 040	43 875
第四类缴款率(最低限额与最高限额部分)	8%	8%	8%
第四类缴款率(超过最高限额部分)	1%	1%	1%

资料来源:http://www.hmrc.gov.uk/nic/class4.htm。

收入按固定税额缴纳。但是,如果自营职业者的净利润低于最低收入限额,则可以不缴纳国民保险缴款。2007—2008 年,第二类国民保险缴款的最低收入限额为每年 4 635 英镑。

(三) 第三类国民保险缴款

第三类国民保险缴款主要是针对自愿参加社会保险的人员征收的社会保障税。这些自愿参加社会保险的人,包括没有正式工作但又想保持其领取保险金权利的人和前两类中想增加保险金权益的雇员和个体经营者,对他们实行定额税率。2007—2008 年度的税率为每周 7.8 英镑,2008—2009 年度的税率为每周 8.1 英镑,2009—2010 年度为每周 12.05 英镑。

(四) 第四类国民保险缴款

第四类国民保险缴款主要是针对自营职业者中利润超过最低限额部分的人征收的社会保障税。该类社会保险缴款与纳税人的利润有密切联系,一般根据年应纳税利润按照比例税率征收。

三、瑞典的社会保障税

瑞典是世界上高福利国家的典型代表，而这种高福利是以高税收为基础的，瑞典的税收收入占GDP的比重一直在45%以上。其中，社会保障税在税制体系中占重要地位，2005年，社会保障税收入占税收收入总额的比重为26.7%，占GDP的比重为13.5%。

瑞典也是世界上社会保障制度最健全的国家之一，其社会保障税采取的是根据不同的承保项目分别设置社会保障税的模式。自2007年开始，对领取失业津贴、疾病津贴、残疾津贴或社会救济金1年以上的人免征社会保障税。从2008年起，为了鼓励年轻人进入劳动力市场，对于雇用18岁至25岁雇员的雇主，减按21.31%的低税率征收社会保障税。这一规定也适用于自营职业者。

（一）纳税人

瑞典社会保障税的纳税人为雇主、雇员和自营职业者。其中，雇员的社会保障税由雇主代扣代缴。自营职业者的社会保障税则由其自行申报与缴纳。

（二）课税对象

社会保障税的课税对象包括在瑞典居住者的工资所得和长期居住在瑞典的外国人的劳动所得、经营所得，以及私人公司派驻外国不满1年的劳动所得。

政府雇员的工资所得，无须单独缴纳社会保障税，而是由各级政府统一将一部分钱交给社会保险局，数额基本上是按社会保障税的标准支付的。对于65岁以上雇佣人员的工资所得，因其属于退休金领取者，因此免征社会保障税。

（三）税率

瑞典社会保障税大部分由雇主缴纳。2008年，雇主总缴款率为32.42%；雇员按7%缴纳养老保险（最高限额以内），并可以全部从个人所得税中抵免。自营职业者总缴款率为30.71%，不设最高限额。具体参见表5-6。

在实践中，瑞典社会保障税是按不同用途分项确定一定比例提取的，具体包括养老保险、医疗保险、工伤保险、劳动保险、遗嘱保险、双亲保险、一般工薪税等税目。

表 5-6 瑞典社会保障税税率(2008 年)

	雇主(%)	雇员(%)	自营职业者(%)
总缴款率	32.42	7	30.71
其中:养老保险	10.21		10.21
医疗保险	7.71		7.93
工伤保险	0.68		0.68
劳动保险	2.43		0.50
遗嘱保险	1.70		1.70
双亲保险	2.20		2.20
一般工薪税	7.49		7.49

(四) 税款的申报与缴纳

雇员的社会保障税由雇主在发放工资时源泉扣缴,连同雇主本人应缴的社会保障税一并缴纳;自营职业者需自己上缴。税务局将纳税人上缴的税款存入各个基金账户,并交国家社会保险局管理,使用时由各个基金组织分配使用。如果有余额,可存入银行,也可以购买股票,或寻找其他投资途径,具体处理办法由基金组织决定。

第三节 发展中国家的社会保障税制度

与发达国家相比,发展中国家的社会保障税在税收体系中并不占十分重要的地位,一些低收入的发展中国家甚至尚未开征社会保障税,即使开征了社会保障税的国家,其税制也十分简单。在此,我们仅概要介绍三个发展中国家国家的社会保障税制度。

一、巴西的社会保障税

社会保障税是巴西的重要税种,1998 年联邦社会保障税占税收收入总额的比重为 30.3%。巴西社会保障税由雇主和雇员共同缴纳,计税依据为雇员月工资薪金收入,但月征税上限为 65.54 美元[①]。雇员按 7.65% 至 11% 的税率计税,由雇主代扣代缴。雇主适用的税率如下:公司为 15% 至 22.5%;家庭企业为 12%;自营职业者为 20%。

① 2002 年 1 月数据。参见国家税务总局税收科学研究所编译:《外国税制概览》,中国税务出版社 2004 年版。

二、阿根廷的社会保障税

阿根廷于1993年开始征收社会保障税,目的是为养老保险提供养老基金,该税迅速成为重要税种,2001年社会保障税收入占税收收入总额的15.1%。阿根廷社会保障税的征税依据为雇员的总报酬。对于年收入超过4 800万比索的主要从事商业和服务的企业,雇主的社会保障税税率为25%,其他企业适用税率为21%。其具体税率表见表5-7。

表5-7 阿根廷社会保障税税率表(2001年度)

项目	雇主缴纳(%)	雇员缴纳(%)
退休金	10.17或2.71	5或11
家庭补助基金	4.44或5.56	—
社会医疗	5	3
社会服务	1.39或1.73	3
总税率	21或25	11或17

2001年,阿根廷雇主和雇员缴纳社会保障税的最高限额为每月收入4 800比索,这一数额每年调整。

三、印度尼西亚的社会保障税

印度尼西亚的社会保障税分为职业事故保险、死亡保险、养老保险、健康保险等项目。职业事故保险税、死亡保险税、健康保险税全部由雇主缴纳,养老保险税由雇主和雇员共同缴纳。税基均为月工资,税款按月缴纳。各保险项目的税率如下:

(1) 职业事故保险税的税率从0.24%至1.74%不等,不同行业适用不同税率;

(2) 死亡保险税的税率为0.3%;

(3) 健康保险税的税率为两档:为已婚雇员缴纳的,税率为6%(最高限额为6万印尼盾);为单身雇员缴纳的,税率为3%(最高限额为每月3 000印尼盾);

(4) 养老保险税由雇主和雇员共同缴纳,雇主适用的税率为3.7%,雇员适用的税率为2%。

第四节　中东欧国家的社会保障税制度

一、俄罗斯的社会保障税

在经济转型过程中，为了克服社会保障资金支付的困难，俄罗斯于2000年实行了“统一社会税”(unified social tax, UST)，该税取代了原四项独立征收的社会基金，并在新《俄罗斯联邦税法》第24章中明确规定了具体内容，于2001年1月1日正式实施。

统一社会税是俄罗斯唯一具有专款专用性的税种，该税收入的一半用于基本养老保障，剩余部分主要用于社会保险和强制医疗保险。此外，该税具有明显的累退性。最初，该税的最高边际税率为35.6%，它适用于应纳税所得不超过100 000卢布的纳税人，而随着收入水平的提高，税率逐步降低，当应税收入超过600 000卢布时，税率仅为2%。

近年来，为了应对人口老龄化对社会保障带来的挑战，俄罗斯针对社会保障税提出了各种改革方案。2008年10月，俄罗斯联邦政府总理普京宣布，俄罗斯将取消统一社会税，取而代之的是费率为26%的养老保险费，从2010年1月1日起，社会保险费将完全取代统一社会税，加上医疗和社会保险基金缴费后，公民缴纳的总金额不会超过工资总额的34%。

(一) 纳税人

统一社会税的纳税人为雇主和私营企业主，雇员无须缴纳社会税。此外，雇主除向联邦政府缴纳统一社会税外，还须缴纳强制劳动养老费、工伤及职业病保险费，该费可从社会税中扣除。

(二) 课税对象

对于雇主而言，统一社会税的课税对象包括根据国家法律雇用自然人取得的各种形式的报酬，但不包括企业主的劳动报酬。对于私营企业主而言，课税对象是指企业主从事各种活动取得的收入。

在确定统一社会税税基时，允许进行必要的费用扣除，比如雇主支付的各种保险费、私营企业主在取得收入过程中发生的各种费用。

(三) 税率

根据纳税人的不同，俄罗斯统一社会税对雇主和私营企业主规定了具有明显累退性质的税率，见表5-8。

表 5-8　俄罗斯统一社会税税率

改革前			改革后(2005 年后)	
税基(卢布)	雇主(%)	私营企业主(%)	税基(卢布)	税率(%)
100 000 及以下	35.6	13.2	280 000 及以下	26
100 001—300 000	20	7.4	280 001—600 000	10
300 001—600 000	10	3.65	600 000 以上	2
600 000 以上	2	2		

(四) 税款的征收与缴纳

雇主缴纳的统一社会税实行按月预缴、年终汇算清缴办法。纳税人需填写纳税申报单,在每月末至下月 15 日之内预缴税款,年终纳税期结束 15 天之内补缴差额部分或返还多缴税款。

私营企业主可按下面两种方法确定其预缴税款:(1) 按以前纳税期所缴纳的税款预缴;(2) 对于在纳税年度开始后营业的企业主,可以在开业后一个月内在个人所得税申报表中填报其应纳税额。

二、匈牙利的社会保障税

社会保障税是匈牙利的重要税种,从 1998 年 1 月 1 日开始,匈牙利实行了新的养老、医疗保障制度。2000 年,社会保障税收入占税收收入总额的比重为 27.2%。匈牙利的社会保障税由雇员和雇主共同缴纳。雇主应按照支付给雇员的个人报酬的 29% 缴纳(包括养老保险和医疗保险);失业保险按照总工薪支出的 3% 缴纳。此外,雇主还要缴纳一定的“医疗税”。公司税纳税人还应当按照全部工资支出的 1.5% 缴纳培训基金税。

雇员按照工薪收入的 11% 缴纳,其中 8% 为养老保险,且有上限规定(2002 年养老保险税的最高额为 2 386 850 福林);3% 为医疗保险,没有上限规定。养老保险税的 25% 可以抵免个人所得税。此外,雇员还应当就其工薪收入的 1.5% 缴纳失业保险(没有上限规定)。雇员的应缴税款每月由雇主代扣代缴。

三、罗马尼亚的社会保障税

罗马尼亚的社会保障税起步较晚,但发展较快。从 2001 年 4 月 1 日起,雇主和雇员都必须按规定缴纳各种属于社会保障税性质的基金或佣金,但雇主和雇员缴纳的种类和比例有所不同。

雇主必须缴纳的各种社会保障税包括:(1) 社会保障基金,根据雇员纳税期毛薪金的 23.33%(有最高限额,2002 年为 558.2 万列伊)缴纳;(2) 健康基金,按雇员毛薪金的 7%(没有最高限额)缴纳;(3) 失业基金,按雇员毛薪金的

5%(没有最高限额)缴纳;(4) 团结基金,按雇员毛薪金的2%(没有最高限额)缴纳;(5) 支付给劳动工会的佣金,按雇员毛薪金的0.75%、0.25%缴纳。另外,在规定期限内,或者在规定期限之后的三个工作日内缴纳社会保障税的雇主和雇佣额外雇员的雇主,可以享受7%到16%的优惠,即少缴纳7%至16%的社会保障税。

雇员必须缴纳的各种社会保障税包括:(1) 社会保障基金。按雇员毛薪金的11.67%(有最高限额,2002年为558.2万列伊)缴纳;(2) 健康基金。按雇员毛薪金的7%(没有最高限额)缴纳;(3) 失业基金。按雇员毛薪金的1%(没有最高限额)缴纳;雇员还需根据有关规定缴纳薪金税。

有工作许可证、且在劳工办公室登记了劳工合同的、在罗马尼亚境内工作的外国公民也被视为罗马尼亚雇员,不管他们是否被认定为罗马尼亚居民,他们都有缴纳罗马尼亚社会保障税的义务。从2002年3月1日起,有关失业基金的新法开始生效。根据该法,按照当地雇佣合同,在罗马尼亚境内提供服务的外国公民也要向失业基金缴款。非罗马尼亚居民,且不是被在罗马尼亚设有常设机构的雇主雇用的外国公民,无须缴纳罗马尼亚的社会保障税,也无须向罗马尼亚税务机关提供自己在别国已缴纳社会保障税的证明。

第五节 比较与借鉴

一、社会保障税的国际发展趋势

社会保障税始于19世纪初普鲁士铁血宰相俾斯麦建立的社会保障制度,但真正得到发展却是在第二次世界大战之后,20世纪80年代以来,随着经济全球化进程的推进,社会保障制度发展更加迅速。据悉,目前全世界建立社会保障制度的国家已有170多个。

从发达国家看,根据OECD的统计报告(见表5-1和表5-2),社会保障税占税收收入总额的非加权平均比重从1965年的17.6%上升到2005年的25.6%,是税制体系中增长速度最快的税种。2004年,OECD成员国个人所得税占税收收入总额比重平均为24.6%,而社会保障税占税收收入总额的比重为26%,社会保障税的地位首次超过了个人所得税。从两种税占GDP的比重看,个人所得税占GDP的平均比重从1965年的7%提高到2005年的9.2%,而社会保障税占GDP的平均比重从1965年的4.6%上升到2005年的9.2%,增幅大大超过个人所得税。在OECD成员国中,欧洲国家的社会保障税(缴款)所占比重一般高于美洲国家和亚太国家。2005年,欧洲国家社会保障税占税收收入总额的平均比重为28.5%，高于OECD成员国非加权平均比重，而美洲国家和亚太国家的平均比重分别为18.4%和14.4%，低于OECD成员国非加权平均比重。

从发展中国家社会保障税收入在税收总收入中的地位来看，第一，发展中国家各国社会保障税收入占税收收入的比重不均衡。拉美国家社会保障税收入占税收收入总量的比例相对比较高，而亚洲、非洲一些发展中国家的社会保障税收入占税收收入总量的比例较低。第二，亚洲、非洲和欧洲的发展中国家的社会保障税收入占税收收入的比重在逐步上升，特别是一些亚洲国家，这一比例上升的速度很快。第三，发展中国家社会保障税收入平均水平与发达国家的平均水平比较而言，要低得多。这说明，发展中国家社会保障的覆盖面总体上讲还比较窄，内容比较简单，社会保障税的税率相对较低，社会保障支出在政府财政预算中的比例也较小，社会保障功能还不是很完善，这些都是由发展中国家经济发展水平和现行经济政策决定的。

从未来发展趋势看，随着世界各国社会保障制度的健全和完善，社会保障税具有极大的发展潜力。

二、世界各国社会保障税的国际经验

（一）世界各国社会保障资金筹资方式的选择

目前世界各国社会保障资金筹资方式有三种：一是征收社会保障税，即政府通过税收形式筹集社会保障资金，直接构成政府的财政收入，并通过专门的社会保障预算进行管理。英国、美国等国主要采取这种模式。二是收取社会保险费，即通过雇主和雇员缴费的形式筹集社会保障资金，不直接构成政府的财政收入，但由政府专门部门进行管理和运营。德国、法国等国主要采取这种模式。三是强制储蓄，即将雇主为雇员缴纳的保障资金及雇员按规定缴纳的保障基金，都统一存入个人专门的社会保障账户，本金及相应利息收入均归个人所有，政府通常只保留少部分的税收调节权。新加坡是实行这种模式的典型国家。

通过对上述三种筹资模式的比较可以清楚地看到三者的不同之处：

第一，社会保障水平不同。一般来说，实行缴税制的国家通常强调政府只为公民提供最基本的生活保障；实行缴费制的国家政府承担的社会保障水平相对高一些；实行强制储蓄制的国家以个人自我保障为主，保障水平与个人账户积累程度直接相关。

第二，缴费和管理程序不同。征收社会保障税的国家，保险项目及其税率设置一般较为简单、明了，社会保障由政府部门直接管理，部门分工明确，管理比较集中；而实行缴费制的国家，保险项目设置比较复杂，每一项目都有相对独立的一套缴费办法,社会保障管理多由社会承担,制度复杂,管理分散;实行强制储蓄制的国家,保险项目按账户设置,一目了然,基金的收、付、管理由政府高度集中开展,但账户运作比较复杂,难度较大。

第三,保险缴税(费)水平不同。美国和英国社会保障税税率的综合水平都在20%左右,而法国和德国的社会保险费率都在40%以上,新加坡的公积金缴纳比例也高达40%,可见,实行缴费制和强制储蓄制的国家的缴费率要远远高于实行缴税制的国家的社会保障税税率。

权衡三者,社会保障税的征收与管理依据严密的法律规定,具有强制性,适用范围广泛,可以在全社会范围内实施;社会保障统筹缴款所依据的是部门性、地方性的法规,法律层次较低,约束力不高,而且管理分散,不利于社会保障基金的征收与管理;采取强制储蓄形式,虽然考虑了收入与支出的对应关系,利益机制明显,但对账户管理的要求很高,只适用于人口少、地区发展水平差别不大的国家,在经济发展不景气或企业经营亏损时难以保证社会保障基金的筹措。

(二)社会保障税的设置模式

1. 项目型社会保障税模式

这种模式按照社会保险的不同承保项目分项设置社会保障税。这种模式以德国、瑞典最为典型,因此,有些学者也称其为"德国瑞典模式"。法国、比利时、荷兰、奥地利等国也采取这种模式。

项目型社会保障税模式的主要优点在于:一是将社会保障税的征收与社会保障的承保项目建立起对应关系,专款专用,返还性明显;二是可以根据不同项目支出数额的变化来调整税率,哪个项目对财力的需求大,哪个项目的税率就适当提高。但是,这种模式的缺点也十分明显,主要表现为各个项目之间财力调剂余地较小。

2. 对象型社会保障税模式

这种模式按照社会保障的承保对象分类设置社会保障税。英国是采取这种模式的典型国家,因此,也有学者把这种根据承保对象设置社会保障税的模式称为"英国模式"。

对象型社会保障税模式的主要优点在于可以针对不同就业人员或非就业人员的特点,制定不同的税率,便于执行。如对收入较难核实的自营者同和自愿投保人制定定额税率,征管方便。同时,由于设置了免征额,减轻了低收入者的负担,因此英国模式的社会保障税的累退性较弱。其主要缺点在于:英国模式的社会保障税与承保项目没有明确挂钩,社会保险税的返还性未能得到具体的体现。

3. 混合型社会保障税模式

这种模式同时按照承保对象和承保项目设置社会保障税。美国是采用这一模式的典型国家,因此,混合型社会保障税也通常被称为"美国模式"。美国社会保障税并非一个单一税种的结构,而是由针对大多数承保对象、覆盖大部分承保项目的一般社会保险税(工薪税),针对失业这一特定承保项目的失业保险税,以及针对特定部分承保对象而设置的铁路员工退职税等所组成的税收体系。

混合型社会保障税模式的主要优点是:具有较强的针对性,可在满足一般社会保障需要的基础上,针对某一保障项目或某一特定行业建立重点的社会保障,还可保证特定的承保项目在保障费收支上自成体系,具有内在的灵活性。但是,美国模式的社会保障税也存在一定的缺点,即统一性差,管理不够便利,返还性的表现不够具体。此外,美国社会保障税规定了最高限额,使得高收入阶层的工薪所得很大一部分无须纳税,因此具有一定的累退性,有背于税收公平目标的实现。

三、中国的社会保障制度与社会保障税

中国现行社会保障的筹资方式是缴费制。但社会保障筹资方式是采取缴费制还是缴税制的问题,一直是理论界探讨的热点之一。20 世纪 90 年代,国内理论界对社会保障税以及中国开征社会保障税的可行性等问题曾经进行过热烈讨论。20 世纪 90 年代后期,社会统筹和个人账户相结合的部分积累制基本养老保险制度陷入财务收支困境,于是社会保障的"税费之争"在 2000 年前后又达到白热化程度。虽然国务院在 2000 年底出台的"辽宁试点"等改革决策中没有采纳主税派的主张,但是迄今为止理论界仍存在缴税制与缴费制两种不同观点,是否征收社会保障税的问题仍未有明确答案。

(一) 缴税制的理论依据

许多主张开征社会保障税的学者(胡鞍钢,2001;贾康等,2001)主要从收入分配、制度统一性、社会伦理和管理便利性等角度列举了其理由,提出应对社会保障统筹部分实行"费改税",具体包括:

(1) 可以与国际接轨,许多国外发达国家中大多数都是税,不是费,费改税是国际改革的大趋势。

(2) 费改税可以提高征缴率,提升征缴的权威性,增强征缴的强制性,从而加大征收力度,减少逃费的现象。

(3) 可以降低成本,尤其是地税系统遍布全国,业务熟练, 队伍整齐划一,费改税之后,全部由其负责征收,利用现有的机构可大幅降低征缴成本。

(4) 可以解决当前双重征税的一些矛盾。目前我国有16个省份的单项或多项社会保险费由税务机关征收，基本格局是社会保障经办机构与地税系统各占半壁江山，于是，在程序存在很多不顺的地方，例如，由社会保障经办机构管审核，地税管征收，社会保障机构复审等，这个过程中会产生如核准的统计口径的问题、票据的传递时滞问题、复审差错的纠正问题等，存在一些相互推诿的现象，降低了效率，差错率比较高。

(5) 费改税可以建立税务机关征收、财政部门管理、社会保障部门支出的管理体制，三位一体，相互制约，相互监督，这种"三管齐下"的格局可以加强社会保障资金的安全性，有效防止挪用挤占和腐败现象。

(6) 符合全国范围费改税的大趋势。实行社会保障"费改税"，一方面可以把社会保障纳入财政管理轨道，为财政直接管理社会保障提供充分的理由，彻底打破长期以来社会保障管理中政事不分、收支管一体化、监督乏力的格局；另一方面，可以将社会保障预算纳入财政预算管理，为提高社会保障效果打下坚实基础。社会保障预算的收入来源主体是社会保障税(直接征缴入库)，对应的支出项目是各项社会保险支出。通过建立社会保障预算，可以全面反映政府社会保障事业收支状况，强化政府对社会保障资金的管理。

(二) 缴费制的理论依据

有些学者(郑秉文，2007)通过对税与费的基本理论进行分析，认为在中国目前社会发展条件和社会保障制度框架下不应该实行费改税：

(1) 费改税将切断缴费与待遇之间的联系。是实行缴费制还是实行缴税制，主要应看当前社会保障制度供款与未来待遇之间是否存在紧密联系。如果我们的制度设计需要这种联系，强调个人和企业的缴费激励，那就应该选择缴费制；反之，就应该选择缴税制。中国目前建立社会保障制度的一个基本原则应是强化缴费与待遇之间的联系，这个原则不能动摇。否则，费改税就等于在理论上将国家承担社会保障的无限责任予以理论化了，实践中就等于将社会保障责任完全推给了国家。

(2) 费改税不符合目前的制度环境要求。我国实行的是社会统筹和个人账户相结合的制度，从理论上讲社会统筹部分可改成税，但个人账户部分则不宜改为税。但如果将社会保障缴款如此一分为二，这个制度就变得人为复杂起来，超出了目前基金运行和公众理解所承受的限度，使制度"弹性"不足，流于"僵化"，因为税收的刚性要比缴费的刚性大，未来改革的空间将非常狭小。

(3) 费改税不符合当前社会经济发展水平。费改税将涉及纳税人的定义和税率的设定等许多问题，但在目前的经济社会发展水平下，农民年均纯收入水平偏低，连农业税都免了，当然就更没有能力成为社会保障税纳税人；此外，在社会保障门槛较高,农民工、失地农民甚至城镇非正规部门就业人员都很难被覆盖的现实中,如果将费改成税,那在相当长一段时期内将把绝大部分就业人口排除在纳税人资格之外。就是说,目前的经济发展水平与社会保障制度门槛设计之间的差距,在费改税之后就会在残酷的现实与税收本质所要求的普享型制度之间人为地造成一个巨大的心理落差,在实践中就会造成人为地"社会排斥",将农民"合理合法"地拒之门外,这与构建和谐社会的目标是背道而驰的。

(4) 费改税不一定会提高征缴力度及征缴的权威性。征收力度的大小不在于缴款的性质是费还是税,法国的社会保障缴款就是费,征缴机构是由一个私人立法地位的自治机构即"社会保险费与家庭补助金联合征收机构"代缴的,征缴力度照样很大;其他国家的实践也证明,在实行缴税制和缴费制前后没有什么明显的变化,或者说,根本就没有减弱其征缴的力度。征缴力度的大小,征缴率的高低,其关键因素之一在于制度的设计是否合理,是否科学,是否符合经济社会发展现状。

本章小结

1. 社会保障税是随着社会保障制度的发展,为筹集社会保障支出资金而开征的一种税或缴款。社会保障税最早产生于美国,第二次世界大战后得到迅速发展。目前,社会保障税已经成为世界各国税制体系中的重要组成部分。

2. 各国在社会保障税制的设计方面虽各具特色,但也存在共同之处,包括:(1) 纳税人一般为雇员和雇主;(2) 征税对象一般是职工的工资、薪金收入和自营者纯收益;(3) 税率多为比例税率,同时也存在全额累进税率、全额累退税率、超额累退税率和定额税率等;(4) 纳入社会保障税保险项目的一般为医疗保险、老年保险、失业保险、伤残保险、遗属保险等;(5) 社会保障税的征收机构一般分为两种,一是国家税务机关,二是基金管理部门。

3. 社会保障税根据承保对象和承保项目分类设置的方式的不同,可分为三种模式,其中,德国、瑞典等欧洲国家实行的项目型社会保障税模式,英国实行的是对象型社会保障税模式,美国实行的是混合型社会保障税模式,每种模式都具有其自身的特色。

本章重要术语

社会保障税　项目型社会保障税模式　混合型社会保障税模式

工薪税　对象型社会保障税模式

复习思考题

1. 与其他税种相比,社会保障税有哪些特征?

2. 世界各国在社会保障税的制度设计方面包括哪些内容?

3. 世界各国社会保障税的发展趋势如何?

4. 从实践上看,项目型社会保障税模式、对象型社会保障税模式、混合型社会保障税模式各有哪些特点?

5. 结合实际情况探讨中国社会保障制度的筹资模式。

推荐阅读文献

1. 萧明同:《世界各国社会保障税的现状与发展趋势》,《涉外税务》,2001年第1期。

2. 马国强、古成:《社会保障税:国际比较与借鉴》,《上海财税》,2002年第1期。

3. 郑秉文:《从国际趋势看我国不宜实行社会保障费改税》,《宏观经济研究》,2007年第3期。

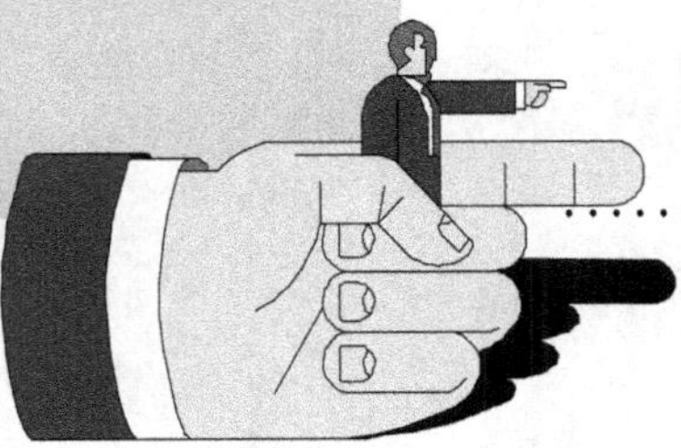

第六章

外国增值税制

学习目标

通过本章的学习,学生应掌握以下内容:

- 增值税产生的背景与发展趋势
- 增值税课税制度的内容
- 发达国家的增值税制度
- 发展中国家的增值税制度
- 中东欧国家的增值税制度
- 增值税制度的国际经验与改革趋势

第一节　增值税制概述

增值税(value added tax, VAT),也称商品劳务税(goods and services tax, GST),它是以商品或劳务的增值额为课税对象所征收的税。所谓增值额是指企业商品销售额或经营收入额扣除规定的非增值项目(相当于物化劳务的价值)后的余额。

一、增值税的产生与发展

在理论上,世界上最早提出增值税概念的是美国耶鲁大学的亚当斯(T. Adams)。他在1917年发表的《营业税》一文中提出,从会计上看,营业毛利就是工资、租金、利息和利润的总和,也就是计算国民所得时价值增加的那一部分,对营业毛利课税比对利润课税好得多。他的这一看法实际上就是主张所谓增值税的观点。1921年,德国的西蒙斯(G. F. V. Siemens)在《改进的周转税》一文中正式提出增值税的名称,并详细阐述了这一税制的内容,但没有引起各方的重视。1940年,美国最有影响的营业税学者史图登斯基(P. Studenski)首先指出增值税是一种中性税,是理想的营业税,但由于种种原因,美国一直没能实行增值税。

世界增值税制度最早产生于20世纪50年代的法国,其产生的基础是当时旧的流转税制度。法国的流转税实施于1920年,当时流转税仅限于对每个商品交易环节课征1%的销售税。这种多环节重复征税对商品生产和流通极其不利,不仅扭曲了商业竞争,而且由此造成生产与流通的过度集中。为此,法国政府后来以6%的单一生产税取代了1%的多重销售税,即仅在产品进入销售环节时才课税。这种单一生产税虽然克服了重复征税的问题,但却没有能够解决日益严重的逃税问题。1948年,法国又一次进行了税制改革,允许制造商将生产过程中对中间投入物的支出予以扣除后,再对产成品价值课税。这次改革为增值税的产生创造了基本条件,确定了增值税的基本形式。

从1948年开始,法国以生产税为主的流转税制基本上克服了多重销售税重复课税的弊病,表现为企业产品在进入市场出售前,无论经过多少交易环节,对其各个交易环节上发生的增加价值进行课税的总税金,不会超过按该产品的最后销售价格乘以一固定比率计算出来的数额。但是,法国当时的这种工业部门流转税,在允许纳税人从应缴税款中扣除其对中间投入物的已纳税款的规定中并未包括资本性投入物的应缴税款,直到1954年法国政府才在原有规定的基础上,进一步把扣除范围扩大到企业购入的固定资产的已纳税款,同时将“生产税”更名为“增值税”。此时,增值税仅在工业部门实行,而在其他诸如商业、交通、服务等部门还广泛实行着各种特殊的流转税。到1968年,法国政府逐步在各行业、部门广泛推行增值税以取代其他流转税,并将增值税环节进一步延伸到零售环节,同时,还设置了多种形式的减免措施,最终形成了一套世界上最早、最完善的增值税课税制度。

增值税在法国的成功实施,使之形成了有利于专业分工协作和参与国际竞争的税收环境,促进了战后法国经济的发展。

在法国的影响下,欧盟其他国家都先后实行了增值税。欧盟委员会还发布了许多指令,对增值税做出了基本规定,促进了增值税的规范化和在欧盟内部的一体化。欧盟税制改革的实践证明,增值税优于原来的周转税,因此各国为了促进经济发展,纷纷引进增值税来代替传统的全值流转税。

近半个世纪以来,增值税是税制体系中发展速度最快的税种。20世纪60年代末,世界开征增值税的国家不足10个,目前已经有超过140个国家和地区开征了增值税,在OECD的30个成员国中,除美国以外,其余29个成员国都开征了增值税,增值税收入占税收收入总额的比重接近1/5(见表6-1)。增值税之所以能在较短的时间内得到快速发展,其根本原因在于增值税具有道道课税但税不重征等其他商品税所不具备的优点,从而能保证税收的公平合理,而且该税税基广泛,能够保证财政收入的稳定增长,因而受到世界各国的普遍欢迎。增值税已经成为世界商品课税制度改革的方向。

表6-1　OECD成员国增值税占税收收入总额的比重(%)

	1965	1970	1975	1980	1985	1990	1995	2000	2005	2006
澳大利亚	—	—	—	—	—	—	—	11.1	13.0	12.8
奥地利	—	—	19.6	20.1	21.0	20.8	18.6	18.5	18.6	18.4
比利时	—	11.1	16.3	17.0	15.8	16.5	15.3	16.2	15.9	16.4
加拿大	—	—	—	—	—	6.9	8.4	9.3	10.1	9.2
捷克	—	—	—	—	—	—	16.7	18.3	19.2	17.9
丹麦	—	18.6	17.3	22.3	20.2	18.3	19.3	19.3	19.7	20.6
芬兰	15.5	19.0	15.6	17.3	18.3	19.3	17.4	17.4	19.6	19.9
法国	20.1	25.5	23.1	20.9	19.7	18.4	17.1	16.5	16.6	16.3
德国	—	17.1	14.6	16.6	15.8	16.6	17.4	16.4	18.0	17.8
希腊	—	—	—	—	—	24.6	22.0	21.2	21.6	22.7
匈牙利	—	—	—	—	—	—	17.8	22.4	22.6	20.4
冰岛	—	—	—	—	—	28.4	29.9	28.5	27.3	27.2
爱尔兰	—	—	14.7	14.8	20.6	20.6	21.2	23.1	25.1	24.7
意大利	—	—	13.7	15.6	14.5	14.7	13.8	15.4	14.6	14.9

（续表）

	1965	1970	1975	1980	1985	1990	1995	2000	2005	2006
日本	—	—	—	—	—	4.4	5.4	9.1	9.5	9.2
韩国	—	—	—	22.0	21.1	19.7	18.9	17.0	17.5	16.8
卢森堡	—	10.6	12.1	10.5	11.1	11.8	12.2	13.3	15.8	15.6
墨西哥	—	—	—	15.6	15.9	20.8	16.9	18.7	19.1	20.2
荷兰	—	14.6	14.4	15.8	16.2	16.5	15.6	17.4	19.5	18.6
新西兰	—	—	—	—	—	22.4	22.8	24.9	23.8	24.4
挪威	—	23.8	20.5	18.2	18.2	18.8	21.2	19.7	18.1	18.1
波兰	—	—	—	—	—	—	17.0	22.0	23.4	24.2
葡萄牙	—	—	—	—	—	19.6	22.5	23.4	25.1	24.8
斯洛伐克	—	—	—	—	—	—	—	20.5	25.0	25.4
西班牙	—	—	—	—	—	15.7	15.8	17.5	17.6	17.4
瑞典	—	10.3	12.0	13.4	14.0	14.9	19.4	16.9	18.3	18.5
瑞士	—	—	—	—	—	—	8.6	13.1	13.4	13.2
土耳其	—	—	—	—	22.3	18.3	24.3	24.2	21.8	22.2
英国	—	—	8.9	14.7	15.9	16.9	19.0	18.1	18.6	18.1
OECD 欧洲	19.3	15.9	15.2	16.6	17.3	18.3	18.1	19.2	19.9	19.8
OECD 美洲	—	—	—	15.6	15.9	13.9	12.7	14.0	14.6	14.7
OECD 亚太	—	—	—	22.0	21.1	15.5	15.7	15.5	16.0	15.8
OECD 平均	19.3	16.7	15.6	17.0	17.5	17.6	17.6	18.3	18.9	18.8

资料来源：Consumption tax trends, OECD 2008。

二、增值税的类型

从理论上讲，以增值额为课税对象的增值税要求纳税人在计征税时，对生产应税产品或提供应税劳务所耗用的固定资产、原材料、燃料、动力、包装物、低值易耗品中所含的税金都准予以扣除。然而，在实践中，由于各国国情不同，在计征增值税时，各国除了对外购流动资产及低值易耗品所含税金允许全部扣除外，对固定资产所含税金则存在不同的做法。据此，增值税可以分为生产型增值税、收入型增值税和消费型增值税三种类型。

（一）生产型增值税

生产型增值税以销售收入减去原材料、辅助材料、燃料、动力等投入的中间性产品的价值即法定非增值性项目后的余额为课税增值额。其计税基数按照国民生产总值的口径计算，即每一流转环节、每一厂商，都以其商品与劳务的销售收入额减去其用于生产的购入中间性产品及劳务支出的数额作为增值额，相当于工资、租金、利息、利润和折旧之和。厂房、机器、设备等资本品的折旧额不予减除。从国民经济总体来看，由于这种计税基数相当于国民生产总值（GNP），故称之为生产型增值税。

生产型增值税的税基较广，因此，即使税率不高也能获得所需的财政收入。如果采用单一的比例税率，那么经济繁荣时增值额就会增大，税收自然成比例增长，可以有效防止经济过热；反之，经济萧条时国民生产总值减少，税收也会成比例减少，可以暂时增加居民手中可支配的可用于投资和消费货币资金，从而防止衰退。因此，这种类型的增值税具有一定的自动稳定功能。然而，由于这种类型增值税的税基中包含折旧因素，因而在一定程度上仍存在重复征税，而且资本有机构成越高，重复征税现象越严重，从而不利于鼓励投资，促进经济增长。正是由于这一局限性，目前世界实行生产型增值税的国家极少，仅有巴基斯坦、塔吉克、土库曼、巴西、多米尼加和海地等国。

（二）收入型增值税

收入型增值税以销售收入减除原材料、辅助材料、燃料、动力等投入生产的中间性产品的价值和资本品折旧后的余额为课税增值额，其计税基数是按照国民收入的口径计算的，即每一流转环节、每一厂商，都以其商品与劳务的销售收入额减去其用于生产的购入中间性产品和劳务的支出以及资本品的折旧的数额作为增值额，相当于工资、租金、利息和利润之和。从国民经济总体来看，由于这种计税基数相当于国民收入部分，故称之为收入型增值税。

收入型增值税对财政收入、经济稳定和经济增长的影响介于生产型增值税和消费型增值税之间，其影响程度取决于折旧政策和税率。从理论上说，收入型增值税的税基与增值额的概念范围一致，是标准的增值税。但是，由于固定资产价值的损耗与转移是分期分批进行的，而其价值转移不能获得任何凭证，这种类型不容易采用规范的发票扣税法，因此实行收入型增值税的国家较少。目前，世界采用这种类型增值税的国家主要有阿根廷、摩洛哥及部分中东欧国家。

（三）消费型增值税

消费型增值税以销售收入减除投入生产的中间性产品的价值和同期购入的固定资产全部价值后的余额为课税增值额，其计税基数是在生产型增值税课税基数的基础上再扣除同期购入的资本品价值。从国民经济的整体来看，这种计税基数只包括全部消费品的价值，不包括原材料、固定资产等一切资本品的价值，故称之为消费型增值税。

这种类型增值税允许将新投资直接从税基中扣除，就社会整体而言，投资扣除后，只对社会总消费征税，有利于鼓励投资，促进资本形成和经济增长。

综合来看，这三种类型增值税的主要区别表现在两方面：第一，三者的税基大小不同。生产型增值税的税基最大,收入型增值税次之,消费型增值税最小。因此,从取得收入的角度看,在税率相同的条件下,生产型增值税取得的收入最多,收入型增值税次之,消费型增值税最少。而从鼓励投资的角度看,消费型增值税的效果最优,收入型增值税次之,生产型增值税最差。第二,三者对于购入资本性固定资产在计算增值额时是否扣除以及如何扣除的处理原则不同。生产型增值税不予扣除,收入型增值税按使用年限分期扣除,消费型增值税则实行当期一次扣除。

从世界各国增值税的实践看,大多数国家普遍采用的是收入型增值税和消费型增值税,而采用生产型增值税的国家极少。

三、增值税的实施范围

增值税的征收范围可从两方面考察。一是从国民经济的各个生产部门看,增值税的课税范围一般包括采矿业、制造业、建筑业、能源交通业、商业以及劳动服务业等行业,有些国家也包括农林牧业。二是从商品的原材料采购、产制、批发和零售等流转环节看,增值税和一般销售税一样,一般实行多环节课税,即在商品和劳务的流转过程中,每经过一个流转环节,就课征一次税。因此,增值税的征税范围几乎包括了从原材料采购、产制、批发到零售以至进口的所有环节。有的国家甚至还将课征范围从产制环节向后延伸到农产品的销售环节。如欧洲共同体各国实行的增值税,其课税范围就包括农产品销售、工业制造、批发、零售和服务等多个环节。

如果不考虑世界各国增值税在对待农业或农民纳税人政策上的差别,仅从增值税征税范围这个角度看,增值税大体可以概括为制造业增值税、零售前增值税和全面型增值税①三种。

(一)制造业增值税

在这种情况下,增值税的征税范围仅覆盖全部制造业、工程承包行业和进口行业。制造业全面实行增值税,基本上解决了传统流转税对企业组织形态的扭曲,提高了经济效率,有利于财政收入的稳定增长。但是,由于这种类型的增值税将批发和零售排除在增值税体系之外,覆盖范围较窄,使得与增值税制度相配套的统一发票制度难以建立,增值税的抵扣要依据账簿记录,增值税纳税人之间交叉审计的自动控制机制不能真正形成。在这种情况下,增值税的优越性不能很好地发挥,因此,这种类型的增值税不属于规范的增值税。目前,世界上只有少数发展中国家如塞内加尔、科特迪瓦、哥伦比亚和蒙古等采用此种类

① 参见杨春梅主编:《比较税制》,中国税务出版社1999年版,第117页。

型的增值税。

(二) 零售前增值税

在这种情况下,增值税的征税范围包括制造业、批发业和进口行业,但不包括零售业。实际上,零售前增值税仍不是规范的增值税,同样存在制造业增值税所具有的缺点,只是在程度上有所减轻。不过,在一些经济相对落后、税务管理水平低、同时尚不具备条件实行全面型增值税的国家,可以通过逐步扩大增值税的征税范围,从制造业增值税扩大到零售前增值税,再积累经验,最终实现全面型增值税,这种过程是十分有价值的。法国的增值税最初就是一种零售前增值税,在经过15年的实践取得经验后才转而实行全面型增值税。一般来讲,零售前增值税适用于那些零售业主要由众多没有实行正规簿记制度的小企业主经营的国家。

(三) 全面型增值税

在这种情况下,增值税的征税范围覆盖农业、工业、批发业、零售业、服务业等所有交易领域。增值税成为普遍调节的税种,在获得财政收入的同时,对经济活动的影响是中性的,全面克服了传统流转税对经济的扭曲效应。增值税的普遍推行,为实施凭发票进行投入品税收抵扣制度创造了条件,有利于增值税交叉审计、控制偷漏税机制的形成,使增值税税制简便、保证收入、影响中性的优点得以充分发挥。但是,全面型增值税也需要较高的客观环境,比如经济发达,生产的社会化、商品化、市场化程度较高等,一些经济发展水平相对较低的发展中国家还难以达到这样的要求,因此只能选择非全面型增值税。即使在经济发展程度较高的发达国家,在增值税的实践中,也还会遇到许多的现实问题,如对金融企业征收增值税的问题、对农民和小企业主的征税问题、在电子商务环境下如何征税问题等。

四、增值税的制度设计

(一) 增值税的纳税人

1. 一般规定

增值税的纳税人是指各国税法上规定的直接负有缴纳增值税义务的单位和个人。由于世界各国国情不同,增值税的征税范围不一,纳税义务人的范围定义也有很大差别,归纳起来,可以分两大类型。

(1) 以企业主为基础确定增值税的纳税人。欧盟各国和其他一些发达国家增值税的征税范围很广,涉及所有的交易领域,因此其增值税的纳税人为所有销售商品和提供劳务的企业主,以及从事进口活动者。在许多发达国家,除政府通过税法特案规定免征增值税的交易项目外,企业主从事任何销售商品和提供劳务的活动，都要缴纳增值税。至于从事进口活动，不论是企业主还是非企业主个人，除非有特殊规定，都有就进口行为缴纳增值税的义务。

对于企业主的界定，欧洲各国在税法上的基本解释为，企业主是指在任何地方独立地从事经济活动的人，不管那种活动的目的和结果是什么，也不论是主业还是副业，都构成增值税意义上的企业主。这里所说的经济活动，包括生产者、商人、提供服务的人的全部活动，也包括采矿和农业活动及职业活动。此外，以营利为目的对有形和无形财富继续开发的行为，也被视为经济活动。参与上述交易的所有人员，可以是个人、团体、法人、法人联合经营机构，以及其他任何经济实体，也可以是未定性的实体，但基本前提必须是独立经营。

（2）列举与课税对象相结合确定增值税的纳税人。在增值税课税范围较窄、未能全面实施增值税的国家，由于增值税的课税未能涉及全部交易领域，因而只能通过列举与征税对象范围相结合的定义方法，以那些从事列举的征收增值税的交易活动和劳务活动的当事人为纳税人。采用这种方式的国家有阿根廷、乌拉圭、智利、科特迪瓦、摩洛哥等发展中国家。

采取这种方式确定纳税人，在实际征收过程中，往往会出现增值税业务与非增值税业务交叉的情况，即同一个企业既是增值税纳税人，又是非增值税纳税人，这会给增值税专用发票的使用带来一定的困难，既复杂又不规范。

2. 特殊规定

（1）对小企业主①纳税义务的规定。无论是发达国家还是发展中国家，都存在为数众多的小企业主。小企业主的特点是其数量较多，但营业额不大，很少有详细的记录凭证，大量使用现金，并从事自供活动，因此，对它们按程序征收增值税往往会导致征税成本过高，税率效率下降的情况。各国在对小规模纳税人征税时，通常根据本国国情采取不同的课税方式。从各国的实践看，对小企业主的税务处理主要有四种办法。

第一种办法，对流转额低于某一数量的潜在纳税人实行免税。这是欧盟各国的普遍做法。一些拉美国家如哥斯达黎加、洪都拉斯、尼加拉瓜、巴拿马等国也采取这种办法。德国税法曾规定，小企业主的全部营业额包括应分摊的增值税在内，如果上一年度不超过 2 万马克，并且当年估计不超过 10 万马克，则该小企业主的营业额免征增值税，小企业主也可以放弃免税而选择缴税。如果选择缴税可享有减征权利，减征额随营业额的增加而按比例减少。当年营业额不超过 20 500 马克时，减征率为 80%，以后营业额每增加 500 马克，减征率减少 1%，依此类推。当营业额超过 60 000 马克时则不再减征。

① 小企业主是指小规模纳税人。

这种办法的主要优点在于,减轻了税务部门的管理负担,主要缺点是,较大的企业会产生一种被歧视的感觉,这种感觉会影响企业自觉纳税的积极性,并有通过各种筹划低报营业额的可能性。同时,小企业主如果享受免税条款,就失去了抵扣增值税和要求取得记载详细信息的发票的权利。因此,为了解决这些问题,有此国家规定对小企业主免税的同时,允许小企业放弃免税待遇,如德国、丹麦、希腊、葡萄牙、卢森堡、土耳其等国。

第二种办法,使用多档税率对某些小企业给予税收优惠。比如,韩国1983年的增值税税制对小企业(特殊纳税人)并没有采取免税的办法,而是以特殊税率征税。这种特殊税率的实际负担相当于普通纳税人的1/3到2/3,根据不同行业而异,餐饮业和建筑行业可得到更多的优惠。

这种办法的优点是简便易行,能使小企业得到更多的优惠,有利于降低征税成本。但缺点在于会使税收收入减少,如果小企业数量过多,税收损失的数额会相当大。

第三种办法,对免税小企业的进货按高于正常的税率征税。比利时最早采取这种方法,以后西班牙、土耳其和阿根廷等国也纷纷仿效。所有一般企业(不包括小企业)都必须进行增值税的登记,但小企业如果满足一定的条件(比如属于某特定行业、流转额低于某一水平以及其他一些条件),可以得到一个特殊的识别号,并可选择按"平衡税"缴纳税款。根据这一制度,为小企业提供货物的供货商必须向小企业收取一笔相当于对它销售货物应征收的税金(比利时称之为"平衡税")的款项,并将这笔税款上缴国库。非登记小企业的唯一义务就是将采购发票保存好,如果在税务部门检查时不能出示发票,小企业则必须对其库存货物再次纳税。按这种办法纳税的小企业,可对它们购买某些货物所支付的增值税予以退税。

这种办法的优点在于既避免了税款的降低,又减少了小型零售商直接纳税的麻烦,在技术上有一定的可操作性。但是,这种办法的缺点在于,适用范围有限,仅适用于食品、书、报纸、五金工具和某些衣服织物的零售商,因为它们的加价幅度一般比较趋同和公开。另外,将税收征管的任务交给供应商,特别是那些与小商人打交道的供应商,容易加大供应商的额外成本,引起供应商的不满。因此,许多实行这种办法的国家纷纷放弃了这种做法。

第四种办法,估定征收。这种办法是税务部门对小企业主的销售额实行估算征税的一种简化征收制度。对销售额的估算一般都以上一年的销售业绩为基础,结合普遍影响商业活动的因素,以及该商品的特殊情况,做出适当调整。采用这种办法的有阿根廷、智利、马达加斯加、墨西哥等国。

采用这种办法的效率取决于税务部门定期检查的频度和深度,要求大量工作人员参与并进行严格的控制,往往需要耗费较多的人力资源。因此,这种办法容易引起较高的征税成本,导致征收效率降低。

在实践中,征收增值税的国家在对小企业的处理上,往往并非只采用一种办法,而是根据情况采用不同的处理方法。比如,比利时既对小企业销售货物免税,又同时对其供应厂商征收平衡税,而且还允许小企业实行一次总付税的简化征收办法。葡萄牙把小企业分为一般小企业和小零售商(小商贩),分别适用简化征税方案和免税方案。无论采取哪种方法,都应该在取得的税收收入与花费的征税成本之间进行充分权衡,以降低征税成本,提高征收效率为基本要求。

(2) 对政府及所属机构纳税义务的规定。政府在行使其职能的过程中,往往需要提供相应的商品和劳务,这说明政府实际上参与了经济活动。对政府的经济行为是否征税,各国出于不同考虑采取了不同的做法。总体上看,在增值税实施范围较广的国家,主要有两种做法。

第一种做法,根据政府经济活动的性质予以不同的处理。希腊、比利时、丹麦、荷兰、意大利等广泛实行增值税的国家,对政府的经济活动区别不同情况,分别决定是否征收增值税。

① 政府从事执行其职能的经济活动时,不被视为纳税人。上述国家规定,政府在从事其职能范围内的商品转让与劳务提供等活动,以及相应地取得应收款、费用或捐献时,不被看做纳税人,只有当政府从事与政府职能无关的活动时,才被看做纳税人。

② 政府从事商业性质的活动时,被视为纳税人。上述国家政府经济实体从事具有商业性质或与农业、林业有关的业务时,被视为增值税的纳税人。一些国家主要从公平竞争的角度,将经常从事销售、提供劳务等经济活动的政府所属机构视为增值税纳税人。

在实践中,对于政府及其所属机构所从事的活动,哪些应当纳税,哪些不需要纳税,在具体界定上,许多国家都在税法中直接做出了范围限定,或采取列举的方法加以明确规定。[①] 这既可以保证确定纳税人时的规范性,也体现了政府活动的特性。

第二种做法,将政府及其所属机构一律视为非纳税人。在广泛实行增值税的国家中,有少数国家如爱尔兰,明确规定政府及其所属机构都不是纳税人,因而它们所提供的商品和劳务都没有缴纳增值税的义务。在增值税实施范围不广泛的国家,政府及其所属机构实际上大多未被纳入增值税纳税人的范围。这

① 参见杨春梅主编:《比较税制》,中国税务出版社 1999 年版,第 122 页。

种做法，有可能会影响增值税的规范性，会给增值税的征收管理带来一定的难度。

(3) 对农民增值税纳税义务的规定。对农民是否应该征收增值税以及如何征税是征收增值税的国家普遍面临的一个特殊问题。农民的买卖交易比较特殊，一方面，大多数农民进行的交易都采用现金形式，基本不建账，即使建账也不健全，普遍没有销售记录。特别是在发展中国家，农民的生产和销售状况较差，文化层次较低，耕作方法十分原始。另一方面，农民生产和销售的产品往往种类繁多，其适用的增值税税率可能不一样，此外，他们的生产投入物可能来自市场上不同的渠道，也有可能适用不同税率。因此，如果按一般程序对农民征收增值税将十分困难，征税成本也会很高。对此，多数国家对农民和渔民缴纳增值税都采取了特殊的方法，使其无须进行增值税纳税申报，从而简化征收管理。但也有些国家把农民与其他商人同等对待，如智利、新西兰、丹麦、瑞士和英国等。总体来看，各国为解决对农民征收增值税的问题，采取了以下几种办法。

① 加价补偿法。这是欧盟国家普遍采取的一种方法。欧盟第六号指令规定，当农民按正常税率或小规模交易额纳税有困难时，可使用按加价补偿方式纳税。农民既不用进行增值税纳税登记，也不用开具销售发票，他们可以把在购买农业投入物时所支付的增值税税款通过在销售农产品时向消费者收取一个加价比例得到补偿。这个加价比例是统一的，适用于所有农民，该加价可以作为农产品购买者的进项增值税，从销项增值税中抵扣。在这种制度下，农民一般不需要再履行纳税义务了。农民在销售农产品过程中不需要开具发票，由购买者自己开具，其中，一联自己保存，另一联送交销货的农民保存。发票上列明净货价、加价补偿金额以及总价款。

这种方法的优点是简化了农民缴纳增值税的难题，但也带来一些其他问题。比如，采取统一的加价补偿率不能对所有的农民都做到精确的补偿，因为增值税税负往往会因不同的农业项目及不同的地区而存在差异，这样，实行统一的加价补偿办法难以真正实现税收的公平。同时，由于加价补偿率本身并不是增值税税率，但可以作为农产品购买者的进项增值税予以抵扣，这容易造成概念上的混乱。因此，鉴于这种方法存在的问题，许多欧盟国家纷纷放弃了加价补偿法，而采取其他方法。

② 免税法。大多数拉美国家把农民的销售排除在纳税范围之外，或对首次销售的未加工农产品免税。但是，智利规定农民也要进行纳税登记，且不对任何农产品免税。

③ 特别税率法。有些国家对农业企业征收增值税，但有各种特殊规定，不

仅另行设定了特别税率,而且在记账方法、申报期等方面也做了特别规定。采用这种办法的国家有挪威、土耳其、卢森堡、德国等。卢森堡税法规定,农业和林业企业在其经营范围内所发生的商品和劳务均适用特殊规定,这一特殊规定不仅对这类企业的全部正常业务都有效,而且使之不必执行税务部门关于纳税登记、按期申报、开具发票、保存适当账簿等要求。其税法明确列举了特别税率的适用范围:3%的税率适用于正常情况下农业产品的销售;6%的税率适用于正常情况下农业开发产品的销售。与农业、林业适用上述税率征收增值税的规定相适应,卢森堡还规定,所有涉及上述低税率业务的进项税额,均以相同的税率征收。因此,此类进项增值税只按3%或6%计算抵扣。买方纳税人不管是否收到发票,都可以全额抵减支付给农业和林业生产的增值税。

由于农业的复杂性,对农民征收增值税的国家往往同时采用两至三种方法,以适用农业的各种具体情况。同时,各国税法通常还允许农业纳税人选择于自己有利的缴税方式。比如,奥地利、卢森堡、荷兰、爱尔兰、意大利和法国等都明确规定,纳税人可以放弃特殊待遇而选择按一般方式缴纳增值税。

(二) 增值税税率的选择

在增值税的实践中,世界各国增值税的税率档次多少不一,有的国家实行单一税率,有的国家实行若干档税率。总体上看,多数国家增值税的税率档次在1—5档之间。同时,各国在增值税税率的设计方面,还都在不同范围内规定了零税率。

1. 增值税税率的类型

从世界各国增值税的实践看,增值税税率主要分为单一税率和复式税率两种类型。

(1) 单一税率,就是指增值税只有一个比例税率,不管征税对象是什么,也无论在哪个环节纳税,一律按此税率征税。目前,实行单一税率的国家主要有丹麦、厄瓜多尔、智利、巴拿马、危地马拉等国。实行单一税率的最大优点是计算简便,征管效率高,缺点是对所有商品包括奢侈品和必需品都同等对待,可能会导致税负不公平。

(2) 复式税率,就是指增值税税率由两个以上税率构成,一般包括基本税率、高税率和低税率。

① 基本税率,也称标准税率。这种税率体现了增值税的基本课征水平,适用于一般商品和劳务。受各国的经济状况、税收政策、收入水平和历史上税负水平的影响,不同国家的基本税率也有一定的差异。表6-2显示了OECD国家增值税税率的基本情况。

表 6-2　OECD 成员国增值税税率

国家	实施时间	标准税率(%)			低税率(%)	国内产品零税率①
		1990	2000	2007		
澳大利亚	2000	—	10.0	10.0	—	是
奥地利	1973	20.0	20.0	20.0	10.0, 12.0	否
比利时	1971	19.0	21.0	21.0	6.0,12.0	是
加拿大	1991	7.0	7.0	6.0	—	是
捷克	1993	—	22.0	19.0	5.0	否
丹麦	1967	22.0	25.0	25.0	—	是
芬兰	1994	—	22.0	22.0	8.0,17.0	是
法国	1968	18.6	20.6	19.6	2.0,5.5	否
德国	1968	14.0	16.0	19.0	7.0	否
希腊	1987	18.0	18.0	19.0	4.0,8.0	否
匈牙利	1988	25.0	25.0	20.0	5.0,15.0	否
冰岛	1989	22.0	24.5	24.5	14.0	是
爱尔兰	1972	23.0	21.0	21.0	4.8,13.5	是
意大利	1973	19.0	20.0	20.0	4.0,10.0	是
日本	1989	3.0	5.0	5.0	—	否
韩国	1977	10.0	10.0	10.0	—	是
卢森堡	1970	12.0	15.0	15.0	3.0,6.0	否
墨西哥	1980	10.0	15.0	15.0	—	是
荷兰	1969	18.5	17.5	19.0	6.0	否
新西兰	1986	12.5	12.5	12.5	—	是
挪威	1970	20.0	23.0	25.0	7.0,11.0	是
波兰	1993	—	22.0	22.0	7.0,3.0	是
葡萄牙	1986	17.0	17.0	21.0	5.0,12.0	否
斯洛伐克	1993	—	23.0	19.0	—	否
西班牙	1986	12.0	16.0	16.0	4.0,7.0	否
瑞典	1969	23.46	25.0	25.0	6.0,12.0	是
瑞士	1995	—	7.5	7.6	2.4,3.6	是
土耳其	1985	10.0	17.0	18.0	1.0,8.0	否
英国	1973	15.0	17.5	17.5	5.0	是
平均		16.5	17.8	17.7		

注:① 国内产品零税率,是指对国内销售某些产品实行零税率,如食品、药品等,不包括出口产品。

资料来源:OECD,Consumption Tax Trends, 2008。

② 低税率。它体现了增值税的优惠照顾政策,一般适用于税法中单独列举的属于生活必需品范围的商品和劳务。

③ 高税率。这种税率的主要目的是对某些奢侈品或有害于健康的商品采取寓禁于征的办法限制消费。高税率的设计还有利于调节收入差距,使收入水平高的奢侈品购买者多纳税,这与低税率相配合,符合调节收入分配、实现税收

公平目标的设计思想。

此外,增值税还有一个特殊的税率,即零税率,一般各国对出口商品和劳务实行零税率。有些国家也把它的适用范围扩大到国内某些生活必需品。

2. 增值税免税与零税率的比较

(1) 免税。增值税的免税是指对企业主从事某些特定的生产经营活动所获得的销售收入或报酬,以及对某些进口货物不征增值税,同时,该企业主为生产经营免税项目而购进的商品、劳务的已纳增值税也不准予抵扣。也就是说,免税是指企业或进口商品的任何人既不用缴纳本阶段的增值税,也不能抵扣进项税额的一种安排。

之所以设计免税的规定,主要是出于三点考虑,一是某些商品和劳务是应该予以支持和鼓励的,应该获得免税;二是免税项目能起到弥补增值税累退性的作用;三是有些商品和劳务征税困难,从管理的角度看应对其免税。目前,各国增值税法都明确列举了对商品和劳务的免税项目。

从实质上看,由于享受增值税免税待遇的同时,不能抵扣进项税款,因此,这种免税只是名义的,实际上纳税人还是要承担税负。特别是,如果享受免税待遇者出售的货物被作为投入物进入下一个阶段产品的生产,那么,享受免税待遇者的产品投入物所负担的税款就会变成其产品价格的一部分,并成为新产品的生产成本。即使用该免税产品生产的产品完全是增值税系统的一部分,生产者也无法要求对其投入物予以免税,这就意味着有一部分增值额被重复征税。免税项目和免税企业越多,上面所提到的增值额被重复征税的可能性就越大。同时,免税还容易使税基受到侵蚀。因此,在增值税体系中,免税项目应尽量减少,同时应尽量避免中间环节的免税措施。

(2) 零税率。增值税的零税率是指提供的商品和劳务不再含增值税,也就是说,对企业主免征增值税并且允许抵扣进项税额。世界上第一个使用零税率的国家是荷兰。在欧盟国家普遍对出口免税的情况下,荷兰却对出口实行零税率征税,并允许扣除所有投入物的税金。零税率是增值税的一大特色,它一般针对出口商品或劳务实行,其目的是为了鼓励出口,扩大对外贸易。如爱尔兰和英国为了减轻农业的增值税负担,对食品行业实行零税率,彻底免除了增值税负担。然而,欧盟却反对其成员国使用零税率,认为零税率只能作为一种过渡性措施,最终将被废除。

(三) 增值税的计税依据

在各国税法中,增值税的计税依据为纳税人销售货物和提供劳务所取得的全部价款和各种费用,具体包括:商品和劳务的销售额或营业额、关税和各种税额(其他主要流转税,如消费税)、各种收费(如代理商佣金、包装费、运输费、保险费或其他收费)、取得的追加款等。但是,在某些特殊情况下,商品销售和劳务提供的计税依据要做特殊处理。这里仅列举几种情况。①

1. 视同销售行为

视同销售一般包括纳税人自我供应和私人使用两种情况。各国税法一般都明确规定,商品的自我供应应该征税。如果是货物,则计税依据是同样货物的市场购买价格;如果无可比市场价,则按组成计税价格确定。如果是劳务,则计税依据是使用此项劳务而发生的有关费用总额。由于自我供应劳务难以把握,因此多数国家对自我供应劳务不征税。但也有些国家比照第三者提供劳务时应有的价格征税,如比利时、西班牙、葡萄牙、爱尔兰、丹麦等国家。

2. 折扣的税务处理

一般来讲,折扣主要有三种形式,即无条件折扣、即时支付的折扣和有条件的折扣。典型的无条件折扣是当商品甩卖时,只要购买商品就给予折扣,折扣在买卖成交时就做出。对此,大多数国家以折扣价作为计税依据。

即时支付的折扣一般是指商人为了鼓励顾客能在28天之内付款,从而提供的某种程度的折扣。由于折扣也是购货时给予的,因此如果顾客接受的话,大多数国家一般以折扣价作为计税依据,如果未被接受,则以全价作为计税依据。

有条件的折扣是指对顾客提供折扣后还附加一定的要求,比如,顾客要得到折价优惠就必须继续购买一定数量的商品等。在这种情况下,多数国家的计税依据是全价,如果顾客确实继续购买了一定数量的商品而获得折扣优惠,则可以通过签发通知单来调整其原来的税负。

3. 以旧换新的税务处理

以旧换新是市场条件下的一种典型的促销方式。各国对此类交易的税务处理各异,大致有三种处理方式。

一是按全部报酬征税。如果购买新商品时,价款一部分用现金支付,一部分用旧商品折价支付,则以全部价款作为计税依据。英国、法国、比利时、丹麦、葡萄牙、挪威、意大利等国采用这种办法。

二是按差额征税。在这种交易下,折价的旧商品价值不构成增值税的计税依据,而仅以新商品销价与旧商品折价的差额作为计税依据。爱尔兰、荷兰等国采取这一办法。

三是视同两笔交易。即把提供旧商品和换取新商品看做是两笔交易,分别按新商品价款和旧商品折价确定计税依据。德国采取这种办法。

---

① 参见王桥、席卫群主编:《比较税制》,复旦大学出版社2004年版,第71页。

4. 旧商品的税务处理

对于旧商品的税务处理各国不同,大体有三种情况。

一是按全部销售额征税,以销售价为计税依据。丹麦等国采取这种办法。

二是按购销差价征税。比利时采取该方法,规定除海、陆、空运输工具的转卖外,经常从非企业主手中购进二手商品用于再出售的企业主,经财政部许可,可以按进价和售价的差额作为计税依据。

三是规定特别税率。荷兰税法规定,非免税企业出售旧商品一般要缴增值税,但拍卖古董、艺术品、铸币和邮票按低税率6%征税。

有些国家还同时采取其中两种方法,如英国、丹麦、葡萄牙、比利时等国。

(四) 增值税的计税方法和税款抵扣制度

1. 增值税的计税方法

世界各国增值税的计税方法主要有三种:

(1) 税基列举法,也称"加法",就是把构成商品和劳务增值额的各个项目如工资薪金、租金、利息、利润等直接相加从而得到增值额,然后用增值额乘以税率,计算出应纳税额。用公式表示为:

增值额 = 本期发生的工资薪金 + 利息 + 租金 + 利润 + 其他增值项目

增值税实际应纳税额 = 增值额 × 适用税率

(2) 税基相减法,也称"减法",即从一定期间内的商品和劳务销售收入中减去同期应扣除的项目从而得到增值额,然后将增值额乘以税率,计算出应纳税额。用公式表示为:

增值额 = 本期应税销售收入额 － 规定扣除的非增值额

增值税实际应纳税额 = 增值额 × 适用税率

(3) 税额扣减法,也称"扣税法",即先以厂商一定期间内的商品和劳务销售收入额乘以税率,计算出至本环节为止的累计税额,然后再从中减去同期各项外购项目的已纳税额,从而得出应纳税额。计算公式为:

增值税实际应纳税额 = 当期应税销售收入额 × 适用税率 － 当期进项税额

以上三种方法的计算结果在税率相同的条件下是相同的,但在实践中,多数发达国家都采用第三种方法,即税额扣减法。

2. 增值税税款的抵扣制度

由于各国增值税的计算主要采取税额扣减法,因此,这里的关键问题就是在确定当期进项税额时,是根据账簿记录确定还是根据发票注明的税款确定。多数国家采取的是根据发票注明的税款进行抵扣的方法,即发票法,也有少数国家采用按账计征的方法,即账簿法。两种方法各有利弊。

(1) 发票法。所有欧盟国家都采取发票法进行税款抵扣的制度。发票法的主要优点在于：

第一，计算简便。采用发票法，纳税人只要将发票上的销项税额减去进货发票上的进项税额就可以计算出应纳税额。整个抵扣税额的计算依据购货发票，不涉及扣税项目的认定和数据汇集等问题。

第二，会形成纳税人之间自动勾稽效应。购货者在购买应税货物或劳务时，必须向对方索取税务发票，根据发票上注明的增值税税额计算进项税额，否则已纳税款不能扣除。因此，发票法在很大程度上使纳税人之间互相监督、连锁牵制，形成自动勾稽、自动监督的机制。

当然，凭发票注明的税款进行抵扣的办法虽然简便，但只有在采取全面消费型增值税，实行单一税率（或税率档次少），同时运用计算机进行交叉管理的情况下才能较好地发挥作用。否则，纳税人将采取各种方式偷税漏税，从而影响增值税的实施效果。因此，实行增值税比较成功的国家都采取各种措施防止纳税人的偷税漏税行为，特别是对发票进行严格的规定和管理，以降低征管成本，确保增值税的有效实施。

（2）账簿法。账簿法就是指增值税的计算以账簿记录为依据，可抵扣的进项税额和销项税额的多少不与发票直接挂钩，发票只是作为记账的原始凭证，纳税人不可能通过伪造假发票骗取抵扣款或多得退税，税务机关也容易通过账簿记录的审计，监控纳税人的行为。一般来讲，当一个国家发票管理制度和法制不健全时，采取账簿法更合适。

但是，账簿法也存在一定的缺点。一是计算复杂。由于进项税额的有关数据需要从有关账户、报表中汇集，因此容易发生计算错误和引起纳税人与税务人员之间的争执，特别是在一国实行多档次税率、免税项目较多而征税范围又较窄的情况下，工作量相当大，征税成本过高。二是难以形成纳税人之间的自动监督机制，偷税漏税现象严重。三是对那些没有财务会计制度或财务会计制度不健全的纳税人而言，无法有效地实行账簿法。

五、增值税与其他商品劳务税的配合模式

增值税是一个中性税种，其主要功能在于保证财政收入，它具有普遍调节的特点，但是，增值税本身在实现政府的某些特定社会政策目标方面的作用十分有限。因此，在实行增值税的国家中，为了弥补增值税在发挥特殊调节作用方面的不足，许多国家在开征增值税的同时，还开征了消费税等其他辅助性的间接税种，使其与增值税相配合，从而形成税收的财政职能和调节职能都能得到较好发挥的流转税体系。从各国的实践来看，增值税与其他商品劳务税的配合模式主要有三种。

(一) 交叉征收模式

这种模式是指在对商品或劳务普遍征收增值税的基础上,再选择一部分商品或劳务征收消费税或货物税。其中,增值税起普遍调节作用,目的是保持经济中性和取得财政收入;选择性商品或劳务税则主要体现社会政策和经济政策,起特殊调节作用。增值税与其他商品劳务税交叉征收,增值税和其他商品劳务税在计算应纳税额时一般采用相同的税源,相同的计税依据、纳税环节。交叉征收模式是实行增值税国家普遍采用的增值税与其他商品劳务税相配合的模式,比如,法国、爱尔兰、意大利、卢森堡、荷兰、西班牙、比利时、丹麦、阿根廷、巴西、新西兰、韩国等。

(二) 并行征收模式

这种模式是指实行增值税的国家只对一部分商品和劳务征收增值税,对另一部分商品或劳务征收其他税。对征收增值税的商品和劳务不再征收其他商品劳务税;对征收其他商品劳务税的商品和劳务也不再征增值税,互不交叉,税不重征。从理论上讲,增值税是对一切商品和劳务普遍征收的税,但在实践中,由于条件的限制,对某些商品或劳务征税存在一定的难度。因此,在对某些商品或劳务暂时不能或不宜征收增值税的情况下,有些国家便选择对大部分商品和劳务征收增值税,而对另一些商品或劳务征收其他商品劳务税。通过这种配合,实现对所有商品和劳务的普遍调节。采用这种模式的国家主要有德国、希腊等,比如,德国对征收不动产转让税、赌博税、保险税的品目不再征收增值税。

(三) 限定模式

在这种模式,如果对某些商品或劳务既征收增值税,又同时征收其他商品劳务税时,则其商品劳务税可以限定为一个固定数额。目前,世界上只有少数国家采取这种模式。比如,意大利规定,对不动产的转让按8%的税率征收注册税,对乡村土地的转让按15%的税率征收注册税,但如果这类交易同时还要缴纳增值税,则注册税的征税额一律限额为5万里拉。

在实践中,各国增值税与其他商品劳务税之间的配合通常是这三种模式并存。比如,德国和比利时等国都同时采用交叉征收模式和并行征收模式,意大利同时采取交叉征收模式和限定模式。

第二节　发达国家的增值税制度

一、法国的增值税

法国实行的是一种全面型增值税。从社会产业部门来看,法国增值税涉及农业、工业、商业、交通业、服务业等所有产业部门;从流通环节来看,法国增值税的影响范围包括从原材料及设备购进、半成品投入等各生产环节,一直延伸到产成品的批发和零售环节。法国的增值税制度被称为世界各国增值税制度的典范。

(一) 纳税人

1. 一般纳税人的规定

增值税纳税人是指任何独立从事经济活动的单位和个人,而无论其行为所要达到的目或可能导致的后果为何。所谓独立从事任何经济活动的单位和个人,是指任何独立从事经济活动的制造商、批发商以及劳务提供者,以及不经常从事类似活动的单位和个人,包括采矿业业主和农业生产者。

2. 特殊纳税人的规定

法国税法中规定的特殊纳税人主要包括:

(1) 具有增值税选择权的纳税人。具有增值税选择权的纳税人是指具有增值税选择权的个人、法人及其他组织,包括从事自由职业的个人(比如作家、作曲家、运动员、律师等),从事指定交易的银行或其他金融交易机构(如股票经纪公司等),提供特殊服务的公共部门(如自来水公司等)以及农场主等。

该项规定的具体实施办法是:具有增值税选择权的个人或法人如果选择了缴纳增值税,就必须向税务当局提交缴纳增值税的申请,得到批准后,即成为合法的增值税纳税人,在所从事的交易活动中自然享有进项增值税税额的抵扣权;否则,就不属于增值税纳税人,也不享有增值税进项税额的抵扣权。

(2) 部分增值税纳税人。在法国,增值税纳税人所从事的交易中有少部分是不享有增值税抵扣权的交易(进出口业务除外),而那些从事不能完全享有增值税抵扣权交易的个人或法人即为部分增值税纳税人。对于这类纳税人,税法将其不享有增值税抵扣权的交易金额占总交易金额的比例定为不超过10%,其进项税额扣除规模按照交易的实际比例计算确定。为了加强管理,税法进一步要求部分增值税纳税人每年适用实际比例要保持一定的连续性,即连续两年的实际比例差额不能超出一定范围,并对该比例进行严格审查。

(3) 增值税新纳税人。增值税新纳税人包括新建立的增值税应税企业,以及按照增值税选择权规定提交申请并获得批准的老企业。对于新纳税企业,法国税法规定:第一,新纳税企业一经批准即可享有增值税进项税额抵扣权,但实际扣除项目限于批准生效后企业投入的固定资产和存货等带来的进项增值税额;第二,对于获得批准的老企业,过去投入的固定资产和存货等带来的增值税税额按照规定的扣除比例进行扣除。

(4) 小规模纳税人。在法国,把年营业额较小、会计制度不健全的企业都视为小规模纳税人。小规模纳税人应纳税额的确定,一种计税方法是由税务机关以纳税人开具的供货发票为依据估计实际应缴增值税税额;另一种计税方法是以企业上一年的增值税与营业额的比例为依据,估计当年的增值税税率,以企业每月营业额乘以该税率计算实际应缴税款。

(二) 征税范围

1. 一般规定与特殊规定

增值税的征税范围极广,纳税人在一国领土范围内所进行的商品和劳务的提供以及产品进口行为都属于增值税的征税范围。

此外,法国税法规定,除一般性应税交易外,以下一些特殊交易行为也属于增值税的征税范围。

(1) 只要商品进入法国领域,即使没有发生所有权转移或权益交换,也被视为进口业务发生,属于增值税征税范围。比如,一外国公司向其驻法国的分支机构发送货物,即使该货物所有权仍归属于该公司,也须向法国税务当局缴纳增值税。

(2) 企业的自我供应行为,即企业产品或劳务在企业内部流通使用的经济行为,也属于增值税的征税范围。当然,企业因使用该设备所缴纳的增值税税额,也可以作为进项税额从销项税额中抵扣。

(3) 从特别的供货渠道购买的特别商品,也属于增值税征税范围。比如,从个人手中购买珍珠钻石,从属于非增值税纳税人的制造商手中购买酒精及罐装食品等,均被视为从特别供货渠道购买特殊商品的行为。按法国税法规定,这类交易行为必须向税务当局进行申报,根据实际交易额交纳一定比例的增值税。

2. 免税规定

法国税法规定,以下交易行为可以免缴增值税:

(1) 出口及类似出口的交易行为。

(2) 与国外贸易相关联的交易行为,包括海、陆、空各种形式的国际运输、国际保险。

(3) 国内的某些保险、金融交易、不动产出租活动等。保险、信贷等金融交易虽然属于免纳增值税的范围,但是纳税人在商品交易中提供金融交易服务时收取的利息,如果已经构成应税交易价格中的一部分,那么该部分利息金额就应缴纳增值税。比如,买方采取分期付款或赊购等延期付款方式购买商品时,可能需要支付延期付款带来的利息,卖方收到的超出现金价格的那部分利息收入就须缴纳增值税。

(4) 某些已经做了特殊规定的自由职业者的经济活动。

(5) 有关工业废物、材料回收再利用的交易行为。

(6) 非营利性公益组织所提供的社会教育、文化、体育、慈善等服务。

(三) 税基与税率

1. 税基

法国税法规定,增值税税基等于交易的实际价格,即交易中供货方即将收到或已经收到的其所提供商品或劳务的总价值。也就是说,在任何情况下,增值税都是以购买方支付的总金额为税基进行征收。比如,如果交易双方协商后,交易达成折扣,则可以折扣价作为税基。同样,如果旅馆和咖啡厅的服务按15%收取强制性服务费,则应将强制性服务费一并计入税基,计征增值税。

此外,法国税法规定,法国税务当局对某些特殊的交易采取固定税基计算的方法。这些交易包括:由中介人达成的交易、二手市场上的旧商品交易、不动产的交易、运输交易等。以这种方法规定的税基将不定期地进行调整,一般是根据前一交易期的交易额来核定本期应计征的增值税税基。

2. 税率

法国增值税税率有三档:

(1) 标准税率。标准税率为19.6%,适用于除了免税交易和少数适用其他税率的交易以外的绝大多数商品和劳务的交易。同时,标准税率也是制定其他特殊税率时的参照标准。

(2) 低税率。低税率为5.5%和2.1%,其中,对生活必需品如食品、饮料、客运、书籍等适用5.5%的税率;对日报、药品、严肃音乐演出(包括音乐剧、音乐会、芭蕾舞、马戏团)、销售家畜给非纳税人等适用2.1%的税率。

(3) 零税率。零税率一般适用于出口货物和劳务。

(四) 进项税额的扣除与调整

1. 进项税额扣除规定

法国税法规定,厂商对所购买的作为中间投入物的商品或劳务的货币支付,即进项支付,凡符合以下四个条件的,可以在征收增值税时进行扣除:

(1) 对中间投入物的购买必须在法国境内进行,并且能够证明实际交易中厂商为此已经缴纳了增值税。如果厂商购买的是属于免征增值税的商品或劳务,或者这一交易不是发生在法国领土,则该厂商便不能享有进项税额的抵扣权。

(2) 厂商购进的作为中间投入物的商品或劳务必须用于商业目的。如果购买的商品或劳务仅为了个人使用或私人交换,则不能作为进项抵扣。

(3) 这些作为中间投入物的商品或劳务必须在税法上被规定享有抵扣权,即它们不属于税法特别规定的不能享有抵扣权的特殊商品或劳务。

(4) 纳税人必须提交符合规定的、真实完整的供货发票,这是税务当局进行税额扣除的基本依据。

在企业办理税款抵扣的过程中,当出现某月应抵扣的进项税额大于销项税额的情况时,超出部分可以带到下一月进行抵扣,如果仍不能完全抵扣,则应进行税款返还处理。

2. 进项税额的调整

法国税法规定,在发生以下几种特殊情况时,办理进项税额抵扣还须进行一些必要的调整。

(1) 税务当局有关政策改变,导致增值税税率发生了变化。对此,税务当局在办理进项税额抵扣事宜时,或是增减抵扣金额,或者增减应税金额。

(2) 对应中间投入物的产品失踪,而且企业无法确定是被毁还是失窃;作为中间投入物的商品和劳务被用于"无法有效缴纳增值税"的交易中,即该交易无法产生进项税额等。对此,税务当局须向企业返还部分或全部已经缴纳的增值税进项税额。

(五) 增值税退税

法国的增值税退税包括两部分:一是出口退税,即对出口货物的进项税额高于企业在国内销售货物时发生的销项税额的部分退税;二是对内销企业退税,即对从事国内生产和销售的企业进项税额减去销项税额的余额退税。

根据退税期不同,增值税退税可分为年退税制、季退税制和月退税制。年退税制和季退税制也称为普通退税制,适用于所有企业,企业可以根据自身财务状况,选择退税制。月退制是对出口企业设立的特别退税制。税务当局根据出口企业上一个月的出口额计算出一个虚拟的增值税税额,作为出口企业月增值税退税的上限。若出口企业的月应退增值税税额低于上限,则可一次性退付;若高于上限,则只在上限规定的额度内退税,超过上限的部分则结转下期退税。在实行月退税制的情况下,对出口企业只有最高退税限额,没有最低限额。出口企业也可以选择普通退税制和特别退税制。

二、英国的增值税

英国于 1973 年开始征收增值税,1983 年颁布了《增值税法》。

(一) 纳税人

英国增值税的纳税人为提供应税商品或劳务的纳税登记人,包括个人、合伙企业、公司、社团或俱乐部。

为加强对纳税人的管理,英国制定了增值税纳税人登记制度,具体包括强制登记和自愿登记两种。凡是提供商品或劳务的纳税人,如果前 12 个月实际或预计流转额超过了规定限额(目前为67 000英镑),则必须进行纳税登记,以获得增值税纳税发票;对于流转额低于规定限额的人,可选择自愿进行纳税登记。

(二) 征税范围

增值税的征税范围包括:(1) 在英国境内销售应税商品和劳务;(2) 从欧盟以外进口商品和部分劳务;(3) 从欧盟成员国进口商品和劳务。

英国税法规定,对有些商品或劳务可免征增值税,具体包括:某些土地或建筑物的租售,保险,邮政服务,博彩、游艺和电影票,金融服务,教育,健康保健和福利服务,殡葬服务,贸易协会和专业机构用会员捐款提供的商品或劳务,非营利体育比赛门票,艺术品或其他具有民族、科学或历史价值的物品的私人转让,慈善机构的筹款活动,文化服务等。

(三) 税率

英国增值税税率共三档:

(1) 标准税率。英国增值税的标准税率为17.5%,适用于除了低税率和零税率以外的多数商品和劳务。

(2) 低税率。英国增值税的低税率为5%,适用范围主要为:家庭燃料或电力,节能材料装置,热力、安全或煤气设备的安装,家用住房改建和新建,住房交易,妇女卫生产品,儿童车坐椅。

(3) 零税率。英国零税率主要适用于食品(不包括饭馆和外卖食品)、报纸书刊、儿童衣物用品、公共交通、处方药品和残疾人用药、出口商品等。

三、新西兰的增值税

在新西兰,增值税被称为商品劳务税(goods and service tax, GST),它是对在新西兰境内提供商品和劳务,以及进口商品和劳务所征的税,该税于1986年开始实施。

(一) 纳税人

在新西兰,增值税的纳税人为提供增值税应税商品和劳务并登记注册的单位和个人。新西兰税法规定,从事应税经济活动且营业额达到规定标准的单位和个人必须进行登记注册。登记注册分两种类型:一是强制登记注册,即从事应税经济活动的人当其营业额达到一定标准以后,必须登记注册。目前,新西兰强制登记注册的标准是近12月内实际或预计总营业额达40 000新元,即每月营业额约为3 333新元。二是自愿登记注册,从事应税经济活动的人的营业额如果达不到规定标准,则可自行选择是否登记注册。

新西兰税法规定,销售设备或资本性资产者,当其不再从事应税经济活动时，可以不必进行登记注册。

（二）征税范围

新西兰税法规定，增值税的征税范围指所有的应税商品和劳务。其中，商品包括除货币以外的各种类型的动产和不动产；劳务包括各种类型的劳务，比如维修电视、医疗服务、园艺等。

但是，没有进行增值税登记注册的企业提供的商品和劳务可以不纳增值税。此外，私人住房租赁、取得利息、非营利机构销售捐赠的商品和劳务以及某些金融服务等免税。

（三）税率

新西兰增值税实行单一的比例税率，标准税率为12.5%，没有规定低税率，但对国内某些产品实行零税率。零税率主要适用于出口商品和劳务、免关税商品、金融服务、网上销售、在新西兰境外提供的商品和劳务等。

≺资料卡≻

美国为何没有开征增值税

尽管美国至今没有引入增值税制度，但美国人对增值税一直有着浓厚的兴趣。早在1918年，美国哈佛大学的教授亚当斯与德国人几乎同时提出了增值税的主张，并向美国政府建议以此取代当时盛行的周转税。

20世纪70年代末，国会议员厄尔曼在第5665号众院议案即《1979年税法改革案》中提出用增值税代替部分工薪税。

1983年，查里斯·高尔文在讨论增加国防开支预算问题时提出向美国公众开征增值税的一条途径是说服他们相信对所有的采购活动开征10%的增值税可以筹集国防资金，实现预算平衡。这实际上是为了增加财政收入而开征增值税的建议。

1984年，理查德·林霍尔姆提出用税率为15%的增值税和税率为2%的净值税(net worth tax)来代替公司所得税和个人所得税及遗产税。增值税是组织收入的主要税种，净值税起到公平税负的作用。这一建议实际上是强调增值税中性和收入弹性大的特点。

20世纪90年代以后，美国人又对增值税产生了兴趣。1993年美国国会收到了关于实行增值税的报告；1995年1月两名议员提议实行增值税；1995年5月吉尔伯特·巴梅特卡夫再一次提出开征增值税的设想；1996年1月在布鲁金斯学会的会议上，佛罗里达州的民主党人众议员吉宾斯提出以增值税取代公司所得税和个人所得税的主张。他的增值税设想实际上是欧洲模式的。

尽管如此,美国并没有真正实行增值税,使其成为 OECD 成员国中唯一没有开征增值税的国家。美国没有开征增值税的原因是多方面的:

1. 增值税本身有缺陷,现实中的增值税不等于理想的增值税

反对者认为:(1) 增值税具有累退的性质。增值税为了满足中性要求,在税率上力求采用有限级次或单一的比例税率,这样便形成了增值税的累退的性质:收入越高的阶层,实际承担的税负占总收入的比重越低;收入越低的阶层,实际承担的税负占总收入的比重越高。在美国,公平是税制改革考虑的首要目标,因此具有累退的性质、有违公平目标的增值税很难被采纳。(2) 增值税的税务成本大。据美国财政部 1984 年的估计,假如审计比率为 2.2%,实行一项简单的增值税需要增加 20 694 名税务人员,当整个税制完全运转起来时征税成本预算总额将达到 7 亿美元。国会预算办公室估计,用欧盟型增值税征收 1 500 亿美元税收的话,征税成本在 50 亿美元—80 亿美元之间,或者说是税收收入的 3.33%—5.33%。(3) 增值税税负易于转嫁,税收归宿不确定。

2. 所得税是美国的主体税种,增值税的税收收入相对不会很大

美国政府自 1909 年开始征收公司所得税,1913 年开始征收个人所得税以来,所得税在政府的收入中占了举足轻重的地位。美国国内有些人认为增值税增加的收入太少,因此不肯支持它。

3. 现行的零售销售税不利于增值税的开征

零售销售税是美国现行消费税的主体税种,它是在 19 世纪初期营业税的基础上演变而来的。目前,美国有 45 个州和哥伦比亚特区征收零售销售税,并有扩大使用范围的迹象。如果要开征税率至少两倍于此的增值税,对于税务部门来说,征管的困难将大增。

4. 联邦制的特点是没有开征增值税的政治原因

美国是一个联邦制国家,这种政治上的特色反映在税收制度上就是美国的税收分为联邦政府、州政府和地方政府三个级别。如果开征增值税,如何协调联邦和州两者之间的关系是一个现实的难题。

资料来源:摘自张玉晔:《美国为何没有开征增值税》,《财政与税务》,2003 年第 12 期。

第三节　发展中国家的增值税制度

一、韩国的增值税

韩国于 1977 年开征增值税,该税是对在韩国境内销售货物和提供劳务以

及进口货物征收的一种税。

(一) 纳税人与征税范围

1. 纳税人

韩国增值税纳税人是在韩国境内提供应税商品和劳务以及进出口商品的个人、公司、社团、基金会或其他非法人组织。纳税人应在开始营业的20天内在营业地进行纳税登记。

2. 征税范围

韩国税法规定,凡是在韩国境内提供应税商品和劳务以及进出口商品的,无论其是否以营利为目的,都应缴纳增值税。

(二) 免税项目

为了提高韩国国民的福利和扶持弱势产业,政府对销售部分生活必需品或提供医疗、教育服务者免征增值税,同时其进项税额也不能抵扣。免征增值税的项目包括:

(1) 基本生活必需品和劳务,主要包括未加工食品(如用做食品的农产品、畜产品、海产品和林产品)和总统令规定的不用做食品的农产品、畜产品、海产品和林产品,自来水,煤球和无烟煤,客运服务,但是空运、公交快递、公交包租、出租车、特种汽车和特种船除外。

(2) 社会福利服务,包括医疗保健服务和总统令规定的教育服务。

(3) 与文化有关的商品与劳务,包括书,报纸,杂志,公报,通信和广播(不包括广告),艺术作品,非营利性文化艺术活动和非职业体育运动,图书馆、科技馆、博物馆、艺术馆和植物园的门票。

(4) 其他商品和劳务,如邮票(不包括集邮品)、印花税票、证书、彩票、公共电话卡,学术、技术研究服务,宗教、慈善、科学机构和其他公益团体提供的商品和劳务,政府部门提供的商品或劳务,免费向政府、公益团体提供的商品或劳务,住宅和不超过住宅面积5倍至10倍的附属土地的出租,金融保险服务,等等。

对于免税项目,纳税人也可以选择放弃免税,以取得进项税额的抵扣资格。

(三) 税率

韩国增值税的标准税率为10%,实行价外征收。

另外,对下列商品供应实行零税率:出口商品,在韩国以外提供的劳务,轮船、飞机的国际运输业务,为外汇收入者提供的其他商品或劳务,军工企业生产的军事(包括警察)装备,提供给武装部队的石油制品,地铁建设劳务。

零税率仅适用于韩国居民或居民公司。但是,对从事国际航行的轮船和飞机的非居民所有人和外国公司也实行互惠基础上的零税率。零税率还适用于向外国人提供的商品或劳务,即使该外国人在韩国设有常设机构,只要合同直接与外国人签订(不是通过常设机构)并且收入来自外国人或国外。

(四) 计税依据

增值税的计税依据为供应商品或提供劳务所收取的全部报酬额,但不包括增值税,即它属于价外税。

以前环节已经缴纳的增值税或在进口环节缴纳的税,可以抵减该纳税人应纳的增值税。对于免征增值税的,进项税额不能抵免。

(五) 税款的申报与缴纳

韩国税法规定,增值税每 6 个月申报和缴纳一次,上半年、下半年各一次。第一个纳税期是 1 月 1 日至 3 月 31 日;第二个纳税期是 7 月 1 日至 9 月 30 日。纳税人必须在纳税期结束后的 25 天(外国公司为 50 天)内,向税务机关申报每一个纳税期的应纳税额。

二、泰国的增值税

泰国的增值税是对在泰国境内提供的商品或劳务征收的一种税。

泰国增值税税率共有三档:一是基本税率 10%;二是年应纳税销售额低于 60 万泰铢的经营者,按照 1.5% 税率缴纳增值税;三是零税率。零税率主要适用于以下商品和劳务:(1) 出口产品;(2) 在泰国出口贸易加工区提供的劳务;(3) 由泰国法人提供的国际空运服务;(4) 在保税区和出口商品加工区之间出售的产品或劳务;(5) 部分免税商品与劳务,如生活必需品、教育、健康护理、利息、不动产租赁以及不动产销售。

第四节　中东欧国家的增值税制度

一、俄罗斯的增值税

俄罗斯于 1992 年开始征收生产型增值税。从 2001 年 1 月 1 日起,增值税由生产型改为消费型,进项税额不能抵扣的项目很少,购买固定资产所含的进项税额在固定资产入账后就立即可以抵扣。

增值税对俄罗斯境内生产的商品、产品和提供的服务征收,也对进口到俄罗斯境内的货物征收,但是,进口某些“技术型”生产设备可以享受减免税优惠。

俄罗斯增值税的税率分为两档:标准税率为 20%,低税率为 10%。低税率主要适用于主要食品和儿童服装。俄罗斯对出口货物实行增值税零税率,对金融服务免征增值税,但进项税额不能抵扣。

二、匈牙利的增值税

匈牙利从1988年开始以增值税取代以前的周转税。增值税的税基最初设置得很窄,大多数的服务、建筑材料、个人进口品和其他一些项目都被排除在外,大部分食品也适用零税率。与此同时,出于保证财政收入的考虑,税率定得很高:一般税率为25%,适用于工业品、基本需要以外的食品、服装、汽车和家用电器等;低税率为15%,主要适用于与居民日常生活无直接关系的服务业;出口、居民基本需要的食品、直接为居民生活服务的服务业,适用零税率。

1994年,匈牙利对增值税进行了改革,扩大了增值税税基,把低税率由15%调低至12%;对原来免税的公用设施、医疗产品、交通运输、通信及一些相关服务业,按12%征收增值税;对五金和家用燃料征收25%的标准税率;免税产品仅限于国家补贴的产品,例如牛奶及其制品。

此外,对某些劳务,包括多数土地交易、住宅出租、法律服务、金融服务、保险以及医疗、文化、体育和教育服务等免征增值税。

三、捷克的增值税

捷克的增值税对大多数商品和劳务征收。其增值税税率分为两档,多数商品的税率为19%;少数商品,如食品、能源产品等适用低税率5%;一般性劳务适用税率5%,部分劳务,如宾馆住宿和餐厅服务、租赁、修理等适用税率22%。

捷克对出口商品实行免税,对不动产租赁业(特殊情况除外)、金融和保险服务业、广播和电视业、教育业、医疗业和福利事业等免征增值税。

第五节 比较与借鉴

一、增值税改革的国际经验

增值税自20世纪中期在法国产生以来,经历了半个世纪的从探索、发展到完善的过程。现在全球有140多个国家或地区开征了增值税。国际增值税专家将其划分为三种类型:(1) 不完整型增值税。这种类型的增值税具有初期增值税多选择性的特征,或征税范围较窄,或类型不规范,或税率结构复杂,或特殊规定过多,因此,属于一种尚处在改革探索阶段中的增值税。(2) 欧盟型增值税。该类型增值税是在原法国增值税基础上发展而成的。这类增值税通过欧盟发布指令,确立共同运行规则,使增值税能在欧盟各国之间共同运行。但由于各国原有税制基础不同,又保留了许多特定的临时性条款,从而增加了增值税制的复杂性。国际增值税专家认为它是政治协调下的产物,从科学性来说,不能算作好的类型。(3) 现代型增值税。该类型增值税是由新西兰于1986年10月起开始实行的。国际增值税专家认为,它既坚持了与欧盟增值税相同的原则,又避免了欧盟增值税制的复杂性,使增值税由不定型的增值税转为定型的增值税。这种类型的增值税自1986年以来已被亚洲、北美、南美、非洲和南太平洋的许多国家所采用。

(一) 欧盟增值税的特点与经验

增值税是欧盟各成员国的重要税种之一,其收入约占欧盟税收总收入的20%。在世界范围内,尽管增值税专家对欧盟型增值税提出了某些置疑,但欧盟型增值税制度仍为世界各国增值税制度的设计提供了典范。

1. 明确规定增值税纳税人

欧盟委员会第六号指令规定,增值税纳税人是指在任何地方独立地从事下列活动的单位和个人:(1) 生产活动;(2) 商业活动;(3) 劳务活动;(4) 矿物开采和农业生产活动;(5) 自由职业者的活动;(6) 以营利为目标,对有形资产和无形资的开发活动。

同时,该指令还规定,国家、地区和地方当局以及按公法管理的其他团体,以公共机关的名义从事活动时,将不被视为纳税人;但是一旦它们的活动具有经济或商业性时,它们将被视为纳税人。

2. 征税范围广泛,覆盖所有的商品和劳务

欧盟增值税的征税对象范围最为广泛,覆盖了从农产品销售、工业制造,一直到批发、零售和劳务环节。欧盟委员会第六号指令第2条规定,增值税的征收范围包括销售商品、提供劳务和进口商品。

3. 实行比例税率,并对特殊商品和劳务实行低税率

欧盟各国增值税的标准税率由各成员国按比例税率确定。对下列商品可降低增值税税率,但不能低于5%:(1) 煤气和电力;(2) 药品和医疗器材;(3) 作家和音乐家等提供的服务;(4) 与体育活动有联系的服务;(5) 社会政策纲要范围内的服务。

4. 具有明确的纳税期限和税款计算办法

欧盟委员会第六号指令规定,商品一经交付或劳务一经提供,应征税活动即发生,便可征税。账单付款日期即为完成商品交付和提供劳务的日期。但是,如果在交货前或提供劳务前付款,则收到款项时即按收到的金额缴税。在商品进口方面,当进口商品运入共同体区域时,即发生应征税活动,便可征税。

5. 具有明确的税收优惠政策

欧盟委员会明确规定了增值税减免优惠的范围,主要包括:

(1) 某些公共利益的活动。其中包括:① 邮政服务;② 医院、医疗服务和由法律服务机构的有关活动;③ 与下列活动有关的商品销售和劳务:社会保障、青少年保护、学校和大学教育、职业培训或再培训;④ 非营利组织向参加体育运动和体育教育的人提供的与体育运动和体育教育有关的某些劳务;⑤ 由法律服务机构或由有关成员国认可的文化组织提供的某些文化服务和有关的商品;⑥ 非商业性质的公共广播和电视机构的活动以及其他服务。

(2) 其他交易活动,其中包括保险和再保险、不动产的出租、银行和财务服务等。

(二) 现代型增值税的特点与经验

(1) 现代型增值税属于对国内商品和劳务征收的税种,除极其特殊的行业(如金融保险)以免税方式不征收增值税而另征其他税外,最大限度地把所有商品和劳务纳入增值税的征税范围,是征税范围最完整的增值税。它与消费税配合形成最佳商品劳务征税制度结构。

(2) 现代型增值税属于最终由消费者负担的消费行为税,对商品、劳务按单一税率征收增值税,从而大大减少了因税率划分给增值税带来的复杂性。

(3) 现代型增值税按照国际公认的目的地征税原则,对出口产品由出口国按零税率全部退还该产品已缴纳的税款,避免了国家间的重复征税,有利于货物、劳务在全球范围的正常流通。

(4) 现代型增值税遵循既征税又扣税这一特殊税收机制的要求,以税收法律规定的方式保护国家的依法征税权和纳税人的抵扣权不受侵犯。除税法明文规定的免税项目外,不得任意减免增值税或任意降低抵扣标准,从而保证了增值税征扣税机制运行的科学性和严密性。

(5) 现代型增值税合理地确立了增值税纳税人的注册标准。标准以上的均纳入增值税纳税人范围,统一按增值税办法纳税;标准以下的低收入者(除自愿申请,并经批准成为增值税纳税人的极少数小企业外)均实行增值税免征办法,有利于通过税收手段对低收入者实施必要的扶贫政策。

正因为这一类型增值税具有以上特点,国际增值税专家认为,它是当今增值税的最佳模式,具有税制简化、机制严密、对经济扭曲程度最低、征纳成本最低、易于管理等诸多优点。

二、中国的增值税改革

(一) 中国增值税改革的进程

增值税是中国的第一大税种,1994—2006 年增值税收入占税收总收入的平均比重为 48.7%,因此,增值税改革是中国新一轮税制改革最重要的内容。自

1994年以来,中国一直实行的是生产型增值税,即纳税人在缴纳增值税款时,购置的固定资产中所含的进项增值税款不能抵扣,存在重复征税问题。

进入21世纪以后,增值税转型一直是中国税制改革的重点。2003年,党的十六届三中全会明确提出要适时实施增值税转型改革,国家“十一五规划”也明确提出,将在全国范围内实现增值税由生产型转为消费型。2004年,我国率先在东北三省的装备制造业、石油化工业等八大行业进行增值税转型试点;2007年7月1日起又将试点范围扩大到中部六省26个老工业基地;2008年7月1日,试点范围进一步扩大到内蒙古自治区东部五个盟市和四川汶川地震受灾严重地区。2008年底国务院决定,自2009年1月1日起,在全国所有地区、所有行业推行增值税转型改革。改革的主要内容包括:允许企业抵扣新购入设备所含的增值税,同时取消进口设备免征增值税和外商投资企业采购国产设备增值税退税政策,将小规模纳税人的增值税征收率统一调低至3%,将矿产品增值税税率恢复到17%。至此,中国增值税改革取得了实质性的进展。

(二) 完善增值税改革的政策取向

国际经验表明,增值税征收范围越广,税基越宽,就越能发挥增值税的中性功能。此外,按照增值税多环节征收原则扩大增值税征收范围,对于完善增值税的抵扣链条也有好处。

中国现行增值税主要覆盖商品生产领域和流通领域,对建筑安装、交通运输、邮电通信以及其他劳务服务等产业仍征收营业税。这不仅使得增值税链条不够完整,不利于生产性劳务进项税款的合理抵扣,不利于发挥增值税的普遍调节功能,而且还造成管理上的困难。因此,中国在实现增值税的成功转型后,下一步改革的方向是扩大增值税征收范围。

在中国现行税制体系下,扩大增值税范围会面临一系列问题。一是扩大增值税范围涉及中央地方间的收入调整,以及国税和地方税征管范围的调整问题。二是扩大增值税的征收范围后,将建筑安装、交通运输等行业纳入增值税征收范围,会增加下道环节进项税额的抵扣,可能对财政收入造成一定影响。因此,应该全面考虑地方财政状况,调整分税制体制,重新确立中央与地方的分配关系,彻底改革中央政府与地方政府的转移支付制度,从根本上解决地方政府的收支矛盾。

根据平衡过渡、分步实施的原则,扩大增值税范围的改革可采取渐进形式。

第一,根据增值税的属性和经济发展的内在关系,首先将与经济发展关系密切的建筑安装、交通运输、仓储租赁、邮电通信等行业纳入增值税征收范围,在条件成熟时再将销售不动产、部分服务业和娱乐业纳入增值税征收范围,可考虑对比较难于管理的金融保险业和部分服务业暂保留征收营业税。

第二,为了缓解地方财政收入矛盾,可先对营业税进行改革。如调整营业税税率,细化税目,规范管理;在部分营业税项目并入增值税后,可考虑将其与城市维护建设税、教育费附加合并,再配合税费改革,将一些地方经营性收费统一转为营业税,以不缴纳增值税的企业的经营收入为课税对象,内外资企业统一适用。

本章小结

1. 增值税是以商品的增值额为课税对象征收的税,属于商品流转税。自法国1954年成功地实施增值税以来,在短短的半个世纪的时间里,增值税就以其所具备税基宽广、不重复征税和严格的内部约束机制等优势获得了世界各国的好评。目前,世界已有140多个国家和地区开征了增值税。

2. 各国由于国情不同,在计征增值税时除了允许扣除外购流动资产及低值易耗品所含税金外,对固定资产所含税款则存在不同的处理办法。根据各国对固定资产所含税款在抵扣过程中的处理方法的不同,增值税可以分为生产型增值税、收入型增值税和消费型增值税三种类型。其中,消费型增值税被认为是最彻底、最规范的增值税。

3. 各国由于国情不同,对增值税制度的设计也存在差异。不过,从实践来看,各国增值税的设计存在着几个值得注意的特点:(1) 发展中国家增值税占税收收入总额的比重一般大于发达国家,有些国家甚至达到50%以上;(2) 各国标准税率高低不一,一般税率为15%—20%的最多;(3) 各国税率的理想设计是实行单一税率,但实际上只有较少国家实现了这一理想。多数国家采取复式税率,大多数国家对基本食品实行免税;(4) 从征税范围上看,绝大多数国家扩展到了零售环节,但也有一些国家只在制造或批发环节征税。多数国家对货物和劳务一律征税,但也有些国家对劳务有选择地征税,即只对列举的劳务征税。

4. 国际增值税专家根据增值税制度的特点,把世界范围内增值税划分为三种类型,即不完整型增值税、欧盟型增值税和现代型增值税。其中,不完整型增值税属于一种过渡性质的增值税,只在少数国家增值税改革初期实行;欧盟型增值税和现代型增值税各具特色,并为世界增值税改革提供了值得借鉴的国际经验。

本章重要术语

增值税	消费型增值税	并行征收模式	账簿法
生产型增值税	零税率	限定模式	收入型增值税
交叉征收模式	发票法		

复习思考题

1. 增值税有哪几种类型？它们各有哪些优缺点？

2. 在确定增值税纳税人时，世界各国对小企业主（小规模纳税人）如何进行税务处理？

3. 世界各国对农民增值税纳税义务是如何规定的？

4. 增值税实施中的免税与零税率有何区别？

5. 增值税与其他商品劳务税的配合模式有哪几种？

6. 结实实例，分析增值税改革的国际经验有哪些。

7. 结合实际，探讨中国增值税改革的政策取向。

推荐阅读文献

1. 张文春：《增值税的全球化趋势与存在的问题》，《税务研究》，2000 年第 9 期。

2. 杨斌：《西方模式增值税的不可行性及中国式增值税的制度设计》，《管理世界》，2001 年第 3 期。

3. OECD, Consumption Tax Trends, VAT/GST and Excise Rates, *Treads and Administration Issues*, 2006.

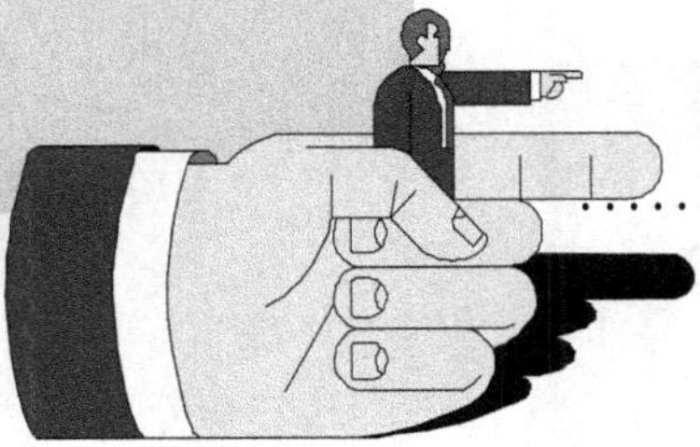

第七章

外国消费税制

学习目标

通过本章的学习,学生应该能够掌握以下内容:

- 消费税产生的背景及发展趋势
- 世界各国消费税的功能定位及消费税的制度设计
- 发达国家的消费税制度
- 发展中国家的消费税制度
- 中东欧国家的消费税制度
- 世界范围内消费税改革的国际趋势

第一节　消费税制概述

一、消费税的产生与发展

消费税(excise tax),在历史上也称货物税或国内产品税,具有很长的发展历史。古罗马帝国时代,农业、手工业逐渐有了较大发展,随着城市的崛起,商业的繁荣,因此对商品课征的各种税,如盐税、酒税、矿产品税、皮毛税等,相继出现。其后,随着商品货币经济的发展,消费税课征范围不断扩大,课征数额日益增加,曾在各发达国家的税制结构中占有重要地位。

19世纪中叶以后,由于以所得税为代表的直接税制体系的发展,作为商品课税主要形式的消费税占各国税收收入中的比重已经下降,但其因具有独特的财政功能和经济调节作用,仍受到各国政府的普遍重视。

自20世纪70年代中期以来,世界各国税制改革的浪潮势头迅猛,美国以减税为中心的税制改革对美国乃至其他国家的政治和经济产生了深刻的影响,各国开始探索降低所得税、加强和改进商品劳务税的新思路。特别是在以可持续发展为主题的税制改革中,各国纷纷开征或调整消费税,以建立一个既有利于环境和生态保护又有利于经济发展的绿色税制体系。根据OECD的统计,在OECD成员国的税制结构中,2006年消费税税所占比重约为31%,其中,一般消费税(增值税)占2/3,特定消费税占1/3。近年来,随着世界各国增值税的普遍实施,消费税的功能主要限于在对商品和劳务普遍征收增值税的基础上,有选择性地对特定商品和劳务进行调节,因此,消费税无论是占税收收入总额的比重,还是占GDP的比重,都低于具有一般消费税特征的增值税。2006年,OECD成员国消费税占税收收入总额的平均比重为10.8%,占GDP的比重为3.7%(见表7-1和表7-2)。

表7-1　OECD成员国消费税占税收收入总额的比重(%)

	1965	1975	1980	1985	1990	1995	2000	2004	2005	2006
加拿大	16.8	13.6	13.0	13.0	10.3	9.9	8.5	9.4	8.9	8.7
墨西哥	—	—	34.4	48.6	34.0	35.8	33.4	35.1	36.6	35.1
美国	15.1	10.0	8.3	8.4	7.0	7.5	6.3	7.0	6.6	6.2
澳大利亚	22.7	19.1	22.6	20.7	15.3	14.5	14.1	13.0	12.0	11.8
日本	25.0	15.1	14.1	12.1	7.6	8.3	8.0	8.1	7.7	7.4
韩国	—	47.3	39.5	37.4	25.7	21.9	19.7	17.3	15.9	14.9
新西兰	18.5	13.8	11.2	11.7	9.2	8.6	7.5	6.6	6.2	6.1

（续表）

	1965	1975	1980	1985	1990	1995	2000	2004	2005	2006
奥地利	18.0	14.0	10.1	9.9	9.0	7.8	7.7	8.1	7.8	7.6
比利时	13.0	9.8	8.8	8.2	8.5	8.5	7.1	7.4	7.4	7.3
捷克	—	—	—	—	—	13.0	11.0	9.7	9.9	10.1
丹麦	28.9	15.0	13.4	13.0	11.0	11.4	11.1	11.0	10.7	10.6
芬兰	23.4	16.0	17.6	15.2	12.9	12.1	10.9	11.2	10.8	10.5
法国	14.3	9.0	8.4	8.7	8.7	8.9	8.2	8.0	7.6	7.2
德国	14.6	10.8	9.3	8.7	9.2	9.5	8.8	10.2	9.9	9.4
希腊	33.8	23.9	25.1	20.9	15.6	16.4	10.0	9.8	9.3	8.9
匈牙利	—	—	—	—	—	20.9	13.8	11.3	10.8	11.3
冰岛	45.0	33.6	29.8	26.5	16.9	14.0	11.9	10.2	10.4	10.5
爱尔兰	43.4	29.7	28.3	22.0	20.1	16.2	13.7	11.5	11.1	10.2
意大利	24.1	14.0	9.7	9.1	10.6	11.1	9.6	9.5	9.2	9.0
卢森堡	11.1	8.0	9.3	11.1	10.5	12.2	12.5	13.5	12.3	11.6
荷兰	14.7	8.1	7.3	7.2	7.5	9.0	8.9	9.5	9.3	9.0
挪威	18.4	16.1	16.1	18.1	15.3	15.5	9.6	8.7	8.1	7.6
波兰	—	—	—	—	—	17.5	14.0	13.4	12.9	12.7
葡萄牙	44.0	28.9	28.9	29.7	23.8	17.6	13.5	14.8	14.8	14.7
斯洛伐克	—	—	—	—	—	—	12.0	11.6	12.4	10.6
西班牙	18.4	8.7	10.5	13.0	10.5	10.3	9.6	8.8	8.7	7.8
瑞典	19.2	10.7	9.2	11.6	9.2	7.9	7.0	7.0	6.8	6.5
瑞士	21.3	11.9	11.0	9.5	8.2	8.4	8.0	8.0	7.8	7.5
土耳其	53.4	40.9	25.2	12.4	7.3	6.0	16.4	23.4	25.5	24.6
英国	25.2	14.8	13.3	13.8	12.6	14.5	12.4	11.2	10.5	9.8
OECD 平均	24.3	17.7	16.7	16.2	12.9	12.9	11.5	11.5	11.3	10.8
OECD 美洲	16.0	11.8	18.6	23.3	17.1	17.7	16.1	17.1	17.4	16.6
OECD 亚太	22.1	23.8	21.8	20.5	14.4	13.3	12.3	11.2	10.5	10.0
OECD 欧洲	25.5	17.0	15.3	14.1	12.0	12.2	10.8	10.8	10.6	10.2

资料来源：OECD Revenue Statistics 1965—2006。

表 7-2　OECD 成员国消费税占 GDP 的比重(%)

	1965	1975	1980	1985	1990	1995	2000	2004	2005	2006
加拿大	4.3	4.3	4.0	4.2	3.7	3.5	3.0	3.2	3.0	2.9
墨西哥			5.6	8.2	5.9	6.0	6.2	6.7	7.3	7.2
美国	3.7	2.6	2.2	2.1	1.9	2.1	1.9	1.8	1.8	1.7
澳大利亚	4.8	4.9	6.0	5.9	4.4	4.2	4.4	4.0	3.7	3.6
日本	4.6	3.1	3.6	3.3	2.2	2.2	2.1	2.1	2.1	2.1

（续表）

	1965	1975	1980	1985	1990	1995	2000	2004	2005	2006
韩国		7.1	6.8	6.1	4.9	4.3	4.6	4.3	4.1	4.0
新西兰	4.4	3.9	3.4	3.6	3.4	3.1	2.5	2.3	2.3	2.3
奥地利	6.1	5.1	3.9	4.1	3.6	3.2	3.3	3.4	3.3	3.2
比利时	4.0	3.9	3.7	3.6	3.6	3.7	3.2	3.3	3.3	3.3
捷克						4.9	3.9	3.7	3.7	3.7
丹麦	8.7	5.8	5.8	6.0	5.1	5.6	5.5	5.4	5.4	5.2
芬兰	7.1	5.8	6.3	6.0	5.6	5.5	5.1	4.8	4.7	4.5
法国	4.9	3.2	3.4	3.7	3.7	3.8	3.6	3.5	3.3	3.2
德国	4.6	3.7	3.4	3.2	3.2	3.5	3.3	3.6	3.5	3.3
希腊	5.2	4.0	4.7	4.6	3.6	4.1	3.0	2.7	2.5	2.8
匈牙利						8.6	5.3	4.2	4.0	4.2
冰岛	11.8	10.1	8.8	7.5	5.2	4.4	4.5	3.9	4.3	4.4
爱尔兰	10.8	8.5	8.8	7.6	6.6	5.2	4.4	3.5	3.4	3.2
意大利	6.2	3.5	2.9	3.1	4.0	4.5	4.1	3.9	3.8	3.8
卢森堡	3.1	2.6	3.3	4.4	3.7	4.5	4.9	5.1	4.8	4.2
荷兰	4.8	3.3	3.2	3.1	3.2	3.7	3.5	3.5	3.6	3.5
挪威	5.5	6.3	6.8	7.7	6.3	6.3	4.1	3.8	3.6	3.3
波兰						6.3	4.4	4.5	4.4	4.2
葡萄牙	7.0	5.7	6.6	7.5	6.6	5.6	4.6	5.0	5.2	5.1
斯洛伐克							3.9	3.7	3.9	3.2
西班牙	2.7	1.6	2.4	3.5	3.4	3.3	3.3	3.1	3.1	2.9
瑞典	6.7	4.5	4.3	5.5	4.8	3.8	3.7	3.5	3.4	3.2
瑞士	3.7	2.9	2.8	2.5	2.1	2.3	2.4	2.3	2.3	2.2
土耳其	5.6	6.5	4.5	1.9	1.5	1.4	5.3	7.3	8.3	6.0
英国	7.7	5.2	4.7	5.2	4.6	5.0	4.6	4.0	3.8	3.6
OECD 平均	5.7	4.7	4.7	4.8	4.1	4.3	4.0	3.9	3.9	3.7
OECD 美洲	4.0	3.5	3.9	4.9	3.8	3.9	3.7	3.9	4.0	3.9
OECD 亚太	4.6	4.8	5.0	4.7	3.7	3.4	3.4	3.2	3.1	3.0
OECD 欧洲	6.1	4.9	4.7	4.8	4.2	4.5	4.1	4.0	4.0	3.8

资料来源：OECD Revenue Statistics 1965—2006。

二、消费税的功能定位

（一）消费税的特征

从世界各国的税收实践看，各国在设计商品劳务税制体系时，在课征普通销售税或增值税的同时，通常还课征消费税。消费税与普通销售税或增值税相比，具有四大特征：

1. 目标明确,调节灵活

消费税是对某些特定消费品和消费行为征收的一种税。它具有选择性、灵活性特征,导向性强。多数国家实施的商品劳务税,都把增值税作为普遍调节的税种,而把消费税作为有选择征收的税种,即根据消费政策、财政政策和市场供求情况,确定具体的消费税征收项目,同时,征收项目也随着经济情况的变化而调整。此外,还通过对消费品课以重税、轻税或免税等措施,来体现政府的消费政策。因此,消费税是国家调节消费,引导生产,加强宏观经济管理的重要手段。

各国在消费税的具体设计上,通常根据各自的国情选择征税项目,有些国家征税项目较多,有些则较少。但多数国家的共同点都是把非必需品、奢侈品、嗜好品、高档消费品等列入征税范围,比如烟酒、化妆品、贵重金属制品、珠宝、石油、各种燃料油、机动车辆、音响设备、电视机、录像机、电气器具、饮料以及赌博、赛马、彩票等。因此,消费税也是对消费者个人收入进行分配的一个重要税种。

2. 税负弹性大,政策鲜明

消费税按照选定的消费品分别确定不同税率,项目之间的税负水平弹性很大,高低悬殊。这种多税率、差距大的特点,体现了国家有关政策的需要。例如,日本对酒类实行从量定额征收和从价定率征收两种方法,采用定额税的按含酒精度数分为不同税额,共分 10 类 65 个级别,含酒精度数高的税负重,低的税负轻,以鼓励低度酒的消费。对从价按比例征收的,最高税率为 55%,最低税率为 22%。有些国家对机动车用油征税,根据耗油量的大小确定征免,耗油量大的征收消费税,耗油量小的免征消费税。

3. 财源集中,征收方便

各国消费税征收时会考虑各种因素从而对税源进行严格选择。一般来讲,多数国家都选择那些生产集中、产销量大、财政收入充足的消费品作为消费税的征收对象。消费税由于征收范围有限,税源集中,征收简便,成本低,因而聚财方便,可以取得大量财政收入。

4. 易于控制减免税

从世界各国消费税的实践来看,消费税的减免税很少。因此,消费税在调节消费、保证财政收入方面,能够发挥重要作用。

(二) 消费税的调节功能

从消费税的特征可以看出,世界各国开征消费税的主要目的并不在于取得财政收入,而主要是发挥消费税所具有的在调整产业结构、引导消费方向、合理配置资源等方面的重要作用。

一般而言,按照消费税的具体调节功能,消费税可以分为四种类型,即限制性消费税、奢侈品消费税、使用费性质的消费税和体现特定经济调节目标的消费税。消费税的种类不同,调节能力也存在差异。

1. 限制性消费税

这种类型的消费税的最大特点是通过课征消费税来抑制或限制某些特定产品的消费或相关的行为,即"寓禁于征"。比如,烟酒类产品是各国征收消费税的主要品目,对这类产品征税主要是因为从医学上看,该类商品的过度消费不利于人们的身心健康等。另外,赌博、娱乐等行为也会影响消费者的身心健康,并且还会造成资源的浪费。因此,世界各国在对这些商品或行为征税时都规定了较高的税率,起到限制消费的作用。

2. 奢侈品消费税

这种类型的消费税主要是针对增值税或销售税普遍调节的缺陷而特别设立的。由于增值税对所有商品一视同仁,所采取的实际税率又不可能过高,因而对于有些价高利大的商品如奢侈品不能起到很好的调节作用,从而引起税制的纵向不公平。而对奢侈品征税则恰好可以弥补这一不足,这样,具有相同收入能力的人消费相同消费品税收负担相同,收入能力强的人消费更多的奢侈品则税收负担较重,收入低的人不消费奢侈品或少消费奢侈品,则不负担或少负担消费税,从而起到调节公平的作用。当然,奢侈品和必需品的确定取决于不同时期不同国家的经济发展水平和人们的消费习惯,这种客观标准应随着经济的发展而进行调整。

3. 使用费性质的消费税和体现特定经济调节目标的消费税

这两种类型的消费税是税收复合调节功能的拓展,具有实现政府宏观调控、降低公共支出成本、优化政府资源配置、消除市场运行的外部效应、兼顾公平与效率的功能。汽车消费税和环境税分别是这两种类型的消费税的典型形式。

(1) 汽车消费税。这是世界公认的具有使用费性质的消费税。一般各国与汽车有关的税种主要包括:① 汽车燃料税。汽车燃料税是指对汽车(机动车)的燃料(汽油、柴油)课征的税。目前,世界上许多国家都是以汽车燃料的容量为基础计算征收该税的。② 购买汽车时须缴纳的货物税。有的国家把这种税作为高税率增值税的替代税并从价征收,如爱尔兰、荷兰、英国和丹麦;也有的国家以重量为基础征收,如瑞典。③ 与汽车的所有权或使用有关的税。这些税通常采用特别汽车执照的形式,这种执照可能与汽车的重量(丹麦、德国对非客车,荷兰、瑞典、比利时和英国对某些商业用车辆)或马力(法国、意大利)或车辆的引擎能力(比利时、德国对客车)有关,或者这些税只是以某种比例税率征收(如英国对客车)。

无论对购买机动车辆采取何种征税方式,各国对机动车辆征收的差别税从表面上看都是一种限制奢侈品消费的消费税,或者是一种限制能源消费和消耗的调节税,但实质上这种消费税制的设计主要考虑的是车辆对道路的损坏,即通过对汽车或汽车燃料课税来代替对使用公路收取的使用费。以征税替代收取公路费有助于减少征税成本,使不同重量或能耗的车辆负担不同的税收,从而达到调整消费结构、筹集公路建设和维修基金的目的。

(2) 环境税。环境税是以法律形式明确规定污染环境者要根据其排放污染物的种类、浓度和数量缴纳的一种税,这一种特别的消费税。

从经济学的角度看,污染是纳税人在追求自身利益最大化过程中产生的负外部性,它会造成社会资源配置的扭曲,导致环境恶化。而征收环境税则可以使纳税人的外部成本内在化,从而达到提高其产品成本、限制其污染行为、矫正负外部性的效果。

三、消费税的征税范围

(一) 影响消费税征税范围的因素

由于各国国情不同,世界各国在消费税征税范围的选择上也存在一定差异,有些国家消费税的征税范围较广,而有些国家则相对较窄。从总体上看,各国在选择征税范围时,主要考虑以下因素:

(1) 体现寓禁于征的精神。针对那些按社会公德的要求应该节制消费的消费品,如烟、酒等,政府将禁止或限制这些商品消费行为的意图寓于征税过程中。

(2) 抑制消费,引导正确的消费方向。在实践中,针对奢侈品和高级消费品的课税,体现了高收入者要承担更多的税款的原则,具有调节收入分配的作用。

(3) 体现政府的某些政策意图。对特定消费品征收消费税,可以有效地提高产品的税负,降低制造商的利润水平,调整其收益,借以抵制制造商对某些产品生产的积极性,促进其行为符合国家宏观经济政策的要求。

(4) 一般选择税源大、可提供充裕收入的项目。各国由于资源情况不同,选择课税对象也不同。

(5) 历史因素。有些项目的课税,有某些国家有着悠久的历史,人民有纳税习惯,比如对火柴、盐等的课税。

(二) 消费税的课征范围

从世界上开征消费税的各国的实践看,消费税的征税范围主要分有限型、中间型和延伸型三种类型。

1. 有限型消费税

有限型消费税的征税范围仅限于传统的货物项目,包括烟草制品、酒精饮料、石油制品,以及机动车车辆和各种形式的娱乐活动,此外,有的国家还包括糖、盐、软饮料等某些食物制品,以及钟表、水泥等。但从总体上看,有限型消费税的征税范围通常不会超过15个品目。

在实行消费税的国家中,采取有限型的国家约占半数,如美国、巴哈马、危地马拉、洪都拉斯、巴拿马、巴布亚新几内亚、巴西、哥伦比亚、玻利维亚、智利等六十多个国家。表7-3列举了部分国家具体的征税品目。

表7-3　部分国家有限型消费税征税范围

国家	消费税征税范围的具体内容
美国	汽油、轮胎、轮带、酒精、烟草制品、豪华汽车等奢侈品、麻药、鸦片、白磷、赌博行为等
澳大利亚	石油、石油产品、啤酒、烈酒、雪茄烟、纸牌、火柴、烟丝、烟纸、卷烟、烟草、葡萄酒、煤、电视真空管等
玻利维亚	烟、酒、化妆品、珠宝、糖、石油等
加拿大	酒、烟、珠宝、汽油、小型客车、挥发油、卷烟机、工艺品、火柴、售货机、烟卷、手表、航空运输服务等
智利	饮料(含酒)、燃料、烟、高档地毯、花毯、挂毯及类似商品、除航用和比赛用以外的快艇、住房、汽车、罐装鱼子酱及代用品、烟花爆竹、气枪及附件、子弹等
哥伦比亚	酒、烟、机动车等
捷克	汽油、酒精、烟草制品等
匈牙利	特制的好瓷器、上等水晶、贵金属、珠宝、化妆品、咖啡、含酒精的饮料、烟草制品、巧克力、汽油等
印度尼西亚	卷烟、雪茄烟、烈性酒、啤酒、汽油、挥发油、其他油、砂糖等
荷兰	酒、烟、燃料等
新西兰	酒精饮料、烟草制品、汽油等
秘鲁	机用油、煤油、柴油、燃料油、液化气、天然矿泉水和药用矿泉水、葡萄酒、苹果酒、梨酒、甘蔗汁、其他发酵饮料、未加工酒精、白酒、威士忌、杜松子酒、汽车、人工矿泉水、汽水、香烟、啤酒等
波兰	烟、酒、汽油、高档汽车、电子消费品,以及其他奢侈品等
俄罗斯	烟、酒、汽车、奢侈品等
南非	酒、烟、燃料等产品
瑞士	酒精、饮料等十余种产品
泰国	石油、石油产品、玻璃制品、旅游车、香水等

资料来源:陈志楣:《税收制度国际比较研究》,经济科学出版社2000年版,第148—153页。

2. 中间型消费税

中间型消费税应税项目为15—30种,除包括传统的消费税项目外,还涉及食物制品如牛奶和谷物制品,有些国家还包括一些被广泛消费的商品,如纺织品、鞋类、药品,以及某些奢侈品,如化妆品、香水等。甚至有些国家还涉及某些生产资料,如水泥、建筑材料、颜料、油漆等。采用中间型消费税的国家约占实行消费税国家的30%,主要有丹麦、法国、德国、爱尔兰、意大利、奥地利、芬兰、冰岛、挪威、葡萄牙、西班牙、瑞典、土耳其、乌拉圭、墨西哥、马来西亚、也门、叙利亚、约旦、伊朗、坦桑尼亚、肯尼亚等三十多个国家。表7-4列举了部分国家中间型消费税的征税范围。

表7-4　部分国家中间型消费税征税范围

国家	消费税征税范围的具体内容
阿根廷	酒、酒精、香烟、燃料、化妆品、汽车、天然气、奢侈品、非酒精饮料、电话服务等
奥地利	烟草、酒精、饮料、盐等
丹麦	烟、酒类、汽油、机动车等
英国	啤酒、酒精、国产葡萄酒、烃油、烟、火柴、打火机、赌博等
芬兰	液体燃料、烟草、电力、化肥、啤酒、酒精、某些食品、人造奶油、矿泉水、软饮料、糖等
法国	酒精、葡萄酒、苹果酒、梨酒、蜂蜜酒、碳酸葡萄汁、啤酒、矿泉水、火柴、打火机、葡萄糖等
德国	烟、酒、茶叶、矿物油、彩票、糖等
冰岛	酒、烟等
意大利	烟草、火柴、化妆品、橄榄油、植物油、矿物油、液化气、人造黄油、打火机、咖啡、可可、电、电视机、收录机、录像机、望远镜、幻灯片、摄像机、放映机、电子游戏机等
马来西亚	烟、酒、香料、饮料等
墨西哥	啤酒和清凉饮料(含酒精不到6度)、酒精饮料、烟(包括香烟、大众烟、雪茄)、汽油、柴油、车用天然气等
挪威	汽车、汽油、白酒、果酒、啤酒、非酒精饮料、电动产品、烟草、矿物油产品、煤和焦炭、糖和巧克力、声像带、收音机、电视、游船、收音机、客运等
葡萄牙	机动车辆、游艇、酒精、含酒精饮料、啤酒、烟草、石油、无烟煤、照明用燃料,以及对酒吧、夜总会、迪斯科舞厅、酒店及夜间娱乐等
西班牙	酒精、烈性酒、饮料、啤酒、碳氢化合物及烟草等
瑞典	酒类(包括酒精、葡萄酒和其他酒)、卷烟、能源(电、煤、炭、原油、石油、煤油、挥化油等)、机动车、摩托车、化妆品、啤酒、清凉饮料、金银制品、宝石、丝织地毯、留声机及唱盘、毛皮等

资料来源:同表7-3。

3. 延伸型消费税

延伸型消费税的应税项目最广,除了中间型课征范围包括的应税项目外,还包括更多的消费品，如收音机、空调器、电视机、冰箱、音响、摄影器材、电器设备，以及一些生产性消费资料，如钢材、铝制品、塑料、树脂、橡胶制品、木材、电缆、电池等。实行延伸型消费税的国家有日本、希腊、牙买加、尼加拉瓜、海地、巴勒斯坦、尼泊尔、韩国、印度、埃及、利比亚、孟加拉国、尼日利亚、加纳等二十多个国家，其中日本、韩国和印度等国的消费税应税项目几乎包括全部的工业品。

部分国家延伸型消费税征税范围见表7-5。

表7-5　部分国家延伸型消费税征税范围

国家	消费税征税范围的具体内容
印度	烟酒、化妆品、衣料等114种产品
以色列	卷烟、酒等数十种产品
日本	酒、烟草、飞机燃料、石油、挥发油、地方道路、石油燃料、汽车等产品，以及高尔夫球场、轻油交易、汽车取得、洗浴等
韩国	珠宝、珍珠、龟壳、珊瑚、琥珀、象牙及其产品、贵重金属产品、毛皮及毛皮制品、投币自动销货机及娱乐性机器、桌球、高尔夫球、猎枪、家具、化妆品、空调设备及类似产品、电冰箱、电动洗衣机、彩电及类似产品、电唱机、家用机器用具、汽车、汽艇游艇、钢琴、高级手表、电视、录像录音机及类似产品、电视屏幕接收机、水晶杯、水晶瓶、咖啡、可可、可可酱、糖、淀粉、软饮料、营养配制食物或兴奋剂、地毯、汽油或代用品、轻油、液化石油气，此外进入某些场所如赛马场、蒸洗浴室等要缴纳特别消费税
巴基斯坦	火柴、打火机、挥发油、盐、银制品、铁筒烟、雪茄烟、宝石、植物油、槟榔和槟榔子、咖啡、毛织品、棉纱、黄麻、沥青、石油、石油气、煤油、玻璃、化妆品、电灯泡、水泥、化肥等

资料来源：同表7-3。

四、消费税的计税方法

（一）消费税的价外税与价内税

消费税是对商品和劳务课征的一种税，属于间接税范畴。消费税不管采取何种计税方法，其税金基本上最终都由消费者负担，所不同的是这种负担形式是采取公开形式，还是采取隐蔽形式。前者为价外税，后者为价内税。

1. 价外税

价外税是指在应税商品和劳务的价格之外，另加一笔消费税，这是消费税负担的公开形态。具体来讲就是消费者购买货物或接受劳务付款时，发票上分别注明货款和税款，税款由谁负担，负担多少一目了然。从消费税的税种性质来看，对生产者征收的消费税，可采取价外税的形式，因为它通过流通环节，配合以“抵扣”的方法，便可以向前转嫁出去。这适合于对传统项目课税的消费税类。而对于零售环节的消费税,由于最终消费者是明确的,若采用价外税形式,则不利于商品的销售,因此最终销售环节的消费税往往采取价内税的形式。但是,也有少数国家为了限制某些商品的消费或限制某些消费行为,有时也通过税法明确规定最终销售环节的消费税需采用价外税的形式。比如,有些国家对消费毒品、赌博以及某些对环境构成污染的行为等,就通过规定价外税计列的方式加以限制。

从实践上看,世界上实行消费税的国家一般很少采取价外税的征收形式,多数国家采取价内税形式。

2. 价内税

价内税是指税款包含在货物价格之内,或假定税款包含在货物价格之内(指有些消费品价格本身不含税,在计税时将其换算成含税的价格形式),消费者购买货物或接受劳务付款时,虽然在发票上看不到标注的税金,但实际上税款已经隐含在价格之内了。通过隐含在价格中的形式将消费税转嫁给消费者的过程,称税负转嫁。当然,这种税负转嫁的程度取决于商品或劳务的需求弹性。

从实践上看,一般实行了增值税的国家,如果再配合征收消费税时,为了避免征税过程中划分税基产生的麻烦,消费税通常采取价内税的形式。

(二) 消费税的从价税与从量税

从计征方法上看,消费税可以根据不同应税商品分别规定按一定比例税率征收或按固定税额征收,前者称为从价税,后者称为从量税。

1. 从价税

这是指以每单位应税商品的价格为计税依据,并按应税商品的单位价格规定一定比例的税率。由于在具体实践中,消费税分为价外税和价内税,因此消费税的从价计征又分两种情况:

(1) 如果应税商品价格是含税的,其消费税的应纳税额则为

$$应纳税额 = 应税商品含税售价 \times 税率$$

(2) 如果应税商品的价格是不含税的,其计税方式则依税率是否是按含税价格设计而不同。如果税率也是按不含税价格设计的,则计税公式为:

$$应纳税额 = 不含税售价 \times 税率$$

但是,如果税率是按含税价格设计的,那么不含税售价首先要换算成含税售价,然后再计税。①

---

① 参见杨春梅:《比较税制》,中国税务出版社 1999 年版,第 158 页。

2. 从量税

这是指以每单位应税商品的重量、数量、长度或容积为计税依据,并按每单位应税商品规定固定数额的税金,即定额税率。

从量课征的计税方法,是消费税计税方法的独特之处。因为应税货物如烟、酒等商品的等级有一定的标准,所以有可能针对货物的数量包括个数、件数、容量、重量等课征固定的税额。

消费税的从价课征与从量课征各有利弊。一般而言,在物价基本稳定的情况下,两者仅存在征管手续上的区别。从量征税与市场价格高有直接联系,计算简单。此外,不同纳税人的同量应税商品负担的税金相等,有利于促进改善经营管理,提高产品质量。但是,在物价波动的情况下,从价课征与从量课征在政府财政收入和消费者的负担方面会有很大不同。如果从价征收,税收会随着物价的涨落而增减。从政府角度看,会表现为财政收入的增减,从消费者的角度看,会表现为税收负担的重或轻;但如果按从量征收,税收固定,不随物价的涨落而变化。从政府角度看,表现为财政收入的稳定,从消费者角度看,则表现为税收负担的稳定。因此,从量课征会降低税收制度下税收收入的弹性。

第二节　发达国家的消费税制度

一、美国联邦消费税

(一) 美国消费税的演进

美国于 1789 年开征消费税,它与关税是联邦政府最早开征的两个税种。南北战争期间,联邦政府为了增加财政收入,不断扩大消费税的征税范围,使其成为当时的主体税种,在当时的美国税收法律体系中占有重要的地位。但随着个人所得税和社会保障税的兴起,消费税的调节地位也逐渐下降。2006 年,消费税占联邦政府税收收入总额的比重为 6.2%,占 GDP 的比重为 1.7%。近年来,随着美国政府“低税率、宽税基”的税制改革的不断深入,消费税法也做了相应的调整。

(二) 征税范围和税率

1. 征税范围

美国的消费税是主要由联邦政府所征收的一种税,属于有限型消费税。目前,美国联邦政府的消费税主要分为四类(详见表 7-6)。

第一类是对有害商品如酒精、烟草等征收的税,被称为“罪恶税”(sin taxes)。其征税目的主要是通过强迫人们为购买该种产品付出较大代价的方式,抑制对该产品的消费。因此,这一类消费税实际上是一种限制性消费税。第二类是对交通运输和通信设施征收的税,包括汽油税、其他燃料税、轮胎和运输车辆税,以及对航空运输、电话等征收的税。这种类型的税具有使用费的性质,其收入主要用于特定的支出,如公路的修建和维护。因此,这一类消费税属于受益性的消费税。第三类是对环境和资源所征的税,包括对捕鱼设施、煤和化学物品征收的税,主要是为了加强环境保护,控制污染,这实际上是一种矫正性税收。第四类是对奢侈品所征的税,包括对珠宝、皮毛和高档小汽车征收的税。

表 7-6　美国联邦政府消费税范围与税率(税额)

消费税类型	税率或税额
有害物品	
酒精制品	13.5 美元/加仑
啤酒	18 美元/桶(31 加仑)
烟草	12 美元/千支
赌博	25%
交通运输与通信	
汽油	18.4 美分/加仑
货车	12%
航空运输	10%
国际运输	6%
一般电话服务费	3%
环境与资源	
捕鱼设施	10%
地下煤	1.10 美元/吨
地上煤	0.55 美元/吨
化学物品	10.13 美元/吨
奢侈品	
珠宝	10%
皮毛	10%

资料来源:Tax Foundation, Facts and Figures on Government Finance, 1995。

2. 税率

美国联邦消费税属于价外税,其税率有定额税率和比例税率两种形式,烟草、酒类、汽油等适用定额税率,其他商品适用比例税率。

(三) 消费税的管理与缴纳

1. 消费税的管理

美国联邦消费税属于典型的专款专用税种。许多税目的消费税收入分别形成特定的基金,比如高速公路信托基金、机场和航天信托基金、矽肺残疾信托基金等,这三类基金占消费税收入的比重约60%,这些收入主要用于联邦政府对相关项目的支出。

2. 税款的缴纳

消费税按季度申报,每一季度终了后的一个月内(比如,4 月 30 日前申报 1 月、2 月、3 月的税额)申报纳税。

二、英国的消费税

英国的消费税是指对在英国境内生产或进口的碳氢化合物油产品、酒精饮料、烟草制品等征收的一种税。英国消费税与增值税之间是互补关系,即对购入已征消费税的物品不征增值税。

(一) 征税范围

英国是采取限制型消费税的国家,其消费税税目包括啤酒税、酒精税、国产葡萄酒税、烃油税、烟消费税、火柴税、打火机税、赌博税、赌博业许可税、酒类制造贩卖许可税、俱乐部许可税、犬税、猎枪税、狩猎许可税等。其中,对酒类饮料所征的税在消费税中占有重要地位。

此外,为了加强环境保护,英国还征收土地填埋税、气候改变税和总量税。

(1) 土地填埋税。这是对在填埋场地的废物处理征收的税。目前,土地填埋税的标准税率为每吨 32 英镑,对于非经营性的废物处理适用低税率,每吨 2.5 英镑。

(2) 气候改变税。该税是对在英国使用电、煤气、煤等能源征收的税,其税率根据所使用燃料的性质不同而不同。

(3) 总量税。该税是对在英国为进行商业开发而开采和进口沙子、沙砾和碎石等征收的税,现行税率是每吨 1.95 英镑。

(二) 税率

1. 酒类饮料税率

酒类饮料适用税率参见表 7-7。

表 7-7　英国酒类应税消费品税目与税率(2008—2009)

税目	税率(英镑)
酒精(每升纯酒精应纳税额)	22.2
酒类饮料(每升纯酒精应纳税额)	22.2
葡萄酒和人工酿酒:超过 22 度(每升纯酒精应纳税额)	23.05
啤酒(每百升应纳税额)	16.15
不含碳酸气体的苹果酒和梨子酒:超过 1.2 度不超过 7.5 度(每百升应纳税额)	31.21

（续表）

税目	税率(英镑)
不含碳酸气体的苹果酒和梨子酒:超过7.5度不超过8.5度(每百升应纳税额)	46.83
气体苹果酒和梨子酒:超过1.2度但不超过5.5度(每百升应纳税额)	31.21
气体苹果酒和梨子酒:超过5.5度不超过8.5度(每百升应纳税额)	203.14
葡萄酒和人工酿酒:超过1.2度不超过4度(每百升应纳税额)	64.65
葡萄酒和人工酿酒:超过4度不超过5.5度(每百升应纳税额)	88.90
不含碳酸气体葡萄酒和人工酿酒:超过5.5度不超过15度(每百升应纳税额)	209.82
葡萄酒和人工酿酒:超过15度不超过22度(每百升应纳税额)	279.74
气体葡萄酒和人工酿酒:超过5.5度不超过8.5度(每百升应纳税额)	203.14
气体葡萄酒和人工酿酒:超过8.5度不超过15度(每百升应纳税额)	268.75

资料来源:http://www.hmrc.gov.uk。

2. 烟草制品税率

(1) 烟草:实行比例税率与定额税率相结合的复合税率,即零售价的22%,加上每千支112.07英镑。

(2) 雪茄:实行定额税率,即每千克163.22英镑。

(3) 手卷烟:实行定额税率,即每千克117.32英镑。

(4) 其他烟草和嚼烟:实行定额税率,即每千克71.76英镑。

第三节 发展中国家的消费税制度

一、韩国的特别消费税

(一) 纳税人与征税范围

韩国特别消费税征税范围包括六类应税商品和两类应税场所。纳税人即规定的六类应税商品的生产、进口者以及规定的两类应税场所的经营者。

(二) 税目与税率

韩国六类商品的税目及适用税率见表7-8。经营应税场所适用税率见表7-9。

表 7-8 韩国消费税税目与税率(2006 年)

应税商品		适用税率
老虎机、弹球游戏机及类似的娱乐性设备,猎枪和来复枪		20%
鹿角、王浆、香水		7%
首饰(不包括工业用钻石和未经加工的原矿石)、珍珠、玳瑁壳、珊瑚、琥珀、象牙及其产品、贵重金属产品,对价值超过 200 万韩元的部分		20%
高档照相机及其附件、高档手表、高档皮毛及其制品(不包括兔皮和未经加工的皮毛)、高档地毯和家具,对价值超过 200 万韩元(高档家具为 500 万韩元/件或 800 韩元/套)的部分		20%
汽车(不包括发动机排气量为 800 毫升及 800 毫升以下的汽车)	排气量超过 2 000 毫升的汽车和野营小汽车	10%
	排气量 2 000 毫升以下的	5%
(液体、气体)燃料	汽油	630 韩元/升
	柴油	364 韩元/升
	煤油	134 韩元/人
	丙烷气	40 韩元/人
	丁烷气	306 韩元/升
	天然气(包括液态)	60 韩元/升
	重油	15 韩元/升

表 7-9 韩国 2 类应税场所及适用税率(2006)

应税场所		适用税率
娱乐场所	赛马场	500 韩元/人
	老虎机经营场所	10 000 韩元/人
	高尔夫球场	12 000 韩元/人
	赌场	3 500 韩元/人(外国人 2 000 韩元/人,专对外国人开放的赌场税率为零)
	自行车赛场	200 韩元/人
娱乐性酒吧、客栈等		10%

(三) 消费税的申报与缴纳

(1) 凡出售、制造应税货物的,应在次月月底前申报生产量、应纳税额、未缴税款、免税额、抵免额及应退税款,并在申报期内缴纳税款。

(2) 将应税货物运出保税区并已申报进口的纳税人,应视作已履行纳税手续,但须于领取进口准许证时缴纳特别消费税。

(3) 不属进口但须缴纳关税的货物,按海关法规定依不同细节斟酌处理。

(4) 应纳税娱乐场所的经营人须于次月月底前申报并于申报期内缴纳应税税款。

(四) 免税规定

1. 不予征税

根据韩国税法规定,不予征税的情况包括:

(1) 由个人直接制造的自用或家庭成员使用的货物(不包括由企业制造的货物)。

(2) 按海关法适用简化税率的货物。

(3) 酒精浓度超过1%的已缴纳酒税的酒类货物。

(4) 按人参经营法,畜产品经营法,药物、化妆品、医疗器械法,食品卫生法等没收的货物。

2. 免税①

韩国免税的范围主要包括:(1) 出口货物或供给驻韩外国军队的货物经申请可免纳特别消费税;(2) 外交人员免税;(3) 专卖商店免税;(4) 娱乐活动的免税。

二、印度的消费税

消费税是印度的传统税种,在税制体系中曾长期占重要地位。随着所得税和增值税的发展,消费税的地位逐步下降,但仍在税收体系中占重要比重。2004—2005 年度,印度消费税收入占当年间接税收入的比重仍为41%。

(一) 纳税人与征税范围

印度消费税的纳税人,是在印度境内生产、销售、进口应税商品的自然人和法人。印度《中央消费税法案》明确指出,除盐以外,对所有在印度境内生产或制造的应税消费品都征税。一般来讲,征收消费税要满足四个条件:一是对商品征税;二是商品属于应税商品;三是必须是生产或制造的商品;四是生产或制造的商品必须在印度境内。

印度宪法授予中央和地方政府征收各类税的权力。因此,邦政府也有权开征消费税,每个邦都规定了各不相同的税率和征收方法。但只有中央政府享有对在印度生产的烟草及主要物品(酒精饮料及麻药由州政府征税)征收消费税的权力。

(二) 计税方法与税率

印度的消费税采取从价定率征税和从量定额征税两种方式。一般来讲,消

① 参见各国税制比较研究课题组编著:《消费税国际比较》,中国财政经济出版社 1996 年版,第 59 页。

费税包括基本消费税和特种消费税两种。基本消费税税率有三档,中央税率为16%,优惠税率为8%,惩罚税率为24%;特种消费税是在1999年对特定商品开征的,对小汽车、纯净水、口香糖的税率为16%,石油为8%,化妆品、护肤品、汽车、卡车轮胎、空调和冰箱及其零部件为6%。此外,印度还规定对烟草制品、纺织品、矿产品征收附加消费税。

(三) 消费税的征管

由于中央消费税是对特定商品征收的,所以为了对征税对象进行严格的控制,印度制定了一整套消费税征收程序,包括申报、核定应税价值、商品的储存、结算、消费税的缴纳等。应征消费税的流转必须具备"消费税发票"才能实现,并须在每个财政年度结束后,即每年的4月15日向监督员提交当年的申报表进行清算,以便严格控制,防止偷逃税款的情形发生。

第四节　中东欧国家的消费税制度

一、俄罗斯的消费税

在俄罗斯,消费税收入归属于中央政府。俄罗斯消费税法于2001年修订,并于2002年1月1日起实行。该国消费税征税范围覆盖了各种酒类、烟草制品和燃料油等,税率包括定额税率和比例税率。见表7-10。

表7-10　俄罗斯消费税税目与税率

税目	税率
以各种原料制成的酒精(包括以各种原料制成的粗酒精)	14.11卢布/每升酒精
酒精含量在25%以上的各种酒类制品(葡萄酒除外)及含酒精制品	98.78卢布/商品中每含一升酒精
酒精含量为9%—25%(含)的各种酒类制品(葡萄酒除外)	72.91卢布/商品中每含一升酒精
酒精含量在9%(含)以下的各种酒类制品(葡萄酒除外)	50.60卢布/商品中每含一升酒精
葡萄酒(天然葡萄酒除外)	41.20卢布/商品中每含一升酒精
香槟酒、葡萄汽酒	10.58卢布/升
天然葡萄酒(香槟酒、葡萄汽酒除外)	3.52卢布/升
酒精标准含量在0.5%(含)以下的啤酒	0
酒精标准含量在0.5%以上8.6%(含)以下的啤酒	1.12卢布/升
酒精标准含量在8.6%以上的啤酒	3.70卢布/升

（续表）

税目	税率
烟斗用烟草	453.60 卢布/千克
吸用的烟叶(用做烟草制品原料的烟叶除外)	185.92 卢布/千克
雪茄烟	11.20 卢布/支
长度在85毫米以上带过滤嘴的香烟	84 卢布/1000 支
带过滤嘴的香烟(超过85毫米以上的带过滤嘴的香烟和国家标准1—14级香烟除外)	61.60 卢布/1000 支
国家标准1—14级香烟	39.20 卢布/1000 支
不带过滤嘴的香烟、白杆烟	11.20 卢布/1000 支
珠宝制品	5%
石油、稳定凝析油	73.92 卢布/吨
发动机功率在67.5千瓦(90马力)(含)以下的轿车	0
发动机功率在67.5千瓦(90马力)以上112.5千瓦(150马力)(含)以下的轿车	11.2 卢布/0.75 千瓦(1马力)
发动机功率在1125千瓦(150马力)以上的轿车、发动机功率在1125千瓦(150马力)以上的摩托车	112 卢布/0.75 千瓦(1马力)
辛烷值在80以下(含)的车用汽油	1512 卢布/吨
其他辛烷值的车用汽油	2072 卢布/吨
柴油	616 卢布/吨
柴油发动机及汽化式(或电喷式)发动机用柴油	1680 卢布/吨
在俄境内销售的天然气	15%
销售到独联体国家的天然气	15%
销售到俄罗斯境外(包括独联体国家)的天然气	30%

资料来源:王国华主编:《外国税制》,中国人民大学出版社2008年版,第245页。

二、匈牙利的消费税

1988年,匈牙利决定对国内产品和进口产品的销售课征消费税,它是由原来的周转税演化而来的。匈牙利消费税主要在批发环节以及出口环节征收,基本税率为11%,对奢侈品和嗜好品则实行高税率,如对白酒的税率为93%,对烟草制品的税率为72%,但对国家扶持和鼓励的产品则给予免税或补贴待遇,比如对童袜补贴60%。

此后,匈牙利对消费税进行了多次调整。例如,1996年对进口小汽车按其排量是否超过1600立方厘米,分别征收32%和22%的消费税;对装有催化转换装置的小汽车和电动汽车,消费税税率分别为10%和20%。此外,还修改了其他税目的税率,如口香糖的税率由59%增加为70%。1996年开始对国内服务行业征收消费品价格附加税。1997年1月1日,将消费税税率平均提高了

14%，取消对巧克力、化妆品、扑克牌、口香糖征收的消费税，从而使消费税的征收范围仅限于燃料、烟草产品和烈酒等方面。

第五节　比较与借鉴

一、消费税改革的国际趋势

从世界各国商品劳务税改革的实践看，消费税在社会经济中的调节作用日益明确和直接，多数国家都把消费税作为间接税改革的方向。从消费税改革的国际趋势看，在总量上，由于增值税在世界范围内的普遍推行，消费税收入占税收收入总额的比重有所下降；在结构上，世界各国在应税消费品税目的设计中更突出了税收的政策导向功能，并把环境保护的理念运用到税制设计之中，与环境相关的税收收入所占比重进一步增加。

（一）世界各国消费税收入在总体上有下降趋势

进入21世纪以后，随着增值税在世界各国的普遍推行，对特定商品和劳务征收的消费税收入呈一定的下降趋势。从消费税占税收收入总额的比重看，根据OECD的统计报告（见表7-1和7-2），20世纪60年代，OECD国家消费税占税收收入总额的平均比重为24%左右，1975年该比重为17.7%，1985年该比重为16.2%，到2000年，该比重进一步下降至11.5%，2006年该比重为10.8%。从消费税占GDP的比重看，1965年OECD国家消费税占GDP的平均比重为5.7%，1975年该比重为4.7%，1990年该比重为4.1%，到2000年，该比重下降为4.1%，2006年该比重为3.7%。当然，不同区域以及不同国家之间，消费税收入下降的程度存在一定差异。比如，2006年从消费税收入占税收收入总额的比重看，墨西哥和土耳其分别为35.1%和24.6%，而美国和新西兰则只占6.2%和6.1%。2006年消费税占GDP的比重，墨西哥和土耳其分别为7.2%和6.0%，而美国和日本则为1.7%和2.1%。这说明，各国政治经济环境和税制体系的构成等对消费税的发展都会产生较大影响。

（二）消费税税目设计的导向性更明确

由于各国社会经济环境和历史文化的差异，世界各国消费税的范围不尽相同，在税目的选择上也存在一定差别。从各国消费税发展的实践看，消费税的税目通常包括酒类、烟草、矿物油、盐、糖、火柴、果汁或巧克力等。但是，随着经济的发展以及各国税收政策目标的调整，酒类饮料、矿物油以及烟草制品三类税目在各国消费税中逐渐居十分重要的地位。这体现了世界各国在消费税改革中更关注对人们消费行为的调节。比如，对酒类饮料和烟草制品征收消费税主要体现了“寓禁于征”的思想,目的在于引导人们健康的消费行为;而对矿物油征收消费税则从节约能源、保护环境等方面对人们的消费行为起引导作用,这其中包括对燃料油和机动车征收的消费税。

表7-11和7-12分别显示了OECD国家对酒类饮料和矿物油的征税情况。其中,酒类产品通常根据酒精的含量来确定应纳税额;矿物油产品税率的设计则主要是根据使用数量,对汽油按照含铅和无铅汽油分别确定不同的税额,充分体现环境保护的思想;对烟草制品通常采取从量定额与从价定率相结合的复合计税法来确定应纳税额,旨在减少人们消费的量,引导健康的消费行为。从中可以看出,世界各国在有选择地对酒类饮料、烟草和矿物油征收特定消费税的同时,也都对这些产品普遍征收增值税(美国除外)。从可比较的数据看,各国对这些产品的课税比例存在较大差异,体现了各国对该类产品的调节力度上的差异。

表7-11　OECD国家酒类饮料消费税和增值税税率(2005年)

国家	消费税(每百升纯酒精应纳税额)		增值税税率(%)
	本国货币	美元	
澳大利亚	—	—	10.00
奥地利	1 000.00	1 101.32	20.00
比利时	1 660.89	1 880.96	21.00
加拿大	1 106.60	871.34	7或15
捷克	26 500.00	1 815.07	19.00
丹麦	15 000.00	1 773.05	25.00
芬兰	2 825.00	3 018.16	22.00
法国	1 450.00	1 616.50	19.60
德国	1 303.00	1 387.65	16.00
希腊	908.00	1 302.73	18.00
匈牙利	192 000.00	1 523.81	25.00
冰岛	70 780.00	785.57	24.50
爱尔兰	3 925.00	3 886.14	21.00
意大利	730.00	871.12	20.00
日本	—	—	5.00
韩国	72%	—	10.00
卢森堡	1 041.00	1 058.07	15.00
墨西哥	50%	—	15.00
荷兰	1 775.00	1 931.45	19.00
新西兰	—	—	12.50

（续表）

国家	消费税（每百升纯酒精应纳税额）		增值税税率（%）
	本国货币	美元	
挪威	55 400.00	5 843.88	25.00
波兰	4 550.00	1 099.03	22.00
葡萄牙	916.08	500.59	19.00
斯洛伐克	25 000.00	1 453.49	19.00
西班牙	754.77	982.77	16.00
瑞典	50 141.00	5 379.94	25.00
瑞士	2 900.00	1 638.42	7.60
土耳其	7 092.60	9 093.08	18.00
英国	1 956.00	3 159.94	17.50
美国	923.00	923.00	—

注：① 澳大利亚和新西兰酒类消费税一般根据不同类型，按酒精含量的不同规定不同的税率。

② 日本酒类消费税税率：威士忌和白兰地税率为40%，酒精为37%；其他为25%。

资料来源：OECD，Consumption Tax Trends，2008。

表7-12　OECD国家矿物油消费税税额（2005年每1 000公升产品应纳税额）

国家	含铅汽油		无铅汽油		柴油		工业用柴油	
	本国货币	美元	本国货币	美元	本国货币	美元	本国货币	美元
澳大利亚	—	—	381.43	278.42	381.43	278.42	—	—
奥地利	489.00	538.55	417.00	459.25	302.00	332.60	302.00	332.60
比利时	551.81	624.93	535.56	606.52	318.04	360.18	21.00	23.78
加拿大	110.00	86.61	100.00	78.74	40.00	31.50	40.00	31.50
捷克	13 710.00	939.04	11 840.00	810.96	9 950.00	681.51	9 950.00	681.51
丹麦	4 434.00	524.11	3 789.00	447.87	2 492.00	294.56	1 846.00	218.20
芬兰	—	—	587.60	627.78	319.40	341.24	70.00	75.43
法国	—	—	589.20	656.86	416.90	464.77	56.60	63.10
德国	721.00	767.84	654.50	697.02	470.40	500.96	470.40	65.34
希腊	337.00	483.50	296.00	424.68	245.00	351.51	245.00	351.51
匈牙利	111 800.00	887.30	103 500.00	821.43	85 000.00	674.60	85 000.00	674.60
冰岛	44 200.00	490.57	42 230.00	468.70	41 000.00	455.05	0.00	0.00
爱尔兰	553.04	547.56	442.68	438.30	368.05	364.41	47.36	46.89
意大利	558.64	665.84	558.64	665.84	403.21	480.58	120.90	480.58
日本	55 840.00	419.85	55 840.00	419.85	34 140.00	256.69	2 040.00	15.34
韩国	724 500.00	936.05	724 500.00	936.05	464 600.00	600.26	464 600.00	304.46

（续表）

国家	含铅汽油		无铅汽油		柴油		工业用柴油	
	本国货币	美元	本国货币	美元	本国货币	美元	本国货币	美元
卢森堡	424.14	431.04	381.08	387.28	252.83	256.94	18.95	10.16
墨西哥	—	—	36.82%	—	7.86%	—	11.90%	—
荷兰	744.00	809.58	668.10	726.99	364.91	397.07	46.56	50.66
新西兰	—	—	362.00	242.95	0.00	0.00	0.00	0.00
挪威	—	—	4 810.00	507.38	3 440.00	362.87	520.00	98.52
波兰	1 747.00	421.98	1 315.00	317.63	—	—	—	56.04
葡萄牙	548.68	299.83	522.60	285.57	308.29	168.46	308.29	48.99
斯洛伐克	18 000.00	1 046.51	15 500.00	901.16	14 500.00	843.02	—	—
西班牙	428.79	558.32	395.69	515.22	293.86	382.63	84.71	110.30
瑞典	5 660.00	607.30	4 960.00	532.19	3 645.00	391.09	3 645.00	358.80
瑞士	—	—	731.20	413.11	758.70	428.64	—	1.69
土耳其	—	—	1 362.50	1 746.79	834.50	1 069.87	476.00	610.26
英国	562.00	907.92	471.00	760.90	471.00	760.90	52.20	77.87
美国	116.25	116.25	116.25	116.25	132.36	132.36	0.00	0.00

注：除美国外，各国在对上述产品征收消费税同时，也按该国的税率征收增值税。

资料来源：OECD，Consumption Tax Trends，2008。

（三）环境保护理念得到广泛运用，与环境相关的税收的比重稳步提高

环境税改革起始于20世纪90年代。其主要改革理念是将税负从劳动力转到对环境有害的商品和行为上。随着以降低所得税税率为主的税制改革进程的推进，消费税的调节功能受到了多数国家的关注，许多国家开始将消费税的特定调节功能向纵深发展，特别是环境税得到了越来越多国家的重视。

表7-13列举了OECD国家1994年至2003年与环境有关的税收占税收收入总额比重的变动情况。从总体上看，世界各国都不同程度地把环境保护思想运用到了税制改革之中，环境税在税收中都占有一定比重。但是，由于各国实现环境保护的政策手段不同，从而导致与环境相关的税收在税收收入总额中所占比重及发展变动情况存在差异。在1995年，希腊、韩国、墨西哥、葡萄牙等国，与环境相关的税收占税收收入总额的比重都超过了10%，而在美国、比利时、加拿大等国这一比重则为4%左右。从这一比重的变动情况看，有些国家，比如奥地利、丹麦、新西兰、波兰等呈现出稳步上升的趋势；而有些国家，比如澳大利亚、美国、瑞典等则有不同程度的降低。产生这种变化的原因是复杂的，一方面，实现环境保护目标可采取多种经济手段，而税收只是众多经济手段之一，有些国家倾向运用税收手段实现环保目标，也有些国家更愿意采取其他经济手段，比如，美国更愿意采取许可证收费方式来实现环保目标，这通常会影响与环

境保护相关的税收占税收收入总额比重的变化;另一方面,环境税是一种矫正性税收,其主要功能在于矫正对环境不友好的行为,如果一个国家通过开征环境税而使环境得到了改善,则这种税的收入也会减少,该税占税收收入总额的比重也会降低。因此,对于这一比重的变化应做具体分析。但有一点是共识,即在世界各国消费税改革中,环境保护的理念得到了广泛的运用。

表 7-13 OECD 国家与环境相关税占税收收入总额比重变动情况(%)

	1994	1997	2000	2001	2002	2003
澳大利亚	9.00	9.57	6.42	6.34	6.03	
奥地利	4.46	5.38	5.35	5.47	6.04	6.25
比利时	3.99	5.45	5.00	5.01	4.88	4.91
加拿大	4.68	4.42	3.75	3.80	3.78	3.72
捷克	7.60	7.50	7.35	7.64	7.63	7.52
丹麦	7.96	9.34	9.78	9.41	10.06	10.27
芬兰	5.76	7.07	6.67	6.66	6.80	7.32
法国	5.65	5.26	5.29	5.06	5.25	4.91
德国	6.43	5.93	6.29	7.00	7.11	7.44
希腊	12.66	11.71	7.95	7.45	6.71	6.72
匈牙利	6.60	7.45	9.39	6.98	6.83	6.82
冰岛	8.98	9.56	7.81	6.54	6.31	6.59
爱尔兰	9.14	9.24	8.96	7.81	8.19	7.99
意大利	8.66	7.96	6.97	6.81	6.45	6.65
日本	6.13	5.94	6.30	6.39	6.81	6.58
韩国	10.23	12.31	11.72	12.54	10.99	7.17
卢森堡	8.00	7.56	7.12	7.10	7.03	7.27
墨西哥	13.11	9.37	9.32	11.53	13.49	10.25
荷兰	7.62	8.65	9.05	9.18	8.87	8.93
新西兰	4.53	4.70	4.71	4.63	4.69	5.26
挪威	8.40	8.66	6.75	6.76	6.87	6.86
波兰	4.12	4.20	5.71	5.80	5.48	5.67
葡萄牙	11.52	10.40	7.92	8.76	9.07	8.85
斯洛伐克	—	—	6.22	6.37	6.23	—
西班牙	6.59	6.40	6.16	5.90	5.71	5.65
瑞典	6.28	6.10	5.21	5.49	5.83	5.84
瑞士	6.13	5.85	6.92	7.19	7.09	7.24
土耳其	6.68	9.30	9.85	10.15	14.23	15.76
英国	8.39	8.39	8.25	8.02	7.74	7.57
美国	4.17	3.63	3.29	3.28	3.47	3.46

资料来源:OECD Revenue Statistics 1965—2006。

表7-14显示了欧盟国家环境税收入占GDP比重的变化情况。欧盟在运用税收手段保护环境方面为世界树立了典范。在20世纪90年代进行的税制改革中,欧盟成员国税制改革的指导思想就是,把税收负担从所得税转向包括环境税在内的消费税。比如,丹麦在税制体系中有16种带有保护环境目的税收,而挪威的税收收入则比其他北欧国家更依赖于与保护环境有关的税收。在1992年,丹麦总税收收入的7.08%来自与保护环境有关的税种,到1993年,这一比例增加到了7.30%。进入21世纪以后,环境税的作用得到显现,许多欧盟国家的环境得到了极大改善,从而使环境税收入占GDP的比重有所下降。但与此同时,新加入欧盟的成员国环境税占GDP的比重增幅则较大。比如,2006年,爱沙尼亚和拉脱维亚两国环境税占GDP的比重分别从1995年的0.8%和1.2%提高到了2.2%和2.4%。

表7-14　欧盟若干国家环境税收入占GDP比重(%)

	1995	2000	2002	2004	2005	2006
比利时	2.2	2.3	2.2	2.4	2.3	2.2
保加利亚	—	2.5	2.3	3.4	3.1	3.1
捷克	2.8	2.5	2.5	2.6	2.7	2.6
丹麦	4.5	5.2	5.3	5.5	5.8	6.0
德国	2.3	2.4	2.5	2.5	2.5	2.4
爱沙尼亚	0.8	1.7	2.0	2.1	2.3	2.2
爱尔兰	3.1	2.9	2.3	2.5	2.5	2.5
希腊	3.1	2.3	2.3	2.2	2.1	2.0
西班牙	2.2	2.2	2.1	2.0	1.9	1.9
法国	2.8	2.5	2.5	2.4	2.4	2.3
意大利	3.6	3.2	2.9	2.8	2.8	2.8
塞浦路斯	2.9	2.7	2.9	4.0	3.5	3.3
拉脱维亚	1.2	2.4	2.3	2.6	2.7	2.4
立陶宛	1.2	1.8	2.1	2.0	1.9	1.8
卢森堡	3.0	2.8	2.8	3.1	3.0	2.6
匈牙利	3.1	3.0	2.8	2.8	2.8	2.9
马耳他	3.2	3.7	3.4	3.1	3.3	3.4
荷兰	3.6	3.9	3.6	3.8	4.0	4.1
奥地利	2.1	2.4	2.6	2.7	2.6	2.5
波兰	1.8	2.1	2.4	2.6	2.7	2.8
葡萄牙	3.5	2.7	3.2	3.1	3.1	2.9
罗马尼亚	—	—	2.1	2.4	2.0	1.9
斯洛文尼亚	—	3.0	3.3	3.4	3.3	3.1

（续表）

	1995	2000	2002	2004	2005	2006
斯洛伐克	—	2.2	2.4	2.7	2.6	2.4
芬兰	2.9	3.1	3.0	3.2	3.1	3.0
瑞典	2.8	2.7	2.8	2.8	2.8	2.7
英国	2.9	3.0	2.7	2.6	2.5	2.4
挪威	2.3	1.5	3.4	3.3	3.0	3.0

注：欧盟目前由27个成员国组成，上表各国中，挪威不属于欧盟成员国，但由于其与欧盟成员国关系密切，因此在比较时把其列入其中。

资料来源：Taxation Trends in the European Union, 2008。

二、中国的消费税改革

在1994年税制改革中，为了充分发挥消费税对消费和生产的特殊调节作用，我国将原属于产品税和增值税课征范围的一部分消费品划分出来，建立起了我国迄今为止最具独立性、系统性的消费税制度。消费税制度自实施以来，与增值税等税种相配合，在调节消费结构、抑制超前消费需求、引导消费方向、增加财政收入、缓解社会分配不公和供求矛盾等方面发挥了积极作用。特别是在2006年4月，我国对消费税的税目、税率及相关政策进行了调整。此次消费税制度调整，进一步强化了消费税的调节功能，突出了节能、环保等"绿色"政策目标取向，并加大了对高档消费品的调节力度，是我国消费税改革进程的一个重要步骤。然而，借鉴消费税改革的国际经验，结合我国社会经济发展的现状，我国的消费税制度仍然存在有待改进之处，应在现有基础上进一步改革与完善。

（一）关于消费税的征税范围与税目的改革

我国的消费税属于"选择性"消费税。其功能定位是与增值税相配合，发挥调控和聚财作用。在此前提下，消费税征收范围的选择，主要取决于一定时期内国家的经济发展状况、宏观经济政策以及据此制定的消费税的具体政策目标。

针对现阶段我国经济社会发展中存在的种种问题和矛盾，有必要进一步调整消费税的征收范围，拓宽其调控领域。具体可考虑：

（1）为抑制过度消费、增强对居民收入的调节作用，应将更多的奢侈品和高档消费品纳入我国消费税的征收范围，如高档保健品、名贵滋补品、高档时装、高档裘皮服装，以及鱼翅、鲍鱼、鱼唇等贵重食品。

（2）为进一步强化税收对环境的保护力度，建议将更多对环境"不友好"的消费品纳入消费税课征范围。但在增设此类税目时应注意所选择的应税消费品必须以存在同类“绿色”替代品为前提，否则将难以达到预期的课征目的，而只会加重消费者的税收负担。

(3) 打破现行消费税与增值税相配合、单纯对货物征收的税制格局，将现行营业税“娱乐业”税目中的高尔夫球等“贵族型”娱乐项目和“服务业”税目中的桑拿浴、按摩服务及高档餐饮和住宿等项目在继续征收营业税的同时，纳入消费税的征收范围（适当调整营业税税率），构建消费税与增值税、营业税相配合，双层次调节的流转税模式。

(4) 为降低生产、运输成本，应进一步缩减对轮胎的征税范围。建议对轮胎采取与汽车相一致的消费税政策，将其征税范围限制在应税小汽车和摩托车使用的轮胎，而对其他客、货运输用汽车和工程车所用轮胎免征消费税。

(二) 关于税率的改革

现行消费税对不同税目分别实行从价计征和从量计征的方式，并相应采用比例税率和定额税率。

在实践中，我国目前消费税占税收收入总额的比重呈现逐步下降的趋势，可考虑在税法中规定，当应税消费品价格变动达到一定幅度时，对定额税率进行相应调整，构建起一种应税消费品价格与定额税率“联动”的机制。此外，近年来对卷烟、白酒等消费品采用复合税率（同时适用定额税率与比例税率）的做法也可以作为消费税税率改进的一个方向。因为，这种税率模式兼具比例税率与定额税率的优点，既能够在一定程度上缓解通货膨胀对税收的影响，又可以对纳税人利用关联企业转让定价手段避税起到制约作用。

(三) 关于征税环节的改革

根据国际经验，消费税通常实行单一环节课税，以保证低廉的课征费用和较高的征收效率。我国现行的消费税除了黄金饰品、钻石以外，对其他应税项目基本上都在生产环节采用从价和从量两种方法计征。这种征税办法可以降低税收征管难度，加强税收的源泉监控，但也带来了企业消费税避税严重，以及征税环节的规定对生产企业不利等问题。

从国外的情况看，消费税的征收多选择在零售环节，这种选择一方面体现了这一税种重在调节消费的意图；另一方面可减少流通中的资金占用，有助于减轻生产经营者的负担，从征收管理的角度看有利于防范纳税人利用转让定价避税。据此可以考虑在征管能力允许、条件成熟的情况下，将部分消费品的纳税环节向后推移到零售环节，以堵塞漏洞、增加收入，并保证消费税的调节功能。

本章小结

1. 消费税由来已久,是世界各国普遍征收的税种之一。国际上对消费税存在两种不同的解释,即属于商品劳务税性质的消费税和属于所得税性质的消费支出税,目前各国的消费税一般指前者。

2. 消费税最主要的特征之一就是具有特殊的调节功能,能够有效地体现国家的特定的政策目标。消费税的征税范围分为有限型、中间型和延伸型三种,世界各国根据其国情、经济发展水平和人们的消费习惯选择不同的征税范围。

3. 从消费税的改革和发展趋势看,消费税有进一步扩大的趋势。同时,自20世纪90年代以来,环境税引起世界各国的广泛关注,在OECD许多国家,环境税在税收收入中的地位越来越重要。

本章重要术语

消费税　有限型消费税　中间型消费税　延伸型消费税　环境税

复习思考题

1. 消费税具有哪些特征?试分析不同类型消费税的调节功能。

2. 消费税的征税范围包括哪几种?影响消费税征税范围的因素有哪些?世界不同经济发展水平的国家在消费税征税范围的选择上是否存在差异?

3. 运用实例分析消费税改革的国际趋势。

4. 结合实际,探讨中国消费税改革的政策取向。

推荐阅读文献

1. 安体富、樊勇:《对我国消费税改革的评析与展望》,《税务研究》,2006年第12期。

2. 武亚军:《绿化中国税制若干理论与实证问题探讨》,《经济科学》,2005年第1期。

3. 王哲林:《环境税的国际比较与借鉴》,《税务研究》,2007年第7期。

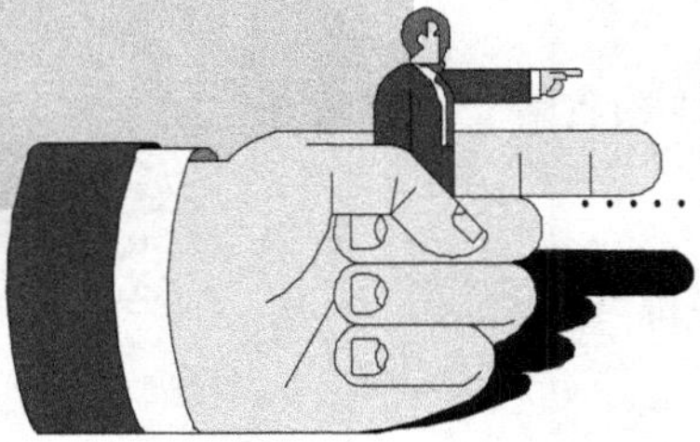

第八章

外国财产税制

学习目标

通过本章的学习,学生应掌握以下内容:

- 财产税的发展演变及其在税制体系中的地位
- 财产课税的分类
- 财产课税的计税依据
- 世界不同类型国家的一般财产税制度
- 世界不同类型国家的个别财产税制度

第一节　财产税制概述

一、财产税的产生与发展

财产税是对人们拥有或支配的财产课征的税,它是历史上最古老的税收形式,财产税的产生和发展经历了漫长的历程。

从历史上看,财产税曾盛极一时,是奴隶社会国家的重要财政收入,也是封建社会国家的主要收入。进入近现代社会后,财产税的地位和作用逐渐下降,但它仍是各国地方政府的主要财政收入。

一般认为,土地税是最古老的财产课税形式,古埃及、古代中国和古印度都很早就开征了土地税。奴隶社会向封建社会过渡的时期,以及整个封建社会,都是以土地私有制为基础的社会制度,因此土地税在这个时期得到了高度发展,成为当时最主要的税种。对房产原是将之作为土地附着物一并征收土地税的,后来由于城市的发展,才对房产单独征税。不动产税实际上是与房产税同时开征的,当时主要是针对除土地、房屋以外的其他不动产课税。

从税制角度看,财产课税体系有一个从简单原始到完善健全的发展过程。早期的土地税、房屋税、不动产税等都是按课税对象的一些外部标志来征收的,如土地税是按土地面积课税,房屋税是按窗户数目或烟囱数目来课税等,同时多实行从量课征,加之落后的包税制征税制度,使这种税的税负极不合理。以后,随着社会经济的发展,课税方法由从量课征改为从价课征,由实物税改为货币税,同时废除了包税制,实行纳税人自行申报与税务机关核查相结合,从而使财产税体系由简单原始逐步向完善健全发展。

随着社会经济的发展,特别是随着政府职能的变化,财产税的主体地位已逐步被所得税和商品税所取代,其在全部财政收入中所占的比重较小。OECD国家财产税占全部税收收入的比重从20世纪60年代的近8%下降到2005年的5.6%,占GDP的比重则一直不足2%(见表8-1、表8-2)。但是,由于财产税在保证地方财政收入、公平分配社会财富、调节人们收入水平、促使闲置财产投入使用等方面仍具有所得税和商品税所没有的功能和特点,能有效地补充这两类税的不足,如商品税不能对不动产进行课征,所得税无法对未使用资产和未实现的资产收益课税等,因此,财产税的地位比较稳定,仍然是现代税收制度的重要组成部分。近年来,在世界性税制改革浪潮中,各国对财产税也有新的改革和完善,向着稳定地位、提高比重、完善征管的方向发展。

表 8-1　OECD 成员国财产税占税收收入总额的比重(%)

	1965	1975	1980	1985	1990	1995	2000	2004	2005
加拿大	14.3	9.5	9.1	9.3	10.0	10.7	9.5	10.1	10.0
墨西哥	—	—	1.9	0.5	1.5	1.8	1.4	1.6	1.6
美国	15.9	13.9	10.7	10.7	11.5	11.1	10.1	12.1	11.4
澳大利亚	11.5	8.8	7.8	7.8	9.0	8.8	8.7	8.7	8.7
日本	8.1	9.1	8.2	9.7	9.4	12.2	10.5	10.0	9.7
韩国	—	9.7	8.0	9.1	12.4	14.8	12.4	11.3	11.9
新西兰	11.5	9.2	7.9	7.4	6.8	5.4	5.3	5.0	4.9
奥地利	4.0	3.1	2.9	2.4	2.7	1.5	1.3	1.3	1.3
比利时	3.7	2.9	2.9	2.5	3.4	3.4	4.2	4.8	4.7
捷克	—	—	—	—	—	1.4	1.4	1.1	1.2
丹麦	8.0	6.1	5.8	4.3	4.2	3.5	3.2	3.7	3.7
芬兰	4.0	1.9	1.9	2.7	2.4	2.2	2.4	2.6	2.7
法国	4.3	5.1	4.8	5.8	6.3	6.7	7.0	7.6	7.8
德国	5.8	3.9	3.3	3.0	3.4	2.8	2.3	2.5	2.5
希腊	9.7	9.7	4.6	2.7	4.6	4.1	6.2	4.2	4.3
匈牙利	—	—	—	—	—	1.2	1.7	2.3	2.3
冰岛	4.0	5.1	6.3	7.3	8.4	9.1	6.9	6.3	6.0
爱尔兰	15.1	9.7	5.3	4.0	4.7	4.6	5.5	7.0	7.9
意大利	7.2	3.3	3.7	2.5	2.3	5.6	4.6	6.1	5.0
卢森堡	6.2	5.2	5.7	5.6	8.3	7.0	10.6	7.9	8.5
荷兰	4.4	2.4	3.6	3.5	3.7	4.1	5.3	5.3	5.3
挪威	3.1	2.3	1.7	1.9	2.9	2.8	2.3	2.6	2.6
波兰	—	—	—	—	—	2.8	3.2	3.8	3.8
葡萄牙	5.0	2.5	1.4	1.9	2.7	2.5	3.2	2.9	2.9
斯洛伐克	—	—	—	—	—	—	1.8	1.5	1.6
西班牙	6.4	6.3	4.6	3.5	5.5	5.5	6.4	8.0	8.4
瑞典	1.8	1.1	0.9	2.3	3.5	2.7	3.4	3.2	3.0
瑞士	9.9	8.0	8.3	9.3	8.9	8.2	9.3	8.5	8.0
土耳其	10.5	6.9	5.4	4.6	2.3	3.0	3.2	3.1	3.3
英国	14.5	12.7	12.0	12.0	8.2	10.0	11.6	12.0	12.0
OECD 平均	7.9	6.3	5.3	5.2	5.7	5.5	5.5	5.6	5.6
OECD 美洲	15.1	11.7	7.2	6.8	7.7	7.9	7.0	7.9	7.7
OECD 亚太	10.4	9.2	8.0	8.5	9.4	10.3	9.2	8.8	8.8
OECD 欧洲	6.7	5.2	4.5	4.3	4.7	4.3	4.7	4.7	4.7

资料来源:OECD Revenue Statistics 1965—2006。

表 8-2　OECD 成员国财产税占 GDP 的比重(%)

	1965	1975	1980	1985	1990	1995	2000	2004	2005
加拿大	3.7	3.0	2.8	3.0	3.6	3.8	3.4	3.4	3.4
墨西哥	—	—	0.3	0.1	0.3	0.3	0.3	0.3	0.3
美国	3.9	3.6	2.8	2.7	3.1	3.1	3.0	3.1	3.1
澳大利亚	2.4	2.3	2.1	2.2	2.6	2.5	2.7	2.7	2.7
日本	1.5	1.9	2.1	2.7	2.7	3.3	2.8	2.6	2.6
韩国	—	1.5	1.4	1.5	2.4	2.9	2.9	2.8	3.0
新西兰	2.8	2.6	2.4	2.3	2.6	2.0	1.8	1.8	1.9
奥地利	1.3	1.1	1.1	1.0	1.1	0.6	0.6	0.6	0.6
比利时	1.2	1.1	1.2	1.1	1.4	1.5	1.9	2.2	2.2
捷克	—	—	—	—	—	0.5	0.5	0.4	0.4
丹麦	2.4	2.3	2.5	2.0	1.9	1.7	1.6	1.8	1.9
芬兰	1.2	0.7	0.7	1.1	1.1	1.0	1.1	1.1	1.2
法国	1.5	1.8	1.9	2.5	2.7	2.9	3.1	3.3	3.5
德国	1.8	1.3	1.2	1.1	1.2	1.0	0.8	0.9	0.9
希腊	1.5	1.6	0.9	0.6	1.1	1.0	1.8	1.1	1.2
匈牙利	—	—	—	—	—	0.5	0.7	0.8	0.8
冰岛	1.0	1.5	1.9	2.1	2.6	2.8	2.6	2.4	2.5
爱尔兰	3.8	2.8	1.6	1.4	1.5	1.5	1.7	2.1	2.4
意大利	1.8	0.8	1.1	0.8	0.9	2.3	2.0	2.5	2.1
卢森堡	1.7	1.7	2.0	2.2	3.0	2.6	4.1	3.0	3.3
荷兰	1.4	1.0	1.6	1.5	1.6	1.7	2.1	2.0	2.1
挪威	0.9	0.9	0.7	0.8	1.2	1.1	1.0	1.1	1.1
波兰	—	—	—	—	—	1.0	1.0	1.3	1.3
葡萄牙	0.8	0.5	0.3	0.5	0.8	0.8	1.1	1.0	1.0
斯洛伐克	—	—	—	—	—	—	0.6	0.5	0.5
西班牙	0.9	1.2	1.0	1.0	1.8	1.8	2.2	2.8	3.0
瑞典	0.6	0.5	0.4	1.1	1.9	1.3	1.8	1.6	1.5
瑞士	1.7	2.0	2.1	2.4	2.3	2.3	2.8	2.5	2.4
土耳其	1.1	1.1	1.0	0.7	0.5	0.7	1.0	1.0	1.1
英国	4.4	4.5	4.2	4.5	3.0	3.5	4.3	4.3	4.4
OECD 平均	1.9	1.7	1.6	1.6	1.9	1.8	1.9	1.9	1.9
OECD 美洲	3.8	3.3	2.0	1.9	2.3	2.4	2.2	2.3	2.3
OECD 亚太	2.2	2.1	2.0	2.2	2.5	2.7	2.6	2.5	2.6
OECD 欧洲	1.6	1.5	1.4	1.5	1.6	1.6	1.8	1.7	1.8

资料来源:同表 8-1。

二、财产税的分类

（一）理论上的分类

财产税是一个复杂的课税体系，在理论上按照不同的分类标准，财产税可以分为不同类型。

1．按课征方式的不同，财产税可以分为一般财产税和个别财产税

（1）一般财产税，也称为综合财产税，是对纳税人所有的一切财产的价值综合课征的税。在通常情况下，课征此税时要考虑日常生活必需品的免税和一定货币数量以下的财产免征及负债的扣除等问题。一般财产税的应税范围较广，原则上包括纳税人所有或支配的全部财产。实行一般财产税制度的国家主要有美国、加拿大、新加坡等。

（2）个别财产税，也称为特别财产税，是对纳税人所拥有的某些特定的财产如土地、房屋、资本和其他财产等分别课征的税。在课征时，一般不考虑免税和扣除。发展中国家一般实行以土地、房屋和车辆为课税对象的个别财产税制度。

2．按课税对象的不同，财产税可以分为静态财产税和动态财产税

（1）静态财产税，是对纳税人一定时期内所持有或支配的静态财产，按其数量或价值所课征的税，如房屋税、土地税等。

（2）动态财产税，是对财产所有权转移（如继承、遗赠等）、变动（如增值等）所课征的税。尽管从理论上说，动态财产税与所得税、商品税有相似性，但是该税涉及的财产一般不发生商业交易行为，也无牟利目的，只是发生所有权的变动或价值的增值。因此，动态财产税仍应属于财产税的范围。

3．按课征标准的不同，财产税可以分为财产价值税和财产增值税

（1）财产价值税，是指按照财产的价值课征的税。由于财产有总价值、净价值和实际价值之分，因此财产价值税就有财产总价值税、财产净价值税和财产实际价值税之分。例如，房产税一般属于财产总价值税或财产实际价值税。综合财产税通常属于财产净值税。一般而言，财产价值税也是静态财产税。

（2）财产增值税，是指对财产的增值部分课征的税，即仅对财产变动所发生的增值部分征收，而不考虑财产的购入价值和净值等。通常财产增值税也是动态财产税。

4．按照课征环节的不同，财产税可以分为一般财产税、财产转让税和财产收益税

（1）一般财产税，是对财产持有者在使用环节课征的税，如房产税、土地使用税等。若财产所有者与使用者不一致，如财产的出租，有些国家对所有者课

税,也有的国家对使用者课税。

(2) 财产转让税,是对财产持有者就转让的财产在转让环节课征的税。这类税包括与无偿转让有关的继承税和赠与税,与有偿转让有关的资本转让税等,不过,一般所说的财产转让税主要是后者。

(3) 财产收益税,是对财产持有人因出售、清理财产而带来的收益在财产所得环节课征的税。对这类税,尤其是动产所得所课之税,有的国家和地区将其归入所得税类而非财产税类,但也有国家和地区对某种财产的收益单独课税。

5. 按课征时序的不同,财产税可以分为经常财产税和临时财产税

(1) 经常财产税,是指每年都征收的具有经常性收入的税。这类税的税率较临时财产税低,是财产税收入的主要部分。

(2) 临时财产税,是战时或非常时期为筹措经费、偿还债务等而临时课征的税。这类税占财产税收入的比重不大。

6. 按课征范围的不同,财产税可以分为真实财产税和虚假财产税

(1) 真实财产税,是对包括收益性财产和消费性财产在内的全部财产课征的税。

(2) 虚假财产税,是只对收益性财产课征的税。

(二) 国际组织的分类

根据OECD组织拟定的国际税收协定范本和联合国组织拟定的国际税收协定范本,以及国际财政文献局的有关资料,财产税大体可分为三类。

(1) 对不动产收益课税。该税是指在不动产所有权不发生转移的情况下,对让渡不动产使用权而取得的收益课征的税。比如,由于开采或有权开采矿藏资源或其他自然资源而取得的收益,对其征收不动产收益税。

(2) 对财产转移课税。该税是指在财产清理或转让时,对售出财产收入超过原价的收益征税。由于这些收益的取得,是因财产所有权的转移而产生的,因此也称之为财产转移税。同时,又由于这些收益是指财产出售的现值与原值之间的差额,因此又称之为财产增值税。

(3) 对财产价值课税。该税是指对拥有财产的所有权或使用权,不论其是否发生收益,都依据财产价值课税。

实际上,上述分类方法中的第一类是收益税,目前世界各国对这部分收益多归为所得课税之类,或单设资源税,并不列入财产课税体系。第二类税,许多国家一般将其归为资本利得税,具有明显的所得课税性质。但在少数国家中开征的土地增值税仍放在财产课税体系中。第三类是具有传统性质的财产税,只对财产拥有者课税,而无论其是否发生收益或带来收入,属于典型的财产课税

体系。

三、财产税的课税对象

财产税的课税对象是财产,财产是指一定时点上的财富存量,它可以分为动产和不动产。

不动产是指土地、房屋及其他建筑物等不能移动或移动后会损失经济价值的资产,还包括农业和林业所使用的牲畜和设备,有关地产的法定权利,开采矿藏、自然资源而取得各种收益的权利。但是按照国际惯例,不动产不包括价值很高的船舶、飞机和汽车。

动产是指人们占有的除不动产之外的全部财产,包括有形动产和无形动产。有形动产是指具有实物形态的动产,包括收益性财产(如营业设备、船舶、原材料、库存商品等)和消费性动产(如各种耐用消费品、家具、首饰等)两大类。无形动产是指不具有实物形态的财产,如股票、债券、银行存款等。

尽管历史上一些国家曾对动产,特别是有形动产中的消费性财产征税,但是,现代欧美各国的财产税的课税对象主要以不动产为主,对动产征税一般限制在遗赠财产范围内。

四、财产税的计税依据

从各国现行的财产课税实践来看,财产税计税依据主要可以分为四类:

(一) 改良资本价值

财产税以改良资本价值为计税依据,所谓改良资本价值一般指土地和房屋建筑物的评估价值。在这种计税依据下,既可以对土地和房屋建筑物统一进行评估并适用同一税率(如荷兰等国),也可以对它们分别进行评估并适用差别税率(如泰国、南非和津巴布韦等国)。但据学者考证(Bahl and Linn,1992),使用这一计税依据的大多数发展中国家对土地和房屋建筑物都是分别进行估价的。

从理论上讲,改良资本价值只是意味着计税依据应包含土地和房屋建筑物的价值,至于改良资本价值自身则既可以是不动产的市场价值,也可以是其重置价值或历史成本价值。但从税收实践来看,目前实行该种计税依据的国家,大多采用市场价值的概念,且一般意味着财产的“最高最佳用途”(the highest and best use),即不动产的市场价值应反映不动产的所有潜在用途中价值最大的一种。但一些国家为了对农民进行补贴并延缓城市化进程,对城市周边的农业用地往往根据其现行用途价值而非最高最佳用途价值来评估课征财产税。很多国家(如美国等)都存在这种对农业用地的优惠待遇。改良资本价值这一计税依据近十多年来为各国普遍采纳,运用得最为广泛。

以改良资本价值为计税依据在大多数情况下是对不动产市场价值的征税，因此基本符合量能支付原则。此外，这一计税依据还具有税源丰富且有弹性、交易证据和不动产价格变动数据较多、易为纳税人所理解等优点。然而，该计税依据也存在一些问题。首先，这一计税依据由于包括了房屋建筑物的价值，极有可能会抑制对土地改良的投资。其次，该计税依据对评估和征管甚至整个税收环境提出了很高的要求。在普遍匮乏合格评估人员的发展中国家，由于不动产交易信息的可靠性与及时性都很差，评估失真和滞后的情况十分严重，加之征管不力，实施中存在很大缺陷。此外，各国普遍偏高的不动产转让课税也使得不动产交易价格普遍低报，导致这一计税依据所仰赖的市场价值严重失真。

（二）未改良资本价值

这种计税依据仅为土地的价值，而不包括房屋建筑物的价值。未改良资本价值还可以进一步细分为土地价值和位置价值。前者是将诸如卫生、排水、土地平整和周边基础设施等少许改良反映在土地价值中；后者则不将其反映在土地价值中。由于这些改良细微且不易辨认，因此目前采用该计税依据的国家基本上不对这两者做具体区分。目前，澳大利亚、新西兰、牙买加、肯尼亚、中国台湾地区和南非等相当多的国家和地区以未改良资本价值为计税依据。

以未改良资本价值为计税依据有利于提高城市土地的使用效率，减少税收对经济的扭曲并鼓励土地的密集使用。同时，由于不需要考虑房屋建筑物的价值，使得不动产评估过程不再需要定期评估房屋建筑物价值的变化，相关部门可以利用计算机系统进行统一的大批量评估，从而可降低评估成本。但是，以未改良资本价值为计税依据也存在一些缺陷。首先，由于这种计税依据所提供的税源有限，因此，为了保证有充足的收入，就必须提高财产税税率。其次，在土地已得到改良的地区（尤其是在城市地区），由于缺乏未改良土地的交易证据，难以从已改良的不动产交易价格中获知未改良土地的价值，从而给评估工作带来困难。

（三）租金收益

财产课税的计税依据还可以是不动产的租金收益。租金收益又有总收益、纯收益、租赁收益和平均收益之分。总收益是指包括劳动及资本贡献在内的收益。纯收益是指扣除劳动及资本贡献后的财产收益。租赁收益，是指租金收入。平均收益，即不动产数年间产生收益的平均数。现阶段，以不动产收益为计税依据主要体现为从租计征的年值制度。在年值制度下，租金收益指不动产的名义租金或预期租金，而并非指实际租金收益，而且一般包括不动产的总体租金（即包括地租和房租），如新加坡、英国北爱尔兰地区的财产税以及中国香港特区的差饷。另外,大多数采用从租计征的年值制度的国家倾向于依据不动产现行用途而非最高最佳用途来确定租金的大小。

以年度租金收益为计税依据能有效地对不动产的潜在租金收益课税,并能及时追踪反映不动产租金收益和年值的提高。而且,税收义务基于不动产的实际用途更符合量能支付原则。但由于各国普遍存在租金控制,使得租金收益往往偏离市场租金,因此在存在大量业主自住房产的情况下,如何评估不动产租金收益的问题就更加突出了。

(四) 物理特征

财产课税的计税依据除了可以采用上述三种从价计征方式以外,还可以采用不动产的某些物理特征作为计税依据,从而实现从量计征。如一些国家历史上早期的房屋税就曾以房屋的窗户、烟囱、阳台或房间的数目作为计税依据,早期的土地税也多以土地面积作为计税依据。目前,世界上对房屋建筑物课税采用物理特征作为计税依据的做法已非常少见,而依据土地面积对土地课征财产税的国家还有不少,主要是一些中东欧的转轨经济国家,如俄罗斯、波兰、匈牙利、斯洛文尼亚和捷克等。

以物理特征为计税依据的优点在于管理相对简便,其缺点是收入弹性不足,难以确保公平。

第二节　外国一般财产税制度

一般财产税,是个别财产税的对称。一般财产税是以纳税人的全部财产为课税对象征收的一种财产税。

一、一般财产税的类型

从世界各国的税收实践看,一般财产税主要有两种类型,一是选择性一般财产税,二是财产净值税。

(一) 选择性一般财产税

选择性一般财产税名为一般财产税,实际上只以列举的有选择的几类财产为课税对象。其课税对象主要以不动产为主,有些国家也将营业设备、商品存货等有形动产包括在内,但无形资产一般被排除在外。在对规定的财产征收选择性一般财产税时,是以课税对象全部财产价值为依据计征的。与财产净值税相比,选择性一般财产税的制度特征主要表现为:

1. 明确规定纳税人

一般财产税的纳税人是财产的所有人。各国通常根据本国税法将纳税人分为居民纳税人和非居民纳税人。居民纳税人应就其坐落于境内和境外的所有应税财产履行纳税义务;非居民纳税人仅就其坐落于本国境内的应税财产纳税。一般财产税的纳税人主要是个人,也有个别国家对公司法人课税。

2. 有选择地确定征税对象

理论上说,一般财产税的征税对象应包括纳税人的所有财产,包括动产、不动产及其他相关财产权利。但从税收实践看,各国在征税对象确定上大都有所选择,主要包括:(1) 机器设备、库存商品等有形动产;(2) 汽车、摩托车等家用动产;(3) 土地、房屋等不动产;(4) 股权、公司债券、有价证券、营业性专利权和资源开采权等。

一些动产和无形资产,由于其税收客体不易捕捉,课税比较困难,各国一般不将其列入征税范围,如珠宝首饰、家具、艺术收藏品、著作权、商标权、商誉、非营利性专利权等。少数国家也不将居民纳税人坐落于境外的不动产列入征税范围。

3. 税率形式多样,税率水平较低

一般财产税,早期采用定额税率,后演变为比例税率和累进税率。当今各国大多采用比例税率,税率一般在1%左右;少数国家实行累进税率,通常最高税率不超过3%。

4. 课税权主体多元化

在有些国家,一般财产税课税权在中央,属中央税收。由中央政府课税,主要是从发挥一般财产税的公平分配社会财富的作用的角度考虑的,认为由中央政府课税能更好地发挥财产税调节财富分配的作用。一部分国家将课税权放在地方,财产税收入属地方税收。采取这种形式的国家,主要是基于方便税收征收管理的角度考虑的,因为财产估价比较困难,逃避税较多,地方政府对纳税人财产登记、财产转移等事项掌握得较细致,且能保证地方收入,发挥地方政府征税的积极性。另有一些国家中央和地方对一般财产税都有课税权,其原因是试图兼顾上述两类国家所考虑的因素。

5. 财产估价方法灵活多样

一般财产税的计税依据是财产的估定价值,估定价值就是将作为财产税征税对象的各种物品折算成能以货币衡量的价值。估定价值正确与否,既影响到国家财政收入的多少,也关系到纳税人税负的轻重。现今各国主要采用市场价值法、收入现值法和重置成本法等对各种财产进行估价。

市场价值法,是一种以市场上相同或类似财产为参照物,同时充分考虑影响估定价值的各种因素,估定应税财产价值的方法。收入现值法,是一种将对财产的预期收益折算成现期收益来估定财产价值的方法。这种方法是建立在财产购买者或投资者期望其购买的财产会有合理收益的愿望的基础上的。重置成本法,是以财产的重置成本减除折旧和损耗评估财产价值的方法。各国在认定一般财产的价值时,少数国家只选用其中一种方法,多数国家都是同时采用几种方法。

6. 征收方式以查定征收为主

由于一般财产税的计税依据是估定价值,而估价又是由税务机关的专门机构进行的,因此一般财产税的征收方式是以查定征收为主,而不是以纳税人申报缴纳为主。

纳税人对税务机关估定的价值若存有异议,可申请复议估定值,并可通过法律程序向法院提出上诉。通常,在估价后的一年内征税。

(二) 财产净值税

财产净值税又称为净财富税,是指按年对一定资产减去有关负债后的余额征收的一种税。财产净值税的税基为在适当估价日期所拥有的全部财产的净公平市场价值。也就是说,财产净值税是按财产总额减去债务部分的余额课征的。各国允许减除的负债、免税和扣除的范围宽窄不一,税率设计上也有比例税率和累进税率的差异。财产净值税主要在部分国家实施。有学者认为财产净值税是从一般财产税进化而来的,也是今后一般财产税的发展趋势。

财产净值税与选择性一般财产税一样,都是对人们拥有的所有财产课税,而不是按不同财产类别分别征收。财产净值税不同于选择性一般财产税之处在于:第一,财产净值税仅以财产总额中扣除纳税人债务及其他外在请求后的财产余额为计税依据,而不是以全部财产价值为计税依据;第二,财产净值税是对纳税人的财富征税,而不是对财产项目本身征税。财产净值税制度特征主要表现为:

1. 纳税人的特殊性

财产净值税的纳税人,是拥有财产的人,分为居民纳税人和非居民纳税人。居民纳税人,无论其财产在本国境内还是境外,均要就其境内外的财产承担纳税义务;非居民纳税人则只就其境内的财产缴税。除了少数国家对公司法人征税以外,大多数国家财产净值税的纳税人只确定为自然人,因为公司等法人的净财富最终也是属于个人所有。

2. 征税对象的全面性

财产净值税的征税对象是纳税人在一定时期内拥有的全部财产,包括不动产、有形动产和无形资产等。具体地说,各国确定的征税对象主要有建筑物、土地、宝石、汽车、船艇、艺术品、股票、债券、票据、银行存款及现金等。财产净值税计税时要做债务和有关项目的扣除。

3. 税率多为比例税率

财产净值税的税率一般为比例税率,税率水平通常为0.5%或1%。也有少数国家采用累进税率,为0.5%—3%。

4. 设有免税额

财产净值税仍属对一般财产课税,各国一般都设有免税额,免税额度并不高,是个人同期所得的2—3倍。

5. 课税权主体呈单一性

从财产净值税的征收实际看,该税多由中央政府征收。与地方财产税种的关系安排是,在地方政府征收普通财产税的同时征收财产净值税。财产净值税收入占全部税收收入的比重,与其他财产税一样并不高,为1%—5%。

6. 征收方式多为申报缴纳

财产净值税的征收一般采用申报缴纳的方式,并多以家庭为申报单位,配偶或子女的财产合并申报。一些财产净值税由中央政府征收的国家,实际征收中财产净值税时常与所得税同时申报,甚至采用同一张申报表。

二、发达国家的一般财产税

(一) 美国的一般财产税

美国一般财产税从一开始就是地方税。美国联邦政府不征一般财产税,州级政府近几十年也逐渐退出了这一领域,一般财产税主要由地方市级政府征收,税收收入全部归地方所有。一般财产税是地方政府重要的财政来源,是地方税的主体税种,它占地方政府所有税收收入的比重一直超过80%。

美国一般财产税的征收制度内容如下:

1. 纳税人

美国一般财产税的纳税人是拥有财产(主要是房地产)的自然人和法人,分为居民纳税人和非居民纳税人。居民纳税人需就其境内外的财产纳税。纳税人包括住宅所有者、住宅出租者,但不包括住宅承租者。例如,根据加利福尼亚相关税法规定,凡当地财产(以房地产为主)拥有者都是财产税纳税人。

2. 征税对象

美国一般财产税的征税对象是纳税人拥有的动产和不动产,以不动产为主。不动产包括农场、住宅用地、商业用地、森林、农庄、住房、企业及人行道等。动产包括设备、家具、车辆、商品等有形财产,以及股票、公债、抵押契据、存款等无形资产。美国现代地方财产税中,最重要的课税对象是非农业地区的居民住宅和非农业的工商业财产。

3. 税率

美国一般财产税的税率是由各地方政府自行规定的，税率一般依据地方的预算支出规模、非财产税收入额以及可征税财产的估价来确定。税率在各地是不一的，但税率的高低要受到一定的限制，一般集中在3%—10%之间，一些大城市如纽约、芝加哥等地的税率要高些。而且，由于预算应征收的财产税计税价值总额每年都有变化，因此财产税税率每年都有相应变化。确定税率的具体程序是：市、镇委员会通过预算，各级政府根据各种预算收入和总支出的情况决定征收财产税的数额，再根据评定的财产计税价值确定财产税的税率。

在美国，财产税税率不仅各地不同，且由于对不同财产的估价不同，不同财产在税率方面也有差异。一般情况是，新财产的税率比原有财产的税率高；同一类财产中，价值较低的财产的税率比价值高的财产的税率要高；不同类型财产中，房地产的税率要比私人其他财产的税率高；企业财产的税率要比个人居民的同类财产的税率高。

4. 优惠规定

美国一般财产税的优惠规定主要是依据财产所有者的类别、财产的类别和财产的用途制定的，分为减免税项目、抵免项目和递延项目。一般对政府、宗教、教育、慈善等非营利性组织免税；对低收入家庭，当纳税人缴纳的财产税和个人所得税的比率达到一定的标准时可享受一定的抵免额，用来抵免个人所得税或直接退回现金；所得有限的老人和残疾人、欠发达地区的农场主可享受税收递延。

5. 财产估价

财产价值的估算是美国一般财产税制度的核心。每项财产的评估价值（应税价值）首先由评估员根据财产市价予以估算。法律规定评估价按市场价格的一定比例确定，此即评估率原则。各地政府确定的财产税税率能使它们获得足够的财产税收入。历史上，财产税税率曾采用千分率的形式，即每1 000美元应税价值征1美元的税。每项财产的应纳财产税额取决于税率和财产的评估价。

美国各地方政府都拥有自己的财产估价部门，并形成了系统的财产估价标准和估价方法体系。评估主要采用三种方法：一是比照销售法，即通过比较最近被售出的类似财产的价格来估价；二是成本法，即在历史成本的基础上根据折旧予以调整；三是收入法，即根据财产未来产生的净收入现值来估算财产的价值。

在实际估价过程中，估价和市价往往相差较大，这主要是由于地方政府要求低估大额财产尤其是房地产的价值，以吸引外地资本。一般只将估价定为市价的3/4，甚至一半。例如，加利福尼亚财产税法规定，财产税的计税依据是财产的市场价格，但仅以当地政府专门从事财产价值评估部门所确定的市场价的40%作为课税价格。

（二）加拿大的财产税

加拿大的财产税并非一个单一的税种，而是由多个税种组成的复合税，主要包括：(1) 不动产财产税，对包括土地、房屋和房屋内永久性固定装置征收。(2) 特别财产税，即居民或工商业为添置或改善与其财产相关的固定设施而支付的费用或缴纳的税费，如修建或重建人行道，安装或更换水管、卫生设施等。(3) 营业财产税，即在一些省份对绝大多数工商业财产课征的特殊财产税，是对财产所课征的一种附加税。(4) 非政府组织缴纳的替代税收款。(5) 其他费捐，即在一些地区存在的与财产有关的小额费捐，如承租税、闲置土地税和土地税等。

同美国一样，加拿大的财产税也是一种有选择性的财产税，其税收制度主要内容如下：

1. 纳税人

加拿大财产税的纳税人是财产的拥有者，分居民纳税人和非居民纳税人。在对居民和非居民征收财产税方面，所有的省份都采取了对非居民即工商业财产课征重税的政策。这种政策一般通过提高税率和评估财产价值的方式来得到实施。工商业财产税税负一般要比居民财产税负高15%左右。

2. 征税对象

由于加拿大幅员辽阔，地区之间经济发展不平衡，各省和地方财政对财产税的依赖程度不同，因此各地对财产税征税对象的界定也不尽相同，但通常来说，财产税的征税对象是指土地、地上建筑物及永久构筑物。在加拿大一些省和地区，附着于房屋和土地上的机器、设备及其他固定物也被列入财产税的征税范围；有的省还将电力、通信、天然气和石油管线等财产纳入征税范围。

3. 税率

加拿大全国范围内没有统一的财产税税率，这是因为财产税是地方税种，税率由省或地方根据本地区财政需要而定。财产税税率的确定方法与其他税种完全不同，由于财产税属从价征收的税种，因而，税负的高低既与业主的支付能力无关，也不直接与业主的收益情况挂钩。税率的确定过程一般是各地方政府先匡算出其一年的总支出额，然后用此额减去除财产税外的其他收入额，如省政府的拨款及预计的货物和服务税，剩余的差额便是应征收的财产税额，再依据应征收的财产税总额和辖区内应税财产评估价值总额的比例确定当年财产税税率。

由于财产税税率是依据各地政府年收支状况而制定的，因此税率在各省各市间及不同年份间都有很大的不同。一些省份和地区对所有种类的财产按一个统一的税率征税,而另一些省份则对不同财产按不同的税率征税。一些省份采用比例税率从价征收,而另一些省份则采用定额税率征收,即以每100加元财产价值为单位征收一定数额的税。

在加拿大,不同种类的财产适用不同的税率。居民和农业财产适用低税率,工商营业财产适用高税率。

4. 税基

加拿大的财产税税基由政府来评估,即通过财产评估方法对财产税税基进行估算。在大多数的省和地区,尽管财产重新估价的时间间隔不同,所采用的估价基准年份不同,估价方法也有差异,但各省一般都采用市场评估法。加拿大的财产评估工作主要依据《房地产税法》、《不动产法》、《评估机构法》及各省的《房地产估价法》展开,这四部法律赋予了地方政府或物业估价局对财产进行估价的权利。

为了将评估的误差减少到最低程度,加拿大各省都成立了专门的集中评估机构,有的由政府的评估机构来评估,有的由当地的评估师来评估。每个省都制定了评估手册来指导评估师的工作。同时,绝大部分省都通过立法来保证评估师调查和取得必要信息的权利,评估师可以任意索取相关资料,当事人必须予以配合。

5. 税收优惠

加拿大各省对财产税制定多种减免措施,这些措施有较大差异。大多数财产税减免规定都是通过省级立法强制实行的,地方政府也有权力对特定财产给予免税。尽管各省的减免规定有区别,但主要有两种减免形式。一种是对某些财产在货币性价值评估时注意居民财产与非居民财产的区别;另一种是对个别纳税人的直接税收减免。

第一种减免形式主要有两个特点:一是区分财产的用途实施减免,即对农业用地、森林用地、矿产用地、设施及铁路车辆等按照不同于一般性个人财产和工商业财产的估价方式和税率征税。尽管这些做法在各省差别很大,但总体上都给予轻税待遇。二是区分财产的所有者给予减免,即对联邦、省和市三级政府自用的财产,学校、公立医院、墓地、教堂、宗教团体等拥有的财产,免征财产税。

第二种减免税形式主要有:(1)"税额扣除法",即纳税人缴纳的财产税可以按一定额度在计算个人所得税应纳税额时给予扣除。应纳税个人收入越高,扣除额便越少。采用这种方法的目的在于削弱财产税的累退性,减轻低收入家庭的税收负担。(2)"延期付税法",即允许老年人和残疾人申请延期缴纳年内部分或全部应缴财产税。通常延期付税方法实施以后，应税财产便作为应缴税额的抵押品。一般情况下，迟纳税额应支付一定的利息。该方法可以缓解纳税人现金紧缺的问题。(3)"拨款补偿法"，即按照一定的标准给予特定纳税人一定的拨款以补助其因缴税而带来的收入"损失"。接受拨款的纳税人一般依其收入高低、是否交年金和是否享受社会福利救济而定。(4)"直接免税法"，即对低收入纳税人的财产给予直接免征财产税的优惠待遇。(5)"减税、免税和退税法"，仅对穷人和身患疾病的纳税人采取该政策。符合条件的纳税人可以在应税年度内申请享受此优惠。

在加拿大，由于各省有很大的自主权，因此，上述各种减免税方法在各省的具体表现有很大差别。

6. 加拿大财产税的征收管理

财产税作为加拿大的地方税种，其立法工作由省级立法机构实施，征收和管理工作一般由省和地方政府共同负责，但有的地区则完全由地方政府承担。

在对财产税实施管理时，为提高评估效率，减少地方财政负担，加拿大还广泛运用计算机系统。目前，计算机辅助批量评估系统是加拿大开展评估管理工作的强有力的工具，各省评估工作基本上都是通过这一系统完成的。通过计算机辅助评估，加拿大各省和地区的评估周期由过去的3—5年缩短到1年，由于发挥了计算机的批量评估功能，除了在搜集资料阶段需要用跟过去等量的人工外，在实施评估阶段，节省了大量的评估专业人员，也大大减少了地方财政的支出。

(三) 德国的财产净值税

德国是征收财产净值税较为成功的国家。在德国，财产净值税是所得税的重要补充。其税收制度主要包括：

1. 纳税人

财产净值税的纳税人为拥有财产的人，包括个人和法人，并分为居民纳税人和非居民纳税人。居民纳税人就其境内外财产纳税。非居民纳税人，除按国内税法和国家税收协定规定可以特别免税者以外，均需就其在德国境内的财产缴纳财产净值税。

2. 征税对象

财产净值税的征税对象是个人和法人拥有的全部财产，包括不动产，农林业财产，企业财产以及债权、银行存款、专利权和版权、人寿保险等其他财产。德国确定财产净值时，允许扣除债务，如纳税人未偿还的负债；在此基础上，对自然人纳税人还根据其是单身或已婚规定一定的生活费减免。

3. 税率

德国财产净值税采用比例税率。适用于个人的税率通常是1%，适用于公司经营资产和股权的税率是0.5%,适用于公司其他资产的税率是0.6%。公司缴纳的财产净值税在计算公司所得税时不得扣除。个人缴纳的财产净值税,也不得从个人所得额中扣除。

4. 财产估价

财产净值税的税基的确定是以估价为基础的,德国对财产净值税的估价原则上是以平均价值为基础。不动产的估价以每6年进行一次的特殊的估价为基础,允许对持续期内的价值变化进行调整。营业资产中的非不动产部分,以每4年一次的估算为基础,也准许对估算额进行调整。

5. 税额抵免

对纳税人已在境外缴纳的财产净值税,德国规定允许从纳税人应向本国缴纳的税额中抵免,但抵免数额限定在按德国财产净值税税率计算的数额以内。

6. 课征方法

德国的财产净值税实行按年计算、分期缴纳的征收方式。在对财产净值估价之后,全年税额分四次入库。纳税人在申报纳税时,一般是家庭联合申报或夫妇联合申报。

三、发展中国家的一般财产税

与发达国家相比,由于一般财产税计征比较麻烦,对税收征管水平要求较高,因此发展中国家很少课征一般财产税。

(一) 印度尼西亚的财产税

印度尼西亚的财产税是中央和地方政府的共享税,财产税在地方财政中占有重要地位,其收入占所在地方级税收收入的67%,已成为地方政府财政收入的主要来源。省级政府中,财产税仅占税收收入的26%。

1. 纳税人

印度尼西亚将财产税的纳税人定义为“对土地享有权利的人”,“拥有或控制建筑物的人”,“从土地和建筑物获得利益的人”。这样,在无法找到确定的某土地或者建筑物所有者的情况下,税务机关可以指定任何纳税主体为该财产的纳税人,并要求其履行纳税义务。

2. 征税对象

印度尼西亚财产税的征税对象为位于印度尼西亚境内的所有土地、房屋和建筑物。土地以地表面积计算,包括海洋、水道和地下面积,建筑是指建于陆地和水上可以产生利益的永久性建筑。

3. 税率

印度尼西亚财产税税率采用比例税率,税率为0.5%,适用于所有财产类型，而不根据财产类别、地点、价值大小实行区别税率制，地方政府无权自行设定财产税税率。

4. 财产评估

印度尼西亚的财产税以土地和房产等资产价值(即销售价格)为基础，政府可在20%—100%之间确定一个销售价格的百分比计算税基，而后按0.5%的单一税率进行征收。

在印度尼西亚，税基每三年评估一次，但对一些发展迅速的部门的财产，可能每年都进行财产税税基评估。税务局在选择评估技术时，除了独特的高价值财产外，城乡财产均通过一个简单的大评估体系来评估，该体系使用土地价值手册①评估土地的价值，用房屋分类系统评估房屋的价值，而对于不动产、林业及矿业部门的财产，则用另外不同的体系评估其价值。

印度尼西亚用以评估土地价值的主要方法是“相同地价区”方法。该方法将土地分为不同的区，每一区由税务部门确定每平方米的平均售价。位于区内的所有土地的价值均由土地面积乘以单位平均价格得出。房屋的估价是根据成本法，使用税务部门确定的成本表得出。财产总价值为土地和房屋价值的总和。

5. 税收减免

印度尼西亚财产税中免税的项目主要有：(1) 非营利性的教育、卫生、国民文化和宗教组织使用的土地和建筑物；(2) 用于森林、墓地、国家公园的土地，以及外交代表和国际组织的财产。

6. 财产税的征收管理

印度尼西亚的财产税管理权归中央政府，但地方当局也有重要的征收责任，具体由财产税理事会、税收高级理事会及财政部的106个地方办公室来管理。

财产税理事会根据功能分为若干个下属理事会，分别负责收集和整理财产信息数据、评估、估价、征收、复议及减税等方面的工作。此外，每一地区办公室都设有一组特别的财产评估人，协助进行财产评估。税务部门使用财产税信息管理系统管理财产信息、评估、出票、征收以及对纳税人服务等方面的问题。106个地方办公室均有自己的电子化财产税信息管理系统。

(二) 新加坡的财产税

新加坡的财产税是为调节不动产收益而对房屋、建筑、公寓和土地征收的一种税，属一般财产税范畴。

---

① 规定土地等级划分标准以及确定不同等级土地价格的手册。

1. 纳税人

新加坡财产税的纳税人是财产所有者,即土地、房屋及其他建筑物的所有人。纳税人分居民纳税人和非居民纳税人,居民纳税人就其境内外财产纳税,非居民纳税人仅就其境内财产纳税。

2. 征税对象

新加坡财产税的征税对象主要是土地、房屋、公寓、建筑物等不动产。

3. 税率

在新加坡,纳税人的一般财产按估定价值的13%课税,居民自住用的房屋适用4%的低税率。非居民纳税人还须缴纳10%的附加税。非居民、公司纳税人的营业用不动产免纳附加税。

4. 计税依据

新加坡财产税的计税依据是财产的年值。财产年值按每年财产估算的租金总收入计算。旅馆的估价是按空地售价的15%再加上销售食品饮料等收入的5%进行评定。

5. 减免规定

新加坡财产税法规定,对用于宗教、教育、慈善和有利于社会发展的事业的建筑物免税。

6. 税款缴纳

新加坡财产税按年计算,由财产所有人分别于1月和7月缴纳,也可按月预缴财产税。

(三) 印度的财富税

印度的财富税,又称"富裕税",是于1957—1958年财政年度正式开征的。印度的财富税事实上就是财产净值税。

1. 纳税人

印度财富税的纳税人是拥有财产的个人、未分劈的印度家族、公司法人。居民个人、居民公司、居住在印度的未分劈家族,均须就其世界范围的财产纳税,非居民纳税人仅就其在印度境内的财产纳税。

2. 征税对象

印度财富税的征税对象是纳税人在资产评估之日保存的总资产减去负债后的"净财富"。印度相关税法规定,对农用土地、农作物及其他农用资产免征财富税;对免税的政府债券、短期利息、科研用财产、著作权、专利权、养老金、人寿保险、工业企业的新投资额等不征财富税。

3. 税率

印度财富税采用累进税率,根据纳税人财产净值的不同,适用不同税率。

(1) 居民个人、居住在印度的未分劈家庭，每个家庭或每一成员的财产价值均在 250 000 卢比以下的，适用的财富税税率见表 8-3。

表 8-3　印度财富税税率(1)

应纳税财产额(卢比)	税率(%)
0—250 000	0
250 001—1 000 000	0.5
1 000 001—2 000 000	1
2 000 000 以上	2

(2) 居住在印度的未分劈家庭，有一个或几个成员的财产超过 250 000 卢比的，适用的财富税税率见表 8-4。

表 8-4　印度财富税税率(2)

应纳税财产额(卢比)	税率(%)
0—150 000	0
150 001—500 000	1
500 001—1 000 000	2
1 000 000 以上	3

非居民个人和非居住在印度的未分劈家庭，按上述标准的 50% 缴纳财富税。公司的财富税按 2% 的比例征收。

第三节　外国个别财产税制度

个别财产税，是一般财产税的对称，是对纳税人所有的土地、房屋、资产或其他财产分别课征的一种财产税。个别财产税课征时一般不考虑免税和扣除，对不同的财产可以采用不同的税率。

个别财产税是财产税的最早形式，在历史上经历了不断的变化、发展和组合的过程。

个别财产税和一般财产税虽同属财产税系，具有一定的共性，但在税制设计、征管方式、课税对象和作用侧重点等方面存在明显的差别。一般财产税课税范围较广，公平性较强，筹集的收入相对较多，但计征方法比较复杂，偷逃税问题比较突出。个别财产税以土地、房屋和其他特定的财产作为课税对象，课税范围相对较窄，计征方法相对简便。实践中，发展中国家多选择个别财产税制度，也有少数发达国家征收个别财产税。

一、个别财产税的主要税种

（一）土地税

土地税是各国最古老的租税形式。所谓土地税,就是以土地为课税对象的一种税收,属于不动产税。通常土地的课税标准有:土地的单位面积、土地的价值、土地的收益、土地的所得和土地的增值。按照税基性质的不同,土地税可以分为财产税性质的土地税和所得税性质的土地税。从税收实践看,各国实行的土地税大都属于财产税性质的土地税。

财产税性质的土地税,是以财产税形式征收的土地税。它是以土地面积的或价值为课税标准计征的。由于课税方式不同,财产税性质的土地税又分为从量课征的土地税和从价课征的土地税。

1. 从量课征的土地税

从量课征的土地税是以从量征收的方法对土地课征的税。从量课征的土地税又有不同的表现形式。

(1) 地亩税。地亩税也称“面积税”,是以土地的面积为课税标准的一种土地税,不考虑土地肥瘠程度、生产成本等因素,即先规定每单位面积土地的税额,然后按土地面积大小确定总税额。地亩税是较为古老的土地税形式,古罗马的土地税和英国早期的土地税均属此类。地亩税征收方法比较简便,但由于土地等级不同,收益不等,按土地面积课征统一标准的土地税有失公平,因此各国现今很少采用。

(2) 等级税。等级税是指除了依据土地面积以外,还根据土地肥瘠程度、生产条件等因素,将土地分成不同等级分别适用不同税率征收的土地税。等级税实质上并没超出地亩税的范围,仍以土地面积为主要计税标准,但比地亩税进步一些。等级划分常年不变,而土地地质、耕作工具发生变化时,仍会导致许多不公平问题。

2. 从价课征的土地税

从价课征的土地税,是以土地价值为课税标准的土地税,又因土地价值的具体确定依据不同,分为地价税和土地增值税。

(1) 地价税。地价税是以土地的单位价值为标准征收的一种税。加拿大于1873年首创此税,以后各国相继开征。地价税克服了等级税划分土地等级并按不同等级规定不同税额的繁琐复杂的方法,从而减少了土地税的税务征管成本。但是,地价税却带来了土地计价上困难,而土地的计价又是地价税课征的关键。目前,各国的土地计价方法不尽相同,有的按历史成本计价,有的以市场价格作为参考价格计价,也有的以专门机构对土地进行的估价计价。由于市场价格涨落不定，土地又不易流通，历史成本和市场价格难以准确反映土地的现在价值，因此大部分国家主张采用估价的方法计价。

(2) 土地增值税。土地增值税是对土地增加的价值课征的土地税。有人认为它不属于土地财产税类，因为这种增加的价值通常是因社会进步等原因发生的自然增值，且它又多在土地发生转移时征收。在实践中，这种税是从价课征的，因为尽管这种增值实际已属利得部分，但它是由于拥有土地而获得的。土地增值税除了在土地转移时课征以外，也有对土地拥有课征的。

从价课征的土地税，应当是比较合理的，但如何确定土地价值，是比较困难的，这也是现今一些国家土地税制度中的一个难题。

(二) 房屋税

房屋税又称房产税，是指以附着于土地上的房屋及有关建筑物为课税对象而征收的一种税。因为房屋与土地密不可分，所以很多国家将房屋和土地合并课征房地产税。房屋税按照不同的课税标准，大致可以分为财产房屋税、所得房屋税和消费房屋税。目前各国征收的房屋税大都属于财产房屋税。

财产房屋税以房屋的数量和价值为课税标准征收，有从量课征和从价课征两种课征方法。

1. 从量课征的房屋税

最早的房屋税多是从量课征的，主要有：(1) 灶税，按灶数课征；(2) 窗户税，按窗户数课征；(3) 房间税，按房间数或面积课征；(4) 房基税，按房基及其附属建筑物的面积课征。

上述从量课征税种的共同特点是，都采用房屋的外部标志为课税标准，其优点是不易漏征，且方法简便，其缺点是不论贫富，不问纳税人纳税能力的大小一律从量课征，既不公平，也不合理。

2. 从价课征的房屋税

从价课征的房屋税按房屋的价值计税。这种从价计税方法采用得较晚，但很快成为各国普遍采用的课税方法。从价计征方法较为公平合理，但是对房屋的估价相当困难，需要考虑房屋的间数、层数、面积、装饰、建筑材料、租金、房屋所处地理位置以及用途等多种因素。

(三) 不动产税

不动产税是对土地和房屋等不动产课征的一种税。各国或各地区对不动产课税主要有两种形式。

1. 区分不动产的性质，分别规定不同税率

这一类型的不动产税根据不动产的性质对不动产进行分类，适用不同税率。如巴西的不动产税，将不动产分为农业不动产、林业不动产和土地财产等，

分别确定不同税率课征。目前,许多国家或地区运用这一形式征收不动产税。

2. 对不动产采用统一税率

这一类型的不动产税是以不动产为单一的课税对象,适用统一税率。如中国香港特别行政区的不动产税,即是对不动产所有人或使用人的土地与建筑物课征,不动产的价值按不动产税评价法评定,税率为统一的比例税率。目前,采用这一形式的国家或地区不多。

(四) 机动车辆税

西方发达国家对机动车、飞机、船舶等动产大都单独课税,特别是对机动车。机动车辆税是地方税,主要用于公路等交通运输场地的维修。机动车辆税的纳税人大多是机动车辆的所有者。一般按照机动车辆的用途、种类、马力、重量等,采用差别比例税率,也有采用定额税率和累进税率的。

二、发达国家的个别财产税制度

(一) 英国的个别财产税

英国的个别财产税主要由住宅税和营业财产税组成,是专门对房地产课征的税种,是地方财政收入的重要来源。在英格兰,这两项税收占地方财政总收入的30%左右。英国住宅税和营业财产税的收入一般专项用于地方基础设施建设和教育事业,在地方经济中发挥着重要作用。

1. 住宅税(council tax)

英国的住宅税是对居民的住宅依据其资本价值课征的地方税种,它最早被称作 domestic rates,1990 年改称 community charge,1993 年又更名为 council tax 并沿用至今。住宅税是英国最大的地方税种,在地方财政收入体系中占有重要地位。

(1) 纳税人与征税对象。英国住宅税的纳税人为年满 18 岁的住房所有者或承租者,包括永久地契居住人、租约居住人、特许居住人、业主等几类。如一处住房为多人所有或多人居住,则这些人将共同负有纳税义务。

英国住宅税的征税对象为居民住宅。居民住宅包括楼房、平房、公寓、分层式居住房间、活动房屋、船宅等。

(2) 计税依据。英国住宅税的计税依据为居民住宅的房产价值。根据地方税法的规定,地方政府定期对应税房产的价值重新进行评估和分级。目前英国采用的评估标准是应税住宅在 1991 年 4 月 1 日被出售时的市场价格。为了计税方便,英国根据应税住宅的价值高低将其分为 A—H 共 8 个等级(见表 8-5)。价值评估工作完成后,地方政府将辖区中的所有应税房产依据其价值进行归类,并统计出各价值等级应税房产的数量。

表 8-5　英国主要地区居住性房地产价值分级标准(英镑)

分级	英格兰	威尔士	苏格兰
A	<40 000	<30 000	<27 000
B	40 001—52 000	30 001—39 000	27 001—35 000
C	52 001—68 000	39 001—51 000	35 001—45 000
D	68 001—88 000	51 001—66 000	45 001—58 000
E	88 001—120 000	66 001—90 000	58 001—80 000
F	120 001—160 000	90 001—120 000	80 001—106 000
G	160 001—320 000	120 001—240 000	106 001—212 000
H	>320 000	>240 000	>212 000

资料来源:Citizens Advice Bureau,UK。

(3) 税率。英国住宅税的税率全国不做统一规定,由各地区政府根据当年预算支出情况而设定。一般说来,住宅税的税额根据县、区级议会和地方警察局所需开支的数额而定,因此,在有的地区住宅税的税率是经常要调整的,但调整的幅度不得超过 1% 。

实践中,对同一地区同一价值等级的住宅,地方政府课征相同的税额;对于同一地区不同价值等级的住宅,一般以 D 级住宅的税额为标准,以一定比率来决定其应纳税额。比如,A 级住宅税是 D 级的 6/9,H 级住宅税是 D 级的 2 倍,其他等级住宅税比照确定,见表 8-6。表 8-7 显示了英国曼彻斯特市和金斯敦市住宅税标准。

表 8-6　各级住宅税与 D 级住宅税的比率

等级	A	B	C	D	E	F	G	H
比率	6/9	7/9	8/9	1	11/9	13/9	15/9	2

表 8-7　英国曼彻斯特市和金斯敦市住宅税标准(2003—2004 年度)

单位:英镑/住宅

等级	A	B	C	D	E	F	G	H
曼彻斯特	737.21	860.07	982.95	1 105.81	1 351.55	1 597.28	1 843.02	2 211.62
金斯敦	827.44	950.18	1 085.93	1 221.67	1 493.16	1 764.63	2 036.12	2 443.34

(4) 减免规定。英国住宅税减免政策主要有折扣、优惠、伤残减免、过渡减免等。其中,优惠主要针对没有收入援助或低收入的纳税人,优惠多少则取决于纳税人的收入、储蓄状况和个人境况,最高可达 100% 。伤残减免主要针对某些伤残者,在征税时可以降低其住宅应纳税的档次,给予适当的减免。

英国的住宅税有一定的免税范围,如对只由学生、未成年人、外交人员或残疾人居住的住宅是完全免税的;空置住宅也有最长达六个月的免税期,此外各地还规定了其他税收豁免条款。即使在应税房产的范围内,也并非所有的住宅都要缴纳全额的住宅税。住宅税全额课税的基本条件是至少两名成年人居住在该住宅内,如果只有一名成年人居住,住宅税则可减收25%,若是无人居住的住宅或居民的第二套住宅则可减收50%,对于有残疾人居住的住宅,可降低其纳税等级,给予适当的税收照顾。此外,还有一些人士被界定为"可以不被计数的人",如未成年人,全职学生,学徒,严重的精神病人,医院或疗养所内的病人,照顾残疾人的保姆和护士,入狱的犯人,旅店的住客,某些宗教团体的人士以及隶属国际组织、国防机构和外交使团的人员等,他们不会被算进计税人员范围。

(5) 税收征管。地方税务机构每年根据每处住宅的评估价值及其对应的价值等级来确定它的应纳税额,并在4月1日将税单寄给纳税人。如纳税人能在财政年度初期一次性缴清税款,则可以享受一定的税额折扣。此外根据税法的规定,纳税人也可以采取按10次分期付款的方式缴纳税款,部分地区则允许纳税人按周或半月分期纳税,但分期纳税的首付部分必须在接到税单之日起28天内缴纳。如果纳税人未能按期纳税,地方法庭会向欠税者发出传票,如在传票规定期限内仍未补足税款,法庭则可以授权地方政府冻结欠税者的收入或财产以补足拖欠的税额。

2. 营业财产税

营业财产税也称为非住宅税(non-domestic rating),其课税对象为营业性的房地产,如商店、写字楼、仓库、工厂。与住宅税不同,英国的营业财产税从1990年开始被划为中央税种。地方征缴的营业财产税收入上交中央财政后,汇入专项基金,然后由中央财政依据各地的人口基数,将这一基金作为转移支付资金,以一定的比例在各地区之间进行分配。由此可见,虽然营业财产税属于中央税种,但最终的税款还是会专项返还给地方财政。返还后的营业财产税收入约占中央向地方支付的转移资金的1/4,占地方财政总收入的比重也在15%以上,在地方财政收入体系中居重要地位。

(1) 税基。根据英国税法的要求,英国国内收入署的估价部门每隔5年就会对营业性房产的应税价值进行重新评估,并更新纳税名单。营业性房产的应税价值是指应税房产在规定日期被出租的合理的市场租金,相应的估价应是对在规定日期(估价期日)房产公开市场租金的评估,如2000年4月1日营业财产税税基的估价是对规定日期1993年4月1日可能发生的市场租金的评估。

(2) 税率。英国中央政府每年根据上一财政年度的税率及通货膨胀率来确定新税率,并在4月1日颁布施行,全国各地方政府均须依照这一税率课税(见表8-8)。比如,2004—2005财政年度制定的税率为45.6%,这说明,假如房产应税价值(即评估的年租金价值)为10000英镑,那么应缴税款应为4560英镑。由于房产价值的重新评估可能会导致房产的应税价值在评估前后变化很大,为了减少这种剧烈变化对纳税人经济负担的冲击,在重新评估之后,英国政府会采取过渡性的税率变化幅度限制措施。例如2000年重新评估后,政府会确保纳税人在五年之内每年应缴税款较之前的变化不会超过某一限度,过渡性的减免会逐年减少,直至纳税人可以按照更新后的应税价值全额纳税。

表8-8 英国营业财产税税率(2000—2005)

财政年度	2000—2001	2001—2002	2002—2003	2003—2004	2004—2005
税率(%)	41.6	43	43.7	44.4	45.6

(3)税收减免。英国税法规定,属于免征营业财产税的房地产有:农用土地及建筑、渔场、船舶停泊处、教堂等宗教建筑、公园以及为残疾人提供服务的特定房产。此外税法对空置的房地产还有一定的免税规定:工业建筑以及年租金小于一定限额的小型房产在空置期内免征营业财产税;其他房产免征前三个月空置期的营业财产税。

属于减税范围的有:空置期超过三个月的应税房产,减征50%的营业财产税;用于慈善用途的应税房产减征80%的营业财产税,地方政府有权将减税比例提高,甚至可以完全免税;由慈善机构拥有的应税房产,地方政府可给予一定减税优惠;由原农地或农舍新改造而成,且年租金低于6000英镑的非农用的应税房产,在5年内减收50%的营业财产税,地方政府有权将减税期适当延长;人口不足3000人的村庄内的应税房产减征50%的营业财产税,地方政府可视具体情况提高减税比例,甚至可以完全免税。

2005年4月,英国中央政府推行了一项旨在扶持小型商业的减税计划。此项减税计划将营业财产税的税基划为三类:① 属于减税区的年租金小于10000英镑的应税房产;② 属于缓冲区的年租金在10000—15000英镑的应税房产;③ 属于补税区的年租金高于15000英镑的应税房产。减税区的减税方法如下:年租金小于5000英镑的房产减收50%的营业财产税;年租金在5000—10000英镑之间的房产施行递减的减税比例,随着年租金的上升,减税比例成比例下降,年租金为5000英镑的房产减税比例为50%,年租金为10000英镑减税比例降至零。减税区内减少的税收通过在补税区内施行的增税措施来补足。缓冲区内的房产既不减税又不增税。

(4)税收征管。营业财产税的征管方式与住宅税相似。每年三四月份,地方税务机构将税单寄给纳税人,纳税人可分期纳税。逾期未缴者会被地方法庭传唤,如是恶意拖欠,地方政府可在法庭的授权下冻结欠税者的收入或财产以冲抵税款。与住宅税不同的是,作为中央税种,地方收缴的营业财产税税款并不直接划入地方财政，而是先上交中央财政专户，再由中央政府统一分配给地方财政。

（二）日本的个别财产税

日本实行中央、都道府县和市町村三级征税体制，财产税中既有中央征收的税种，也有地方征收的税种。日本的个别财产税主要包括地价税、特别地价税、固定资产税、不动产购置税和宅地开发税，分别由中央和地方征收。下面主要介绍前三种税。

1. 地价税

日本的地价税于1991年土地税制改革时创立。当时开征地价税是为了抑制土地投机交易，促进土地的有效利用。1998年税制改革时，考虑到地价长期下跌和土地交易萎缩，以及经济持续低迷的状况等，作为临时措施，自1998年起暂停对地价税的征收。在此之前，地价税属日本国税，由国税局负责征收。其基本制度为：

(1) 纳税人。每年1月1日税务登记时，列明为土地所有者的企业和个人，均为地价税的纳税人。

(2) 征税对象。日本地价税的征税对象是土地、土地租赁权及土地使用权等。

(3) 计税依据。地价税的计税依据是估定价值，估定价值以公平市场交易价值乘以一个评估率计算而得。评估率依土地拥有的年限长短而定，一般在5%—40%之间。

(4) 税率。地价税税率一般采用比例税率，税率为0.15%。

(5) 免税项目。日本地价税法规定，用于文化教育事业的土地，外国大使馆、领事馆占用的土地免税。

(6) 扣除规定。在对纳税人征收法人所得税和个人所得税时，允许纳税人将地价税从应纳税所得额中作为费用列支。

2. 特别地价税

特别地价税，又称特种地价税。该税于1973年开征，对应税土地的净值课征，属于市町村级税。

(1) 纳税人。特别地价税的纳税人是土地的拥有者和土地的购置者。但如果拥有某一块土地达10年以上，则对该税就不负纳税的义务。

(2) 征税对象。特别地价税的征税对象以土地为主，还包括与土地相关的一些权利。在日本，不同城市规定了不同标准的起征点。一般说来，经济发达的大城市起征点低于其他城市。

(3) 计税依据和税率。特别地价税以每年1月1日的土地购置成本为计税依据。对土地持有者自有的土地,税率为1.4%,对购置的土地,税率为3%。

(4) 免税规定。对文化教育事业用地、外国领事馆占用土地免税。对一些因政策性原因迁移厂址而重新购置的土地、政府购置的土地免税。

(5) 抵免规定。对纳税人已经缴纳的固定资产税及不动产购置税允许在特别地价税应纳税额中抵免。

3. 固定资产税

(1) 征税主体、征税对象及纳税人。日本在改革地租、房屋税时,明确了固定资产税的征税主体为市町村,其收入全部归市町村支配;计税依据由工商业收益和住宅租赁额改为评估额,并将征收范围从房地产扩大到折旧资产(房地产以外供经营用的资产)。固定资产税实行台账征税制度。市町村政府对土地、房屋、折旧资产分别设有征税台账和补充征税台账,后者是为遗漏登记的房地产实际所有人或使用人准备的。凡是在台账上注册登记的房地产所有人均为固定资产税纳税人。

(2) 计税依据及税率。固定资产税的计税依据为房地产市场评估价,原则上三年固定不变,从形态上分为基准年度评估额和比照基准年度评估额,以区别不同情况、不同用途的房地产,通过合理调整计税依据,公平税负。固定资产税的标准税率为1.4%。

(3) 税收优惠。固定资产税采用免征额制度,免征额为:土地30万日元,房屋20万日元,折旧资产150万日元。免税范围则包括政府、皇室、邮政部门、自然资源机构、土地改良区、宗教法人、墓地、公路水路、国立公园和国家风景保护区、国家重点文化历史名胜、重点传统建筑群保存区、学校法人、社会福利和公益设施以及城市机构更新取得的土地等。固定资产税的减免优惠主要集中在一定面积的新建住宅、新建租赁住宅、市区再开发工程建筑以及供老年人居住的优质租赁住宅上。

(4) 评估及价格确定。日本房地产评估实行市町村长负责的房地产估价师制度。其步骤是,首先由市町村估价师实地调查后将评估结果提交市町村长,估价师评估所依据的是国土交通省土地鉴定委员会每年1月1日确定的公示地公示价格;然后,市町村长根据全国统一的房地产评估标准和实施方案确定房地产价格,并及时在房地产征税台账上登记后公示,同时提供记载有各地区标准地价格的图表供一般市民阅览。市町村房地产评估根据土地用途(商业、工业、住宅、观光、农田等)和距离城市中心的远近,在每一情况类似地段(街道、交通、居住环境等)选出标准地和标准田。标准地价格以地价公示价格的70%为标准尺度,并根据市场价进行调整。路线价采用画地计算法根据宅地进深、宽度、形状、街道等进行修正后反映在评估价格上。

宅地评估通常采用如下方法：在人口集中的商业区、办公区、住宅区、工厂区设置路线价，对市区以外的宅地则按照评估额乘以各地段相应倍率；房屋评估则通常采用以再建筑价格为基准的评估方法，即评估时先求出在同一场所新建房屋所需建筑费用，再根据房屋现状，减除房屋的折旧和损耗。

对普通农田和市区化农田也采用不同的评估和征税方法。普通农田按照买卖价格评估，市区化农田比照类似宅地价格评估。对宅地的税负调整通常根据负担水平确定相应的调整系数，商业地比照宅地，地价下降时调整系数向下调整。

(5) 税收征管。固定资产税的核定征收日为每年 1 月 1 日，征税与否要根据征收日当天房地产状况而定。因此，即使在征收日之后房地产因火灾等事由消失，当年的固定资产税也要按全额征收，不予退还。相反，征收日之后拥有的房地产不征当年的固定资产税。固定资产税征收的有效期限为自法定纳税期限起 5 年以内。纳税期为 2 月、4 月、7 月、12 月四次，记载有各期应纳税额和纳税期限的纳税通知书于法定纳税期前十天送达纳税人。提前纳税的纳税人，市町村政府给予其奖励。根据市町村条例，因受天灾、生活贫困接受补助以及其他特殊情况的人可以享受减免税优惠。

三、发展中国家的个别财产税制度

(一) 韩国的个别财产税

1. 土地税

韩国原来将土地税并入财产税中征收，并征收过分占有土地税。从 1990 年起，韩国以综合土地税取代了这些税种。韩国土地税的课征制度为：

(1) 纳税人和课税对象。韩国土地税的纳税人为土地所有人，即每年 6 月 1 日登记在册的土地所有人。课税对象为纳税人拥有的土地。

(2) 计税依据。韩国土地税的计税依据是土地的市场价值和租金价值，由土地估价管理部门估价，然后由税务局核定税额。

(3) 税率。综合土地税的税率比较复杂，分为一般税率、特别税率、个别税率三类。一般税率适用于法律规定的作为一般课税对象的土地。特别税率适用于附属于建筑物的土地。个别税率适用于法律限定的特定类型的土地。

(4) 免税。韩国税法规定，本国政府、外国政府机构拥有的土地免税；非营利组织为宗教、慈善、教育目的而占用的土地也免税。

2. 房屋税

韩国的房屋税是与某些财产税(除土地以外)合并征收的，虽名为财产税，实际上主要对房屋征收。韩国房屋税的课征制度内容包括：

(1) 纳税人和课税对象。韩国房屋税的纳税人为应税财产的所有人,以有法律效力的登记为准。课税对象是房屋、船舶、飞机、矿区采矿权。

(2) 计税依据。房屋税的计税依据是房屋等财产的价值和矿区的土地面积。

(3) 税率。税率有比例税率和累进税率,具体见表8-9。

表8-9　韩国房屋税税率表

应税财产	税率(%)
工厂等建筑物	0.6
住宅(价值):	
不超过1 000 000韩元	0.3
1 000 001—3 000 000韩元	0.5
3 000 001—5 000 000韩元	1.0
5 000 001—8 000 000韩元	3.0
8 000 001—9 000 000韩元	5.0
超过35 000 000韩元	7.0
高尔夫球场、别墅或高级娱乐场所房屋	5.0
其他房屋	0.3
高级船舶	5.0
其他船舶	3.0
飞机	0.3
重型设备	0.3

资料来源:各国税制比较研究课题组编著:《财税税国际比较》,中国财政经济出版社1996年版,第114页。

此外,大中城市新建工厂按上述税率的500%征税,5年内适用。

(4) 免税。韩国税法规定,下列财产免税:国家和地方政府、外国政府机构拥有的房屋财产;非营利性的社会公益组织用于宗教、文化教育、艺术和科学等方面的财产;价值低于300 000韩元的财产;法律规定的其他财产。

3. 土地增值税

韩国的土地增值税,又称土地超额增值税,1990年1月1日正式开征,为中央税。

(1) 纳税人。土地增值税的纳税人为土地所有人或使用人,包括自然人和法人。以土地购买、转让等活动中土地登记时确认的所有人为准。当一块土地同时由两个或更多人共同拥有时,则拥有人都必须按其拥有的份额缴纳土地增值税;向政府购买土地使用权并签订了分期付款合同的购买者;土地拥有者无法确认时,由土地使用人纳税;如果所有权在土地增值税征收期中发生转让,则土地原所有者为纳税人,交易双方共同分摊应纳税额。

（2）课税对象。韩国土地增值税课税对象为纳税人拥有的闲置土地或非营业用地的增加价值。具体课税对象根据每一纳税期终了时土地状况确定。公司法人拥有的闲置土地，包括没有用于公司经营的土地。个人或其他法人拥有的应税闲置土地，包括与工厂建筑物相邻的超过一个厂区标准土地面积的土地，和超过标准面积的用于高尔夫球场的土地。

（3）计税依据。韩国土地增值税税额计算是根据土地的市场价格确定的。具体计算公式为

计税依据＝纳税期最后一天的土地市价－纳税期第一天的土地市价
－土地正常增加额－改进成本和资本开支

（4）免税。韩国税法规定，下列土地免征土地增值税：国家、地方政府和外国政府拥有的土地；铁路、公路、港口所使用的土地；历史古迹占用土地；总统法令规定免税的土地等。此外，应税土地税基低于200 000韩元的，不征税。

（5）税率。韩国土地增值税的税率是比例税率，统一为50%。

（6）税收征管。韩国土地增值税的纳税期，原则上是3年。第一个纳税期是1990年1月1日至1992年12月31日。税额按纳税期开始年度的1月1日到纳税期终了年度的12月31日期间的土地价值的超额增值部分查定征收。

韩国税法规定，已纳土地增值税，可从资本利得税和所得附加税中抵免，或在计算资本利得税或所得附加税的税基时作为费用全部扣除。允许抵免的比例，视土地出售的期限而定，一年以内抵免80%；三年以内抵免60%；六年以内抵免40%。

（二）巴西的土地税

巴西一直征收土地税，包括对农村土地征收的农村土地税和对城市土地及建筑物征收的城市财产税。

1. 农村土地税

农村土地税是由联邦征收的中央和地方共享税，其中收入的50%划归土地所在的地方政府。1991年前，农村土地税由联邦土地改革垦殖委员会征收，约占联邦税收收入的1%，1991年改为由联邦经济财政计划部管理。征收农村土地税，一是为了取得部分财政收入，二是为了合理利用土地资源。

（1）纳税人。巴西农村土地税的纳税人为农村土地的所有者和使用者。

（2）课税对象。课税对象为农村土地，具体指用于种植、放牧和其他农业性活动的土地。城镇土地不在应税范围之内。

（3）计税依据。巴西农村土地税按土地面积计征。具体计税标准是规定的征收单位或标准单位。由于巴西国土辽阔，人口分布不均衡，因此征收单位全国并不统一，而是根据不同地区的具体情况而定，一个征收单位包括的土地

面积在不同地区有很大差异。比如,一个征收单位在里约热内卢州是2公顷,在圣保罗州和巴西利亚区为5公顷,在玻布利亚州为30公顷,在亚马逊州为100公顷。征收单位包含的土地面积主要根据应税土地所处的自然地理条件和经济情况(包括级差地租在内)而确定。如果土地肥沃,交通便利,距离城市较近,则征收单位所含面积就小,反之,所含面积就大。

征收单位的具体确定办法,是用某一地区的所有农村土地面积,减去房屋占有地面积、森林用地面积、其他不用于农业的土地面积,再以适当的方法确定。

(4) 税率。巴西农村土地税实行累进税率,共22个级次,见表8-10。

表8-10　巴西农村土地税税率表

征收单位(公顷)	税率(%)
不超过2	0.2
2—3	0.3
3—4	0.4
4—5	0.5
5—6	0.6
6—7	0.7
7—8	0.8
8—9	0.9
9—10	1.0
10—15	1.2
15—20	1.4
20—25	1.6
25—30	1.8
30—35	2.0
35—40	2.2
40—50	2.4
50—60	2.6
60—70	2.8
70—80	3.0
80—90	3.2
90—100	3.4
100以上	3.5

资料来源:各国税制比较研究课题组编著:《财产税国际比较》,中国财政经济出版社1996年版,第80页。

(5) 免税规定。巴西税法规定,对下列土地免税:由土地所有者及其家人耕作的不超过25公顷的土地;由土地所有者及其家人耕作,并雇请少数其他人员帮助的,不超过1个征收单位的土地。

(6) 税收优惠。为了鼓励农民合理利用土地和创造更高的效益,巴西税法规定对生产效益高和土地使用率高的纳税人,可给予减免不超过90%的应纳税额的税收优惠。其中,生产效益是以联邦土地改革垦殖委员会按巴西各地区的40种主要农产品产量制定的参数表为基础衡量的。除了税收优惠外,政府还专门给创造高效益和合理利用土地的农民以鼓励。

与此相反,对使用土地用于农业的面积低于规定标准的,要在原有税额基础上加征一定比例。为了鼓励农村土地的合理利用,巴西政府按不同地区情况规定了土地用于农业耕作的面积的最小百分比,如低于这个最小百分比,将加征农村土地税。具体规定比例如表8-11。

表8-11　巴西土地用于农业耕地面积的比例

土地面积(公顷)	农业用地比例(%)
不超过25	30
26—50	25
51—80	18
80以上	10

资料来源:各国税制比较研究课题组编著:《财产税国际比较》,中国财政经济出版社1996年版,第81页。

如果低于上述最小百分比,税率的增加幅度第一年不得低于2%,第二年不得低于3%,第三年和以后年度不得低于4%。

2. 城市财产税

巴西对城镇土地课征城市财产税,这是由地市政府征收的地方税。其主要目的一是取得地方财政收入;二是加强城市建筑、住宅、土地规划利用等方面的综合管理。

(1) 纳税人。城市财产税的纳税人是城镇土地和房屋的所有者。

(2) 课税对象。城市财产税的课税对象为城镇土地和土地上的房屋及建筑物。在城郊相邻区域,确定土地是否属于城市财产税的课税范围时,一是看其是否为农用土地,二是要求在1.5英里的土地范围内是否至少有以下基础设施中的任两项:人行道、自来水主线、排污设施、街灯、公共学校。如土地不作为农用,又不符合第二项要求,则应视为城镇土地。

(3) 计税依据。城市财产税的计税依据是应税土地、房屋及建筑物的估定价值。巴西税法规定了复杂的评估程序,但一般都以土地、房屋和建筑物的投资价值为基础进行估。一般情况下,影响评估价值的因素主要包括土地位置,课税区域,土地面积大小,交通条件,房屋面积大小、新旧程度、使用条件和附属物,公共设施配备情况,等等。通常情况下不以租金价值作为估价基础,除非在特别情况下,必须要有几种估定价值作为比较选择,才考虑以租金价值为基础进行评估。估价由各地专门的评估机构进行。

(4) 免税规定。巴西税法规定,对下列财产项目免税:联邦政府、地方政府、外国政府机构拥有的土地和房屋;国家博物馆等公共建筑占用的土地;某些社会公益事业团体机构办公用房屋和占用土地。对某些被公共设施如花园或停车场等占用的私人土地,通常只课以极低税率或免税。

(5) 税率。城市财产税的税率通常由各地自行制定,一般为比例税率,且比较低,一般不超过5%。税率的变更也由各地议会确定。

(6) 税收征管。城市财产税由地方税务机构负责征收管理,收入用于城市维护建设费用支出。该税一般按年征收,各地规定一个征收期限,纳税人接到税务局评定税额的通知单后,须按期缴纳。通常一次缴清,但如果税额较大,经申请批准后可分期缴纳。

第四节　比较与借鉴

一、发达国家财产课税的基本经验

尽管财产课税在西方发达国家的税制体系中不占重要地位,但作为公平分配社会财富的一个重要手段,它仍在税收实践中发挥着重要作用,许多发达国家在财产税制体系的建立和完善过程中都积累了丰富的经验。

(一) 征收范围和覆盖面较广,税种设置相对稳定

从总体上看,发达国家财产税的征收范围较广,不仅包括城镇房地产,而且还包括农村、农场建筑物和土地,从覆盖面来看,基本覆盖了财产的占有、转让、使用和收益各个环节。多数国家财产税的主要税种包括土地税、房屋税、不动产税、不动产转让税和土地增值税等。

(二) 税基体系科学合理

多数发达国家普遍建立了以市场价值(也称改良资本价值)或评估价值为核心的税基体系。根据市场价值确定税基具有三大优点:一是税基有弹性。随着房地产市场价值的上涨,税基扩大,财产税收入也将随之增加。二是对社区的公共投入可以得到相应回报。社区公共投入增加会提高社区内财产的市场价值,而财产市场价值的提高又会带来税收收入的增加,使得居民的权利和义务相对应。三是市场价值反映纳税人的纳税能力,有利于实现税收公平。当然,以市场价值为税基也存在一定的缺点,它需要定期对财产进行评估,税收征

管成本较高。因此,市场经济比较发达、税制比较完善的国家,一般都以市场价值为计税依据。

(三)税率设计多样化

发达国家财产税税率多采用比例税率和累进税率相结合的形式。一般对财产收益所得环节多采用累进税率,而对财产的占有、转让、使用环节多采用比例税率。在实践中,各国可根据本国的政治、经济、文化背景设计各具特色的税率制度。

(四)财产登记制度和评估制度规范

完善的财产登记与评估制度是财产课税的基础。许多发达国家都拥有系统的财产登记制度和规范的评估制度,只有建立完善的财产登记制度,才能有效地获取财产信息和征管资料;同时,只有严格科学的财产评估制度,才能提高财产评估的质量和财产税的征管效率。

二、世界各国财产税的地位及发展趋势

与所得税和商品劳务税相比,尽管世界各国财产税在税制体系中所占比重不高,但其仍居于相对稳定的地位,从未来发展看,财产税呈现出以下发展趋势:

(一)财产税地位稳定,但不会成为国家税制体系的主体税种

从世界各国来看,财产税仍是税制体系的重要组成部分,但不可能再回归到历史上的主体地位。首先,从发达国家来看,一方面由于强调税收筹集收入和调节经济的作用,因此所得税仍会继续是主体税种。此外,随着社会保障制度的发展,社会保障税将具有较大的增长潜力。另一方面,从课税对象上看,所得课税税源充裕,其增长速度也比财产税快,因而,所得税仍会在相当长的时间内居于主体税种的地位。其次,从发展中国家看,由于受生产力发展水平的制约,多数国家积累的财产极为有限,加上相对落后的税收征管水平和财产法规的缺乏,发展中国家不可能选择将财产课税作为主体税,而是以商品课税为主。

尽管如此,财产税在税收体系中的地位仍相对稳定,它不可能被其他税种所取代。这主要是因为:第一,从理论上讲,财产税是以各种财产为课税对象征收的税,只要存在私有财产,就存在对其课税的必要,特别是按财产价值课征的财产税;第二,从税收发展的实践看,商品课税、所得课税和财产课税三大税收体系密切相关,特别是现代社会对税收的各种功能提出了更高的要求,而财产课税具有所得课税和商品课税所没有的功能和优点,能有效弥补两大税收体系的不足,发挥不可替代的作用;第三,自 20 世纪 90 年代以来,许多曾先后放弃过财产税的国家,如爱尔兰、芬兰、意大利、挪威、西班牙、葡萄牙、瑞士等,又重

新开始征收该税,这也表明财产税仍具有较好的发展前景。

(二) 财产税在世界各国地方政府的税收收入中仍居重要地位

大多数开征财产税的国家都把该税划归地方政府,作为地方政府财政收入的主要来源。在美国,地方政府普遍征收一般财产税,其收入占整个地方政府税收收入的80%左右。据OECD资料,加拿大地方税收中,财产税占84%左右,澳大利亚占90%以上。发展中国家的财产税税种不如发达国家多,但也大多划归地方政府。

财产税之所以成为地方政府财政收入的主要来源,其原因主要是:(1) 财产税课税对象稳定,不同地方政府的税源易于区分;(2) 地方政府可以做到对本地区的税源进行严格监控,既实现税收公平,又提高税收征收率;(3) 地方政府可以根据自己的事权需要,制定财产税差别税率;(4) 财产税收入主要用于为本地区提供公共服务,有利于形成"多征税、多提供公共服务、房地产多增值、税源多增加"的良性循环机制。

(三) 世界各国对财产税税种的选择存在差异

财产课税作为一个税系,由一系列税种组成。由于各国历史文化背景、社会经济发展情况不同,配合税种之间存在差异,因此各国在税种的选择上也不相同。从课税方式和范围看,一般财产税课征范围较广,一般采取比例税率,税收收入相对较多,但这种税计征比较麻烦,逃税避税现象严重,税负不公平;而个别财产税中的土地税、房屋税等,课税范围相对较窄,但税收收入较稳定,不易隐匿虚报。而与一般财产税相比,财产净值税虽然公平合理,但稽征手续却更为麻烦。因此,在税收征管手段先进、纳税意识较强、征管制度较严密的发达国家,多选择综合课征的财产税,而在纳税意识较淡薄、征管制度和方法相对落后的发展中国家,则更多地选择以土地、房屋为主要课税对象的个别财产税。一些较为发达的发展中国家,将会逐步实施课征范围稍窄的财产净值税。

(四) 财产税的征管制度有待于进一步完善

财产税征管制度中的难点之一是征管漏洞多,逃税避税现象严重。因此,如何加强财产税的征收管理是各国面临的主要问题。完善财产税征收管理制度,应主要从四个方面入手:(1) 建立健全相关法规,制定严密的财产登记制度。这对于发展中国家而言尤为重要,否则,对财产课税就没有立法依据和法律保障。(2) 规范计税基础。合理确定计税基础,是课税得以顺利进行的保证。根据国际惯例,多数国家选择以估定价值作为计税基础。然而,由于资料的欠缺和零散,有些国家没有全面、真实、可用的财产资料,这是许多国家,特别是发展中国家面临的难题。(3) 合理设计税率。税率设计合理与否,关系到税负轻重和财政收入的多少。目前,发达国家大多选择比例税率,发展中国家则选择以地区差别比例税率为主,但总体税率不高。

三、中国的财产税改革

(一) 中国现行财产税制存在的问题

我国属于财产税的税种主要有5个,即房产税、耕地占用税、城镇土地使用税、土地增值税和契税。自1994年分税制改革以来,这5个税种都属于地方税。

近年来,财产税(物业税或不动产税)改革一直是我国税制改革的热点问题。这是因为财产税与现实生活有着密切的联系,如敏感的房地产市场、纳税人负担、社会公平和地方财政建设等都与财产税密不可分。对于财产税改革,媒体的关注点是财产税改革对房地产市场的影响,如开发商的成本、房价的走势等。有些人希望财产税能够成为调控房地产市场的有效工具,借以遏制房价的过快上涨。而学术界则更关注税制的完善和地方财政建设,保证地方财政尤其是基层财政有稳定的收入来源。无论如何,我国现行财产税制存在的问题是不可忽视的,只有正视存在的问题,才能提出更合理的改革思路。

我国现行财产税制主要存在以下问题:

(1) 征税范围狭窄,不适应经济发展要求。中国目前的房产税只对我国城市、县城、建制镇和工矿区的房产征收,对农村的房产不征收。随着农村经济的不断发展以及小城镇建设步伐的加快,农村已经出现大量营业、出租用房,特别是城乡结合部和交通干线两侧的房地产都已非农用,造成农村房地产税的流失。

(2) 计税依据、税率设计不科学,造成税负不公平。我国现行房产税对自营用房和出租房屋适用不同的计税依据和税率。对于前者,以纳税人房产原值一次性减除10%—30%后的余值作为计税依据,按1.2%的税率计征房产税;对于后者,按照房屋出租收入计征12%的房产税。这种设计存在两个缺点:一是以房产账面原值扣除一定比例后的折余价值作为自用房产的计税依据遵循的是历史成本原则,折余价值不可能与财产的市场价值完全吻合,无法随着房产市场价值的变动而变动。因而,以折余价值作为计税依据会导致房产税缺乏弹性,造成财政收入损失。此外,建筑时间靠前的房产折余价值通常要低于建筑时间靠后的房产折余价值,所以用折余价值作为计税依据会使建筑时间靠后的房产比建筑时间靠前的房产承担更多的税负。二是对自用房产和出租房产采用两种课征方法会因不同的经济行为而导致纳税人税负差异的产生,造成税负不公。

(3) 房地产税费名目繁多,不利于房地产市场健康发展。目前我国房地产开发过程中缴纳的税费很多,税收包括耕地占用税、城镇土地使用税、土地增值税、营业税、城市维护建设税、教育费附加、房产税、契税、印花税等,这些税种在形式上虽然相互独立,但实质上却有着内在联系。税种过多,既不符合简化税制的原则,也不可避免地会出现重复征税的情况。同时,对房地产业的各种收费更是名目繁多,制约了房地产市场的健康发展。

(二) 中国财产税改革的方向

(1) 扩大征税范围,拓宽税基。财产税征税范围的设计应尽可能地将所有地区、所有纳税人的不动产都包括进来。与原有的各个税种相比,应在三个方面扩大征收范围:一是由城镇扩大到农村;二是由非住宅类不动产扩大到住宅类不动产;三是由企业扩大到个人或家庭。显然,根据我国现有的社会经济发展状况,这种改革将可能只在少数地区或城市具有可行性。因此,征税范围的扩大不可能一次性完成。从目前的情况看,有必要在税制设计时设定大的征税范围,同时,制定合理的减免税等税收优惠政策,以适用不同地区的情况。

(2) 完善计税依据,合理确定税率。将现行的按房地产余值和租金收入征税统一改为按房地产的市场价值征税,为了便于操作,可考虑每隔3—5年可重新评估确定市场价值。此外,在拓宽税基的前提下,财产税税率就不应设置过高。由于财产税是由城镇土地使用税和房产税合并的税种,如果以财产税改革初期保持收入中性作为基准,可以大体上推算出财产税的平均税率水平。而且,财产税以收入功能为主,调节功能为辅,因而不应该设置累进税率,而应该是采用比例税率。此外,考虑到各个地区之间的差别,税率应该具有一定的幅度范围,便于地方政府根据各自的实际情况进行选择。

(3) 统一部分财产税税种,清理房地产收费。针对现行财产税税种所存在的"双轨"和不规范的问题,有必要在清理部分不合理收费的条件下,将这些"双轨"运行的财产税税种合并为统一的财产税,以避免重复征收,简化税制,提高征管效率。

在现有属于财产税的税种中,属于不动产保有环节的税种有房产税和城镇土地使用税。其中,城镇土地使用税的政策目标与房产税基本类似,相互之间的关系密切,应该加以合并。而耕地占用税和土地增值税属于不动产取得环节的税种,具有明确的调控目标,还具有一定的临时性特征。土地增值税的减征、免征现象普遍,耕地占用税具有类似于土地出让金的性质,这两个税种暂时不需要合并,以免赋予改革后的财产税过多的目标,造成收入功能与调节功能的不协调,可进一步加以完善,或在条件成熟时考虑取消。契税则是在不动产交易环节存在的一个相对独立和自成体系的税种,应予以保留和完善。

(4) 完善财产登记和房地产价格评估制度。中国目前财产登记制度很不健全,特别是关于私有财产登记制度,还没有相关的法律规定,应尽快建立健全财产登记制度。同时还要规范房地产评估市场,加强市场化运作;确定科学合理的评估办法,以重置成本法和现行市场法作为评估办法的基础;提高专职评估人员的业务素质,从法律和制度两方面对评估从业人员的业务技能和职业道德加以规范和约束。

≺资料卡≻

物业税与财产税概念辨析

物业税实际上和财产税的含义是相同的,前者在东南亚国家和我国的香港地区使用;后者则是英语国家"property tax"的中文翻译。因此,"物业税"和"财产税"是同一概念的不同表述。物业税并不是一个具体的税种名称,而是税收分类中的一个类别,其基本含义是对财产征税,具体是针对土地、房屋等不动产在其保有环节征收,其税收的性质为财产税,征收的对象是纳税人的财产。从税收各要素来看,物业税的课税对象为土地及附着于其上的建筑物等不动产,课税税基一般为不动产的市场价值或租金价值,课税税率则依不同的税基而有所区别,通常采取单一比例税率,税收收入归属于地方政府。

开征统一的物业税是中国房地产税制改革的重要举措。2003 年,中国共产党十六届三中全会明确提出要"实施城镇建设税费改革,条件具备时对不动产开征统一规范的物业税"。2005 年,十六届五中全会通过的《中共中央关于制定国民经济和社会发展第十一个五年规划的建议》又把稳步推进物业税列为"十一五"税制改革的一项重要内容。2007 年,提请十届全国人大五次会议审议的财政预算报告中,首次提出将"研究开征物业税的实施方案"。至此,物业税成为各政府部门、学术界及房地产商关注和议论的焦点。

本章小结

1. 财产税是对人们拥有或支配的财产课征的税,它是历史上最古老的税收形式。随着经济的发展,国家职能的扩大,世界各国财产课税在税制体系中的核心地位逐步被商品劳务课税和所得课税所取代,但其仍作为现代三大税收体系之一,发挥着其他税系无法替代的作用,并成为地方政府的主要财政收入来源。

2. 财产课税可以有不同的分类方法。(1) 从理论上看,财产课税可以从不同的角度进行分类:按课征方式不同,财产税可以分为一般财产税个别财产税;

按课税对象不同，财产税可以分为静态财产税和动态财产税；按课征标准不同，财产税可以分为财产价值税和财产增值税；按照课征环节的不同，财产税可以分为一般财产税、财产转让税和财产收益税；按课征时序的不同，财产税可以分为经常财产税和临时财产税；按课征范围的不同，财产税可以分为真实财产税和虚假财产税。(2) 根据 OECD 组织拟定的国际税收协定范本和联合国组织拟定的国际税收协定范本，以及国际财政文献局的有关资料，财产税可分为对不动产收益课税、对财产转移课税和对财产价值课税三大类。

3. 财产税的课税对象是财产，即一定时点上的财富存量，它可以分为动产和不动产。财产课税的计税依据主要可以分为四类，即改良资本价值、未改良资本价值、租金收益和物理特征。

4. 一般财产税是以纳税人的全部财产为课税对象征收的一种财产税。从世界各国的税收实践看，一般财产税主要有两种类型，一是选择性一般财产税，二是财产净值税。美国、加拿大、德国等发达国家以及印度尼西亚、新加坡和印度等发展中国家都拥有较完善的一般财产税制度。

个别财产税是对纳税人所有的土地、房屋、资产或其他财产分别课征的一种财产税。个别财产税课征时一般不考虑免税和扣除，对不同的财产可以采用不同的税率。英国的住宅税、营业财产税，日本的地价税、特别地价税、固定资产税、不动产购置税和宅地开发税等都属于个别财产税。

本章重要术语

财产税　一般财产税　个别财产税　财产净值税　财产评估

复习思考题

1. 财产税如何从不同角度进行分类？一般财产税有哪些特征？
2. 财产净值税的制度特征包括哪些？
3. 结合实际，分析发达国家财产课税的国际经验。

推荐阅读文献

1. 黄国龙：《借鉴国际经验完善我国财产税制》，《涉外税务》，2008 年第 8 期。
2. 黄凤羽：《美国财产税政策及其优惠机制》，《涉外税务》，2007 年第 7 期。
3. J. Fred Giertz, The Property Tax Bound, *National Tax Journal*, No. 3 September 2006.

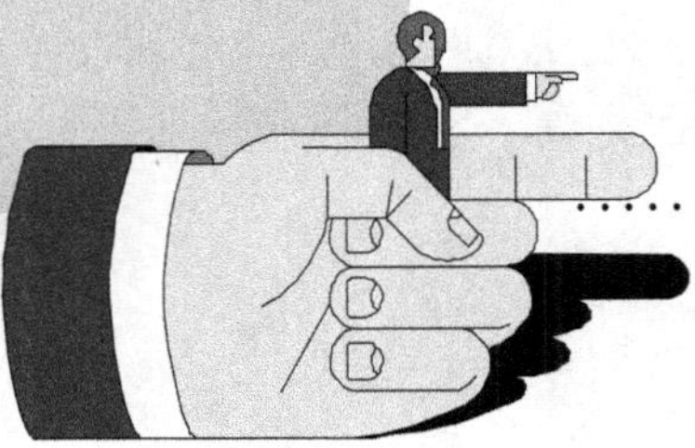

第九章

外国遗产税和赠与税制

学习目标

通过本章的学习,学生应掌握以下内容:

- 遗产税和赠与税的税制模式
- 遗产税和赠与税课税制度的内容
- 遗产税和赠与税的配合方式
- 发达国家遗产税和赠与税制度
- 发展中国家遗产税和赠与税制度
- 中东欧国家遗产税和赠与税制度

第一节　遗产税和赠与税概述

遗产税是以财产所有人死亡时所遗留的财产为课税对象,向遗产的继承人和受遗赠人征收的一种税。赠与税是对财产所有人或被继承人赠与他人的财产课征的一种税。遗产税和赠与税是财产课税体系中的重要组成部分,属于对财产转移课征的税种。遗产税和赠与税是两个不同的税种,两者的内涵不同,征收制度不同,但因两者的关系较为密切,且又常常配合征收,因此,一般将这两个税种结合起来研究。通常认为,遗产税是主税,赠与税是辅税。

一、遗产税和赠与税的产生与发展

遗产税和赠与税是世界上征收较为普遍的税种,也是历史悠久的税种。从历史发展来看,遗产税的征收历史可追溯到古埃及社会。古埃及法老胡夫当政时,四处征战扩大埃及领土,并耗巨资修造大金字塔,使财政入不敷出,于是在远征西奈半岛时下令对财产继承人征收遗产税,并规定用于军需支出。当时税率为10%,并规定子女继承也必须纳税,这种税制一直延续到古埃及灭亡。

近代遗产税的征收,始于1598年的荷兰,采用的是比例税率,并按继承人与被继承人的亲疏关系等具体情况设置不同税率。之后,英国于1694年,法国于1702年,美国于1788年,意大利于1862年,日本于1905年,德国于1906年相继开征了遗产税。最初,遗产税主要是对被继承人的土地在生前与死后的转移课税,曾是封建社会重要的财政收入。到了资本主义社会,西方各国则更多地把遗产税作为均衡社会财富的手段。尽管在实践中遗产税占税收收入的比重并不高,但它通常与所得税和财产税一起,被认为是调节收入差距、实现公平分配的三大重要杠杆之一。

然而,自20世纪70年代起,遗产税的作用开始受到质疑,公平功能不断遭到削弱。在近三十年的时间内,至少有26个国家和地区在开征了遗产税以后又取消了该税。目前仍有一些发达国家准备削减或废除遗产税。法国2007年通过了削减95%的继承税的法律。

赠与税开征较晚,它通常是作为遗产税的补充税种开征的,其主要目的是为了减少遗产税的逃漏和公平税负。1924年美国率先开征了赠与税。许多发达国家都同时开征遗产税和赠与税两个税种。

与发达国家相比,发展中国家开征遗产税的时间较晚,许多国家开征遗产税的时间约在20世纪50年代或60年代,有些国家还时停时征。也有一些国家和地区只征遗产税,不征赠与税。

二、遗产税和赠与税的税制模式

各国征收的遗产税和赠与税,税种名称五花八门,比如遗产税又有叫死亡税、继承税、嗣继税等;赠与税也有叫受赠税的。尽管名称不一,但从课征制度上看,世界各国遗产税大体有三种不同的税制模式:总遗产税制、分遗产税制(即继承税制)和混合遗产税制(总分遗产税制)。相应地,赠与税制也有两种模式:总赠与税制和分赠与税制。

(一)遗产税税制模式

1. 总遗产税制

总遗产税制是对遗产总额课税的一种制度安排,以财产所有人,即被继承人死亡后遗留的财产总额为课税对象,以遗嘱执行人或遗产管理人为纳税人,采用超额累进税率,通常设有起征点,并设有扣除项目和抵免项目。

总遗产税制的特点是:(1) 在遗产处理程序上"先税后分",即先对被继承人死亡时遗留财产额课税,然后才能将税后遗产分配给继承人或受遗赠人;(2) 在税率设计等方面,不考虑被继承人与继承人之间的亲疏关系,不考虑继承人的负担能力等。

世界上实行总遗产税制的国家和地区主要有美国、英国、新西兰、新加坡、中国台湾和香港地区等。

2. 分遗产税制

一般也称继承税制。分遗产税制是对各继承人取得的遗产份额课税的一种制度安排。以遗产继承人或受遗赠人为纳税人,以各继承人或受遗赠人获得的遗产份额为课税对象,税率也多采用超额累进税率,允许扣除和抵免。

分遗产税的特点是:(1) 在遗产处理程序上是"先分后税",即先按国家有关继承法规分配遗产,然后再就各继承人取得的遗产份额课税;(2) 在税率设计等方面须考虑的因素较多,如被继承人与继承人之间的亲疏关系、继承人自身的经济情况和负担能力,甚至包括继承人的预期寿命等。

实行分遗产税制的国家主要有日本、法国、德国、韩国、波兰等。

3. 混合遗产税制

也称总分遗产税制。总分遗产税制是将总遗产税制和分遗产税制综合起来的一种制度安排,即对被继承人死亡时遗留的财产总额课一次总遗产税,税后遗产分配给各继承人的遗产份额达到一定数额时再课征一次分遗产税。纳税人包括遗产管理人、遗嘱执行人、遗产继承人、受遗赠人。多采用累进税率。

混合遗产税制的特点是:(1) 在遗产处理程序上采取"税—分—税"或称为"先税后分再税"的形式;(2) 兼具总遗产税制和分遗产税制两者的优点。

实行混合遗产税制的国家主要有加拿大、意大利、菲律宾、伊朗等。

从总体上看,上述三种遗产税制模式各有利弊。(1) 总遗产税制,先税后分,税源可靠,税收及时,计算较简单,征管便利,征管费用较少,但因不考虑被继承人和继承人之间的关系及各个继承人本身的情况,税负分配不太合理,较难体现公平原则;(2) 分遗产税制,先分后税,考虑各继承人经济情况和负担能力等,税制设计较为公平合理,但容易被纳税人利用以逃税避税,同时,计算较复杂,征管成本较高;(3) 总分遗产税制,先税后分再税,可保证税收收入,防止偷逃税款,也可以区别对待,按能力课税,但是,征两道税,计税更复杂,手续也更繁琐,不符合便利原则。

由此可见,遗产税制模式的选择,并不存在绝对优劣的评判标准。在实践中,各国一般根据公平和效率原则及政府的政策目标,综合考虑国家的社会经济状况、法律制度、国民素质、纳税习惯等因素做出选择。

(二) 赠与税税制模式

1. 总赠与税制

也称赠与人税制。该模式是对财产所有者生前赠与他人的财产课税的一种制度。总赠与税制的纳税人为财产的赠与人,课税对象为赠与他人的财产额,一般采取累进税率。

2. 分赠与税制

也称受赠人税制。该模式是对受赠人接受他人的财产课税的一种制度。分赠与税制的纳税人为财产受赠人,课税对象为受赠的财产额,也采取累进税率。

由于赠与税是遗产税的辅助税种,因此,其税制模式的选择一般要与遗产税制相配合。国际上通行的做法是,实行总遗产税制的国家,选择总赠与税制;实分遗产税制的国家,选择分赠与税制;实行混合遗产税制的国家,多数也选择分赠与税制。

三、遗产税和赠与税的课征制度

根据国际惯例,遗产税和赠与税的课征制度一般包括以下内容。

(一) 纳税人

一般而言,实行总遗产税制,纳税人为遗嘱执行人或遗产管理人。实行分遗产税制,纳税人为遗产继承人(多数国家包括法定继承人和遗嘱指定继承人,个别国家只指后者)和受遗赠人。

实行总赠与税制,纳税人为赠与人。但是,当无法查定赠与人时,受赠人为纳税人。实行分赠与税制,纳税人为受赠人。

从税收管辖权看,各国一般都按照属人和属地原则来确定遗产税和赠与税的征税范围。凡同时采取居民管辖权和地域管辖权的国家,本国居民纳税人负有无限纳税义务,居住国对其坐落于世界范围内的财产有课税权;非本国居民纳税人只负有限纳税义务,居住国只就其坐落于本国国内的财产有课税权。只实行地域税收管辖权的国家,仅就纳税人坐落于本国境内的财产课税。

(二) 课税对象

遗产税和赠与税的课税对象为财产,包括动产、不动产和其他具有财产价值的权利。不动产主要包括土地、房屋、矿产等;动产主要包括现金、银行存款、有价证券、金银首饰、珠宝等;具有财产价值的权利是指能够使财产收益增加的权利,比如保险权益、债权、土地占用权等。

(三) 计税依据

遗产税和赠与税一般从价定率征收,其计税依据为财产的市场价值。总遗产税制以被继承人死亡时的财产时价为准;分遗产税制(或继承税)以继承人取得遗产时的财产时价为准;赠与税以赠与行为发生时的财产时价为准。但各国同时都规定,如果纳税人不及时申报,则估价标准要适当提高。

(四) 税率

一般情况下,各国遗产税和赠与税都采取累进税率。同时开征遗产税和赠与税的国家,有的分设税率,如日本;有的两税设同一税率,如美国。通常发达国家的税率相对较高,且级次较多,比如美国、日本在20世纪70年代的最高税率都曾达到75%以上;发展中国家的税率一般低于发达国家,最高税率约为50%。

(五) 扣除项目

在确定遗产税和赠与税的税基时,一般允许进行必要的扣除。

1. 遗产税扣除项目

(1) 丧葬费用扣除。包括丧葬费、墓地费等,一般规定最高限额。

(2) 遗产管理费用扣除。具体包括律师费、认定遗产手续费等直接费用,一般按实际发生额扣除。

(3) 债务扣除。一般规定,被继承人生前应偿还的债务和抵押财产,允许从遗产总额中扣除。

(4) 税收扣除。被继承人生前应缴纳而未缴纳的税,允许全额从遗产总额中扣除。

(5) 公益遗赠扣除。一般而言,捐赠给宗教、慈善、学术、教育等公益机构的遗赠,可全额扣除。

(6) 配偶扣除。遗留给未亡配偶的遗产,允许部分或全额扣除。

(7) 基础扣除。对基础宽免一般按限额扣除。

2. 赠与税扣除项目

(1) 公益捐赠扣除。主要指捐赠给公益机构的财产。

(2) 税收扣除。赠与财产中应纳的契税、印花税等,允许扣除。

(3) 法定扣除。指其他法律规定的扣除。

此外,在设计确定遗产税和赠与税的扣除项目时,各国还可以根据本国不同时期的税收政策目标和其他因素,增加或调整一些特定的扣除项目。

(六) 抵免项目

遗产税的抵免项目包括:(1) 外国税收抵免。为了避免重复征税,对纳税人已经在国外缴纳的遗产税、继承税,可限额抵免;(2) 地方税收抵免。在联邦制国家中,纳税人已向地方政府缴纳的遗产税或赠与税,可限额或全额抵免。(3) 连续继承抵免。如果在短期内连续发生同一笔遗产两次继承,第二次继承时允许对第一次继承时已纳税部分抵免。

(七) 税款的征收与缴纳

遗产税和赠与税的征收,通常采取申报法,辅之以查定法。遗产税的申报,一般于被继承人死亡之日起2—6个月内申报;赠与额一般按年申报,或纳税人赠与(受赠)财产超过免征限额后2—3个月内申报。通常情况下,经税务机关核定税额后,纳税人须依法按期纳税。特殊情况经批准后允许延期纳税。营业性遗产继承允许分期纳税。遗产税可部分采用实物缴纳,但赠与税则不得缴纳实物。

四、遗产税和赠与税的配合方式

在各国遗产税体系中,遗产税通常是主税,赠与税则是作为遗产税的一种补充,属于辅税。实践中,对于遗产税和赠与税如何配合,包括课征模式和税率的配合,各国都有不同的做法。

(一) 课征模式的配合

从国际上看,遗产税和赠与税在课征模式上主要有四种配合方式。

1. 只设遗产税,不设赠与税

这种方式是不单设赠与税,而是将一部分生前赠与财产(称之为死亡预谋赠与)归入遗产总额中课征遗产税。比如,英国税法规定,财产所有人死亡前3年内赠与财产额的100%,死亡前第4年内赠与财产额的80%,死亡前第5年内赠与额的60%,死亡前第6年内赠与额的40%,死亡前第7年内赠与额的20%,都必须归入遗产额中课征遗产税。新加坡规定,财产所有人死亡前5年内赠与他人的财产额全部归入遗产额中纳税。

由于这种方式对超过“死亡预谋赠与”年限的生前赠与不征税，因此，它鼓励了生前赠与，在一定程度上削弱了赠与税的堵漏功能，限制了遗产税作用的发挥。但这种方式可通过鼓励生前赠与来均等社会财富，并且这种方式较简便明了，容易被纳税人接受。

2. 分设两税，并行征收

这种方式是对生前赠与财产按年课征赠与税，对财产所有者死亡后遗留的遗产课征遗产税。这种方式较好地体现了赠与税对遗产税的补充作用，有利于防止纳税人生前大量转移财产以逃避遗产税的行为，计征简便，因而也是大多数国家通常采用的一种方式。

3. 两税交叉合并课征

这种方式实际上也是分设两税，但对生前赠与财产除按年或按次课征赠与税外，还在财产所有者死亡后将其生前赠与总额（或受赠总额）合并计入遗产总额（或继承额），一并课税，对已纳赠与税额准予扣除。

这种方式对于防止纳税人通过生前大量转移财产来逃避遗产税具有一定的作用，但这种方式计算麻烦，课税延续时间太长，税收征管不便，容易造成税收征管成本过高。

4. 相续税制

这种方式是对财产受益人一生或某一段时间内因继承、遗赠或受赠而发生的一切财产额一并课税，即财产受益人在每次得到受赠或遗赠财产时，都要与以前每次受赠或遗赠取得的财产总额累计起来一并课税，对已纳税款允许扣除。这种方式与第三种方式的区别在于，其课税对象是财产受益人因继承、遗赠或受赠而取得的全部财产。

（二）税率的配合

遗产税和赠与税税率的配合涉及两种税率是分别设置，还是合并设置的问题。在实践中，主要有三种组合方式。

1. 税率分设，且赠与税税率高于遗产税税率

这种组合方式主要是基于税收公平原则设计的，赠与税税率高于遗产税税率，可以减少纳税人通过生前大量赠与的方式进行避税的行为，有利于公平税负。

2. 税率分设，且赠与税税率低于遗产税税率

这种组合方式主要是从鼓励财产分散，均衡社会财富，促进社会生产的角度来考虑的。鼓励生前赠与，有利于使社会财富从年长者转移到年轻人手中，有利于促进投资，刺激经济发展，实现社会财富的均衡。

3. 两税税率合并设置

这种方式是不单独设置遗产税和赠与税税率，而是将两税合并设置一种税率。

第二节　发达国家的遗产税和赠与税制度

一、美国的遗产税和赠与税

美国遗产税开征于1797年，其目的是为该国海军的发展筹集资金。此后，遗产税时征时停，直到1916年才成为固定性税种。

（一）联邦遗产税和赠与税制度

1. 纳税人

遗产税的纳税人是遗嘱执行人，即被继承人遗产的管理人。在纳税前不得将遗产分配给继承人和受赠人。赠与税的纳税人是赠与人，即赠与财产的人。接受捐赠的受赠人没有缴纳赠与税的纳税义务。

美国税法规定，美国公民或居民死亡时，无论其财产在本国境内或境外，均为遗产。非美国公民或居民死亡时，其在美国境内的财产为遗产。

2. 课税对象

遗产税的课税对象是财产所有者死亡时遗留的所有个人财产价值总额，包括死亡前三年内转移的各类财产。赠与税的课税对象是死者生前直接、间接或以信托赠与形式赠与的财产。这里的所谓财产包括动产和不动产、有形财产和无形财产。

3. 计税依据

遗产税和赠与税的计税依据为应税财产的评估价值。

遗产的价值，采用死亡日或其他可替代的估价日①的公平市价估算；赠与财产的价值，采用赠与日的公平市价估算。其中，不动产的估价，要按照不动产当前的用途，使用公平市价进行估价；股票和债券的估价，则要使用估价日（若估价日未开市，则为最接近估价日之前的那一日）的最高和最低售价之间的中间价格。对于其他财产的估价，财政规章中都有专门的详细说明。

4. 扣除项目

遗产税和赠与税的扣除项目主要包括慈善捐赠扣除、婚姻扣除和一些必要的费用支出。对于遗产税而言，婚姻扣除是指归属于死者配偶的遗产价值可以

---

① 指在死亡日后的6个月内的财产分配日、销售日、交易日或其他处置日。

从总遗产总额中扣除;对于赠与税而言,婚姻扣除是指向配偶方的赠与可以全额扣除。

必要的费用扣除一般包括:丧葬费用、管理费用(遗产管理者的佣金、律师费等)、要求取得遗产的费用、在死亡前已经发生纳税义务但尚未缴纳的税款、死者未偿还的债务、意外灾害损失未获保险赔偿的部分等。

此外,美国税法对赠与税还规定了年度免征额,各年度免征额见表9-1。

表9-1　美国联邦赠与税年度免征额

年度	年度免征额(美元)
1998—2001	10 000
2002—2005	11 000
2006—2008	12 000

资料来源:美国联邦税务局网站 www. irs. gov。

5. 税率

美国联邦遗产税和赠与税适用统一的税率表。2002年联邦遗产税和赠与税的税率为18%—50%的16级超额累进税率。最高税率2003年降至49%,2004年降至48%,2005年降至47%,2006年降至46%,2007年、2008年、2009年降至45%。

6. 税收抵免

(1) 统一抵免。这是指纳税人一生可以抵免的遗产税和赠与税的数额。该抵免可以在纳税人一生中的任何时候包括死亡时使用,用完为止。纳税人可自行决定使用该抵免项目抵免遗产税,或抵免赠与税。美国联邦政府税法规定的统一抵免额及免征总额见表9-2。

表9-2　美国联邦政府遗产税和赠与税抵免额

年度	赠与税(美元)		遗产税(美元)	
	统一抵免	免征总额	统一抵免	免征总额
2002—2003	345 800	1 000 000	345 800	1 000 000
2004—2005	345 800	1 000 000	555 800	1 500 000
2006—2008	345 800	1 000 000	780 800	2 000 000
2009	345 800	1 000 000	1 455 800	3 500 000

资料来源:美国联邦税务局网站 www. irs. gov。

(2) 其他抵免。除统一抵免外,赠与税没有专门的税收抵免。遗产税的抵免包括:对州遗产税或继承税的抵免;对联邦赠与税的抵免;对外国遗产税的抵免;对以前缴纳的财产转移税的抵免。

7. 应纳税额的计算

遗产税和赠与税应纳税额的计算公式为：

应纳税额 = [（遗产或赠与财产价值额 - 各种费用开支、婚姻扣除、慈善捐赠、赠与税年度免征额）×适用税率] - 统一抵免额 - 其他抵免额

8. 税款的申报与缴纳

遗产税的纳税义务人必须在死者去世后的9个月内进行纳税申报。因故不能按时申报的，在申报期限内提交申请，可以得到6个月的延期。

赠与税按年计算、申报和纳税。申报期限一般为次年的4月15日之前。

（二）美国州遗产税和赠与税

20世纪20年代，美国各州为争取富有阶层在本州居住，都宣称免征遗产税。1926年美国《联邦收入法案》规定，州遗产税可在联邦遗产税内抵免80%，以鼓励各州开征遗产税。由于这种抵免制度的诱惑，在美国50个州中，除内华达一个州不征遗产税外，其余各州都征收了不同形式的总遗产税、继承税或赠与税，其中征收最普遍的是继承税。征收继承税的有34个州（其中2个州兼征总遗产税，另有华盛顿特区也征收继承税），征收总遗产税的有17个州。另有16个州课征赠与税，基本上照搬了联邦赠与税的征收方法，只有税率和免税额有所不同。

各州课征的继承税，均就继承人继承遗产的多少及与被继承人之间的亲疏关系，规定了不同的免征额和税率。

（三）遗产税与赠与税的改革趋势

1916年以前，美国联邦政府遗产税曾三次开征，三次废止。1916年，美国联邦政府第四次开征遗产税，并延续至今。对于遗产税如何进行改革，是保留还是再次废止，美国社会各界各执一词。从社会舆论来看，对遗产税的改革有截然不同的两种看法。

1. 主张取消遗产税

在美国，主张废除遗产税主要是基于三个理由：(1) 遗产税难以实现既定的社会公平目标，因为纳税人可以轻易地利用多种渠道躲避纳税义务；(2) 开征遗产税打击了纳税人投资和储蓄的积极性，促使他们减少投资和储蓄，增加消费和赠与，以逃避遗产税；(3) 遗产税导致潜在的双重甚至三重征税，即已纳税资产可能被再次征税。

2. 反对取消遗产税

美国多数民主党人士认为，对富人遗产征税是帮助社会困难群体，维护社会公平的重要手段，取消遗产税将扩大联邦财政赤字，给社会保障和医疗保障体系带来巨大压力。

更出乎许多人意料的是,美国率先反对取消遗产税的不是“无产阶级”——贫困阶层,而是一群亿万富翁。2001 年 2 月,拥有数百亿美元资产的世界第一富豪比尔·盖茨的父亲威廉·盖茨,世界第二富豪、著名投资家、享有“股神”之称的沃伦·巴菲特,“金融大鳄”索罗斯,金融巨头洛克菲勒等 120 名亿万富翁联名向美国国会递交请愿书,反对取消遗产税,并在《纽约时报》上刊登广告:“Please tax us”(“请对我们征税”)。

为什么要保留遗产税?亿万富翁们在向美国国会递交的请愿书中说,取消遗产税将使亿万富翁的孩子不劳而获,使富人永远富有,穷人永远贫穷,这将伤害穷人家庭。

2003 年 1 月 27 日,威廉·盖茨又在其题为《遗产税万岁》的署名文章中写道,取消遗产税将使美国政府在未来的十年中减少 8 500 亿美元的财政收入,从而减少政府对于社会保障、教育等领域的资金投入。今天遗产税只影响了美国家庭中不足 2% 的最富裕的家庭,一旦取消遗产税,全体美国人都要为此付出代价。财富过于集中不仅有背于社会公平,而且会威胁美国的民主制度。

二、英国的遗产继承税

英国是世界上较早开征遗产税的国家。1694 年英国征收了遗嘱税,规定遗嘱中有遗产者须贴印花,方为有效,这实际上是一种印花税。英国现代的遗产税法于 1894 年由议会通过,以后由于历届政府的政治倾向和指导思想不同,在征税办法、免税额、税前扣除项目及税率等方面几经变革。1975 年,原来的遗产税改名为“资产转移税”,它与过去遗产税相比主要的变化是,由原来仅对死亡前 7 年内的赠与征税,改为对全部生前赠与都征税。1986 年又通过新法案,用“遗产继承税”取代了“资产转移税”。

(一) 纳税人

英国遗产继承税的纳税人为遗嘱执行人、遗产管理人和赠与人。如果纳税人不能或没有支付税款,英国税法规定遗产或财产受让人将负有纳税义务。

(二) 课税对象

遗产税的课税对象包括:(1) 纳税人死亡时的全部财产;(2) 死亡前赠与的财产;(3) 赠与后仍保留收益权的财产;(4) 视同应税转让的全部信托财产;(5) 居住在或被视为居住在英国的个人拥有的所有财产;(6) 居住在其他地区(国家)的人拥有的来源于英国的财产。

(三) 税率

英国的原资产转移税税率为 7 级超额累进税率,免征额为 67 000 英镑,死后转移财产最低税率为 30%,最高税率为 60%;死前转移财产最低税率为

15%，最高税率为30%。1986年改为遗产继承税后，税率仍保持不变，1987—1988年度税率级次减为4级，1988—1989年起，改为40%的单一比例税率。

英国税法规定，遗产继承税是对死亡以后或死亡前转让财产征收的税。在纳税人生前将财产捐赠给个人或某些信托公司的情况下，如果捐赠人捐赠后生存时间达7年以上，则无须缴纳赠与税，否则，就要对受赠人按最大量征税。如果死亡是发生在赠与后的4—7年内，则征税额可逐渐减少。具体情况见表9-3。

表9-3 适用于死亡前转让的遗产税降低幅度

转让与死亡间隔的年数	税收降低幅度(%)	实际税率(%)
0—3	0	40
3—4	20	32
4—5	40	24
5—6	60	16
6—7	80	8

（四）免征与扣除

1. 免征项目

英国遗产继承税的免征项目主要包括：(1) 夫妻间的赠与。如果捐赠人居住在英国，受赠人居住在国外，则该免税项目额度限定在55 000英镑以内。(2) 维持家庭生活的赠与，比如，向前妻的赠与，向18岁以下子女或18岁以上但仍在求学的子女的赠与。(3) 向任何一个受赠人的赠与，一年最多可达250英镑；赠与人每年的赠与免税限额为3 000英镑。(4) 结婚礼物。以下数额以内的赠与可免税：父母赠送5 000英镑以内；祖父母、远亲赠送2 500英镑以内；其他任何人赠送1 000英镑以内；有关团体赠送2 500英镑以内。(5) 向慈善机构、指定的政治团体、社会福利部门或国家公共部门的赠与。

2. 扣除项目

英国遗产继承税的扣除项目有债务扣除、税款扣除、丧葬费扣除、家庭维持费扣除、林地转让扣除和经营财产扣除等。

（五）估价

英国应税遗产的价值一般按当时的市场价格确定，如果没有相应的价格可作为依据，则由税务机关对财产进行评估。英国税法规定，土地由专门的土地评估部门估价；无形资产由国内收入局资本税收办公室负责评估；金银珠宝、文物、艺术品等聘请专家进行估价。上市股票价值据其所有者死亡当日或赠与当日股价确定。非上市股票的价值综合考虑企业资产、企业利润、股票市场行情、持股比例大小等因素后进行估价。

（六）税款的申报与缴纳

英国遗产继承税法规定，死亡转移财产的遗嘱执行人或遗产管理人在执行遗嘱验证时，当遗产价值达到231 000英镑时，应向税务机关填写申报表，自报自核遗产价值总额并计算应纳税额。税务机关收到纳税人的申报表后应对之进行审查。一般应于被继承人死亡之日起至6个月内申报并缴纳税款。纳税人赠与财产超过免征限额的，应在财产赠与发生后3个月内申报，并于财产赠与后第6个月结束之前缴纳。逾期未缴者加收一定的利息，利率由国内收入局根据银行利率调整公布。如遇特殊情况，经批准后可分期支付税款，但最长不得超过10年。

三、日本的继承税和赠与税

（一）继承税

日本1905年为筹措对俄战争的军费而开征了遗产税，当时采用的是总遗产税制，1950年起改为现行的分遗产税制，对因继承或遗赠而取得财产的个人征收，因此也称继承税。日本继承税制的主要内容包括：

1. 纳税人

纳税人是由于继承或者遗赠而取得财产的个人，财产承受人为继承人时，该项财产视为继承的财产；财产承受人不属于继承人时，该项财产视为遗赠的财产。日本税法规定，遗产继承人或受赠人为本国居民时，要就其取得的全部财产净值承担纳税义务，而无论其财产位于何处，也无论被继承人是否为本国居民。当遗产继承人或受赠人为非居民时，仅就其取得的位于本国境内的财产负有纳税义务，不论被继承人是否为本国居民。

2. 课税对象与计税依据

继承税的课税对象为纳税人继承的有经济价值的全部财产，以及继承人在继承发生前3年里得到的被继承人生前赠与（这时，要对继承人在获得被继承人生前赠与时缴纳的赠与税进行抵免）。

继承税的计税依据为纳税人所继承的遗产的评估价值。日本遗产税法对财产评估做了具体规定。

3. 免税与扣除

日本遗产税法规定了非课税财产，主要是用于慈善、宗教、学术或公益事业的财产。同时，继承人因被继承人死亡而获得的死亡保险赔付款和死亡退职金的一部分也为非课税财产。这两项非课税部分的最高限额是500万日元乘以法定继承人数到得到的金额。

继承税的计算，以继承人所继承的纯遗产为基础，因此，被继承人的债务和丧葬费用可以从遗产总额中扣除。

4. 税率

在日本,继承税的税率是针对每个法定继承人所继承的应税遗产而设置的。自2003年1月1日起,继承税税率大幅下调,最高税率从70%降至50%(见表9-4)。

表9-4 日本继承税税率表

各法定继承人应纳税所得额(万日元)	税率(%)
0—1 000	10
1 000—3 000	15
3 000—5 000	20
5 000—10 000	30
10 000—30 000	40
超过30 000以上的部分	50

5. 税收抵免

继承税的税收抵免主要包括:

(1) 赠与税抵免。根据日本税法的规定,遗产税继承人在继承发生前3年里得到的被继承人的财产赠与,要纳入遗产总额课征遗产税。同时,对继承人接受财产赠与时所缴纳的赠与税也允许进行税收抵免。

(2) 配偶抵免。配偶继承遗产时,如果配偶的法定继承遗产额在16 000万日元以下,或者配偶继承的遗产比例低于法定继承比例,则对其继承的遗产免征遗产税。

(3) 未成年人和残疾人抵免。当法定继承人为不满20岁的未成年人时,其继承税抵免额为6万日元×(20-现年龄数);当法定继承人为残疾人时,其继承税抵免额为6万日元(特殊残疾人为12万日元)×(70-现年龄数)。

(4) 连续继承抵免。10年以内发生连续继承(比如,父亲死亡、母亲和儿子继承,10年以内母亲死亡儿子又成为继承人)时,在下一次计算遗产税时,要对被继承人在上一次作为继承人时所缴纳的继承税进行一定比例的抵免。

(5) 外国税收抵免。当被继承的财产属于国外财产时,对该财产在国外所缴纳的遗产税额予以抵免。

6. 申报与缴纳

因继承或遗赠而取得财产的人,原则上应在继承开始之日(通常为被继承人死亡之日)的次日起,10个月内向被继承人死亡时住所所在地的税务署长申报缴纳继承税。有多个继承人时,应联署一份申报表。应纳继承税额超过10万日元,且在缴税期限之前缴纳有困难,提供担保后,可以在最多20年之内分年缴纳。应纳税额延期缴纳后，用货币缴纳有困难时，可以用国债、不动产、股票等缴纳。

此外，当纳税人为配偶及直接血缘关系（儿子和父母）以外的其他法定继承人时，其应纳税额为按税法规定计算出的税额的1.2倍。

（二）赠与税

赠与税是针对个人对个人的财产赠与课征的税，而法人对个人的赠与一般课征个人所得税。赠与税是继承税的补充。其课征制度包括：

1. 纳税人

赠与税的纳税人是以下两者之一的任何人：在日本有住所、因赠与而得到财产的个人；在日本无住所、因赠与而得到位于日本的财产的个人。

2. 征税财产的范围

赠与税的征税价格是当年接受赠与的财产价值的合计额。财产价值中包括免除债务时所获得的免除额、接受低于时价转让所获的财产价值差额，但对有些赠与不征税。比如，取得法人赠与的财产无须缴纳赠与税，但要按一次性收入缴纳所得税。

3. 税率

2003年以前，日本赠与税的最高税率为70%，自2003年1月1日起降低为50%，同时，减少了累进级次。见表9-5。

表9-5　日本赠与税税率表

应税财产额（万日元）	税率（%）
0—200	10
200—300	15
300—400	20
400—600	30
600—1 000	40
超过1 000万日元的部分	50

4. 申报与缴纳

接受赠与者从一个日历年度所获赠与额中扣去基础扣除后，再计算税额。应缴税额应在次年2月1日至3月15日之间向住所当地税务署申报缴付。

应缴税额超过10万日元且在缴纳期限前用现金缴纳有困难时，提供担保后可分5年延期缴纳，但不能用实物缴纳。接受赠与人若不缴纳赠与税，赠与人就有共同缴纳的义务。

经营农业的个人，如果将全部农地（放牧地则为2/3以上）赠与预计的继承人（子女等）之一，可以按一定条件与手续将赠与税推迟到赠与人死亡之时纳税。同时,赠与人死亡时,将赠与改为继承,免除赠与税额,并依死亡时的地价计算农地的继承税税额缴纳继承税。

第三节　发展中国家的遗产税和赠与税制度

一、韩国的遗产税与赠与税

(一) 遗产税

韩国遗产税选择的是分遗产税制模式,即以继承人继承的遗产为课税对象的继承税。

1. 纳税人

纳税人为因继承或遗赠而获得财产的继承人或受遗赠人。纳税人如为韩国居民,须就其继承或者受赠的境内外所有财产纳税;纳税人如为非居民,则仅须就继承或受赠的韩国境内的财产纳税。

2. 课税对象

课税对象为继承人或受遗赠人通过继承或遗赠而获取的财产额,并包括被继承人死亡前5年内赠送给继承人,或死亡前3年内赠送给其他受遗赠人的财产额。

3. 免税与扣除

韩国免征遗产税的项目主要包括捐赠给政府或公共团体的遗产,捐赠给慈善、宗教、科研、公共福利事业的遗产,其他由法律和总统法令规定的免税遗产。

扣除项目主要包括基础扣除、配偶扣除、子女抚养扣除、老年津贴扣除、残疾扣除以及特殊扣除等。

4. 税率

韩国遗产税实行超额累进税率,见表9-6。

表9-6　韩国遗产税税率表

级数	应纳税遗产额或赠与额(万韩元)	税率(%)
1	0—1 000	10
2	1 000—5 000	20
3	5 000—10 000	30
4	10 000—30 000	40
5	超过30 000万的部分	50

4. 税收抵免

韩国遗产税的税收抵免包括:

(1) 自愿申报抵免。当继承人或受遗赠人主动申报并缴纳税款时,允许其抵免按申报表计算的税款的10%。

(2) 外国税收抵免。继承人或受遗赠人已在国外缴纳遗产税(继承税),国外财产与应税财产总额在一定比例之内的,允许抵免已纳国外税款,但抵免数额不得超过按国内税率计算的税额。

(3) 再次继承抵免。如果在上次继承发生后的7年内又发生第二次继承,则其上次继承时缴纳的继承税款,允许在本次继承中全额抵免。但如果是在7年以后10年以内发生再次继承,则只允许抵免上次继承已纳税款的50%。

5. 税款的申报与缴纳

继承人或受遗赠人应在继承发生后的6个月内填写纳税申报表并且纳税。如果税额超过400万韩元,则超过部分经批准后可在以后3年内分期支付。

(二) 赠与税

与继承税相配合,韩国的赠与税也选择了分赠与税制。

1. 纳税人

赠与税的纳税人是因赠与而获得财产的受赠人。居民纳税人,就其境内外全部受赠财产纳税。非居民纳税人,仅就其坐落于韩国境内的受赠财产纳税。赠与人负有缴纳税款的连带责任。

2. 课税对象

赠与税的课税对象为受赠人受赠的全部财产。

3. 免税与扣除

韩国税法规定,下列赠与免征赠与税:捐赠给政府或公共团体的财产,捐赠给慈善、宗教、学术研究、公共福利事业的财产,法律或总统令规定的其他免税财产。

扣除主要包括配偶赠与扣除、直系亲属赠与扣除、保险金扣除等。

4. 税率

赠与税税率与遗产税相同,采取累进税率。受赠财产不足10万韩元不纳税。

5. 税收抵免

赠与税的税收抵免主要包括两项:

(1) 自愿申报税收抵免。即当受赠人主动上交申报表并纳税时,允许其从应纳税款中抵免10%。

(2) 外国税收抵免。即受赠人在国外已纳赠与税,且国外财产占财产总额的比例在规定标准之内的,其缴纳的国外赠与税允许在国内应纳税款中抵免。

6. 税款的申报与缴纳

受赠人必须在赠与发生后的6个月内填写申报表并纳税。税款一次缴清,如果超过 400 万韩元,超过部分可在以后的 3 年内分期缴纳。

二、新加坡的遗产税

新加坡实行总遗产税制,不单设赠与税。遗产税于 1929 年 7 月 1 日开征,是对死者在新加坡的动产和不动产征收的税。[①] 新加坡遗产税的主要内容包括:

(一) 纳税人

新加坡遗产税的纳税人是死者的遗嘱执行人或遗产管理人。新加坡税法规定,死时居住在新加坡的人其动产不论在何处都要缴纳遗产税。

(二) 课税对象

新加坡遗产税课税对象为被继承人在新加坡的财产。具体包括:(1) 被继承人所有在新加坡的动产、不动产、固定的和不固定的财产;(2) 户籍在新加坡的人在国外的所有动产。

(三) 计税依据和税率

新加坡遗产税的计税依据是被继承人死亡之日公开的可以查明的遗产的市场价格。遗产价值不超过 1 000 万新加坡元的部分按 5% 的税率征税,超过 1 000 万新加坡元的部分适用 10% 的税率。

(四) 免税规定

新加坡税法规定,被继承人拥有的住宅财产价值不超过 300 万新加坡元的,可以免交遗产税;继承人用于生活的费用,允许扣除 50 万新加坡元。此外,死者所支付的中央公积金、养老金等,免征遗产税。

三、印度的遗产税和赠与税

印度的遗产税是对因财产所有人死亡而转移的财产征收的一种税。赠与税是对个人、未分劈家庭、商行、个体协会、公司(公共事业公司除外)的受赠物品征收的一种税。

(一) 纳税人

印度遗产税的纳税人是遗嘱执行人和遗产管理人或取得人。赠与税的纳税人是财产的受赠人。

(二) 课税对象

印度遗产税的课税对象是被继承人死后遗留下的财产。赠与税的课税对

---

① 从 2008 年 2 月 15 日起,为了吸引亚洲各地富裕人士把资产放在新加坡,从而发展新加坡的财富管理业务,新加坡已决定取消遗产税。

象是居民纳税人来自印度境内外的全部动产赠品和非居民纳税人获得的位于印度境内的动产和不动产赠品。

（三）计税依据

印度遗产税的计税依据是被继承人死后遗留下的纯遗产额，纯遗产额是因被继承人死亡而转移的财产价值扣除殡葬费、被继承人债务、遗嘱审查费以后的余额。赠与税的计税依据为馈赠物品的价值。

（四）税率

印度遗产税税率采用超额累进税率，最低税率为5%，最高税率为85%。赠与税税率也采用超额累进税率，最低税率为5%，最高税率为75%。

（五）免税规定

印度对农业用地不征联邦遗产税。个人赠品的赠与税免税限额为2万卢比，对纳税人用于教育子女和捐给慈善机构的物品免征赠与税。

第四节　中东欧国家的遗产税和赠与税制度

一、俄罗斯的遗产税和赠与税

俄罗斯的遗产和赠与税是对因继承或赠与而取得财产的个人征收的一种税。

（一）纳税人

纳税人是因继承或赠与而取得财产的个人。

（二）课税对象

俄罗斯遗产和赠与税的课税对象主要是不动产和动产，包括房屋、公寓、平房、个人运输车、珠宝、贵金属、宝石、外币及有价证券等。

（三）计税依据和税率

俄罗斯遗产和赠与税的计税依据为继承或赠与财产的价值。税率实行累进税率，并根据赠与双方的关系和遗赠财产的价值确定。针对继承的财产的税率，最低一级为5%，最高一级为40%。针对赠与的财产的税率，最低一级为3%，最高一级为40%。

（四）免税规定

俄罗斯遗产和赠与税征税法令规定，免征遗产和赠与税的情形有：配偶之间转让遗产或赠与财产的；房屋和公寓取得者，其房屋、公寓在公布继承之日前或赠与转让财产契约签订之日前，曾与已死者一起居住过的；因执行公务或保卫国家，以及法律规定类似情况而死亡的个人的财产；由某类残疾人员继承或受赠的房屋或运输车辆。

二、捷克的遗产和赠与税

捷克的遗产和赠与税是对被继承人死亡后遗留的财产和生前赠与他人的财产征收的一种税。

(一) 纳税人

捷克税法规定,遗产税的纳税人是遗产的继承人,赠与税的纳税人为财产的受赠人。

(二) 课税对象

捷克遗产和赠与税的课税对象是继承或赠与的财产。

(三) 计税依据和税率

捷克遗产和赠与税的计税依据是遗赠或赠与的财产的价值即纳税人获得的财产总额扣除有关负债后的余额。遗产税税率依据继承人和被继承人双方的亲疏关系而定,赠与税的税率依据赠与人和受赠人的亲疏关系而定。通过遗产或者赠与方式转让除了不动产以外的其他财产时,前者征收遗产税,税率为0.5%至20%,后者征收赠与税,税率为1%至40%。

三、匈牙利的遗产和赠与税

匈牙利的遗产和赠与税是对遗产和赠品征收的一种税。

(一) 纳税人

匈牙利遗产和赠与税的纳税人是取得遗产或者受赠财产方。匈牙利税法规定,取得遗产,应当缴纳遗产税。通过书面合同方式受赠财产且受赠财产价值超过15万福林的,应缴纳赠与税。

(二) 课税对象

匈牙利遗产和赠与税的课税对象是继承或赠与的财产。

(三) 计税依据

匈牙利遗产和赠与税的计税依据是继承或接受的财产的价值。为取得遗产或者受赠财产而发生的相关费用,如被继承人生前的医疗费、殡葬费等均可以扣除。匈牙利也有某些免税规定,如对继承或受赠的股票或其他证券免税。

(四) 税率

匈牙利遗产和赠与税税率依遗赠双方亲疏关系分为三类:第一类,子女、配偶和父母,适用11%的税率;第二类,祖父母、兄弟姐妹、孙子女,适用15%的税率;第三类,其他人员,适用21%的税率。

公寓或建筑物等不动产遗产税适用较低税率,上述三类纳税人分别适用

2.5%、4%和5%的税率。不动产赠与税,上述三类纳税人分别适用5%、8%和10%的税率。

第五节 比较与借鉴

遗产税和赠与税作为财产课税体系的重要分支,在均衡社会财富、调节收入差距、抑制社会浪费、促进生产投资等方面发挥着积极的作用。

一、世界各国遗产税和赠与税的总体特征

通过对世界主要国家遗产税和赠与税课税制度的考察,可发现各国遗产税和赠与税制的总体特征主要体现为:

(1) 从遗产税的类型上考察,实行分遗产税制的国家要多于实行总遗产税制和混合遗产税制的国家,其主要原因是前者更能体现量能负担原则,公平性强。但对于税收管理水平比较低的国家而言,则需要考虑税收制度与征收管理的适应程度。

(2) 在遗产税与赠与税的关系上,遗产税是主税,赠与税是辅税,这样有利于防止被继承人利用生前赠与行为逃避纳税义务。为此,需要协调这两种税的课征方式和税率。

(3) 遗产税具有起征点高、纳税人少、征税率高且累进征收的特点,是一种典型的"富人税"。目前,遗产税的财政意义已经不大,其作用更多的是对收入进行再分配。

(4) 在遗产税的征收程序上,各国的规定是基本相同的,包括申报纳税,财产的登记、管理和分割,遗产(赠与财产)的认定、估价,缴税和处罚等环节,而且在各个环节的具体规定上,也有很大的共同性。

二、世界遗产税的改革及发展趋势

尽管遗产税历史悠久,但西方经济学家根据不同的理论,对是否应开征遗产税一直存在两种不同的观点。

凯恩斯学派从税收对消除社会财富分配不公平的作用的角度,主张开征遗产税。该学派认为,资本主义体系中有坐收利息的阶层,这是过渡时期的一种现象。食利阶层的存在是资本社会的一大弊端,也是社会分配不公的一大根源,对经济和社会发展都不利。在过渡时期之后,必须消灭食利阶层,从而消除资本主义制度的弊端,促进资本主义的发展。而遗产税,正是一种针对食利阶层的税。

美国某些财政经济学家则对遗产税的道德正义性提出质疑,他们认为,遗产税给死亡的家庭施加了过重的负担,并会减少可用于投资的资金,从而影响资本积累。斯蒂格利茨认为,从某一角度上讲,征收遗产税,可能会在征收对象中引起一种反弹,导致更不公平的收入分配格局:由于遗产税的存在,富人会降低储蓄;由于储蓄减少会导致投资减少,资本会相应缩小;资本供应量减少,将会影响经济发展,导致工人劳动工资的减少,并且在某种条件下,劳动工资在整个经济总量中的份额会降低。因此,遗产税带来的,不是收入的公平分配,从某种意义上讲,而是收入分配更大程度上的不公平。

在实践中,随着世界各国以降低税负和简化税制为核心的税制改革进程的推进,遗产税受到越来越多的质疑,遗产税的改革也日益受到世界各国的广泛关注。近年来,遗产税呈现出以下发展趋势:

(1) 遗产税在各国政府收入中的比重逐年下降,其筹集资金的作用十分有限。以美国为例,2001—2004 年,美国联邦政府征收的遗产税和赠与税共计 1 017 亿美元,仅占同期联邦政府财政收入的 1.35%。另一方面,遗产税是国际上公认的复杂税种,征管要求高,征收程序繁琐,操作困难。1998 年美国联邦政府的遗产税和赠与税收入为 230 亿美元,但其征收成本却高达 460 亿美元。

(2) 遗产税改革成为全球化条件下世界各国运用税收政策提升国家竞争力的必然结果。随着全球化的推进,资本的流动性大大增强,各国的税收政策成为影响资本流向的一个重要因素。率先进行税制改革、减免税收的国家往往能够获得先发效应,在资金、人才争夺战中拔得头筹。自 1972 年加拿大在发达国家中率先取消遗产税以来,澳大利亚、新西兰、意大利等国也先后取消了遗产税,这给其他国家造成了一定的压力。近几年来,美国、日本、英国纷纷对遗产税进行改革,提高起征点,降低边际税率,直至讨论废除遗产税,这不能不说是各国税制竞争的结果。

(3) 中小企业的发展日益受到重视,进一步推动了遗产税的改革。1973 年,英国政府小企业调查委员会发布《博尔顿报告》;同年,英国经济学家舒马赫出版《小的是美好的》。以这两部著作为标志,西方国家开始重新审视中小企业在社会稳定中的积极作用。1980 年,美国总统卡特主持的第一次白宫小企业会议上,修订遗产及赠与税法成为最受关注的三大议案之一。代表们强烈要求进行遗产税和赠与税的改革,减轻家族企业负担,鼓励家族所有制继续存在下去。1995 年的白宫小企业会议上,撤销遗产税的呼声再次高涨,受到了 80% 与会代表的赞同,这也进一步推动了遗产税的改革。

(4) 遗产税改革也表现出在新的历史条件下,西方国家希望扩大非市场力量在调节社会公平方面的作用和政府逐步淡出收入再分配领域的趋势。近年来,发达国家纷纷进行简化税则、降低税率的税制改革,体现出政府在调节收入分配方面的两个新趋势:一是税收的目标由强调公平转向提高效率,由传统的"杀富济贫"转向鼓励私人财富资本化;二是把调整公平的再分配职能更多地交给政府以外的非市场力量,鼓励非市场力量在调节社会公平中发挥更多的作用。

三、中国遗产税和赠与税的发展方向

改革开放30年来,中国社会经济得到快速发展,个人财富日益积累,同时,社会贫富差距也越来越大,富裕阶层与社会弱势阶层的生活水平形成了强烈的对比。对此,中国是否应该开征遗产税,在理论界和实践中都引起了激烈争论。

主张开征遗产税的观点认为,中国开征遗产税主要基于以下理由:

(1) 调节居民收入差距。近年来,中国居民收入差距越来越大,2006年的基尼系数已经达到0.447,超过了0.4的国际警戒线,贫富差距悬殊的矛盾是中国现阶段亟待解决的问题。而作为对富人征税、对穷人不征税的遗产税可很好地起到调节收入差距的作用。政府通过征收遗产税可以制约因继承形成的财产集聚,促进财富分配的公平,从而调节居民收入差距。

(2) 弥补个人所得税和消费税在调节居民收入差距方面的不足。从个人所得税来看,该税在收入调节差距方面存在着一定制约,其作用不能得到充分发挥。这些制约主要来自税制本身,具体表现为个人所得税的课税对象主要是合法、公开的收入,而对黑色及灰色收入则显得无能为力,致使一大部分的收入分配采取隐性方式,最终形成更大的贫富差距。从消费税来看,中国现行的消费税征收范围窄,大量的高消费行为被排除在消费税征收范围之外,并且消费税对居民个人收入的调节主要体现在支出环节,只有居民购买了应税消费品,消费税才能发挥调节作用,否则消费税无法进行调节。

(3) 有利于促进和谐社会的构建。征收遗产税是社会财富再分配的一种手段,它可以避免财产的过分集中,限制一部分人通过继承财产不劳而获,平和中低收入者的心态,可以鼓励社会创新,也能形成公民向社会和慈善事业捐赠的良好风尚,从而促进社会的和谐。

也有学者考虑到中国经济发展的现状及国际形势,主张中国应缓征遗产税,主要理由包括:

(1) 中国民营经济的发展和资本积累还处于初级阶段,大多数致富者都是创业者,其拥有的财富基本上以经营性财产为主。按照国际惯例,这类财产在征收遗产税时应予扣除或者给予一定的照顾。此外,这些致富者基本上处于青壮年阶段,大多数的遗产继承人只是潜在的。因此,即使开征遗产税,近期内其

收入也不会太多,还可能对民营经济造成冲击,带来资金外流、畸形消费、生产积极性下降等负面影响。

(2) 开征遗产税应当考虑国际上特别是周边国家和地区的情况,否则会导致资金和人才的外流。据了解,中国周边国家和中国香港和台湾地区的遗产扣除额一般都比较高,如日本各项遗产平均扣除额为112 亿日元(折合9 615 万美元),韩国各项遗产平均扣除额为10 亿韩元(折合75 万美元),中国香港地区遗产税的免税额为750 万港元(折合97 万美元),中国台湾地区各项遗产扣除额为1 300 万台元(折合40 万美元)。如果按照这些国家和地区的做法设计中国内地的遗产税,采取多扣除、低税率的办法,将与社会期望的调节力度差距较大,难以起到应有的调节分配作用。但是,如果按照少扣除、高税率的办法设计中国的遗产税,又会对已经致富的人群产生较大的影响,不利于生产和经济的健康发展,并有可能导致资本向周边国家和地区转移。因此,对于开征遗产税的政治、经济风险应当予以足够的重视和估计。

(3) 遗产税是国际公认的复杂税种,其征管要求很高。对比国际情况,中国开征遗产税在征管上还存在以下难点:一是个人财产登记和申报制度不健全,遗产数量难以确认;二是死亡人信息难以及时获得,无法保证遗产在计征遗产税以前不被分割或者转移;三是遗产形态多样,在目前的征管环境和条件下,难以综合掌握死亡者的全部遗产;四是财产评估制度不完善,遗产价值确认困难,且评估费用较大。

国际货币基金组织的专家在对中国的税制进行考察以后认为,目前中国开征遗产税利弊参半。其利在于:一是可以减缓社会财富集中在少数人手中的情况;二是可以补充个人所得税的不足。其弊在于:一是会抑制储蓄,从长期来看会导致资本有机构成下降,鼓励富人将更多的钱财用于生活性消费;二是不利于私人投资,对于小企业等经营实体的发展不利;三是从税收收入来看,这种税的收入相对来说是微不足道的,但征收成本却是很高的。

本章小结

1. 遗产税和赠与税是财产课税体系的重要分支,属于对财产转让课征的税。一般遗产税是主税,赠与税是辅税。

2. 从课征制度上看,世界各国遗产税大体有三种不同的税制模式:总遗产税制、分遗产税制(即继承税制)和混合遗产税制(总分遗产税制)。相应地,赠与税制也有两种模式:总赠与税制和分赠与税制。世界各国因国情不同,税制模式选择也存在差异。

3. 在遗产税和赠与税的配合上,各国做法不一。总体上分为四种模式,即只设遗产税、不设赠与税的模式,分设两税、并行征收模式,两税交叉合并课征模式和相续税制模式。

本章重要术语

遗产税　赠与税　总遗产税制　分遗产税制　混合遗产税制

复习思考题

1. 世界各国遗产税和赠与税课征制度有哪几种模式?各有哪些优缺点?
2. 各国遗产税和赠与税配合的模式有哪些?
3. 世界各国遗产税的发展趋势如何?

推荐阅读文献

1. 石坚、韩霖:《国外遗产税和赠与税制的比较分析》,《税务研究》,2005年第5期。
2. 禹奎:《美国遗产税理论研究综述》,《涉外税务》,2006年第7期。
3. 尹磊:《美日遗产税制度的比较研究》,《山东经济》,2006年第6期。
4. William G. Gale and Joel Slemrod, Rethinking the Estate and Gift Tax: Overview, NBER Working Paper No. 8205.

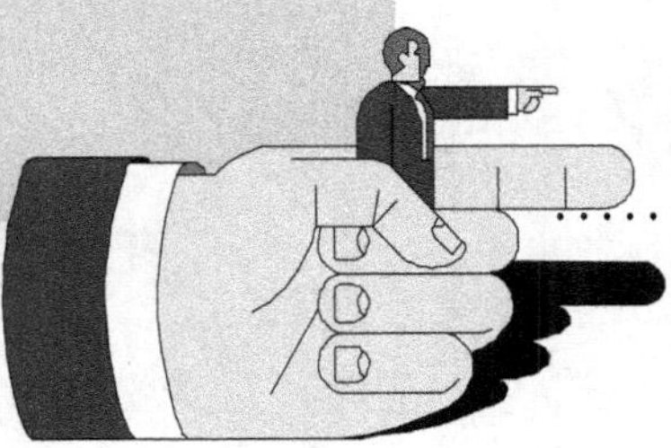

第十章

外国税收管理体制

学习目标

通过本章的学习,学生应掌握以下内容:

- 世界不同类型国家税收管理体制的模式
- 世界主要国家税收立法权的划分
- 世界主要国家税收征管机构的设置

税收管理体制,是指在中央和地方各级政府之间划分税收收入与管理权限的根本制度。其中,税收收入通常按照分税制的基本要求划分中央收入和地方收入;税收的管理权限包括税收立法权,税收法律、法规的解释权,税种的开征与停征权,税目与税率的制定权,税收的减征与减免权等。税收管理体制是国家政治经济体制的有机组成部分,同时也是税收制度的重要内容。

第一节 外国税收管理体制的模式

一、发达国家的税收管理体制

根据中央集权与地方分权的程度不同,发达国家的税收管理体制可分为三种模式。

(一) 相对分权型模式

这种模式实质上是一种分散立法、税源共享、自上而下资金补助的分税制模式。美国是实行这种模式的典型国家。

美国是联邦制国家,实行以"分别立法、分别征管、互不干扰、财源共享"为特征的税收管理体制。美国联邦、州和地方各自有自己的税收管理机构,中央以联邦的国内收入局(IRS)为主,全国分为7个区,负责联邦税收法律的执行;州和地方政府主要设有州税局和县税局、市税局等,负责州税和地方税的征收管理。国内收入局与州、地方税务局不存在领导、隶属关系,它们各司其职、各负其责。但有些州的税收征管机构也代理地方政府个别税收的征管。比如,美国有二十多个州代地方政府征收销售税。与政府机构相适应,美国实行三级分权的税收管理体制,各级政府都有明确的事权和独立的征税权,是典型的分税制。美国这种相对分权型的税收管理体制具有四大特征:

1. 各级政府之间财权与事权明确,各司其职

美国联邦、州和地方三级政府的支出主要依靠自己的收入。美国宪法对各级政府的财权做了一些具体的限制,即任何一级政府都不能妨碍其他政府的合法活动。因此,联邦政府在州和地方政府内的财产,州和地方政府不能对其课征财产税;州和地方政府也不能对联邦政府发行公债的利息所得征税;对卖给联邦政府的产品所获得的销售收入,州和地方政府也不得征收营业税。

2. 各级政府税种划分明确,自成体系,主要税种同源共享

美国三级政府在税种上划分为联邦税、州税和地方税。其中,联邦税以个人所得税、公司所得税和社会保障税为主,辅之以货物税、遗产税和赠与税、关税。州税以销售税为主,另外还有个人所得税、公司所得税。地方税以财产税

为主，此外还有地方政府的营业税和个人所得税。

美国联邦、州和地方三级政府之间存在着复杂的税源共享关系。这种税源共享关系主要包括以下内容：

（1）税收补征。即联邦、州和地方政府对同一税源分别按不同税率各自征税，主要有两种方式，一是下级政府采用上级政府的税基，以自己的税率征管；二是税收寄征，即上级政府替下级政府征收，然后拨给下级政府。

（2）税收扣除。即在计算纳税人的应纳税联邦所得额时，允许从总收入中扣除已向州政府和地方政府缴纳的所得税额。

（3）税收抵免。即纳税人对州和地方政府的已纳税额可以从联邦政府应纳的税款中进行抵免。可抵免的税种有遗产税和失业保险税等。

（4）税收分享。即上级政府将所征收的某种税款的一定比例分给下级政府，这种办法通常用来处理州和地方政府之间的关系。

（5）税收免征。即对购买州和地方政府债券所得的利息收入免征联邦个人所得税，这种做法有利于州和地方政府筹措资金。

3. 各级政府的税收立法权、司法权及执法权相互独立

美国联邦税由联邦政府立法和执行，州税由州政府立法，地方税由地方政府立法，形成了统一的联邦税收制度和有差别的州和地方税收制度并存的格局。各级政府都有自己的税收管理机构，它们之间不存在领导与被领导的关系，只存在相互合作配合的工作关系。

4. 实行自上而下的补助金制度

美国分税制的税收管理体制也不是绝对的，在实践中存在收入分享成分，具体表现为自上而下的补助金制度。从政府层次看，补助金主要有联邦对州和地方政府的联邦补助金，以及州对地方的州补助金两种类型。其中，联邦补助金主要包括三大类：一是一般目的补助金，它属于一般性收入分享，不附带任何条件；二是使用范围较宽的补助金，对于这种类型的补助金联邦政府通常要确定基本使用范围，获得这项补助金的州和地方政府可以在联邦政府规定的基本使用范围内确定具体的兴建或支付项目，这种补助金不需要使用者提供配套资金；三是规定用途的补助金，联邦政府在提供这种类型的补助金时通常要规定特定的用途，地方政府只能在规定用途上使用此项资金，而且一般还要依照项目的性质提供全部项目开支的5%—50%不等的配套资金。在联邦补助金结构中，第三类补助金的比重最大，这也是联邦政府通过自上而下的财政手段控制州和地方政府的资金流动，实现政府宏观政策目标的主要途径。

（二）集权与分权相结合型模式

这种模式的特点是适度集中税权、事权分散、税种共享。在具体实践中，又

根据税种共享的程度不同分为税权适度集中、税种共享、财政平衡的德国模式和税权集中、事权分散、税种让与、专项补助的日本模式。

1. 税权适度集中、税种共享、财政平衡的德国模式

德国也是联邦制国家,财政体制分为联邦、州和地方三级。德国税收管理体制的主要特点表现为:

(1) 税收征管机构设置有利于业务协调和提高效率。德国采取"一套机构,两个系统"的税收征管模式。从总体上看,德国的税收征管由各州财政总局负责,总局内分设联邦管理局和州管理局两个系统。联邦管理局作为联邦政府的代理人进行活动,负责管理联邦所有的税收,其税务机构的设置和官员的任免也由联邦规定;州管理局则负责州税的征管工作。各州财政总局的局长由联邦政府与该州政府协商任命,局长既是联邦政府的官员,又是州政府官员,其工资由两级政府各支付一半。地方税务局作为各州政府的派出机构,只征收地方税,并向地方政府负责。这种征管机构设置,既有利于加强各级政府之间的业务协调,提高办事效率,又有利于精简机构,减少政府的行政负担。

(2) 税权相对集中。德国《联邦基本法》规定,州议会享有对共享税和州税的立法权,但实践中几乎所有的共享税和州税都由联邦立法,各州的立法只限于一些地方专享税和教会税,即使是各州的专享税,联邦也有优先立法权。各州不仅在宪法未赋予联邦立法权的范围拥有自己的立法权,而且在得到联邦法律的明确授权下也享有一定的立法权。州还可以立法决定州税是否应归地方所有。地方政府有权决定某些地方性税种的开征、停征、减免税优惠政策等。

(3) 税种共享。德国各级财政的主要收入来源是共享税,税额大的税种均为两级或三级财政的共享税,包括个人所得税、工薪税、营业税、公司所得税、增值税等。这些税种要按规定的比例在各级政府之间进行分成。除增值税外,其他共享税的分配比例一经确定相对固定不变,增值税的分配比例根据联邦和州收支情况的变化,每两年磋商调整一次。其他小税种在联邦、州、地方之间明确划分。属于联邦税的有各种消费税(如烟草税,咖啡税,茶、糖、盐、照明税等)、公路税、关税、资本流转税、交易所营业税、保险税、兑换税、所得税和增值税附加。专享税则分别划归联邦、州或地方政府所有,作为该级政府的固定收入。各州的专享税主要有财产税和行为税类的税收,包括财产税、遗产税、地产购置税、机动车税。地方政府的专享税主要有企业资本和收益税、娱乐税、土地税等。

(4) 横向平衡与纵向平衡相结合。德国的财政平衡分为联邦与州之间的纵向平衡和州之间的横向平衡。联邦政府运用财政职能,通过三个层次的分配来实现各州财力基本平衡的目标。第一层次是利用共享税的调节功能,提高人

均财政收入低于全国平均值92%的贫困州的共享税分成的比例;第二层次是在富裕州和贫困州之间进行调剂,凡是人均财政收入达到全国平均值102%以上的州为富裕州,须从其超过部分中拿出部分财力来帮助贫困州,使之人均财政收入达到全国平均值的95%;第三层次是联邦政府从联邦财政收入中拨专款给贫困州,使贫困州的人均财政收入达到全国平均收入99.5%。

2. 税权集中、事权分散、税种让与、专项补助的日本模式

日本是单一制国家,实行中央、都道府县和市町村三级自治,各级政府的事权、财权划分和相应的法律制度,以及政策决策的管理权均集中在中央,但地方自主权特别是举办事业的自主权仍能得到保证。从总体上看,日本税收管理体制体现了税收立法权和征收权相对集中,税收管理权、使用权相对分散的特征。具体表现为:

(1) 各级政府税种划分明确。在日本,税种划分为国税和地方税,地方税又分为都道府县税和市町村税。一般而言,凡是征收范围广、影响全国利益的税种,如个人所得税、法人所得税、继承税、赠与税、酒税、消费税等均列为国税;属于都道府县的税种包括都道府县居民税、事业税、不动产税、汽车购置税等;属于市町村的税种包括市町村居民税、固定资产税、电税、煤气税等。各级政府税种划分的基本特征是,地方税一般征收范围窄、税源小,国税则征税范围广、税源大,基本没有共享税。日本的国税收入占全部税收收入总额的比重约为三分之二。

(2) 立法权集中,执行权分散。日本的税收立法权一般都归国会,地方政府征收的税种原则上只限于"地方税法"中所列的法定税种。大部分地方税种均由地方税法规定标准税率或税率上限,地方政府不得随意改变全国统一的法定税率,但是,地方政府经中央政府批准后,可以在法定税种以外开设普通税①。日本设有国税、地方税两大税务系统,国税由大藏省下设的国税厅及其分支机构负责征收,地方税由都道府县、市町村所属税务机构负责征收。

此外,日本在税种结构上采取双主体结构,即每一级政府都选择两种税作为主体税。中央税的主体税种是个人所得税和法人所得税,都道府县的主体税种是都道府县居民税和事业税,市町村的主体税种是市町村居民税和固定资产税。

(3) 实行国家下拨税、国家让与税、国库支出金制度。在日本,尽管大部分税收收入由中央政府征收,但具体使用却由地方政府负责。日本中央政府对地方政府财政转移支付的主要方式包括国家下拨税、国家让与税和国库支出金

① 普通税是指不与支出直接联系、没有指定固定用途的税。

三种。

① 国家下拨税。即中央政府为保证各地方政府有足够的财力执行其职能，把国税中的所得税、法人税和酒税按一定比例下拨给地方。国家下拨税是地方政府重要的收入来源，贫困地区得到的国家下拨税的比例更高。一般而言，国家下拨税不确定专门用途，不附加其他条件，地方政府可以自由使用，如同地方政府税收一样，从而可以保证地方政府有比较稳定的收入。同时，中央政府通过国家下拨税可以平衡地区之间的收入差距，是实现地区平衡的有效手段之一。

② 国家让与税。即中央政府为使地方政府拥有足够财力用于修建公路、维修机场或有关设施等，将地方道路税、汽车重量税、飞机燃料税、石油税、特别吨位税等五种国家收入按一定的标准转让给地方政府。其主要功能在于为地方政府执行特殊职能提供资金保证。

③ 国库支出金。这是中央政府为了对地方政府进行财政控制，对财政活动进行政策引导，而按特定目的和条件下拨给地方政府的专项补助金。补助金分三类：一是国库负担金，即中央与地方共同承担的事务全部由地方负责办理时中央按自己负担的份额拨给地方的经费；二是国库委托金，属于中央事权范围，但委托给地方承办时，由中央支付的全部费用；三是国库补助金，即中央出于宏观经济发展方面的考虑，给予地方兴办某些事业以资金或奖励的支出。

（三）相对集权型模式

这种模式是一种大权集中、小权分散、中央补助的分税制模式。在发达国家中，法国是这一模式的典型代表，多数发展中国家也基本采用这种模式。

法国是单一制国家，其政体分为中央、省和市镇三级。法国一直实行中央集权的管理体制，与此相适应，其税收管理体制也属高度集权型，主要特点为：

1. 税权高度集中，无共享税

在法国，无论是征税权，还是税款的分配使用权都由中央统揽，所有税收法律和政策均由中央政府统一制定，地方只能按国家的法律政策执行。地方政府只拥有一些次要的税源，同时，地方可以享有某些机动权力，如制定地方税税率、开征一些捐费、对纳税人采取某些减免税措施等。法国的税收分为国税和地税两大部分，税源大的税种一般都列为国税，主要包括个人所得税、公司所得税、增值税、消费税、登记税、印花税、工薪税和关税等。这些税种的收入列入中央预算，不与地方分成。法国的地方税主要是一些税源零星的税种，主要包括建筑土地税、非建筑土地税、行业税、财产转移税、娱乐税、居住税等。

2. 一般补助与专项补助相结合的纵向财政转移支付制度

法国中央财政对地方财政的补助约占地方全部财政收入的25%，补助具体形式包括一般补助和专项补助。一般补助是按市镇人口比例和征税情况进行补助,人口越多,征税越多,得到的补助也越多,主要是为了维护地方财政的收支平衡;专项补助是对地方兴修的专项工程给予的补助。

二、发展中国家的税收管理体制

(一) 韩国的税收管理体制

韩国实行中央、省、市(县)三级课税制度,税收立法权、征收权、管理权主要集中在中央,省、市(县)等地方政府无税收立法权,无权增减税种和变动税率,只有很少的管理权。韩国税收权限高度集中于中央政府的主要原因,一是从历史上看,韩国一直是一个中央集权制国家,税收体制有高度集权的传统;二是从加强中央政府宏观调控角度看,为创造韩国经济的繁荣,中央政府必须要充分发挥宏观调控职能,这在客观上也要求选择高度集权的税收体制。从总体上看,韩国的税收管理体制也是一种分税制模式,这种分税制具有以下特点:

1. 税收划分为中央税和地方税,不设共享税

韩国的中央税由国税厅管理,关税由海关税厅管理,地方税由地方政府管理。中央税包括个人所得税、公司所得税、遗产和赠与税、资产重估税、超额利润税、增值税、酒精税、电话税、印花税、特别消费税和证券交易税(以上统称国内税)、关税、国防税、教育税等。地方税又分为省级税和市镇税。省级税包括购置税、登记税、牌照税;市镇税在首尔、釜山、大邱、仁川四大城市征收,包括登记税、牌照税、居民收入税、农田土地税、屠宰税、赛马税、城市规划税、公共设施税等。

2. 中央收入通过转移支付的形式补助给地方政府

韩国法律规定,地方财政在履行自己的职责时,所需费用原则上应自行解决,但由于地区经济发展不平衡和财源分布状况不同,地方税加上非税收入一般不能满足地方政府的必要开支,因此,韩国实行由中央政府给予补助的制度。具体做法包括:

(1) 建立地方交付税制度。根据这一制度,为保证地方政府最低限度的行政开支,中央要提供一般性补助,具体补助方法是将国税收入按照一定比例补助给地方政府。每个道、市分享补助的比例由内务部在财务部核定的地方交付税总额内分别确定。

(2) 设置让与金制度。这种制度是为满足水源保护、道路修缮等特定事业需要而设立的,由中央政府将国税中特定税种的全部或一部分收入让渡给地方政府,由地方政府自立项目,自主支出。

(3) 设置国库补助金制度。这种制度是由中央政府支持地方政府进行指

定事业的专项补助经费。

(二) 印度的税收管理体制

印度是一个联邦制国家,实行分税制的税收管理体制。联邦、邦及地方政府均有各自的税种,但税收收入主要集中在联邦,联邦税收收入占全部税收收入的65%左右,邦及地方政府税收收入占35%左右。印度税收管理体制的主要特点表现为:

1. 税收权力相对集中

印度的税收立法权由联邦议会执行,联邦议会的联邦院和人民院共同行使立法权,人民院拥有提出税收法案并通过法案的权力,联邦院对此只能进行一般性讨论而没有表决权。印度宪法是印度具有最高效力的法律,税收法令法案都必须符合宪法规定。

2. 各级政府均拥有自己的收入来源

在印度,划分为中央税的税种由印度联邦政府依法管理并征收。这些税种主要有个人所得税、公司所得税、财富税、遗产和赠与税、超额利润税、联邦销售税、社会保险税、增值税、注册税、支出税、土地和建筑物价值税、印花税及关税等。

地方税主要由各邦政府按照被授予的管理权限征收,主要税种包括农业所得税、职业税、土地价值税、交通工具税。地方政府征税的税种(地方税)主要有土地与建筑物税、土地增值税、广告税、财产转让税等。各邦的税收来源包括两部分:一部分是各邦自主税收收入;一部分是中央统一分配课征税目并有支配权的税收收入。

(三) 南非的税收管理体制

南非政府分为三级管理体制,中央与地方各自都有合理稳定的主体税种,各级政府的管理权限明确,财权相对集中于中央政府。南非税收管理体制的主要特点包括:

1. 中央政府拥有大宗财源的税种

南非政府的中央税主要包括:(1) 所得课税,具体包括个人所得税、资本利得税、企业所得税、退休基金税等;(2) 商品课税,包括增值税,对酒精、烟草与奢侈品等商品征收的货物税,对液态石油征收的燃油税;(3) 财产课税,包括不动产税和捐赠税。

2. 省级政府征税收费的能力有限

根据南非宪法规定,南非各省政府的主要税费收入包括道路交通费、专利费及赌博税(赛马、赌博与赌场税)等。省级政府以自有收入负担的支出仅占全部支出的5%—10%,其余部分均依靠中央政府的转移支付资金来解决。

3. 地方政府拥有一定的财源

南非共有284个地方政府,根据其宪法规定,地方政府的征税能力有限,但却相对多于省级政府。其主要税费收入包括房产税、大量服务收费和地区服务委员会收费。

从总体上看,南非政府间税种划分的格局既保证了中央对整体收入分配的主要控制权,又保证了承担基层社会服务的地方政府的财力与积极性。此外,南非的税制安排与政府调整都是通过立法程序明确下来的,政府和税务征管部门只能在法定的授权范围内制定实施办法,税收法制原则十分明确。

三、转型国家的税收管理体制

(一) 俄罗斯的税收管理体制

俄罗斯的税收管理体制是在前苏联税收管理体制的基础上形成的,经过多次改革,其税收管理体制发生了实质性变化。俄罗斯税收管理体制的基本原则是,在各级政府之间明确划分征收税费的权限;为纳税人和税务机关分别确定具体的权利和责任范围;在课税问题上一视同仁,保护所有纳税人的合法权益。其税收管理体制的主要特点为:

1. 实行多级税收立法体制

在俄罗斯,在中央政府享有立法权的同时,地方政府也享有个别税种的立法权。俄罗斯联邦税法典规定,地区和地方立法机构只对本级税收拥有一定权力,包括税收优惠、税率、纳税程序和期限以及会计报表的格式。除此之外,征税的其他方面均由税收法典规定,禁止规定其他的地方税和地区税。

2. 按政权机关管辖范围和税收支配权限划分为联邦税、地区税和地方税

(1) 联邦税由俄罗斯联邦税收法典直接规定,在俄罗斯联邦境内普遍实行。主要包括增值税、消费税、企业和组织利润税、个人所得税、统一社会税、关税、地下资源使用税、遗产税或赠与税、水资源税。(2) 地区税由地区立法权力机关以专门的法律规定的,并在相应地区普遍实行。地区税主要包括企业和组织财产税、赌博税、运输税和销售税。(3) 地方税由地方自治代表机关以法规形式规定,并在其管辖地域普遍实行,地方税主要包括土地税和自然人财产税。

(二) 捷克的税收管理体制

捷克的税务管理体制分为中央、大区和基层三级,其中中央和地方财政收入均由同一套税务机关征收,没有国家税务局和地方税务局之分。中央税务局隶属于财政部,其职责包括:全面负责税收管理工作,制定征收管理制度,管理并监督下属的八个大区税务局的运作,必要时越级管理具体的征收业务,开展税收领域的国际交流与合作,拟定改革方案,提供全国税收的分析、统计数据等。

大区税务局的职责包括：管理并监督下属的基层税务局，检查税收法律法规、方针政策的贯彻执行状况，处理税收复议，开展审计工作，处理涉税案件等。基层税务局的职责包括：负责税收征管的日常业务，对违章纳税人给予具体处罚等。

在捷克，中央和地方各级政府的财政收入根据税种进行划分。其中，中央税包括消费税、社会保险缴款、关税等；地方税主要包括不动产税和不动产转让税；增值税、个人所得税、企业所得税等由中央、大区和地方三级财政共享，但划分比例经常调整。原则上中央财政获得最多的收入，其次是地方财政，而处于第二级的大区财政获得最少的收入。

捷克很重视税收立法，议会通过的所有涉税议案都形成法案，而非条例。然而捷克税制的调整仍具有一定的灵活性。尽管现行税制的基本框架于1993年确立，财政部和中央税务局还是不断根据情况对其予以调整，并将提案送交议会，议会通过之后就形成修正案确立下来。

第二节　外国税收立法权管理

税收立法可以从广义和狭义两个方面来理解。广义的税收立法是指国家机关依照法定权限和程序，制定各种不同规范等级和效力等级的税收规范性文件的活动。狭义的税收立法则是指立法机关制定税收法律的活动。税收立法是由制定、修改和废止税收法律、法规的一系列活动构成的。税收立法权管理是税收管理的首要环节，只有通过制定法律，把税收征纳关系纳入法律调整范围，才能做到依法治税。

税收立法主要包括税收立法体制和税收立法程序两大方面。其中，税收立法体制主要是指立法机关和立法权限的划分。税收立法权限一般包括国家立法、地方立法、授权立法和行政立法。由于各级机构的税收立法不同，因此，所制定的税收法律规范的级次、效力也不同。与税收管理体制相适应，世界各国税收立法权的划分及立法程序也根据集权与分权程度不同而有所差异。

一、外国税收立法权限的划分

（一）相对分权模式下税收立法权限的划分

这种模式下税收立法权限的划分以美国为代表。在美国，州和地方两级权力机构拥有独立的税收立法权，可以对属于自己的税收单独立法，有权决定征什么税及如何征，具体包括税种、税目、税率及其优惠减免等，并付诸实施。在税权分散模式下，地方政府拥有较充裕的本级税收固定收入来源，对中央财政的依赖性较小。当然美国州、地方两级政府的税收立法权也受到联邦政府法律的限制和制约：一是禁止任何州课征进出口关税；二是不得歧视非本州居民；三是不能对来自其他州的货物课税；四是不得对联邦政府的债券课税；五是当州和地方政府出现不适当课税时，联邦最高法院有权做出停征的规定。具体如表 10-1 所示。

表 10-1　美国宪法与各州法律对州和地方税收立法权限的限制

条款	限定内容
1. 最高条款	1. 联邦宪法第六条第一项。 2. 内容：州和地方税法与联邦法律发生冲突时，联邦法律优先适用。
2. 商务条款	1. 联邦宪法第一条第三项第三款。 2. 内容：任何课税不得对州际间的通商产生阻碍，不得影响州际间商业活动的自由性。
3. 一般授权及税率	1. 州法律的规定。 2. 内容：对财产税和销售税的税率实行限制；授权地方政府设定某些税目。
4. 一致性条款	1. 州法律的规定。 2. 内容：在一特定的类别之内，对所有纳税人或课税对象均按相同的税率课税；税收机构的划分应与政府的权益相符合。
5. 平等保护条款	1. 联邦宪法修正案第十四条。 2. 内容：州政府的课税不得侵害纳税人的基本利益，不得对纳税人实行歧视。
6. 正当程序条款	1. 联邦政府宪法修正案第五条、第十四条第一项，州法律的规定。 2. 内容：允许对征税对象进行合理的分类并体现一定的差异；与平等保护条款相类似，禁止对任何纳税人的歧视待遇。
7. 公共目的规定	1. 州法律的规定。 2. 内容：征税的目的应是为政府的活动提供经费及提供社会福利。

资料来源：孙开：《多级财政体制比较分析》，中国经济出版社 1999 年版。

与税收立法上的分权相一致，美国地方税的税收征管权也很分散。联邦、州和地方政府各有一套税务征管机构。联邦政府财政部设国内收入局，其机构分布全国各地，征收联邦政府税收；各州、地方政府也设有自己的征管机构，征收各自的税收。各州的征管方式也不同，有的州委托联邦政府财政部国内收入局代征个人所得税，有的州由州税务局代征个人所得税和公司所得税，还有的是州和地方分征。

美国有比较完善的税收司法保障体系，建立了相对独立的税务司法机构。当纳税人不服税务复议部门的复议裁决时，可以选择合适的司法机关进行税务诉讼。审理税务案件的司法部门独立于政府部门之外，与税务部门也没有任何经济利益和行政管理上的联系。美国税务司法机构主要是指相对独立的税务法院、其他可受理税务案件的法院和设在检察院的税务检察部门。各州设有税收上诉法院，主要解决税务方面的纠纷。

(二) 集权与分权相结合模式下税收立法权限的划分

这种模式下税收立法权限的划分以日本和德国为代表。

日本是单一制国家，税收权限分为中央、都道府县和市町村三级。都道府县和市町村是日本法律上的“地方自治团体”，是中央集中领导下的地方自治体制。在这种政治体制的制约下，日本的地方税税权并不像美国那样采取高度分权的模式，而是采取大集中、小分散、适度分权的模式。日本税制的一个突出特征就是税款征收上的中央集权和税收权限上的地方分权相结合，或称税收立法权、征收权相对集中，管理权、使用权相对分散。

在税权划分方面，中央集中了主要或大部分税权，但地方也享有一定的自主权。原则上，日本的中央税法和地方税法均由中央制定，从这个角度看，地方政府仅仅是担当执行的角色。但是，中央制定的地方税法除了贯彻中央集权的思想外，还体现了宪法所保障的地方自治原则，授予了地方一定的权限。这主要体现在两个方面：一方面，尽管日本所有地方税的立法都在中央，地方税提案被提出后，由自治省制定税法，提交内阁讨论，然后报送国会，但在国会讨论批准后，按照地方税法的相关规定，还是要由地方具体形成条例再由地方议会讨论批准后开征。这说明，就税收立法权而言，是由中央订立税法的原则大纲，地方规定征收的具体规程。另一方面，地方税法还将某些权限明确授予地方行使，如法定外普通税的开征权、税率的自由拟定权以及权宜课税权等。当然中央对地方会实行较严格的管理，这也是日本税权划分的另一个特点，即“课税否决制度”。该制度可以在一定程度上限制地方政府擅自开征税种，同时对地方税率给予适当限制。表10-2和表10-3分别反映了日本都道府县和市町村税收立法权的归属。

日本的税收征管分为两大税务系统，即国税由大藏省下设的国税厅及其分支机构负责征收，地方税由都道府县、市町村属税务机构负责征收。这说明在日本，地方税的征收管理权在地方一级。关于税收司法权问题，日本宪法规定，所有司法权皆属于最高裁判所及以下的一般裁判所，同时规定禁止设置特别裁判所，废除行政裁判制度，所有行政事件诉讼皆属于一般裁判所的管辖范围。

表 10-2　日本都道府县地方税收立法权的归属

税种 立法归属	普通税	目的税
中央政府	都道府县居民税 事业税 不动产取得税 高尔夫球税 特别地方消费税 狩猎登记税	机动车取得税 狩猎税 轻油提取税
		地方可选择课税的税目： 水利地益税
都道府县	其他项目(应经中央政府的许可)	

资料来源：贾康：《地方财政问题研究》，经济科学出版社 2004 年版。

表 10-3　日本市町村地方税收立法权的归属

税种 立法归属	普通税	目的税
中央政府	市町村居民税 固定资产税 轻机动车税 遗产税 特别土地税	入浴税(温泉税) 事业所得税
		地方可选择课税的税目： 都市计划税 水利地益税 公用设施税 宅地开发税 国民健康保险税
都道府县	其他项目(应经自治大臣的许可)	

资料来源：同表 10-2。

德国与美国一样也是联邦制国家，分联邦、州和地方三级，但其实行的税权模式却与美国有所差别。德国实行的是适度分权模式，但集权程度又稍微比日本要高。在税种划分上，德国按照税源大小和便于征收的原则，把税种分为各级政府固定税和三级政府共享税，其中联邦税在德国国家税收体系中的分配占了大部分，而州和地方的固定税税收只占 16%。

税收立法权基本上控制在联邦一级。德国的立法权分为单独立法权和共同立法权两种形式。联邦对关税拥有单独立法权，其他联邦专享税以及联邦、州和地方的共享税也由联邦立法。各州和地方的专享税虽然属于共同立法的范围，但为了保持各州税收制度的基本一致，避免在制定税法时互相矛盾，实际上联邦在行使单独立法权的同时，还在很大程度上行使了共同立法权，以致各州通过自己的立法措施取得税收收入的余地比较小，一般只能对地方性小税进行立法，或对某些地方税的税率、减免等做出规定。州以下的地方政府没有税收立法权。

在税收征管权上，联邦、州和地方各设置了一套税收征管系统，但相对集中于州。德国联邦政府只对很少一部分专享税进行管理，其余共享税委托州政府管理。州一级管理的税收包括州的专享税和全部共享税。联邦的税收征管系统是联邦财政部→财政管理总局→关税管理局；各州的税收管理系统是州财政部→财政管理总局→财政局；地方税收征管机构就是财政局。在德国，税收事务的司法权归属于财政法庭，纳税人如果不接受税务当局的决定，可以求助于该法庭。联邦财政法庭位于慕尼黑，除巴伐利亚州有两个、北莱茵—威斯特法伦亚州有三个财政法庭外，其他各州均只有一个财政法庭。原则上只有在行政措施无效之后才能将诉讼提交财政法庭，但绝大部分的税务争议皆在行政级别上得到解决，提交财政法庭的诉讼一般是要求修改行政法令、强制执行行政法令或者对某一行政法令的合法性提出疑问，要求财政法庭进行裁决。

（三）相对集权模式下税收立法权限的划分

这种模式下税收立法权限的划分以法国为代表。法国是一个实行单一制的国家。长期以来，法国一直实行中央集权的管理体制，政权分为中央、省和市镇三级。与联邦制国家不同，法国省一级地方的行政长官是由中央任命的。与此相适应，法国税权的划分也是高度集权的，无论是征税权还是税款的分配使用权都由中央统揽，只把次要的税源划给地方。

在法国，中央税和地方税实行彻底的划分，主要税种归中央，其收入列入中央预算；零星税源归地方，且收入规模和收入比重都比较小；在整个税收体系中不存在共享税，也不搞同源共享。至于税收立法权和税收行政权，也主要集中在中央，地方的机动权较小。在法国，无论是中央税还是地方税，税收法律和主要政策均由中央政府统一制定，地方只能按国家的法律政策执行。地方只享有某些机动权，如可以制定某些地方税的税率、开征一些捐费等。在税收行政上，法国不存在中央税和地方税两套机构，财政部设有税务总局和关税局，省和市镇都有税务机构，受税务总局领导。

二、外国税收立法程序

税收立法程序是指国家立法机关或其授权机关在制定、修改和废止税收法律规范的活动中应该履行的步骤和方法。税法的制定和修改必须依法定程序进行才具有法定效力，税收立法程序是使税收立法活动规范化、科学化的重要保证。各国税收立法的实践证明，严格按照立法程序进行活动，对于保证国家税法的严密、规范，提高法律的权威性和适用性，维护税收法治的尊严是十分重要的。目前，世界各国在其宪法中一般都规定了立法的程序，并在议会法和议会议事规程中做出更具体的规定，有些国家则专门制定了立法程序法。

(一) 美国税收立法程序

在美国,绝大多数的税收提案最初是由美国财政部提出的。先由某一众议员作为倡议者将税收提案提交众议院,再由众议院转到其下属的赋税委员会,经过听证辩论,提出报告,阐述提案的立法根据,最后进行投票表决。若赋税委员会表决通过,就将提案回交到众议院进行听证、辩论和表决,众议院同意后再提交参议院。

参议院下设财经委员会,由两党组成,也要通过听证和辩论等程序,若表决通过则将提案提交总统。

总统须在接到提案后10日内表态。若总统签字,则该提案生效;若总统否决,则提案再送回国会进行讨论。如果国会两院仍以2/3以上票数表决通过,则总统否决无效,提案生效。

若总统在10日内不表态,则提案自然生效。如果两院意见不完全一致,比如参议院不同意众议院的文字表达方式,则参议院可再起草一文本,将两文本一起交到两院税务联席委员会,听取意见,拟一个折中文本,再送回两院讨论。

美国的税收立法议案从起草提交国会参众两院讨论通过,直到总统签字成为法律生效执行必须经八道以上的程序,体现了制定税收法令的严肃性和民主性,但往往旷日持久,久议不决。

(二) 英国税收立法程序

英国税法的起草由议会中的律师负责,由国内收入局加以指导。具体程序是:国内收入局的职能部门每年提出需要修改的税法内容,然后交给国内收入局最高委员会审定。税法起草完毕后,要交给税务局,由税务局做政策上的修正,然后再和律师进行磋商,反复修改,再送财政部长和主管财政的国务大臣审定,全部同意后交议会进行辩论。议会的辩论约每周2次,每次辩论都有详细的记录。这样经过若干次辩论后即可交付表决。议会中的下院通过后即上报首相,首相若批准即可执行。首相如有异议,也可驳回。

第三节　外国税收管理的组织机构

税收管理的组织机构是税收管理组织形式的实体,也是税收管理权力的载体。一个国家的税收管理机构如何设置,取决于多方面的因素,其中主要包括一国的行政管理机构、财税管理体制、税制体系、税收管理形式和税收归属等。

一、国外税收管理机构的设置

(一) 税收管理机构的设置模式

由于世界各国在政治体制、文化环境和历史习惯等方面存在差异,各国政府在税务管理机构的设置方面各有不同的做法。在有些国家，税收管理机构作为一个统一的自治机构，拥有较大的自主权；而在有些国家，税收管理机构被作为财政部下属的独立部门，负责征税及社会保障缴款等事务。

从税收管理机构与财政部的关系看，税收管理机构的设置可有四种不同的模式。

第一，统一半自治机构（unified and semi-autonomous bodies）。在这种模式下，税收管理机关负责大部分税收管理事务（包括社会保障缴款事务），并直接向政府总理汇报。

第二，独立管理机构（separate bodies）。在这种模式下，税收管理机关负责征税与社会保障缴款等事务。其中，社会保障缴款是欧洲许多国家最重要的政府收入来源。

第三，财政部下属独立部门（semi-autonomous or single directorates in MOF bodies）。该模式下，税务机关负责税收及关税事务。

第四，财政部下属的单一或多级部门（single or multiple directorates）。该模式下的税务机关拥有极小的自主权。

此外，很多国家还在税务机关与相关政府部门之间设立一个正式的管理委员会或顾问委员会，以便对税务机关的总体运行和一般行政事务提出某些独立建议。

从各国税收管理机构的权限来看，许多国家税收管理机构同时负责征收社会保障税（缴款），但欧洲大部分国家的社会保障缴款则由独立的机构负责征收；同时，也有些国家的税收管理机构还负责履行海关职能和其他各种非税职能。世界部分国家税收管理机构的设置模式及相关职能见表10-4。

表10-4　世界若干国家税收管理机构的设置模式及相关职能

国家	税收管理机构类型	征收社会保障税	履行海关职能	履行非税职能
OECD国家				
澳大利亚	统一半自治机构		否	是
奥地利	财政部下属独立部门	否	是	是
比利时	财政部下属多级部门	否	是	是
加拿大	统一半自治机构及委员会	是	否	是
捷克	财政部下属独立部门	否	否	是
丹麦	财政部下属独立部门	否	是	是
芬兰	统一半自治机构及委员会	是	否	是
法国	财政部下属多级部门	否	否	是

（续表）

国家	税收管理机构类型	征收社会保障税	履行海关职能	履行非税职能
德国	财政部下属多级部门	否	否	是
希腊	财政部下属多级部门	否	否	是
匈牙利	统一半自治机构	是	否	是
冰岛	统一半自治机构	是	否	是
爱尔兰	统一半自治机构	是	是	是
意大利	统一半自治机构	是	否	否
日本	统一半自治机构	否	否	是
韩国	统一半自治机构	否	否	否
卢森堡	财政部下属多级部门	否	是	是
墨西哥	统一半自治机构	否	是	否
荷兰	财政部下属独立部门	是	是	是
新西兰	统一半自治机构		否	是
挪威	统一半自治机构	是	否	是
波兰	财政部下属多级部门	否	是	否
葡萄牙	财政部下属多级部门	否	否	是
斯洛伐克	统一半自治机构	否	否	是
西班牙	统一半自治机构	否	是	是
瑞典	统一半自治机构及委员会	是	否	是
瑞士	财政部下属独立部门	否	否	否
土耳其	统一半自治机构	否	否	否
英国	统一半自治机构及委员会	是	是	是
美国	统一半自治机构及委员会	是	否	是
非 OECD 国家				
阿根廷	统一半自治机构	是	是	是
巴西	财政部下属独立部门	是	是	否
智利	统一半自治机构	否	否	是
印度	独立直接和间接税部门	否	是	否
俄罗斯	财政部下属独立部门	是	否	—
新加坡	统一半自治机构及委员会	否	否	是
南非	统一半自治机构	是	是	否

资料来源：Tax Administration in OECD and Selected Non-OECD Countries：Comparative Information Series（2006），OECD 2007。

（二）外国税收管理机构的内部组织模式

税收管理机构的内部组织就是根据不同标准对税务机关内部结构所做的安排。从世界各国税收管理机构的历史演变看，税收管理机构内部组织结构的确定可划分为三种模式。

1. 税种模式(the type of tax model)

所谓税种模式就是以“税种类型”为标准来确立税收组织管理机构,早期世界各国税收管理机构的组织大多属于这种模式。这种模式要求根据税种设立各个业务部门,每个业务部门综合负责各项税种的征管,同时各业务部门之间相互独立。这种模式虽然也能实现税收征管的目的,但在实践中存在一定的局限性:(1) 各部门之间功能重叠,效率较低;(2) 对于有多种涉税行为的纳税人(比如,企业),纳税往往很不便,需要就相同的事务与不同部门进行交涉;(3) 由于各部门都具有独立的审计和税款征收功能,从而增加了对纳税遵从管理的复杂性;(4) 加大了不同税种之间纳税人税收待遇的非一致性和非协调性;(5) 由于税务人员的技能只局限于某个特定税种,这阻碍了对税务人员的灵活运用;(6) 这种模式使完整的税务行政管理被分割,增加了组织计划和协调的复杂性。

2. 功能模式(the functional model)

所谓功能模式就是按照税务机关业务功能进行分类,组织人员和职能科室,税务人员一般跨税种工作,比如税务登记、纳税申报、信息处理、税务审计、征收和上诉等。与税种模式相比,这种模式的主要优点在于:(1) 它能使跨税种的工作程序更专业化,简化了纳税人计算和办税过程。(2) 提高了税收征管效率,有利于完善税务行政绩效管理。然而,这种模式也存在一定的局限性,比如,功能的分割可能导致业务交叉或纳税服务不一致,难以采用一种“全能方法”来适应某些税务行政管理工作,特别是对于纳税人的混合行为以及不同的税收遵从缺乏适宜的应对手段。

3. 纳税人群体模式(the taxpayer segment model)

所谓纳税人群体模式就是主要根据纳税人的不同群体(比如大型企业、中小企业、雇员等)组织税务机关的服务和执行职能。这是近年来少数发达国家创立的一种新型组织模式。这种模式的合理性在于,每一个纳税群体都具有不同的群体特征和纳税遵从行为,从而表现出不同的逃避税风险。因此,为了有效地管理这些风险,税务机关必须制定出适合于不同纳税人群体特点的战略方案,比如税法解释、纳税人教育、完善纳税服务、更有针对性的纳税审计等。支持这种模式的人认为,纳税人群体模式将主要功能集中于一个统一的和专门的管理结构中,有助于提高整体纳税遵从水平。目前,纳税人群体模式仍处于初期应用阶段,许多国家都通过设立大型纳税人部门(处)等方式部分地实施了该模式。

在实践中,许多国家并非只采取某种单一的组织机构模式,而是同时采取两种或三种模式。从发展趋势看，按功能设立税务组织机构的模式和纳税人群体模式已逐步取代税种模式，也有些国家出于加强税务征管、提高纳税遵从和注重实效等方面的考虑，采取了具有三种模式特点的混合型模式。表10-5列举了OECD30个成员国及若干非OECD国家税务部门的组织结构，从中可以看出，在OECD成员国中，有9个国家单纯采取了功能模式，4个国家同时采取了功能模式、税种模式及纳税群体模式中的两种，12个国家混合采取了三种模式。

表10-5　世界若干国家税务机关的组织结构模式

国家	税种模式	功能模式	纳税人群体模式
OECD国家			
澳大利亚	√	√	√
奥地利	√		√
比利时	√	√	√
加拿大		√	
捷克	√	√	
丹麦	√	√	√
芬兰		√	√
法国			√
德国		√	√
希腊	√	√	√
匈牙利		√	
冰岛		√	
爱尔兰			√
意大利		√	
日本	√	√	√
韩国		√	
卢森堡	√	√	
墨西哥	√	√	√
荷兰		√	
新西兰	√	√	√
挪威	√	√	√
波兰	√	√	√
葡萄牙		√	
斯洛伐克		√	
西班牙	√	√	√
瑞典	√	√	√
瑞士	√		
土耳其		√	
英国	√	√	√
美国			√

（续表）

国家	税种模式	功能模式	纳税人群体模式
非 OECD 国家			
阿根廷	√	√	√
巴西		√	
智利		√	
印度	√	√	
俄罗斯	√	√	√
新加坡	√	√	
南非		√	√

资料来源：同表 10-4。

二、发达国家税收管理机构的设置

（一）美国税收征管组织机构

美国的行政体制是由联邦、州、地方三级政府组成，因此税务机构也由联邦、州、地方机构组成。

1. 联邦税务管理机构

联邦政府的税收管理机构是财政部下属的美国国内收入局（Internal Revenue Service, IRS）和海关署（U. S. Customs Service）。国内收入局负责联邦政府除关税以外的所有税收事务，海关署负责关税事务。

（1）国内收入局系统。美国国内收入局系统由三级机构组成：第一级是设在首都华盛顿的税务总局；第二级是设在全国的大区税务局；第三级是各大区税务局下面分设的地区税务分局和下属的税务支局。此外，还有税务服务中心。美国税务部门原来设有 7 个大区税务局，63 个税务分局和 10 个税务中心（税务中心与税务分局平级）。从 1995 年 10 月 1 日开始，全国重新划分为 4 个大区，1996 年 10 月 1 日，合并了国内收入局中最小的分区局，并组成规模较大、工作人员配备齐全的分区局，63 个分区局合并组成 33 个分区局，把精力更加集中在与税收征管有关的工作方面。

美国国内收入局行使的职能为：第一，负责联邦政府的税收征管，其主要内容是核定与征收税款、对偷逃税进行调查、经办纳税人的上诉、向纳税人提供有关税收资料和协助纳税人填写申报表等；第二，负责税务部门的内部管理，主要任务为接纳上级税务机关的技术性建议、内部检查和安全、人事管理、税务人员的教育和培训、设备使用和维护、财务管理、计划和研究等。

① 国内收入局总部。国内收入局总部设在华盛顿，总部控制、协调、指导国内收入局的所有活动。局长由总统提名，经国会同意之后任命。经过业务、机

构重组后，国内收入局内设服务与执行部、业务辅助部、业务职能部等（见图10-1）。其中，四个业务司、诉讼部和纳税人服务部的设置最引人注目。美国税务机构不是按区域或税种设置业务司，而是针对不同类型和规模的纳税人设立工资与投资司、小企业与自雇业司、大中型企业司、免税与政府实体司。不同的业务司针对不同规模纳税人的特点，有不同的内设机构和派出机构模式，如大中型企业司的内设机构主要是研究类、指导类的，派出机构按行业设置；小企业与自雇业司和工资与投资司纳税人众多，情况复杂，其内设机构主要分为教育与辅导、财会服务和税收遵从等部门。诉讼部的基本职能是在诉讼发生前解决有关税收争议。纳税人服务部的基本职能是，对不能通过正常途径解决的税收问题及其他问题予以补救和解决。

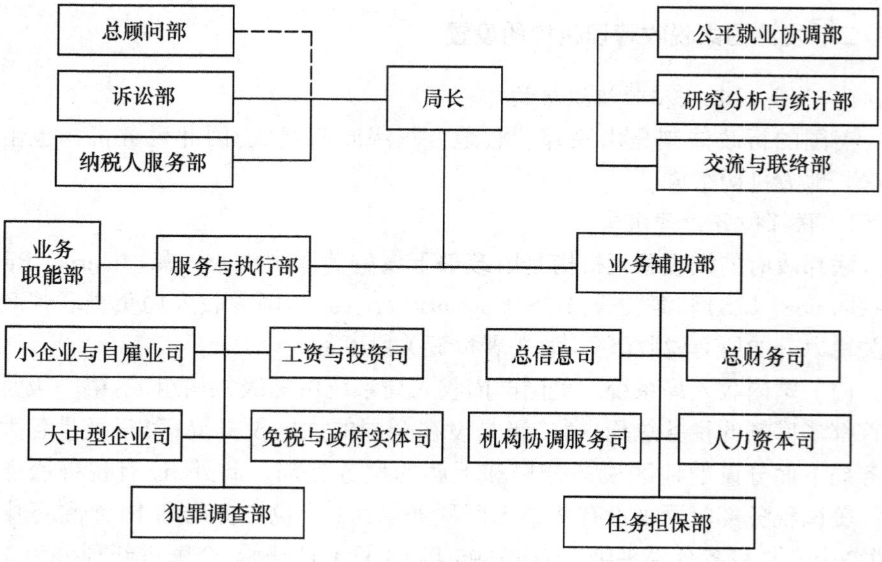

图 10-1　美国国内收入局组织结构图

资料来源：美国税务局网站。

② 大区税务局。在国内收入局之下，全国按地区分为 4 个大税区（原来为 7 个），内部一般都设有行政、纳税人台账、稽征与纳税人服务、审计、情报以及诉讼等部门。大区税务局相当于总局的派出机构，与总局各职能部门处于同级的地位，不同之处在于区局主要从事税收的实际工作，而总局各科室则主要是进行综合研究、政策制定及监督等全局性的工作。

③ 地区税务局。地区税务局包括 4 大税区下面的 33 个税务分局以及遍及全国的众多税务支局，地区税务局的主要任务是征收税款、审计申报表和调查偷逃税等。

④ 税务中心。美国10个税务中心分布在东北区、纽约区、费城区、东中区、东南区、中南区、西南区、中西区、中北区以及大湖区。税务中心设若干部门，分别负责会计研究、数据转换、税务检查及纳税人工作等事项。

(2) 海关署系统。美国海关署总部设在首都华盛顿，总部下设执法、查缉与控制、稽征、内务管理以及行政管理等职能机构。海关署按地区划分为东北区、纽约区、东南区、中南区、太平洋（即西海岸区）和中北区等关税稽征区。它们又分设300多个海关区，承担全国300多个海关点（口岸）的管理工作。

美国海关署在波恩、伦敦、香港、墨西哥城、巴黎、渥太华以及东京的美国大使馆或领事馆里分别设有海外办事处。

2. 地方税务机构

除了联邦税务系统之外，美国还有较为完整的地方税务系统。美国50个州都有各自的税务管理体系。它们虽然在业务上同国内收入局有着广泛的联系，但实际上，在税收立法、税务行政以及人员管理上都与国内收入局无隶属关系。为了处理大量的跨州税务问题，各州税务部门之间也有各种形式的合作与联系，州以下的市、郡、镇等地方政府，也都有自己的税务部门，负责征收土地税和财产税。这些数量很多但规模较小的地方税务部门及其活动构成了美国的地方税收系统。

（二）法国税收征管组织机构

法国的税务机构健全，力量强且稳定。在法国，预算部（相当于财政部）是政府中的一个综合性部门。它内部设有税务立法局和税务总局，前者主要负责起草税收立法草案和制定各项税收政策、规定。后者主要负责组织税收收入。此外，预算部还设有一个负责管理关税的机构和一个负责征收直接税的会计局。这些机构虽隶属于预算部，但却具有很大的独立自主性。税务立法局和税务总局的局长均由议会直接任命。各项税法草案一经议会通过，税务部门便能独立自主地行使职权。

法国设立两级税务机构。在中央一级设税务总局，总局下设税务稽查局、调查及联络办公室、局长工作班子、人事预算司、计算机管理司、税务及土地税司、法律事务司。此外，税务总局还附设有教学和税务调查机构及其他相关机构，如国家税务学校、土地测量学校、税务调查局、税务核查局、资产税务局、国家土地资料局、统计调查资料局等。

在地方上，法国设有20多个大区税务局和100多个省税务局（个别较大的省设有两个税务局）。前者实际上是国家税务总局的派出机构，它们起着协调上下关系的作用。省税务局是国家税务系统的基层机构，直接由中央税务总局领导，因此，其内部设立的某些机构与国家税务总局基本对口。省税务局长由中央预算部直接任命和管理。每个省税务局下设税务中心和征收中心，是征收税款的专门机构。

法国税收权力相当集中，与此相适应，税务机构的管理也集中于中央，因此税务机构的设置和其权力系统实行自上而下的垂直领导制，人、财、物实行高度集中管理，不受地方议会、行政的任何干预。

（三）荷兰税收征收管理机构

荷兰大部分税收由中央政府征收，地方政府也可以依法征税，比如，市政当局可以征收房地产税。

荷兰税务管理机构的设置具有以下特点：

1. 税收立法机构与税收执法机构相分离

荷兰财政部内部机构设置分四大部类。其中，税务方面设立两大部类：一是在财政事务总长领导下的税收立法部门，分别设立财政政策立法厅、国际财政事务厅、消费税立法厅、关税立法厅和直接税立法厅。这些部门负责财政制度和税收法规的起草及有关立法程序的设立。二是在税务及关税总长领导下的税收执法部门，即国税局，负责依法组织各种税款入库。

2. 政策实施机构与政策研究机构相分离

在荷兰，国税局由两大部门构成：(1) 税收政策实施机构。分别设立个人所得税征收局、小企业税收征收局、大企业税收征收局和关税征收局。每个征收局在全国设立若干征收分局，负责各税种的征收，以及各种税收政策的实施；(2) 税收政策研究机构。该机构按照税种性质划分，设立七个税收政策研究部（没有下属单位），负责对各种税收政策法规进行研究、解释，为税务机关及社会提供税收政策咨询服务。

3. 基层征收分局按税区设置

1988 年以前，荷兰基层税收征收分局一般按行政区设置，在特定行政区内，各类纳税人均由该区税收征收分局管理。这样，一个在全国各地设立若干分公司的实体公司通常会分别由各行政区税收征收分局管理。1988 年以后，在税务机构设立方面，荷兰打破了行政区域界限，把全国划分为五个税区，在每个税区内设立若干税收征收分局。如大企业税收征收局在全国设立 11 个征收分局，负责 9 000 户（年销售额在 450 万美元以上、股本在 222.5 万美元以上且雇员在 50 人以上）大实体公司的税收征收。

三、发展中国家税收征管组织机构的设置

（一）新加坡税收征管组织机构

新加坡税收征管组织机构是按一级机构设置的。所谓一级税务机构是指

政府的税务部门既负责国家税收政策的制定、指导、监督、执行,又要直接参与纳税申报、征收、评估等具体的税务工作。

新加坡国内税务局是代表政府征收税款的法定机构,它除了要负责全国税收管理的计划和宏观调控工作外,还要直接面对纳税人,即负责申报、评估和征收等具体纳税事务。

新加坡国内税务局的机构设置和职责分工基本上是按评税、征收、检查、诉讼这一征管工作流程来划分的,具体部门包括:

(1) 个人所得税部。主要负责个人、自由职业者、个体经营者和合伙经营者的个人所得税申报、评估和日常检查工作。

(2) 产业税评估部。主要负责产业的估价和应纳产业税款的评定工作。

(3) 征收部。主要负责各项已评估的税款和不需评估直接缴纳的税款的征收和退税工作,欠税的追缴工作,以及税款的会计和统计核算工作。

(4) 税务检查部。主要负责对申报不实的纳税人进行调查,以及对所有纳税人的申报情况进行抽样审计。

(5) 法律部。专门负责税收违章事件的处罚、起诉和应诉等法律工作。

(6) 管理情报部。负责税收管理计算机硬件的配置、软件开发和税收信息资料的处理工作。

(7) 技术服务部。主要负责避免双重征税协定的评判和签约,员工培训,遗产税和印花税征管中的技术处理,慈善事业管理及综合和临时资料的统计工作。

(8) 公共服务部。负责全局的政策计划工作,包括综合报告、函件的收发及分类,此外还负责人事管理等。

(9) 消费税部。主要研究消费税征收管理事务。

(二) 韩国税收征管组织机构

韩国于1956年把原先属于财政部的税务分局分离出来,新设了国家税务管理局和税收体制局。国家税务管理局负责国家税法的执行和管理。税收体制局负责制定税收法律法规、税收政策和税务条约等。

国家税务管理局下设政策管理与公共关系司、信息系统司、审计与检查司、国际税收司、纳税人服务司、法律事务与诉讼司、个人税收司、公司税收司、不动产税收司和调查司等十个业务部门(见图10-2)。其中,有些部门是按税务机关的业务功能设置的,比如审计与检查司、国际税收司、纳税人服务司、法律事务与诉讼司等,也有些部门是按主体税种来设置的,比如个人税收司、公司税收司和不动产税收司等。这样,有利于加强税务管理,提高税收征管效率。

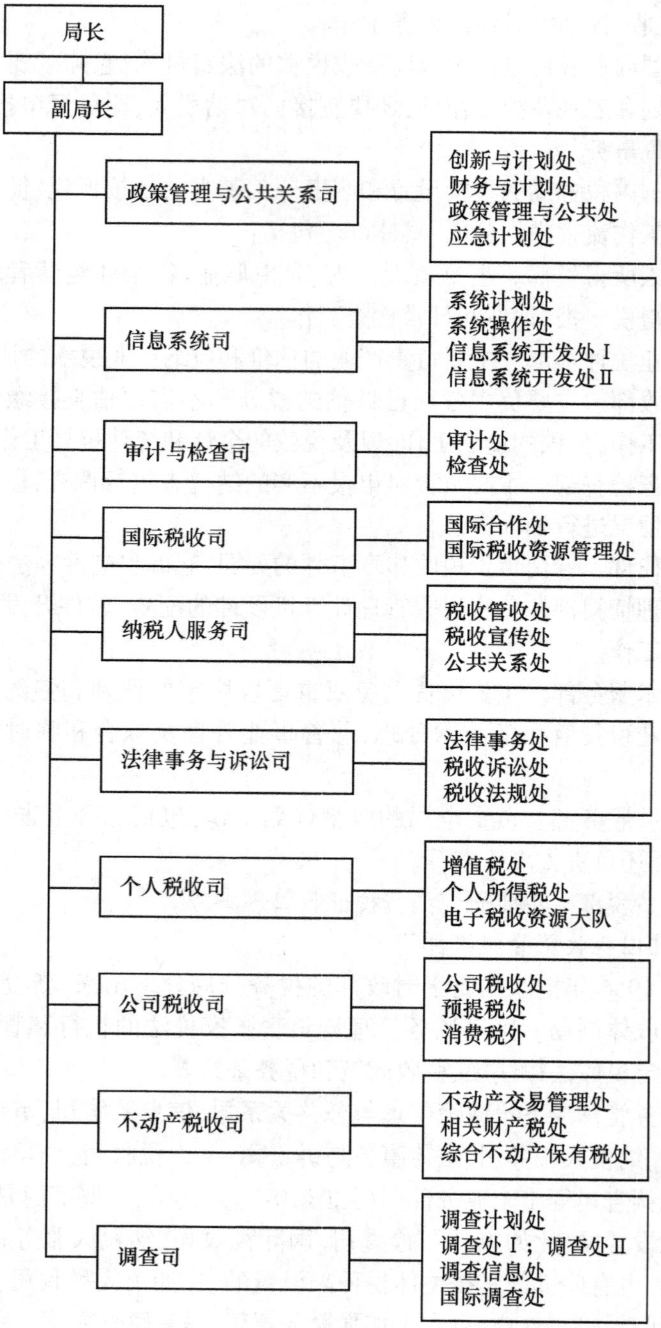

图 10-2　韩国国家税务管理局组织机构图

(三) 印度税收征管组织机构

与分税制联邦制国家的税收管理体制相适应,印度税收征管组织机构也是根据联邦政府、邦政府和地方政府三个级别分别设置管辖中央各税和地方各税的。

印度的财政部主管一切财政事务,该部设三个司,即经济事务司、岁入司、岁出司。岁入司主管联邦的一切直接税、间接税以及有关保险方面的事宜,印度的中央各税由财政部设立的中央直接税管理委员会和中央消费税及关税管理委员会分别掌管,其中,中央直接管理委员会负责掌管直接税,中央消费税及关税管理委员会负责掌管间接税。两个委员会都在各地按照税源分布情况划定征管区,设立派出机构,分别委派岁入司主管。

地方各税的管理机构由各邦分别按税种设置,最主要的地方税为销售税,各邦均设有销售税专门管理机构。多数邦也都设有专门机构征收土地税,其他各税在各邦不尽一致,大体均由前述两个税务机构兼管,一般也在各邦辖区内划分若干征收区,分设税务司或助理税务司,下设税务区、税务站和税务段,构成四级税收管理机构。

四、转型国家税收管理机构的设置

(一) 俄罗斯的税收管理机构

俄罗斯的税收征管由俄罗斯国家税务总局系统负责。国家税务总局是联邦政府的职能部门,是监督税法执行、税款缴纳的国家税务机关。国家税务总局在各联邦主体(地区)、各个城市和区,包括各城市的市设立其分支机构——税务机关局。

与税收管理体制相适应,俄罗斯国家税务总局实行三级管理,即联邦国家税务总局、联邦主体国家税务局、地方国家税务检查局。整个系统在业务上实行垂直集中领导的管理体制,独立于地区和地方政权机关,不接受地方政府的直接领导。地区和地方政权机关无权做出改变或撤销税务机关的决定,无权向税务机关发出业务指令。下级税务机关的经费也由上级税务机关下拨,地方财政不负责拨付。

俄罗斯的整个税务机关系统和结构包括:俄罗斯国家税务总局、各共和国国家税务局、莫斯科和圣彼得堡市国家税务局、边疆区和州国家税务局、市内各区税务检查局、市税务检查局。

(二) 立陶宛的税收管理机构

立陶宛的税收管理机构为财政部所属的独立的国家税务局,负责征收直接税、增值税等主要税种,但不负责社会保障缴款的征收,也不履行海关事务和其他非税收事务。立陶宛国家税务局内部组织机构的设置混合采取了税种模式、功能模式和纳税人群体模式(见图10-3)。

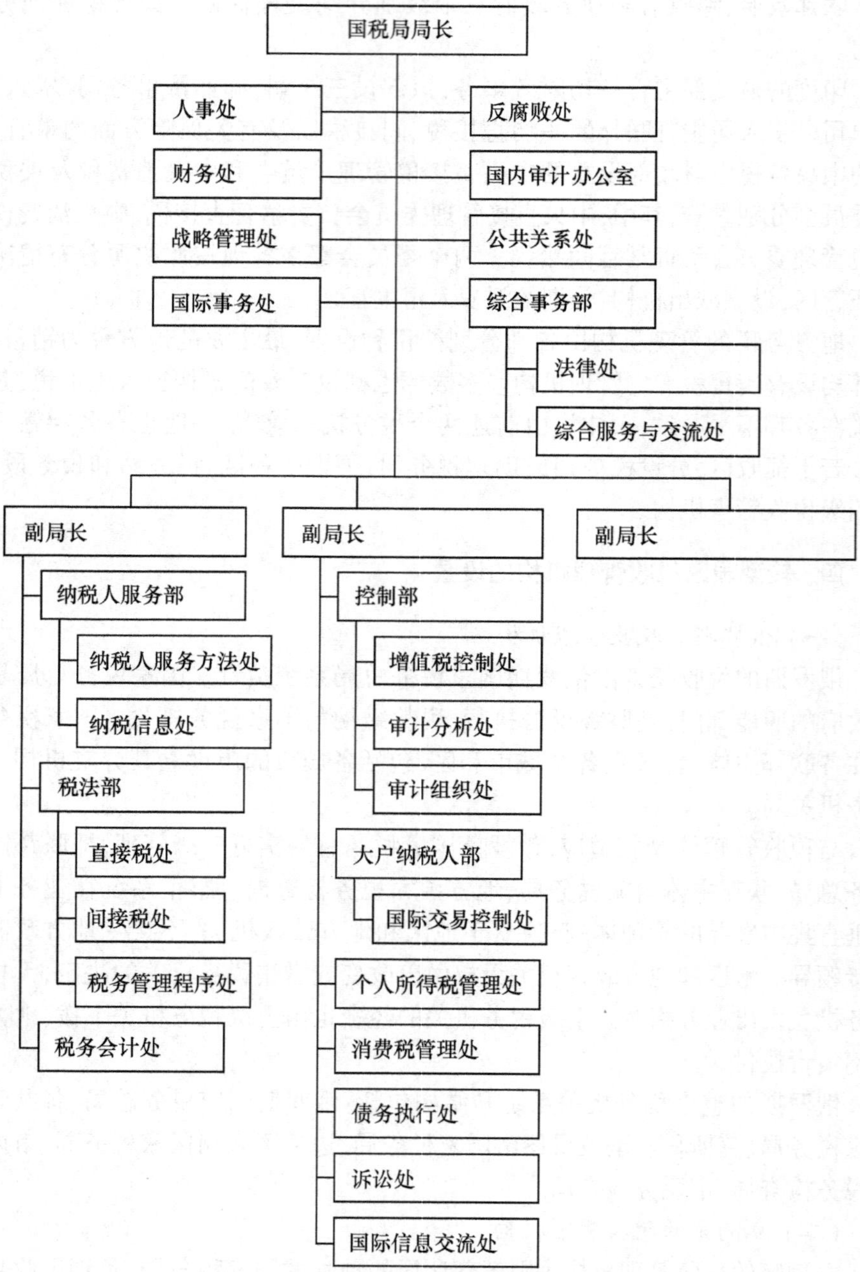

图10-3 立陶宛国家税务局组织机构图

第四节　比较与借鉴

一、世界各国税收管理体制模式的决定因素与借鉴

(一) 影响税收管理体制模式的因素

不同模式的税收管理体制有着不同的特点和作用,同时也是适应不同的政治经济条件而产生的。因此,一个国家选择哪种模式的税收管理体制是由该国的客观经济条件决定的。从一般意义上说,影响税收管理体制模式选择的因素主要包括:

1. 国家政权结构

国家政权的内部构成即中央政权机关与地方政权机关的相互关系有各种不同的形式,不同形式的政权结构直接影响税收管理体制模式的选择。实行复合制的国家,中央政权由各地方政权选派的代表联合组成,权力较为分散,地方政府的独立性强,选择相对分权型的税收管理体制,并实行税权分立、税源共享较为合适,这有利于明确中央与地方政府的经济责任,调动中央与地方管理税收的积极性。实行单一制的国家,中央政权直接由国民选举产生,权力较为集中,地方政府的独立性差,对中央政府的依赖性强,选择分享税源类型中的附加式或上解式分税制较为合适,有利于中央政府集中财力并给予地方政府适当的补助。

2. 经济发展的均衡程度

经济发展是否均衡对税收管理体制模式的选择有很大影响。经济发展比较均衡的国家,各地区之间差别较小,选择分享税种类型中的无共享税种式的分税制较为合适。由于中央税与地方税互相独立,其收入分别归中央与地方所有,便于根据本地区情况发展国民经济。经济发展不均衡的国家,各地区之间的差别较大,选择分享税种类型中的有共享税种式的分税制较为合适。由于除了划分中央税与地方税之外,还有共享税种,一方面可以在地方税不能满足地方政府支出需要的情况下,以共享税收入给予补充;另一方面,地方税和共享税分成部分仍然不能满足某些经济发展落后地区的经济建设需要时,中央可以动用中央税收入通过财政给予补助。

3. 财政管理体制

税收管理体制是财政管理体制的重要组成部分,财政管理体制制约着税收管理体制。因此,采取某一财政管理体制,就必须有与之相适应的分税制形式。高度集中的财政管理体制,要求中央的财权相对大一些,不仅要保证中央全局

性地行使政治职能和经济建设职能的资金需要，还要保证中央对某些地方给予补助促使国民经济均衡发展的资金需要。选择分享税种类型中有共享税种的分税制就能适应这一财政管理体制的要求。

需要注意的是，影响税收管理体制模式的因素是共同作用的，不能只强调其中的一方面而忽略了其他方面。只有综合考虑，并结合各国的具体情况，才能选择适合本国一定时期的分税制类型。

（二）税收管理体制的经验借鉴

尽管世界各国税收管理体制模式各不相同，但从前面的分析中可以看到发达国家税收管理体制中存在一些共同经验，而这正是发展中国家在完善税收管理体制过程中可以借鉴的。

1. 发达国家的税收管理体制都实行分税制，即以税种划分为基础，确定各级政府的征税权

各国的分税制都不是绝对的分税制，不存在一级政府只能以本级税收收入安排本级财政支出的情况。分税制不等于国家财力的彻底分配，它只是国家全部税收收入的基本或初始分配，各国都存在着不同形式的纵向或横向财政平衡机制。

2. 税权集中、事权分散

无论国体如何不同，各国税权一般都相对集中于中央。其主要表现在大宗税收收入归中央，由中央支配，绝大部分国家的税收立法权也归中央，但通过赋予地方政府较多的事权，发挥地方政府的主动性。

3. 税权划分法制化和规范化

从各国的实际情况看，虽然税权划分中包含了诸多内容，而且税权划分的层次和结构也异常复杂，但在具体实施过程中，都是有法可依、有章可循的。

4. 中央对地方实行财力补助

为了使税权集中与事权分散协调一致，大部分国家存在中央对地方的纵向财政补助或财力让与，各种形式的补助金成为中央对地方政府进行财政经济控制的基本手段，通过建立量化的指标体系或测定公式，客观地决定基数和比例，最大限度地避免中央对地方财政补助的主观、不规范、不公平的倾向，尽量保证各地政府提供的社会服务管理内容相同，服务效果相似。

二、世界各国税权划分的借鉴

由于各国政治体制不同且税制结构各异，各国的税权选择模式差别很大。这表明，世界上不存在统一的税权划分模式，关键是要从自身国情出发，选择与本国国情相符合的税权划分模式。但国外税权划分改革中的一些共同的规律

性的特征，是值得我们研究和借鉴的。

（一）中央税权的主导性与适度赋予地方税权相结合

虽然各国从自身国情出发选择的税权划分模式存在较大差异，但都不同程度地赋予了地方一定的税权。即使是像日本、法国那样集权色彩较为浓厚的国家，地方也享有一些必要的税收立法权，至于美国，地方的税收立法权限就更大了。而且无论强调税权集中，还是强调税权分散，各国大致上都将中央税权置于地方税权之上，使地方税权受到中央税权的制衡，确保中央政府的宏观调控能力。

（二）税权划分的规范性和科学性相结合

各国严密、健全的法律体系是维持税权划分顺利进行的有力保障。如德国，在税权划分方面，通过立法的形式规定了从联邦到州和地方各级政权的税收权限分配关系，避免了税权划分过程中的随意性。建议我国对税权划分方面的有关规定，加以清理，凡同宪法相抵触的，应予以废止。同时，考虑到现在税收立法权存在中央集权过多与地方滥用权力等问题，将来地方税权扩大后，有可能还会利用这些权力搞地方保护主义，影响社会主义市场经济健康发展，因此，建议宪法对各级立法机构的税收立法权限和原则加以规定。同时，各国税权划分的形式、结构等也不是一成不变的，而是根据一定的条件进行调整，使税权划分的法制化和弹性化有机结合了起来。因此在法制化的同时，各级政府间在税收权限方面的协调方式也需要具有一定的弹性和灵活性。

（三）税权划分要考虑地方政府的事权与财政支出需求

政府分权的重要方面是财政分权，政府提供公共产品的过程也就是财政承担支出责任的过程，只有在中央政府与地方政府之间合理划分税权，才能保证地方政府提供地方性公共产品的可能性和可行性。因此，无论采用哪种模式都必须充分考虑各级政府提供公共产品的范围及其财政能力。

（四）税权划分要注重调动地方政府征税的积极性

虽然地方政府通过某种方式能够获得财政收入，但地方政府由于有自身的利益需求，而这种需求又是中央政府难以准确判断与估算的，因此只有让地方政府拥有一定的财力自主权，才能既有利于强化中央政府的宏观调控能力，又有利于分清政府之间的财力分配范围，使各级政府各司其职，发挥资源配置的最佳效率。正因为如此，各国均注重发挥地方政府征税的积极性，赋予地方一定的征税权限甚至一定的立法权限。

本章小结

1. 税收管理体制是划分中央与地方政府以及地方政府之间税收管理权限

的制度。世界各国税收管理体制基本都是分税制。根据中央与地方政府集权与分权程度的不同,发达国家的税收管理体制分为相对分权型模式、集权与分权相结合型模式与相对集权型模式。发展中国家与转型国家的税收管理体制的中央集权程度相对较高,地方政府权限较小。

2. 与税收管理体制相适应,实行分税制税收管理体制的国家都明确了税收的立法权。从总体上看,中央政府拥有较大的权力,地方政府的权限较小。但分权型国家地方政府的权力明显大于集权型国家。

3. 目前世界上大多数国家建立了专门的税务征管机构,尽管各国税务征管组织机构的名称不同,但在税收征管中都发挥了重要作用。从税收管理机构的设置模式看,各国税务管理机构包括四种模式:统一半自治机构、独立管理机构、财政部下属的半自治或独立主管部门、财政部内部设置的单一或多级主管部门。

本章重要术语

税收管理体制　分税制　税收立法权　税务管理机构

复习思考题

1. 发达国家税收管理体制有哪几种模式?各种模式有何特点?
2. 英美日等国税收立法权的确定有哪些特点?
3. 世界各国在税权划分上有哪些经验做法?
4. 世界各国税务机构设置的模式主要有哪几种,发展趋势如何?
5. 美国税收征管组织机构由哪几部分构成?
6. 影响一国税收管理体制的因素有哪些?世界不同国家的税收管理体制对中国有哪些经验借鉴?

推荐阅读文献

1. 孙开:《多级财政体制比较分析》,中国经济出版社 1999 年版。

2. 温希波:《当前税收管理体制存在的问题和改革取向》,《地方财政研究》,2008 年第 9 期。

3. OECD: Tax Administration in OECD and Selected Non-OECD Countries: Comparative Information Series (2006).

4. Maureen Kidd and William Crandall1, Revenue Authorities: Issues and Problems in Evaluating Their Success, IMF working paper, WP/06/240.

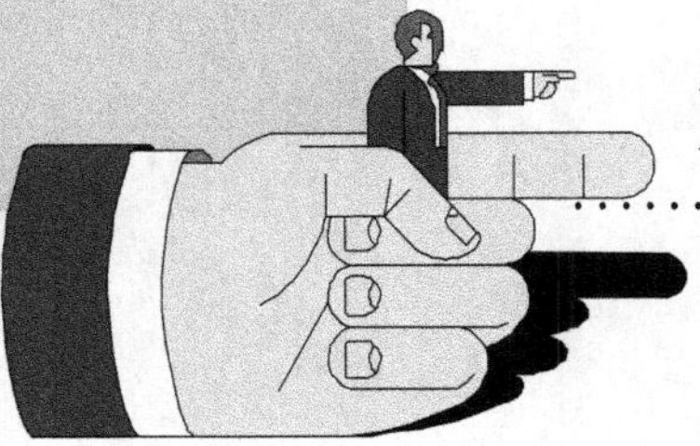

第十一章

外国税收征收管理制度

学习目标

通过本章的学习,学生应掌握以下内容:

- 世界主要国家税务登记、纳税申报与税款缴纳制度
- 世界主要国家税务审计与纳税服务制度
- 世界主要国家税务违法的处理
- 世界各国税务行政复议和税务诉讼

第一节　外国税收征收制度

在世界范围内,大多数国家都建立了一套与其经济发展水平和管理能力相适应的税收征管制度,税务部门按法律规定的制度对纳税人实施征收管理。

一、税务登记制度

税务登记就是税务机关对纳税人的生产、经营活动进行登记并据此对纳税人实施税务管理的一种法定制度。税务登记是税收征管的起点,是税务机关对纳税人实施税收管理的首要环节和基础工作。通常,许多国家的税务登记是以建立全国性的纳税人登记号码为前提的,建立全国性的纳税人登记号码和纳税人资料管理的计算机化,会促进税务机关的税收征收和税务审计工作。目前,在世界范围内,比较发达的国家采取的是全国性的登记号码,一些发展中国家,采取的是地区性的登记号码。

(一) 美国的税务登记

在美国,纳税人识别号码(Taxpayer Identification Number, TIN)是税收征管工作的基础。不同种类的纳税人拥有不同的纳税人识别号码。对于个人纳税人而言,识别号码为其各自的社会保障号码(Social Security Number, SSN),没有社会保障号码或没有资格取得社会保障号码的外国居民,可以获得个人纳税人识别号码。对于公司、合伙企业、投资俱乐部、信托机构、遗产和免税组织而言,识别号码为该组织雇主识别号码(Employer Identification Number, EIN)。

州税务部门在对所得税的纳税人进行登记时,使用联邦的识别号码。州销售税的管理使用单独的登记号码。州和地方的财产税的税务登记,在建立纳税人识别号码的同时,还要建立应税财产的详细资料档案。

(二) 澳大利亚的税务登记

澳大利亚规定,每个年满 16 岁的澳大利亚居民都必须向税务局申请一个统一编号的九位数字的税务号码。居民就业时,必须将税务号码提供给雇主或供职部门,建立税务档案,然后由其雇主或供职部门送到税务局备案。同时,纳税人还要按照政府的要求将他们的税务号码提供给其所投资、储蓄的银行,建筑互助社及其他金融机构。通过税务号码,税务局可以辨认出纳税人申报的税务档案的真实性。曾经在澳大利亚交过报税表的人可在他们上一次的课税评定通知书上找到他们的税务号码。没有税务号码的人可以在任一个税务局的办事处或邮局申请一个税务号码。澳大利亚税务局对纳税人的税务号码严格保密,任何泄露别人税务号码或其他有关税务资料的人都会受到严惩。

二、纳税申报制度

纳税申报是纳税人按照税法规定的期限和内容,向税务机关提交有关纳税事项书面报告的法律行为,是纳税人履行纳税义务、界定纳税人法律责任的主要依据。世界上几乎所有国家在税法上都明确规定纳税人要按期申报有关税务事项,包括个人所得税、公司所得税、增值税、消费税等,以及附报与税收有关的报表,如资产负债表、损益表和财务状况变动表等。纳税义务人向税务机关提交申报表,表明承担了依法纳税的法律责任。申报表也是税务机关进行审核、征收、查账甚至诉讼的文件依据。

(一) 美国的纳税申报制度

1. 纳税申报方式

传统的申报方式是邮寄申报或直接申报,即纳税人通过邮局将填写好的纳税申报表和支票寄给税务机关,或者到所在地的税务机关直接办理申报。随着电子通信技术的发展和计算机工具的普及,现代的无纸化的电子申报方式逐渐取代了传统的申报方式。所谓无纸化电子申报是指纳税人在得到税务机关的许可后,通过电话语音、电子数据交换和网络传输等形式办理的纳税申报。同传统的纸质申报相比,电子申报具有快速、准确、方便、便宜等特点。无纸化电子申报方式包括电话申报、电子申报、在线申报和1040PC表申报。其中,电子申报是指利用互联网系统将申报表传送给税务机关;在线申报是纳税人通过在线服务公司或电子申报传递公司填写纳税申报表;1040PC表申报是通过个人电脑使用税务机关的打印格式完成纳税申报表的填制,该打印格式储存在用于纳税申报的软件中,纳税人输入有关资料后,电脑在三联打印纸上按照专门的打印格式自动打印出申报表。联邦政府和州政府还提供联邦与州联合电子申报,纳税人在申报联邦所得税的同时,还可以以电子申报方式申报州的所得税。

2. 申报表的种类

纳税人不同税种的申报要填写不同的申报表。同一税种,由于纳税人的申报方式或申报项目不同,申报表也分为多种。

纳税人填写申报表要特别注意以下项目:纳税人识别号码、应税所得额或销售额或财产估定价值额、各种扣除项目金额、税收抵免额、应纳税额、签名。除财产税外,纳税人在填写申报表时都要自行计算出应纳税额。

3. 其他纳税资料的申报

纳税人不仅需要填写纳税申报表,还要向税务机关报送其他必要的纳税资料,报告其在纳税年度中的支付情况、经营情况以及应税身份等其他资料。

4. 申报期限和延期申报

美国税法对不同税种的申报期限和延期申报都做了具体规定。比如,个人所得税的申报期限为纳税年度终了后的第4个月的15日前,申报可延期4个月;公司所得税的申报期限为纳税年度终了后的第3个月的15日前,申报可延期6个月;纳税人还可以通过填报修正的纳税申报表来改正已经报送的纳税申报中的错误。

(二)英国的纳税申报制度

英国纳税申报制度采取的是自行估税体系。在纳税年度内(每年的4月6日至次年4月5日),如果纳税人的当期应纳税额按源泉扣缴制或随薪付税制(PAYE)仍不能被全额征收,其应纳税额必须经过正式的纳税评估。纳税人可自行计算年度内的应纳税额,税务机关负责核查;纳税人也可选择由税务机关计算应纳税额。在任何一种情况下,第一步都必须进行纳税申报。具体程序包括:

(1)每年4月初,税务机关向有关纳税人发放纳税申报表。申报表格包括八页基础表格和一系列辅助表格。每页基础表格可用于申报不同类型的收入和所得,辅助表格用于申报特殊情况的收入。

(2)税务机关还为那些有条件使用计算机系统申报的纳税人提供电子申报表。个人纳税人也可以利用互联网进行电子申报。

(3)纳税申报表上只须填报本年度的相关纳税信息。

(4)纳税申报信息应完整。申报表不允许遗漏数字或者信息。纳税人应保存相关账目及证明资料,以备税务部门调查纳税申报信息的准确性。

(5)纳税申报表中设有"税额计算"一栏,纳税人可选择填写或保持空白。在后一种情况下,税务部门会代其计算并将计算结果的复印件交给纳税人。两种情况均属自行估税。

(6)纳税申报表必须在指定日期以前交回税务部门备案。由纳税人自行计算应纳税额的,指定日期为次年1月31日;由税务部门计算纳税人应纳税额的,指定日期为次年9月30日。

(7)纳税人未能在9月30日前上交纳税申报表的,将失去由税务部门计算其应纳税额的权利。同时,税务部门有权拒绝纳税人在9月30日之后报送的任何纳税申报表(除非"税额计算"栏填写完整)。在申报表被拒收的情况下,纳税人必须自行填写"税额计算"栏,且即使是项目填写齐全的纳税申报表,其最终申报也很有可能被延迟至年度备案日期之后并被处以罚款。因延迟申报造成的延期缴纳税款不能免除被加收附加费及滞纳金利息。

(8)税务部门有权在纳税申报表备案后9个月内对纳税人的自行估税结

果予以调整。

(9) 纳税人有权在当年纳税申报表备案后12个月内对其自行估税的结果予以调整。如果纳税人发现自行评估的税金出现错误导致多缴税款,可在申报表备案之日起5年内向税务机关提出。

(10) 自行估税应纳税款支付方式如下:第一次支付是在自行估税年度当年的1月31日;第二次支付在自行估税年度当年的7月31日;最后的余额支付必须在年度纳税申报表备案日之前完成,即次年的1月31日前。

对于没有收到纳税申报表的个人,如果有税务部门未掌握的应税收入或所得,必须在纳税年度结束前6个月内向税务部门申报其收入所得。如不执行该项规定,税务部门将予以处罚。

(三) 日本的纳税申报制度

日本的纳税申报针对纳税人的会计核算水平情况,分别实行"白色"和"蓝色"的报表制度。对经营所得,从1947年开始,采取由纳税人自行申报、自行计算、自行缴纳的制度。1950年还补充实行了"蓝色报表"制度。该制度规定,对财务会计制度不够健全的一般纳税人使用"白色申报表";对会计制度健全的,由税务机关核发给"蓝色申报表",并在税收政策和征收手续上给予一定的优惠待遇。

日本的"蓝色申报表"既适用于个人纳税人,也适用于公司纳税人。采用"蓝色申报表"的个人纳税人,有义务保存一定标准的会计账簿和系统的会计单据,并且在计算所得额时享有以下优惠待遇:第一,每年有10万日元的扣减额;第二,允许扣除坏账、价格波动的损失;第三,厂房和设备允许特殊折旧;第四,净亏损可以结转,冲减后3年的所得。采用"蓝色申报表"的公司享有的优惠待遇有:损失可以结转、冲减后5年的所得;获得特殊折旧;海外技术服务交易可特别扣除等。

由于纳税人采用"蓝色申报表"可以得到许多好处,因此,在这一制度的推动下,纳税人的会计核算水平明显加强。目前,日本约有98%的法人纳税人实行了蓝色申报。

三、税款缴纳制度

(一) 美国的税款缴纳

美国税款缴纳的主要特点是实行自我查定制度。纳税人根据法律有义务申报其所得以及其他信息,并按法规确定的表格计算和缴纳税款。实际上,美国的税款征收,主要是纳税人自行申报,并按申报数自行缴纳。因此,征收部门主要负责征收个人应付而未付的税款、小业主已扣而未缴的税款,向拖欠税款的企业或个人寄发通知书。

一般来讲，纳税人和扣缴义务人可以通过支票或转账方式缴纳税款。除邮寄支票外，纳税人还可以通过联邦税款电子付款系统进行电子缴付。

税款缴纳的期限与申报期限相同。无法实施代扣代缴税款的非居民、在美国无经营场所的外国公司，应在纳税年度终了后的第 6 个月的第 15 天前缴清税款。

不能按期缴纳税款的，可以申请延期纳税。延期纳税的最长期限，国内纳税人一般为 6 个月，居住在国外的纳税人可适当延长；因病或突发事件、公务出差等特殊情况无法按期缴纳税款的，一般可缓期 60 天；对于按期缴税确实有困难的，国税局可将纳税期推后 18 个月。

如果纳税人未能按期纳税，国税局会发出 8488 表和 8489 表催缴欠税。从催缴通知书送达之日起，纳税人必须在 10 天之内做出反应，要么缴清税款，要么向国税局陈述理由。否则，国税局的"自动征收系统"会将信息传递给大区的税务局，后者随即可能采取各种强制措施。比如，税务机关会到纳税人受雇的公司、企业要求把其工资转作税款；或者没收纳税人的财产或在第三方的资金，并可以拍卖以抵所欠税款。如果纳税人破产，税务部门属优先债权人，对其所欠税款的偿还优先款对贷款利息等的偿还。美国欠税的追溯期为 10 年。

（二）澳大利亚的税款缴纳

澳大利亚的国库部负责预算收入，所有税款都划入国家银行的国库账户。纳税人一般在报送申报表时缴纳税款。纳税人税款缴纳有三种方法：

（1）纳税人用税务局寄来的标准信封将支票直接寄给税务分局或支局，税务局收到支票后将付款信息输入计算机，然后将支票集中送当地的国家银行，并同时将支票信息传给国家银行，由国家银行与纳税人开户行结算。

（2）纳税人持申报表或估税通知单将支票或现金送交当地邮局（税务局授权邮局办理税款收纳业务，邮局计算机与税务局联网），邮局将支票信息扫描录入计算机或将现金付款信息录入计算机，并在申报表上的付款回执或估税通知单上加盖收讫章，作为完税凭证。而后，邮局将付款信息传给税务局和国家银行，并同时将支票和现款送缴当地国家银行。

（3）纳税人在自己的电脑中填好"授权划款书"，打印后通过电话将"授权划款书"传真给税务局，税务局输入付款信息后，联网将付款信息和"授权划款书"传给国家银行，国家银行依据"授权划款书"向纳税人开户行收款。

（三）新西兰的税款缴纳

新西兰国库设在国家银行，所有税款都缴入国家银行的国库账户。纳税人税款缴纳主要有三种方法：

(1) 纳税人持“核税通知单”到邮局将现金汇给税务局处理中心，邮局在“核税通知单”上盖章后，纳税人撕下付款汇单寄回处理中心。

(2) 纳税人用标准信封将支票邮寄或送达处理中心。处理中心收到支票后，将支票信息录入电脑，电脑自动按税种、银行代号分类汇总付款额，并通过扫描将支票输入电脑存档备查。然后处理中心通过联网将支票信息传送给国家银行，由国家银行向纳税人划收税款。

(3) 纳税人持申报表或“核税通知单”到税务分局直接缴纳现金。税务局将收到的现金直接送交当地国家银行。

第二节　外国税收管理制度

一、世界主要国家的税务审计

随着世界各国征税对象日益增加，计税方法也越来越复杂。为了有效防止纳税人偷逃税款，保证税法的贯彻执行，各国都加大了税务审计的力度，同时各国的税务审计逐渐趋于专业化。

(一) 美国的税务审计

1. 税务审计模式

在美国，税务审计是美国国内收入局根据税法检查和监督纳税人履行纳税义务情况的重要手段。

美国联邦、州、地方各级税务局均设有专门的税务审计机构。美国国内收入局每年大约有两万工作人员对纳税人进行税务审计。纳税申报表的日常税务审计对象是由美国国内收入局指派区办公室确定的，不是由区税务局服务中心职员确定的。美国国内收入局在主要城市都驻有税务审计员工，而不管在该城市有没有区办公室。税务审计人员一般分成两类：一是税收收入审计人员；二是特别调查人员。税收收入审计人员主要从事对被选作审计对象的纳税申报表的适当性进行类似日常调查的工作。这一工作可能在美国国内收入局办公室完成（这部分被称为“办公室审计”），也可能在纳税人的经营地进行（这部分被称为“现场审计”）。究竟在办公室审计还是在现场审计，主要取决于问题的严重程度。一般而言，如果有许多记录需要被检查，美国国内收入局的调查人员将要求现场审计；反之，美国国内收入局的调查人员则会采取办公室审计。如遇疑问，纳税人将被传唤到税务局接受询问。特别调查人员负责调查那些被日常税务审计怀疑有税收欺诈问题的案子。实际上，日常税务审计与特别调查人员的调查在程序上是有区别的。在接受欺诈调查时，纳税人通常邀请他们的律师或会计师到场,以取得专业人士的协助。特别调查人员要告知纳税人,纳税人有权保持沉默,有权请律师或会计师代表他们回答问题或对调查做出反应。在进行欺诈调查时,调查人员为获取证据,可以不必说明原因,直接查阅纳税人的账簿资料,所调查的资料的时间范围不受常规检查的法定年限的限制。并且,即使在以前年度中,已经进行了常规检查,调查人员仍可以查阅相关年度的资料。在常规检查中获取的证据不能用于进行欺诈调查,除非检查人员预先向纳税人告知了这种权利。

2. 税务审计范围

从被审计的纳税人来看,美国的税务审计范围非常广。虽然任何纳税申报表在理论上讲都有可能被选中,但是从税务审计实践看,美国的税务审计率非常低。以 1994 年为例,联邦的个人所得税、公司所得税、遗产税和消费税纳税申报表的税务审计比率分别为 1.67%、2.05%、14.2%、3.72%。其中,所得税的纳税审计中,所得额越高,纳税审计的比例就越大。以公司所得税为例,低于 25 万美元的所得的纳税申报表的税务审计率为 0.78%,而 25 万美元以上的所得的纳税申报表的税务审计比率达 51.77%。美国税务审计率较低,从一个侧面也反映出美国公民遵守税法的意识较强。

3. 税务审计选案方法

在美国,税务审计对象的选定已经实现了由美国国内收入局最有经验的职员来选定到交由计算机来完成这一转变。美国国内收入局主要采用以下方法来确定被审计对象:

(1) 判别函数系统法。该系统是一种用来给所得税申报表打分的数学技术,其目的是找出具有检查潜力(主要是具有比较高的差错率)的申报表来审计。判别函数系统由一套数学公式组成,不同的审计类别适用不同的共识和选案规则。一般说来,分数越高,审计的潜力就越大。申报表按分数高低排序后,分数高的那些申报表就被筛选出来,先是由人工进行复查,看其高分是否可以得到合理的解释,若无法得到合理的解释,就将这些申报表移交给国内收入局的检查部门。至今,运用判别函数系统进行计算机打分的是四类所得税申报表:个人所得税申报表、公司所得税申报表、S 公司①申报表和合伙企业申报表。但是在企业的申报表中,对于资产在 1 000 万美元以上的公司和 S 公司以及其他几类不管资产是多少的特定企业(如个人控股公司、人寿保险公司),其纳税申报表不需要经过判别函数系统打分筛选,而是直接传送给检查部门列为审计

① S 公司,即小企业,是一种介于公司和合伙企业之间的混合型实体。根据美国法律,这种公司的股东不得超过 35 人,并且全部股东必须是个人,股东中不得有外国侨民,公司只发行一种股票。

对象。为了防止纳税人有意识地安排其申报表的内容而使这种方法失效,该系统主要内容到目前为止尚没有对外公开。

判别函数系统自从1969年运用以来大大提高了选案的准确率,尽管每年通过判别函数系统挑选出来作为审计对象的纳税人占纳税人总数的比率不高,但由于这一方法对判断纳税人申报情况的真假有很强的鉴别力,因而大大促进了纳税人的如实申报。

(2) 遵章纳税衡量法。具体做法是:美国国内收入局根据纳税人社会保险号码进行随机抽样审计,每年被选中接受审计的纳税人申报表数在5万至10万之间。实施遵章纳税衡量法的一个重要目的是为判别函数系统法审计提供基础数据,不断改进其评分办法。

(3) 根据举报进行审计。若纳税人的邻居或同事向美国国内收入局报告,称该纳税人最近购置了大量贵重资产,与其收入能力不符,则美国国内收入局便会将此人的纳税申报表作为审计的对象。

(4) 根据退税表进行审计。如果美国国内收入局接到了纳税人申请退税的纳税申报表,美国国内收入局有可能对其进行审计。

(5) 美国国内收入局在对某一纳税人进行审计时,可能对与其相关的纳税人(如合伙人或家庭成员)的纳税申报表进行审计。

(6) 资料完善程序。如果使用该程序检查出了一处错误,美国国内收入局将重新计算其应纳税额并寄给纳税人一份通知。

(7) 信息匹配程序。该程序将从银行,共同基金和其他报告股息、利息和其他所得的第三者那里取得的诸如1099表格和W-2电子表格的信息与纳税人的申报表的信息进行对比。若发现任何遗漏或不正确的项目,美国国内收入局将重新计算税额并寄给纳税人一份通知。

(8) 特殊审计程序。美国国内收入局还运用联合计算机系统和按定期调整的各种标准设置的手工选项设计了许多特殊审计程序。所用的标准包括退税额、所申报的调整后的毛所得的数额、所申报的扣除数额或种类等。

(二) 德国的税务审计

1. 审计机构的设置

德国的税务审计体系由两大部分构成:一是税务部门负责的税务审计;二是国家审计机关负责的税务审计。

德国联邦审计院有4个审计处专门负责税务审计(类似我国财政专员或审计署特派办的税收审计),每个税务审计处有6—8名审计员,机构和人员的配备多于其他专业审计机构。税务审计的权限依照现行的税收管理体制划分,原则上联邦和州只对各自的财政(税务)部门征管的税收进行审计,但对联邦和州共享的税收,联邦审计院和州审计院都具有审计权。另外,如果归属州的税收规定影响了归属于联邦的税收,则联邦审计院也具有对这些归属于州的税收进行审计的权力。

德国在州和地方一级税务局内部一般设有税务检查机构,专门负责税务审计工作。其中,对商业、农业企业以及特定的其他纳税人须进行全面的税务审计,而且还可能对各类企业的增值税、预提税、交易税等进行审计。对于那些不按时申报纳税的企业,税务局内部还专门设有强制执行机构,对这类纳税人进行控制和管理,同时还可以对其最高处以最后评税额 10% 的罚款,但一般不超过 1 万马克。对于在税务检查过程中,发现纳税人不设账册,不对经营业务进行记录的,税务局也会对纳税人进行处罚。如被警告后纳税人还不更改,税务局就会依照以前年度经营纳税情况对其应纳税额加以估算,责成其补缴税款。

2. 税务审计程序

(1) 准备阶段。税务审计人员在审计前必须调出被审计企业的税收档案,初步了解被审计企业的生产经营规模、经营状况,认真查看被审计企业的财务报表和纳税资料,并在此基础上提出审计重点,制订审计实施方案,审计命令须在审计开始前送交纳税人。关于通知期限,大企业为在审计开始前四周,其他企业为两周。

(2) 实施阶段。审计开始时,审计人员须出示特别审计通行证。审计开始的日期和时间要有文字记录。审计期间纳税人原则上需要到场提供信息,若本人不能到场,须指定一人代表其向审计员提供一切所需的信息,如财务报表、会计账簿、原始凭证和经济合同等。审计人员在审计时,主要按照实施方案确定审计内容、审计重点、审计范围和审计方式,运用各种方法,对被审计企业进行审计。

审计员在完成每项审计时应举行一次最后讨论(所谓的法律听证会),纳税人有权评论审计员的结论,并提出其不同的看法。最后讨论通常有纳税人及其税务顾问,代表税务局的审计员及其部门领导参加。这类讨论往往持续数小时,通常可以达成对要进行的税收调整的一致意见。

(3) 终结阶段。在审计结束时审计员必须对所进行的每一项审计编写一份审计报告,审计报告提出征税审核调整的基本标准,对每项调整均必须提出详细的法律依据。

审计报告要发给纳税人,在报告被评估前,纳税人可再次提出其对法律解释或错误的置疑(如计算错误、报告的情况不准确)。审计部门查处的偷税额,不论数额大小,都应提交法庭由法官判决。当然,在实际操作中,如果数额确实太少,也就没有必要了。

3. 税务审计方法

德国的税务审计有一般审计和特别审计之分。对一般的税务审计,主要是确定审计重点,采取抽查的方式。例如,大户是审计重点,被审计的几率大约为3年一次,而中户被审计的几率大约为每8年一次,小户被审计的几率大约为每15年一次,微小型户被审计的几率大约为40年一次。

除一般审计外,德国税务部门还可以对纳税人进行特别税务审计。这种特别税务审计是税务部门对被怀疑有偷逃税行为的纳税人进行的审计,其基本依据有两个:一是税务管理人员的经验;二是将纳税人的纳税情况与税务部门内部掌握的控制数据进行对比。如果税务部门对纳税人的纳税行为产生了怀疑,那么纳税人将会受到这种特殊的税务设计。一旦纳税人纳税行为不当被审计属实,纳税人将面临被控告到财政法院的危险。

4. 税务审计期限

审计期限因被审计的企业的规模和种类(即重要性)而异。对大企业的审计通常在前次审计结束前开始,而中型企业的审计只涉及提交(所得税)纳税申报表时的前3个年份。对小型和微型企业,一般审计只涉及上1年。如果这种短期审计的结果涉及较大的税额(超过3 000德国马克),或者纳税人有税收欺诈行为,或发现有其他特殊情况,则审计期限可延至法定时效规定的日期(如10年)。

审计持续时间原则上由每位审计员自由决定,由于企业各不相同,所需时间可能彼此差别较大。但是,通常对较长时期内的审计所需时间进行比较即可大致估计出持续时间,见表11-1。

表11-1　德国不同类型企业审计所需时间

大企业	25天
中型企业	12天
小企业	8天
微型企业	6天

(三) 日本的税务审计

1. 税务审计范围

日本税务部门对法人公司的查账审计率大体为10%。查账目标是经过仔细抽选的。通常有以下六种类别:第一类是经济景气行业的企业。景气行业好赚钱,赚了钱就容易偷税,所以把这类企业列为审计目标是有道理的。因为如果没有盈利,或盈利甚少,如实申报了,也不至于被课征重税。第二类是容易发生偷税行为的行业。比如支付现金多的商业就属于这一类。其他如不动产的中间商、建筑安装企业,也被归于这一类。第三类是所得额增长低于销售额增长的公司。这类企业被选为目标,理由也很简单。一般说来,销售额增加,企业规模扩大,盈利自然会增加。利润没有与销售同步增长,是不正常的现象。第四类是掌握偷税资料多的公司。当然对举报的信息要进行分析,平时要注意资料的搜集。第五类是亏损企业。要分析发生亏损的原因,把"虚亏实盈、逃避税收"的企业暴露出来。第六类是会计报表有疑点的公司。如果企业存在购进价过高、厂外订货费用太多、与同类企业或与本企业的上期实绩有较大背离等问题,都可通过会计报表进行分析对比,找出疑点。日本各级税务机关在选定审计目标之后,即组织专业人员进行实地查账。

2. 税务审计方法

日本税务审计一般有三种方法,即案头调查、确定被调查对象及重点检查项目和进行实地税务检查。

(1) 案头调查。所谓案头调查,就是在日常工作中,对纳税企业提供的各类报表,从税务审计的目的出发,将各表所列数据进行有机比较,对个别重点科目进行研究分析,并结合企业历年的纳税情况进行综合分析,找出纳税企业的纳税疑点。

(2) 确定被审计对象及重点检查项目。科室负责人组织召集各查账组的负责人,结合政府统计部门提供的综合统计资料,按行业分析找出纳税疑点较大的重点行业,将之确定为本年度重点税收审计目标,并将案头调查提供的该行业各企业的纳税疑点分别列入统一印制的税收审计项目中,交由查账负责人进行实地税务审计。

(3) 进行实地税务审计。实地税务审计,也称现场税务审计,是指查账组负责人带领查账组赴纳税企业就税收审计项目中所列的纳税疑点项目进行账与账、账与案、账与物的审核,以查证企业有无逃税情况。所查疑点项目的有关数据填列入税收审计项目书后,交案头调查组审核。

3. 税务审计程序

(1) 事先用电话通知被审计企业进行税务审计的时间,审计人员的姓名、职务及隶属的税务部门。

(2) 赴企业进行实地审计。税务审计以企业的纳税申报为核心,通过对账簿、票据及实物的审计,验证纳税申报的正确性。审计人员可就案头审计人员提供的纳税疑点向企业有关人员进行质询,并有权让企业提供与此有关的账簿及票据的复印件。

(3) 对被审计交易对象的取证调查,包括双方交易的记录资料、账簿及有关票据等,这种取证调查在保证税务机关审计质量方面有很大作用。

(4) 实地盘点,包括对交易商品的实际确认。由于实物不同于账簿上的抽象的数字,对验证企业会计记录的真实性有很大的作用,因此实地盘点是日本税务当局极为重视的税务审计手段之一。

(5) 外地审计。外地审计是对被审计企业外地的分厂、分店、分支机构进行税务检查,以验证企业合并财务报表的准确性。

(6) 疑点的筛选。通过上述审计,纳税疑点逐渐集中,从而进行更深一步的税务审计。

(7) 就税务机关审计出的纳税疑点,税企双方交换意见,税务审计人员需要耐心地听取企业方面的申辩理由,从而确定哪些属于符合税法规定的项目。

(8) 税务审计确认书的起草。在税务审计结束后,税务审计人员要负责起草税务审计确认书,内容包括确认企业纳税申报正确与否,对需要调整的项目加以说明,对违规行为予以处罚等。税务审计确认书应以正式文件的形式送达被查企业,表明对该企业的税务审计已经结束。

二、纳税服务

进入21世纪以来,外国税收征管的发展趋势之一就是在税务行政理念上从强制征税到提供纳税服务的重大转变,各国在税收管理实践中逐渐认识到纳税人的权利与义务同等重要,必须更加尊重纳税人的权利,注重改善和加强对纳税人的服务。有些国家,比如美国、荷兰和俄罗斯,都以法律形式明确了纳税人的权利;也有些国家,比如澳大利亚、爱尔兰、新西兰、新加坡和南非,以详细的税务管理文件的形式明确了纳税人的权利,这种税务管理文件通常被称为纳税人宪章或服务宪章。

(一) 纳税人权利

早在20世纪80年代末期,纳税人权利的保护问题就引起了OECD财政事务委员会的重视。1990年,该委员会公布了一份题为"纳税人权利和义务——OECD国家法律状况的调查"的报告。2003年7月,根据1990年调查结果及成员国的实践情况,OECD财政事务委员会公布了一项备忘录,其中提出了便于成员国参照遵从的《纳税人宪章范本》。该范本列举了六项纳税人权利。

(1) 被告知、获得帮助和听证的权利。纳税人有权获得帮助以了解并履行纳税义务;有权获得对相关税收决策的解释;有权在规定的时间内依法退税并得到应得的利息;有权及时得到对书面请求、电话咨询的答复;有权在税收调查期间得到明确的法律和税收咨询服务,及时获知税收调查的结果和书面形式的做出相应税收处理行为的理由;有权了解纳税评估的相关细节;等等。

(2) 上诉的权利。纳税人有要求重审和进行上诉的相关权利。纳税人如果认为税收案件处理不合理,可以要求重审。

(3) 仅支付合法税额的权利。该权利指纳税人在公平、公正的前提下，在充分享有税收抵免、退税等权利后，仅按法律规定支付其应纳税额。

(4) 确定性权利。该权利是指纳税人有预先知道其行为的税收后果或税收处理的权利。

(5) 隐私权。该权利是指纳税人有权要求税务机关不能无端干涉个人隐私，纳税义务及相关信息都应得到法律保护。

(6) 保密权。该权利是指在未得到纳税人许可的情况下，纳税人的个人信息和财务信息不能被公开。

需要明确的是，纳税人宪章不仅是纳税人权利的宣示，也包括纳税人应履行的基本义务，包括诚实义务、合作义务、按时提供准确的信息和文件的义务、保存账簿记录的义务、按时支付税款的义务。由于纳税人宪章的目的在于用平实的语言概括和解释纳税人的权利和义务，使得这些权利和义务能获得普遍的知悉和了解，因此，大部分国家的纳税人宪章本身并非法律文件，而只是法律的指南，而且一般不会包括超出相关立法规定的权利和义务。但是，在有些国家，为了保护纳税人的基本权益，也会赋予纳税人宪章以行政“裁决”的效力，从而使之对税务机关具有约束力。

据 OECD 统计，截至 2004 年，约有 2/3 的成员国税务机关公布了此类宣言或宪章。即使没有制定纳税人宪章的国家，也可能对纳税人权利予以同等的重视和保护。在这些国家，纳税人实际享有与纳税人宪章中所规定的权利类似的权利。

(二) 服务宪章

服务宪章就是为了保障纳税人的权利而制定的有关纳税服务方面的具体服务标准。其基本理念是将消费者主权的市场逻辑推广适用于公共服务领域。一般采取两种方式：一是通过沟通机制使公共服务的提供者对消费者意见反应更为迅速，通过绩效管理使服务提供者对政府和社会更负责任；二是通过公共服务提供者之间的竞争为消费者提供选择权，从而使提供者更为重视消费者的评价。

根据 2004 年 OECD 对 30 个成员国的调查，大约有 80% 国家的税务机关对部分或大部分纳税服务规定了服务标准，还有一些国家不仅确立了全套服务标准还定期公布服务结果。调查显示，大约 2/3 国家的税务机关对纳税服务品质的评价定期进行调查，除少数国家外，一般将调查结果对外公布。

(三) 世界主要国家的纳税服务

1. 美国的纳税服务

美国国内收入局主要通过出版物和传播媒介两大渠道进行宣传。美国国内收入局编写了上百种不同的税收出版物,以帮助纳税人了解税收方面的信息,方便纳税。报纸和电视节目中的专题节目、专栏等都提供税收信息;全国广告委员会还发布各种税收广告;金融信息网也传播纳税信息;电脑互联网也经常更新纳税消息。美国税务机关具体纳税服务内容包括:

(1) 税收咨询。税收宣传本身就包含咨询在里面,除此之外,还有电话咨询(免费)和信函咨询两种。美国国内收入局的各级机构都设有电话服务窗口,免费向纳税人提供各种税收咨询;信函咨询人次较少,因为在与纳税人沟通时,信函这种方式在时间和方便程度上受到限制。

(2) 公开税收资料。美国《信息公开法》规定,允许纳税人查阅各个时期、各种类别的税收法律、文件、报告、案例等信息资料。税收资料公开制度是税收服务的一项重要内容,它对于纳税人了解税收信息、维护自身权益十分必要。当然纳税人若要查阅公开的税收资料,要先提出申请,在得到税务局答复后方可查阅。税务局可根据查阅的内容和实际情况,免费提供或收取少量的费用。

(3) 方便纳税人申报。方便纳税人申报具体体现在申报表的设计、发放以及电子申报方面。① 申报表的设计与发放。为了方便纳税人,美国的纳税申报表按13岁左右学生的文化水平设计,规范易懂。同时,税务局必须提供填表说明,并将纳税指南随申报表发给纳税人。申报表的发放时间一般持续3个月以上。② 电子申报。这是由纳税人或代理人将申报表在电脑中按税务局的规定式样填好,通过电话将申报表传真到纳税人服务中心的申报方法,是目前最先进的纳税申报方式。在一些公共场合,也有很多志愿者免费向路人提供电子申报服务。

(4) 反馈信息。在美国,纳税服务处下面设有监督检查室,负责定期搜集纳税人对税收服务的意见和要求,参与将来的各种税收服务计划的策划,以提高税收服务的整体水平。

2. 加拿大的纳税服务

加拿大的纳税服务包括税收宣传和税收服务两部分。

(1) 税收宣传。加拿大税务部门主要通过发放宣传品和利用传播媒介进行税收宣传。税务部门了为方便纳税人,发行了一系列关于加拿大税收制度的一般性和专业性税收小册子,除了《税收统计》外,这些小册子全部用英、法两种官方文字印制而成,并由各地区税务局免费提供给纳税人。小册子主要为纳税指南,指导各行各业的纳税人如何进行申报,如何计算各项可扣除的费用和应纳税款。在纳税指南中还印有为保护纳税人合法权益而制定的《纳税人权利宣言》。另外,加拿大财政部在执行法令时,为满足法律管理和法律解释的需要,会发放信息报和预算说明书,主要提供给会计师、律师和一些税务专家使用。

加拿大税务部门每年都会为大众传播媒介准备大量不同的税收信息资料。比如,每年征税期间,全国各电视台到利用半小时的时间用英、法两种语言播送填写纳税申报表的方法,为照顾一些听力不好的纳税人,播放时还配有字幕。电台和电视台还负责回答纳税人普遍关心的问题,并及时报道税收法规的变动情况。

(2) 税收服务。① 税收咨询服务。在加拿大,地区税务局、临时税收辅助中心和税务中心都分别为纳税人提供咨询服务。地区税务局工作人员通过电话或面谈的方式向纳税人提供关于申报方法、税务处理的咨询服务,如需要,还可对退税、纳税通知单和纳税人所提出的有关税务方面的问题提供解释。承担这一工作的主要是临时税收辅助中心。该中心一般在征税期临时成立,用以帮助离地区税务局较远的纳税人。这些辅助中心开始工作的时间和地区税务局一样,通常是在个人所得税申报纳税期的前两个半月。辅助中心向前来要求帮助的纳税人提供咨询,同时也提供各种手册、表格和税收指南。全国七个税务中心负责处理纳税人的申报材料,回答纳税人的书面询问,并书面答复对纳税人申报材料的处理意见,还负责对应纳税款做出解释和说明。② 电话服务。在申报纳税期间,各地区税务咨询电话均延长了服务时间。③ 特殊服务。为方便一些特殊纳税人,如盲人等残疾者申报纳税,财政部门备有专门设备,把税务指导材料转换为声音录制在磁带上,或提供电传打字机,以帮助他们填写纳税申报表。④ 义务服务。地方税务局和公共机构的一些热衷于税收工作的人,经常会组织特殊的培训班,向受训人员讲授填写纳税申报表时应注意的事项,然后由这些受过培训的人再去为其他纳税人提供义务服务。不过接受这种义务服务的对象主要是那些因年龄大、健康不佳、语言不通或其他原因而不能正确填写纳税申报表的纳税人。

3. 日本的纳税服务

(1) 税收宣传。日本的税收宣传具有以下特点:① 将社会发展、改善国民生活与税收紧密联系在一起,不断提高公民依法纳税的自觉性。有些市政府每年分两次向市民公布财政收支情况,详细地报告税收的各项用途。每个财政年度政府还公布市民人均年纳税额和享税额,使市民清楚地了解自己在履行纳税义务的同时,也享受着税金使用所带来的利益。② 对少年儿童进行税收宣传教育,使公民从小就逐步树立起纳税观念。③ 注意税收宣传的趣味性,增强宣传的吸引力,宣传既有明确的主题,又有生动的形式。④ 设置专业机构,配备专门人员,划拨专项经费,保证税收宣传成为经常性的工作。日本税务机关从上到下都有专门的机构和人员,还设立了"面谈室"(即咨询机构),接待来访、电话询问,解答疑难问题,专门从事税收宣传,协调外部关系,融洽征纳双方的感情,致力于税收环境的建设。

税收宣传途径主要有两方面：一是通过各种媒介和媒体进行宣传；二是纳税常识的宣传，日本各级税务机关每年大量编制印发各种税收资料，内容包括各种税的征税对象、税率、计算方法、缴纳时间和注意事项等。

（2）纳税服务。为了帮助纳税人准确填写申报表，回答纳税人提出的问题，处理纳税人对税制及税务实施方面的意见，日本建立了全国性的税务咨询机构。东京的税务咨询室是全国最大的。咨询的方法有电话咨询、面谈和书面咨询，其中以电话咨询为主，咨询电话来自全国各地，内容涉及各项税收的征管问题。

为了使新建公司能自觉而准确地申报纳税，日本税务署还对其进行单独或集体指导。

三、外国税收征管的信息化

在各国的税收征管实践中，计算机的应用大大提高了征管效率和征管水平。

（一）美国税收征管实践中的信息化

美国是世界上信息化程度最高的国家。从20世纪60年代起，美国逐步在全国范围内建立起了计算机征管网络，在税收预测、税务登记、纳税申报、税款征收、税务稽查、税源监控、纳税资料的收集存储检索、人事行政管理以及会计统计等方面广泛地依托计算机处理，并部分地将计算机技术与光电技术、自动化技术结合起来，运用于税收征管实践中。美国税收征管信息化主要体现在以下几个方面：

1. 利用计算机进行税源监控

美国联邦税制是以个人所得税为主体税种的，绝大部分纳税人为个人纳税人，因而非常分散，纳税人的身份和收入来源极为复杂，美国计算机系统采取统一的纳税代码对纳税人进行登记，由于代码的通用性，税务部门很容易与其他部门交换信息，使得税务登记的信息来源非常丰富，税务部门基本上能够掌握全国税源的大致状况。

2. 利用计算机处理纳税申报单

美国的纳税人可以采用"自报自缴"方式申报纳税，即纳税人自行申报，并按申报数额自行缴款，无须税务机关核定。纳税人填列全国统一的1 040表格后，税务局的计算机系统即自动进行数据处理，若发现未申报的则寄送催报单。同时，美国税务部门在接到各类申报表后，计算机的自动审核功能将对报表进行逻辑性和合法性审核。税务部门可以利用计算机对纳税人每年申报情况与各种资料相互查核比对，发现申报的应税额与实际收入不符者，由计算机自动打印出错误及改正通知书，寄发给纳税人，通知纳税人自己更正，也可由计算机服务中心代为更正。国家计算机中心把纳税人的纳税申报情况全部记录在案。

3. 利用计算机进行税款征收

为了防止税务部门内部的舞弊行为，美国相关法律规定，填开完税证明的不能操作纳税人分户账系统，即出纳与记账要分开。征税中心在收到付款单、支票和小区税务局传来的缴款信息的同时，登记纳税人分户账和分税种入库账，计算机自动将两账核对，并与中央国库计算机联网，核对税款收入情况。

4. 利用计算机进行审计选案

在美国，纳税人所申报的信息将通过计算机进行标准化、程序化处理，如果符合要求就录入计算机信息库并做自动处理，若不符合要求则要按规定予以处罚，并做以下处理：一是由征税中心与纳税人进行联系，纳税人对所报信息加以更正，而后，由征税中心录入计算机进行处理；二是由征税中心的专业人员加以更正，录入计算机数据库，运用标准化科学程序自动做出稽查对象选案分析，再辅之以税务审计专家的工作，选出需要进行税务审计的对象。选案后，将所选对象移送税务部门进行专业税务审计。有关部门每年的 4 月 15 日开始对上一年度的申报表进行筛选（计算机数据处理），在 7 月 15 日左右出结果，9 月 1 日起进行审计。

（二）法国税收征管实践中的信息化

法国税款的计算征收和检查已全部实现电算化。法国财政部税务总局设有电脑管理中心，与各地设立的税收计算中心联网。税收计算中心向下与全国众多税务所联网，每个税务所有若干台计算机，负责办理辖区内各种税收的征管工作。

纳税人办理纳税登记后，资料被输入计算机，当地计算中心立即进行处理，然后通过电传方式输入全国的税收计算中心，纳税人开户情况就被永久储存在计算中心。到纳税期时，当地计算中心就负责打印出纳税人的各种纳税申报表，通过邮局发往各个纳税户，纳税人按照申报表要求如实填报后，自行计算出当期应缴的税款，开好转账支票，将申报表、支票一起通过邮局送回计算中心，然后由税务所的征收小组对纳税申报表中填报的数据、税款的计算以及缴税支票的填写的正确性进行审核。正确的数据录入计算机，有错误的申报表则寄给纳税人改正错误。税务所录入的申报数据和缴税资料，经过地区税收中心数据检查、净化，进行部分数据处理后，建立数据库，复印或拷贝，并随时通过电传输入税务总局计算中心的主机内，再通过主机对数据做进一步处理，按照用途和需要分类存储起来。每月末，各地计算中心通过联网的计算机系统，输出三个方面的主要税收资料:(1) 会计统计方面的数据资料;(2) 管理税源变动的资料;(3) 纳税人缴纳税款的情况。计算机打印出没有报送申报表的纳税户名单,交税务所催缴税款,同时计算机还可以检查出纳税人错用税率、税款计算错误的信息,并做出错误记号,跟踪检查,督促纠正。

(三) 澳大利亚税收征管实践中的信息化

澳大利亚于1995年将计算机的选案及审计管理系统软硬件全部装机运行。澳大利亚计算机审计系统使用纳税申报表,并通过登记代码挑选涉嫌偷逃税的纳税人作为审计对象,同时,该系统还为各地分局进一步分析审计提供各种方便条件。目前,该系统主要包括:

1. 检查系统

这个系统提供一种比较分析,通过将银行、建筑协会及其他财政金融机构提供的资料与纳税人申报表披露的关于所得的详细资料进行对比,从而对纳税人进行审计。

2. 退税检查系统

这个系统检查退税情况,以保证退税款确实是符合要求的退税。案例报告可以打印出来,也可以通过所得税检查子系统终端看到,从而通过终端就可以检查纳税人的退税申请,避免收入漏报或退税过多。

3. 快速稽核所得系统

该稽核系统旨在对不一致的申报情况做出自动反映(如果纳税人的应纳税所得与系统记录的平均值存在较大的距离)。首先给少报收入的纳税人发一封催报收入的"软信"(soft-letter),如果在规定的时间内没有收到答复,这个系统将自动修正税款评估数额。

4. 非个人纳税人稽核系统

这个子系统与第一个系统相似,只不过稽核的对象是公司、金融企业、信托机构以及大的基金机构。

5. 普通联网系统

这个系统为分局选取有潜力的审计对象或审计项目,提供了稽查系统下的网络服务通道。

第三节　外国税收法制管理

一、世界主要国家的税务违法处理

税务违法,是纳税人为了自己的利益,违犯税法的有关规定采用种种手段逃避纳税的行为。税务违法处理,是对纳税人违犯税法行为按照法律规定进行处理和制裁。在税收法制管理上,目前世界通行的做法是"轻税重罚"。许多国家对不按期申报纳税、偷逃税甚至抗税等违法行为,在税收立法中都制定了详细的不同类型、多层次的罚则,处罚严厉,手段多样,一般有经济处罚、行政处罚和刑事处罚几种形式。

(一) 美国税务违法处理

美国联邦最高法院判定美国公民故意偷逃税的根据是:"私设账簿,制作假账、假会计凭证,隐匿或销毁账册及记载凭证,隐匿所得的来源等,且出于偷税的动机"。

美国联邦最高法院的这一界定被当做判断偷税行为的标准,为各级法院所引用。具体来说,如纳部分人有以下行为之一,则被认定为故意逃税:(1) 账册中记载小额所得而漏列巨额所得;(2) 账册中漏列全部所得的来源;(3) 不能确定来源的所得额大量增加;(4) 无充分理由而列载的大宗费用支出;(5) 虚报扣减数;(6) 毁损、涂改或隐匿交易凭证;(7) 私设账簿记载交易事项;(8) 隐匿银行存款或有关财产;(9) 利用他人名义或匿名在银行储蓄;(10) 将非营业性个人支出当做营业性费用支出列账;(11) 将营业性费用支出充作资产费用支出列账;(12) 银行存款的数额明显超过个人所得申报的数额;(13) 将盈利分配给匿名合伙人;(14) 大宗交易的付款不用支票转账而以现金支付;(15) 从已经申报收支平衡的账册中发现重大错误;(16) 销货发票不予列账;(17) 伪造进货成本发票;(18) 纳税义务人对于缺少的发票声明无法补正;(19) 虚报受抚养亲属;(20) 纳税义务人自己承认有逃税行为;(21) 纳税义务人的受雇人指控该纳税人有不正常的交易行为;(22) 其他经税务官员审核并获有证据可以证明纳税人有企图逃税的行为。

美国《国内收入法》专门就违犯税法的行为做出了惩罚规定,主要包括:

(1) 如纳税人不按时填写申报表,则每月按应税额的5%加罚,但最高不超过25%;

(2) 如纳税人不按时缴纳税款,则需缴纳按时间计算的滞纳金;

(3) 纳税人在法律或条例要求的时间内,故意不预付税款,不保存应保存的记录,不提供有关的资料的,处2.5万美元(法人为10万美元)以下的罚金,或1年以下有期徒刑,或两者并罚,并偿付诉讼费用;

(4) 对瞒报收入者,除令其补交应纳税款外,还罚款1—2倍,并补交从瞒报之日起计算的利息;

(5) 有意不履行代扣代缴义务的,处以1万美元罚金,或判处5年以下监禁,或两者并罚。不论什么性质的罚款都加收利息,利息计算公式为:利息 =

(欠税＋罚款)×(商业银行利率＋1%),并且按复利计算。

(二) 英国税务违法处理

在英国,只有包括行政法规在内的法律才能实施处罚。罚款数额由英国国家税务局规定,如有异议可以向独立法庭提出上诉。对呈报不正确的纳税申报表的欺骗行为或过失行为,所处以的最大数额不能超过其缴纳的附加税税额。罚款数额可根据案件的有关情况、违法行为的严重程度及违法者参与程度予以降低。

罚款也可以通过国家税务局和违法者签订的关于罚款数额的所谓协定来确定,这个数额可根据下列几种情况而改变:(1) 违法者是否主动承认其违法行为;(2) 违法行为的严重程度;(3) 违法者对税务局有关未纳税款的调查的合作程度。

屡次违法将被处以比初犯更高的罚款,但不超过应缴税款数额。如果反复违法且情节严重,国家税务局也可以考虑对其启动偷逃税刑事程序。

一般来说,个人董事或雇员不对公司所受处罚承担共同责任。但是,个人参与填报和编制错误的纳税申报表和财务报表的,将受到不高于 3 000 英镑(4 920 美元)的罚款。

英国对抗税的处理有三种方式:一是对动产作价抵押,进行拍卖;二是向法庭起诉;三是大的偷税案件经高级法院判决,可以宣布其公司破产。

(三) 瑞士税务违法处理

瑞士公民依法纳税的意识较强,但偷税现象依然存在。一般来说,食利阶层、工薪收入者、靠退休金和养老金生活的人一般不会偷税。个体经营者(无须进行经营登记)、独立经营者偷税情况较严重,它们主要通过增加支出项目或不如实申报收入额来偷税,但受经营规模所限,偷税额一般不大。法人偷税的情况比个体、独立经营者少,但偷税额往往较大。瑞士税法对各税种偷税行为加以了明确界定,并制定了严厉的罚则。法律不对故意与否分别定性,但量罚时考虑主观性,对故意不缴、少缴税的要重罚,对疏忽(过失)的则予以轻罚。如偷税行为在征税程序完成之前发现,则轻罚;如在征税程序完成之后被发现,则重罚。主要处罚规定有:(1) 对拒绝遵循税法规定的有关核定、申诉及财产货物盘查程序,有意隐瞒纳税义务或虚报数据,逃避部分或全部税款的纳税人,除追缴其应纳税款外,最高可处其所偷税额 4 倍的罚款;(2) 对伪造、篡改、提供虚假的文件,欺骗税务机关,致使税务机关发生计税错误的纳税人,对于故意隐瞒、转移税法有关条款中涉及的账册、凭证和财产的纳税人,除追缴应纳税款外,处所偷税款 2—4 倍的罚款;(3) 对故意煽动、支持他人进行上述违法活动以及支持他人逃避责任的人基本上也运用上述罚则进行处罚;(4) 如上述违法行为发生在法人实体或非法人实体的商业企业的管理或清算过程中,则法人实体或商业企业为被处罚对象;(5) 对不依法提交纳税申报表、账册、凭证、数据等的纳税人,处以1万瑞士法郎以下的罚款;(6) 任何人利用伪造、篡改、虚假的账册、资金平衡表、财务报表、薪资核算单位以及从第三方得到的证明欺骗税务局的,将受到监禁或最高可达3万瑞士法郎的罚款,并同时追缴所偷逃的税款。

瑞士很重视税收保全措施,为防止纳税人逃离或转移财产,可通过法院冻结其财产;对不依法向税务局提供情况及有逃税行为的纳税人,可查封其财产。对税收的追溯期一般为5年。瑞士法律对税务违法责任人及处罚对象的划分很明确。如纳税人在死亡时未将所偷税款及罚款缴清,其继承人将共同或分别负有以其所继承的最高数额为限的纳税义务;但继承人对已故纳税人所受的刑事处罚不负责任;如犯罪是由纳税人的代理人所为,其责任应属纳税人,除非纳税人能证明他不可能阻止此种行为,也无法补救所产生的后果。无论是哪种情形,都必须补缴所偷税款及利息。

二、税务行政复议和税务诉讼

在税收征收管理过程中,纳税人对税务机关的征税决定和违法处理决定不服时,可以向上一级税务部门申告或向司法部门起诉。世界各国对保护纳税人的这一重要权利,正确处理税务争议都是非常重视的。各国在税法或有关专门法规中都详细规定了争议处理程序。经验表明,公正的税务复议和健全的税务诉讼程序是实施“依法治税”的保证。它既可以监督纳税人依法履行纳税义务,也可监督税务机关正确执行税收法规。

税务争议的处理,通常有两种方法:税务行政复议和税务诉讼。

税务行政复议,是指纳税人认为征税机关的行政行为侵犯了其合法权益,从而提出审查相关行政行为的申请,并由法定的复议机关对原处理决定进行审查并做出复议裁决,处理纠纷的一种制度。

税务诉讼是指公民、法人和其他组织认为税务机关及其工作人员的具体税务行政行为违法或者不当,侵犯了其合法权益,因而依法向司法机关提起行政诉讼,由司法机关对具体税务行政行为的合法性和适当性进行审理并做出裁决的活动。审理税务案件的司法部门独立于政府部门之外,与税务部门也没有任何经济利益和行政管理上的联系。

(一) 美国的税务行政复议和税务诉讼

1. 税务行政复议

美国的税收征管实行纳税人自行申报和缴纳的制度,即按税法规定,纳税人自行申报所得,由税务机关进行检查,若未发现任何偷逃税现象,就予以认可。然后,纳税人按照核定的数额依率缴税。如有疑点,则要求纳税人对其申报表做出解释。如双方不能达成一致,则国内收入局对纳税资料再行审议。如双方仍有分歧,则国内收入局将再一次复审后的裁决报告寄给该纳税人,纳税人在30天内决定是接受裁决报告,还是到上诉部门通过协商加以解决,也可做出第三种选择:对国内收入局的30天信件不予理会,而等待正式的补税通知书,即"90天信件",这意味着只能通过税务诉讼来解决了。当纳税人做出第二种选择时,可以进行"上诉会谈",在采取这种形式时,纳税人应先填写一份内容详尽的"抗议书",然后,纳税人可以到上诉办公室与税务协调员进行面谈。上诉办公室是美国国内收入局设立的一个专门裁定税收争议的机构,它具体分为公司、个人和其他三个小组,每个小组都由各方面的专家组成,纳税人若全部或部分同意复议结论,税务机关可先就已取得共识的部分加以确认,纳税人若反对复议结论,可以在90天内向法院提起诉讼。在美国,85%的案件均可复议解决。如纳税人和协调员仍未能达成一致意见,则必须通过司法途径来解决。

2. 税务诉讼

美国的司法制度规定,审理诉讼案件的法院有审判法院和受理上诉的法院两个系统。首先由纳税人向审判法院提出税务诉讼,如不服审判法院的审理裁决,则可向上诉法院提出上诉。

(1) 美国的审判法院。美国的审判法院主要包括:

① 税务法院。税务法院是美国联邦审判法院系统专门审理和判决联邦所得税、遗产与赠与税等税务诉讼案件的法院,其法官由总统任命,总部设在华盛顿,平时在全国各地巡回开庭审理案件。税务法院的主要特点是:第一,纳税人不必事先缴纳税款,在税务部门估定欠税前即可提出诉讼,因此大多数纳税人愿意选择通过税务法院解决争议的途径。第二,除重大异常案件外,没有陪审团参加审理,由一名指定的法官出庭审理。税务法院受理纳税人的申诉后,纳税人可以亲自出庭或由律师、注册会计师代表出庭。审理时,双方将一切证据以及证人的证词提交法院,法院判决后,将判决书送给双方当事人。税务法院还有一个小额索赔部门,专门处理有争议税款不超过1万美元的案件,由法官指定的专员审理,小额索赔部门做出的判决属于终审判决。税务法院每年将审查的案件汇集成册,出版《税务报告》。

② 地区法院。美国地区法院属于美国联邦审判法院系统审理和判决各类诉讼案件的法院,性质上属于普通法院,不仅仅受理税务案件,更多的是受理非税务案件。美国分成九十多个地区,每一个地区都有一个地区法院,每一州至少有一个地区法院。在地区法院,纳税人必须由律师代理诉讼,由陪审团判断

证据的真实性和做出最终的裁决,法官则决定适用的法律。纳税人在向地区法院起诉前必须先缴纳税款,如纳税人胜诉,则政府退回税款,并付税款利息。纳税人如败诉,可再上诉,上诉期为60天。

③ 索赔法院。美国的索赔法院是美国联邦审判法院系统中专门审理和判决向联邦政府要求索赔的案件(其中也包括退税的案件)的法院,该法院设在华盛顿。纳税人向美国索赔法院提出税务诉讼前也必须预先缴纳税务部门估定的欠税,否则法院将不予受理。原告没有要求设陪审团的权利,而由法官审理和裁决。该法院判决后,任何一方都可向上诉法院上诉。上诉期为裁决后的60天内。

纳税人选择审判法院进行税务诉讼时,只能选择上述三者之一。若纳税人向税务法院提出诉讼,要求核税退税,就要放弃向地区法院提出诉讼的权利。同理,如果向地区法院提出退税诉讼,就不能再向索赔法院提出诉讼。审判法院听取事实和考虑各方的法律争议后做出裁决。如双方对判决满意,案子即告结束。若纳税人胜诉,则税务部门退回多征税款和利息;纳税人如败诉,则要补缴税款及利息、罚款等。判决的双方如果有一方不服,则可向上诉法院上诉。

(2) 美国受理上诉的法院。受理上诉的法院包括美国上诉法院和美国最高法院。美国上诉法院是美国联邦法院系统审理和裁决对税务法院、地区法院、索赔法院判决不服的上诉案件的法院。全美共有13个巡回上诉法院。只要纳税人居住在某一巡回区内,不管其在哪个税务法院和地区法院起诉的案件都归纳税人居住地所属巡回区的上诉法院受理,但如是在特别法院起诉,则必须在特别法院所在的巡回区的上诉法院上诉。上诉法院受理上诉时,不负责调查案件事实,只负责裁定审判法院的判决是否正确地运用了法律。根据美国法律,某一上诉法院对案件的裁决,对其他上诉法院无案例价值和法律约束力,但对其司法管辖下的审判法院具有案例价值和法律约束力。如败诉方不服上诉法院的判决,可再上诉到最高法院。但上诉法院的判决,绝大部分为最终判决。

诉讼一方对上诉法院的裁决不服时,最后还可提请美国最高法院裁决。美国最高法院是美国联邦法院系统的最高机关,是上诉案件的终审法院。它的主要职责是审理各个巡回上诉法院对同一问题的判决存在分歧的上诉案件,复审那些判决被认为违背联邦宪法或法律的案件,以及其他具有全国意义的重大案件。一般税务案件很难提交到最高法院,只有少数具有代表性、其结果可能对全国具有指导意义的税务上诉案件才会被受理。美国最高法院的裁决为终审裁决,诉讼各方必须无条件遵守。

上述两个系统的诉讼是就民事案件而言的,如为税收刑事案件,则交刑事税收审计员调查,掌握确实证据后,可正式向司法部门提出建议,由司法部门提出刑事诉讼。司法部门接受案件后进行调查,传讯纳税人,要求其提供必要的情况、报表、账册、记录。纳税人如不合作,可以"蔑视罪"监禁之,如认为必要,可对纳税人正式起诉。纳税人如败诉,被判有罪,可处以10万美元的罚金(如为公司可判50万美元的罚金)和5年以下的监禁,并承担诉讼费用。败诉人如不服,可在限期内逐级上诉。

(二) 日本的税务行政复议与税务诉讼

1. 税务行政复议

概括地说,日本解决税务争议的基本程序有三种,即复查、复议和诉讼。纳税人如对地方税务官员做出的行政规定有异议,可申请税务机关进行复查。如对地方税务局官员的调查有异议,也可直接向地方税务局长申请复查。而实行蓝色申报的纳税人,也可在收到行政行为通知书之日起2个月内直接向国税不服审判所所长申请复议。

(1) 税务复议的专门机关——国税不服审判所。国税不服审判所附属于国税厅,但其组织和人员与各国税局、各税务署等征管机关完全分离,国税不服审判所的所长由财政大臣批准、国税厅长官任命。虽然从组织上来说,它仍属于国税厅的组成部分之一,但国税不服审判所所长拥有独立的复议审理和决定权,除了拟做出的复议决定与国税厅长官已发布的通知见解相左时,或者是就尚未规定的问题做出具有行政先例性的复议决定时,需要先征求国税厅长官的意见之外,不受国税厅长官的任何制约。

在国税不服审判所之下,与全国的12个国税局相对应,设立12个地方的国税不服审判所,如东京国税不服审判所、大阪国税不服审判所等。并且,在全国7个城市还设立了支所,如东京国税不服审判所横滨支所等。为了方便审理,国税不服审判所所长把自己的各项权利授权给各地方的国税不服审判所的国税不服审判官行使,所以具体的审判活动由这些地方的国税不服审判所或支所进行,但最终的复议决定全国统一以国税不服审判所所长的名义做出。

从事审理与调查的国税不服审判官,从精通税收业务的税务人员、检察官、法官等司法工作人员当中产生,同时还通过交流的办法,向法院等司法部门派出税务工作人员,以培养既精通税收又懂法律的复合型人才,也有部分国税不服审判官是从这些有过交流经验的人员之中选任的。

(2) 国税、地方税不同的复议制度。在日本,国税与地方税的行政复议分别适用于不同的复议制度。地方税的复议制度与一般的行政案件相同,适用《行政不服审查法》;而国税的行政复议则适用《国税通则法》中关于复议的具体规定。《国税通则法》是相对于《行政不服审查法》的特别法。二者的区别还表现在:

① 审理制度不同。地方税的行政复议案件,适用一级复议制度。即做出行政行为的征税机关有上一级机关的,向上一级机关提出“不服审查”;如做出行政行为的征税机关没有上级机关,则向做出行政行为的原机关提出“异议请求”。一般而言,地方税的征税决定是以地方长官的名义下达的,所以对此征税决定不服的,应向县知事提出“异议请求”,因为县政府是地方自治机关,在它上面不存在上级行政机关。

国税则实行两级复议制。纳税人对税收决定不服的,先向做出决定的原机关提出“异议请求”,对异议决定还不服的,再向国税不服审判所所长提请“不服审查”。“异议请求”是“不服审查”的前置程序,白色申报的纳税人在提请“不服审查”之前必须先经过“异议请求”,但蓝色申报表的纳税人则可以自由选择在提请“不服审查”之前是否提出“异议请求”。实行这种差别的原因是,税务机关在做出课税决定前,对白色申报的纳税人不负有说明理由的义务,纳税人只有在所提出的“异议请求”被驳回的情况下,才能获知税务机关所依据的事实和法律理由,也就是说,如果不经过“异议请求”程序,国税不服审判所是无法就双方的争议进行审理的。而对蓝色申报的纳税人,税务机关则必须在做出课税决定的同时,提供所依据的事实及法律根据,所以蓝色申报的纳税人可以直接据此向国税不服审判所提出复议。

② 审理机关不同。一般的行政复议案件,“不服审查”的审理机关为上一级直接主管的行政机关,而有关国税的“不服审查”则统一由国税不服审判所所长受理。行政复议(不服审查)的审理权集中在国税不服审判所所长手中。

③ 是否复议前置不同。日本第二次世界大战以前旧的行政诉讼制度规定,所有的行政诉讼都必须先经行政复议方可提起。战后新颁布的《行政事件诉讼法》废除了这一规定,确定了当事人可以在提起行政诉讼之前自行选择是否提起行政复议的选择复议原则。但作为对这一原则的特例,国税、地方税、关税等所有税务行政诉讼仍旧实行复议前置。实行复议前置的主要理由是税务行政量大、专业技术性强,在提起诉讼之前强制当事人经过行政复议,一方面可以使大量纠纷在行政救济阶段得以解决,从而减轻司法机关的压力,另一方面是希望通过复议,整理出较为清晰明了的争议点,便于提高行政诉讼的审理效率。还有一个重要的理由是,税务行政复议(除地方税之外)实行由专门的第三方机关“国税不服审判所”进行审理的制度,相较于由上级机关审理的制度,第三方的公正性更为明显。所以从这个意义上来讲,国税不服审判所的设立可以看做对强制实行复议前置的补偿。

(3) 税务(国税)行政复议的审理程序。纳税人对国税机关的行政行为不服的,应当在得知该行政行为之日的次日起两个月之内,向做出该行政行为的机关提出异议；对异议审理决定仍不服的，应当在收到异议决定书之日的次日起1个月内向国税不服审判所所长提出复议。

国税不服审判所在收到复议申请之后，先进行形式审查，决定是否应当受理。如果不符合规定的要求，可驳回申请。在正式受理之后，国税不服审判所应将复议申请书的副本送交做出原行政行为的国税机关，并要求其提出书面答辩，在收到国税机关所提交的答辩状之后，应将其副本送交复议申请人。行政复议原则上以书面审理的方式进行，但如果复议请求人要求进行口头陈述的，审理人员必须安排听取陈述的机会。另外，复议申请人有权阅览国税机关所提交的其他书证或物证。

复议申请除了根据双方所提供的证词和证明进行之外，《国税通则法》还授予了复议审判官自行调查、取证的权利。

经复议审理仍不服的，则应当在收到复议决定书的次日起3个月内向地方法院提起行政诉讼。

2. 税务诉讼

纳税人若对税务行政复议所做出的决定不服，还可在3个月内向法院提出上诉，再由法院进行审理和判决。

原则上，税务争议只有经过复查和复议后才能向法院起诉。但在下列情况下，也可直接向法院起诉：(1) 纳税人在提出复议申请后3个月内没有收到复议决定书；(2) 等待税务机关复议决定可能会造成纳税人的严重损失；(3) 其他合理正当的理由。

在税务诉讼案件中，原告是纳税人，被告是税务机关。尽管税务诉讼案是按照一般民事案件审判的程序进行审理的，但是法院的判决对有关各方面(包括行政机关)都是具有法律约束力的。

(三) 其他国家的税务行政复议与税务诉讼

在瑞士，纳税人对税务局征税、核税有异议时，可在按要求履行有关手续后30日内向税务局提出复议；对复议裁决不服的，可在30日内向法院提起诉讼。虽然宪法规定公民不经行政复议亦可直接向法院提起诉讼，但在税务方面只有个别情况下才可以这么做。如果发生教会税的争议，可直接起诉至最高法院。

在比利时，纳税人如对征税有不同意见时，可在接到纳税通知书6个月内或在纳税年度终了的4月30日前，向所在地税务机关的负责人报送“异议书”，要求税务机关进行复议。纳税人如不服税务机关的复议，可在40天内向法院提出起诉。任何一方如不服地方法院的判决，3个月内可要求高等法院复议。

丹麦规定，纳税人可在接到纳税通知书后的4周内向当地税务机关提出异议；可在税务机关答复的4周内向地方税务评议会提出复议要求；如仍不服，可在8周内向设在哥本哈根的税务法院上诉；任何一方如不服税务法庭的裁决，可在6个月内向高级法院直至最高法院提出起诉。

卢森堡的纳税人要求税务机关复议的时间为接到纳税通知的3个月内，纳税人也可直接向税务法庭提出起诉。

荷兰则要求有异议的纳税人必须在2个月内首先向税务机关提出，如不服处理，可在复议决定做出后的2个月内向法院起诉，最后还可要求最高法院复审。

奥地利法律规定，纳税人如对税务机关征税有异议，可在接到纳税通知书后的1个月内向征收单位提出，税务机关不接受纳税人意见时，纳税人可向法庭正式起诉。经判决后如有一方不服，可逐级向行政法庭直至宪法法庭提出复审。要求行政法庭复审的时间，须在诉讼法庭判决后的6个月以内。

在新加坡，纳税人对估税或罚款不服时，可在缴清税款和罚款后的30天内，向税务仲裁庭提出起诉，如仍不服，还可向高等法庭上诉，最后还可向上诉法庭上诉，上诉法庭是终审法庭。

第四节　比较与借鉴

一、发达国家税收征管的国际经验

从税收征管效率较高的国家来看，大都在全国范围内实现了计算机管理，力求充分发挥网络和信息共享的作用。

（一）建立有效的税源监控体系

世界上许多国家，特别是经济发达国家，十分重视税源监控，针对不同的税种、税基采取不同的监控措施，归纳起来具有以下共同特点：

第一，建立全国统一的纳税人登记编码制度和严格的纳税登记制度。如美国实行税务编码和社会保障号码合二为一的制度。意大利规定，凡年满16岁的公民均须到当地税务机关登记并领取税务编码卡，而且该编码在全国范围是唯一的，与纳税人取得收入有关的各种活动都离不开这一编码。

第二，普遍实行源泉预扣税制度。许多国家都在税法中明确规定实行源泉预扣税制度。如日本税法规定，凡工资、薪金、利息、股息以及所得税法特别规定的其他所得，都必须由支付者在支付上述所得时源泉预扣所得税，并在预扣月份次月的第10日前向政府缴纳税款。

第三，充分运用第三方信息。在充分利用纳税人申报信息的基础上注重利用银行、海关、雇主等第三方信息，以相互核对。为了保证税务部门能够及时、准确地获取第三方信息,许多国家在法律上设定了第三方义务。在所有 OECD 国家中,雇主都必须向税务机关提供资料说明其支付雇员工薪的金额,多数 OECD 国家要求银行和其他金融机构提供向特定纳税人所支付的利息的信息。

第四,最大限度地控制现金交易。如美国规定在银行存入一定数额以上的现金必须提供现金来源的合法证明,美国国内收入局有一套"货币—银行—企业"的检查系统,它的数据库里储存着来自银行、企业和货币使用者的流动信息,每当有数额在 1 万美元以上的现金交易时,国内收入局皆能及时发现。美国还明确规定,如银行不通报,则对银行实行处罚。银行组织法也同税法协调一致,规定现金交易在 1 万美元以上并存在银行或从国外汇入 10 万美元的,银行要向国内收入局报告。澳大利亚在 1998 年通过的《现金交易报告法案》规定,对开设和使用某些账户的人需要核对其身份,使用假名开设、使用账户属违法行为。

(二) 实行严格的税务稽查制度

对纳税人的纳税行为进行税务稽查,作为保证纳税人遵从税法的一种有效手段,普遍为世界各国所重视。由于计算机在税收征管领域的普遍应用和纳税人自行申报制度的建立,世界发达国家税收征管的重点逐渐向税务稽查转移。

1. 具有较强的稽查力量配置

经济发达国家税务稽查人员占全部税务人员的比例一般在 40% 左右。美国分区税务局稽查人员的比重达 50%,稽查人员分为一般稽查人员、高级稽查人员、质量检查人员、管理人员和其他人员。税务稽查人员必须大学毕业或具有商务学士资格。对资产超过 2.5 亿美元的大公司,协查组一般包括收入局官员、有关专家(如计算机稽查专家)、经济学家、国际业务官员、工程师以及评估人员,必要时还可请其他税务官员参加。

2. 稽查对象的选择通过计算机进行

计算机根据内部所存标准,对纳税人来自各渠道的信息进行比较分析,并根据其异常情况打分,其综合分值超过一定标准,即确定为重点稽查对象。稽查对象的选择比例因税种不同和各国国情不同而差异较大,如美国国内收入局大约只审计 2% 的所得税、遗产和赠与税申报表;欧洲国家通常要对 10% 左右的经销商进行增值税审计,对规模较大的经销商每年审计两次,对小商人每 4—5 年审计一次。

3. 稽查方式、方法多样

美国通常采用办公室审计、信函审计、现场审计、大纳税户的小组审计等方式稽查。现场稽查一般都是按行业分组,美国编写了约 90 个行业的稽查培训手册,供税务稽查人员参考。实行增值税的经济发达国家,一般都通过计算机进行增值税发票的交叉稽核。在稽查方法上,注重分行业专业稽查和不同税种交叉审计,并且注重增值税与所得税的交叉审计,尽量使增值税审计工作与对所得税进行的内部审计和现场审计工作结合起来,以便相互提供有价值的信息。此外,对货物的仓储和运输进行实地检查的方式,在增值税制度下仍占有一定地位。

在稽查实践中,各国都力求充分利用全国税收信息系统,实现各地与各部门之间的税务信息共享,如纳税人银行信息的采集、核对、函证等,以便为有针对性地开展税务审计打下坚实基础。

(三) 提供全方位的纳税服务

自20世纪80年代以来,世界各国的税收征管理念发生了巨大转变,许多发达国家税收征管改革的方向开始从"监督打击"型向"管理服务"型转变,为纳税人提供高效优质服务已经成为世界各国税务机关的普遍做法。总体来看,发达国家纳税服务具有三个方面特点:

1. 纳税服务日益专业化

尽可能为纳税人提供优良的专业纳税服务,是现代国家建设服务型政府的一个重要内容。发达国家在立法实践中首先要求政府特别是税务机关的工作要以纳税人为中心,强调为纳税人服务是义不容辞的义务和责任。从实践来看,纳税服务的方式方法多样,诸如专门出版物、新闻媒体、免费电话系统、网络服务、个人联系与通信、税收宣传和教育计划、税务研讨会等都可以成为为纳税人提供服务的手段。同时,考虑到税法的专业性较强,如果只是泛泛地提供千人一面的服务,不利于照顾到纳税人的个性化需求。为此,很多发达国家通过设立专门的机构和岗位,突显纳税服务的个性,使纳税服务在专业且个性化的层面上展开。

2. 注重协调与缓和征纳双方的矛盾

对于税收征纳中产生的矛盾和纠纷,如果不及时提供一定的行政解决通道,可能会加重纳税人对政府的抵触和对抗情绪。因此,发达国家都注意到了纳税人的弱势地位,力求通过在行政权力的架构范围内设立某些救济机构提供一定的纠纷解决机制,从而尽可能解决纳税人和政府在税收问题上的矛盾,缓解税收征纳双方的紧张关系。例如,美国国内收入局设立了纳税人辩护律师服务中心,其主要职能是帮助纳税人处理通常渠道未能解决的纳税问题,必要时向有关行政机关提出执法建议或者向立法机关提出税法修改建议。法国各省设有独立的税务委员会,其成员一半来自税务机关,一半来自纳税人,该委员会主席由普通法院院长或院长指定的法官担任。该委员会接受纳税人的申诉,并对案件进行独立评议,向相关税务部门及纳税人提供参考性的处理意见,这样,争议双方就容易在专业人士的指导下达成妥协。

3. 纳税服务逐渐社会化

作为公共服务的一种重要表现形式,政府提供纳税服务也要遵循成本效益的原则,不可能包揽全部纳税服务。在现代市场经济体制中,专业的社会中介和其他组织得到了迅速发展,很多国家非常重视通过社会组织为纳税人提供纳税服务,从而形成了政府、社会组织等主体共同提供的纳税服务体系。

(1) 税务中介机构。在一定的情况下,发达市场经济国家提倡或者要求纳税人寻求专业税务中介机构(包括但不限于税务咨询机构、税务代理机构、注册会计师和律师等)的帮助。税务中介机构可为纳税人提供税收策划、税务分析和投资建议等全方位的服务。

(2) 纳税人协会。建立纳税人协会是社会自律和公众维权的一种重要方式。如果说分散的纳税个体还属于弱势群体,通过纳税人协会组织起来的纳税人则是制约滥用行政权力、维护纳税人权益的一支重要力量。在一些发达国家,通过鼓励纳税人协会的发展,可以为纳税人提供相应的纳税服务。在纳税人协会的帮助下,纳税人更加关注税收法治状况,既可以监督政府节约使用纳税人的钱财,也可以有效维护自身合法权益。同时,纳税人协会可以提供的服务多种多样,既可以在解决具体问题上提供法律咨询、法律帮助,也可以通过新闻媒介开展税法的普及、宣传等活动。例如,世界纳税人协会旗帜鲜明地提出,要致力于建立一个低税收和更多个人自由的社会,促使公共管理部门更加高效和节约,进一步支持立法机关限制税收负担、防止征税人员的不当侵扰,并向社会提供更多的关于政府税收和支出的信息;德国纳税人协会的宗旨是代表纳税人的利益,无私地帮助纳税人充分了解税法,监督国家的财税立法和执法行为。

(3) 税收自愿者组织。在一些发达国家,政府通过财政拨款资助部分税收志愿者组织的形式(如美国的助老税收咨询委员会、英国的低收入者税制改革委员会等)为老弱病残或者低收入社会成员提供纳税服务,从而避免纳税人因身体或收入等方面的限制而不能获得专业化的服务的情况的产生。如英国的低收入者税制改革委员会致力于通过便捷的方式为老年纳税人办理纳税手续、向老年纳税人免费提供纳税信息、为老年纳税人争取税收优惠等。

二、中国税收征管制度的改革与完善

从逻辑上说,税收制度与税收征管之间是一种联动关系。前者是一种有关税收问题的事先的制度安排,后者则是这种制度安排的实施机制。税收制度能否有效运行,很大程度上依赖于税收征管是否科学合理。因此,税收征管不仅是税收制度有效运行的手段,也是税收政策目标实现的有力保障。

改革开放以来,我国税收征管经历了从传统征管模式向与市场经济相适应的模式转变的过程,征管水平得到了提高。中国税制改革的进一步深化,特别是增值税转型、企业所得税合并以及个人所得税实行综合分类课征等改革措施的出台,对税收征管的改革从客观上提出了更高的要求。中国税收征管制度的改革应从以下几个方面入手:

第一,以申报纳税和优化服务为基础,形成让纳税人自行申报纳税的机制。这项改革的主要优点在于:(1) 有利于明确纳税人和税务机关的权利和责任,有利于培养纳税人自觉纳税的意识,减少税务机关的征税成本和因税务机关上门征税给纳税人带来的干扰,防止税务机关的不廉洁行为。(2) 体现了政府与纳税人之间的诚信关系。就政府或代表政府行使征税权的税务机关而言,尤其是在没有证据表明纳税人有违法事实之前,应该相信纳税人是诚实守法的。就广大纳税人而言,在这种信任中也得到了尊重。也正是基于这样一种理念,才有必要让纳税人自行申报纳税。(3) 有利于促进征纳双方信息对称。对税务机关而言,在纳税人纳税前需缴多少税,税务机关一般是不清楚的。就纳税人而言,自己的收入、成本费用是多少,需要缴纳多少税,自己最为清楚。只要纳税人如实申报,诚信纳税,税务机关就能了解和掌握纳税人的真实信息。因此,实行纳税人自行申报纳税制度,是税务机关征税的最重要的先决条件和基础环节。优化纳税服务是"为人民服务"的根本宗旨在税收工作中的具体体现,是构建和谐征纳关系的需要,也是各国税收征管所追求的目标。

第二,以计算机网络为依托,完善税收征管信息化。在税收征管中加强信息化建设的主要原因在于:一是强化税收监控管理的需要。要对所有纳税人的整个纳税过程和税务机关内部的管理情况实施全面、严格的监控管理。二是实行重点稽查的需要。要从成千上万纳税户难以计数的涉税资料中,根据多种选案模型和标准进行筛选,对筛选出的涉嫌税收违法、违章的纳税人进行重点稽查,如果没有计算机网络的支持很难做好这项工作。三是优化办税服务的需要。为纳税人提供简便、快捷和优质的服务,不但是建立纳税申报制度的需要,也是税务机关的一项重要职责。由于现代化的计算机系统具有自动化程度高、信息储存量大、查询和运算速度快、准确率高等优点,因此将它运用于税收征管,必然会提高征纳双方的办事效率,缩短办税时间,减少误差。四是降低税收成本的需要。发达国家率先进行税收征管电子化的原因,除了加强税务管理外,降低税收成本也是一个重要方面。如美国每征收 100 美元,税收成本仅为 0.45 美元,其他发达国家每 100 美元税的征收成本也都在 1 美元以下,而发展中国家每100美元税的征收成本则为3—6美元。[①] 因此,降低税收成本,提高征管质量,加快税收征管信息化建设是必然的选择。如何进一步完善现行税收征管信息系统和计算机网络建设,就成为建立新的税收征管模式的关键所在。

第三,集中征收,降低征收成本。其中,集中征收是税务信息、数据处理尽可能高度集中和办税场所相对集中的统一。必须认识到,集中征收并不是单纯地将纳税人集中到办税服务厅办理申报等纳税事项。首先,从集中的对象看,新征管模式是以计算机网络为依托和支撑的,集中的对象不仅是纳税人本身,更主要的是税收信息;其次,从集中的方式看,随着申报方式的多元化和计算机的广泛应用,邮寄申报、电子申报等先进的申报方式会越来越多地取代上门申报的方式;最后,从集中的程度看,新征管模式的技术支撑是计算机网络,集中的程度主要是以计算机联网范围和信息共享范围大小为标准。因此,各地在实行集中征收的过程中,一定要根据当地纳税人的多少、税收规模的大小、经济实力状况和现有的办公条件等实际情况,在考虑计算机网络建设的基础上合理规划办税服务厅的布局和集散程度,以免造成不必要的浪费,给纳税人带来不便。

第四,在税收管理中,强调重点稽查。所谓重点稽查是指选择和实施稽查的对象要有重点。因为,税务稽查是加强税收征管的最后一道防线,在税收征管中起着"守门员"的作用。新的税收征管模式虽然实行了纳税人自行申报纳税制度,但在实际经济生活中,由于利益的驱动或其他原因,少数纳税人可能存在不如实申报纳税的问题。因此,需要税务机关以税务稽查手段去甄别真伪,通过对那些不如实申报进行偷逃骗税的纳税人实施有重点的稽查,并且查深查透,严格依法进行处理,以儆效尤,达到税务稽查"打击一个,教育一片"的效果。同时,通过税务稽查,可发现税收征收管理中存在的漏洞和问题,以进一步采取相应措施,加强管理,起到以查促管的作用。

本章小结

1. 世界各国,特别是发达国家,十分注重税收宣传和税收服务,充分利用各种手段接触公众,促进社会各阶层对税务工作的了解,提高民众的纳税意识。

2. 从世界各国税收征管的实践来看,税收征管一般包括税务登记、纳税申报和征收、税款缴纳和税务审计等一系列过程。各国呈现出不同的税收管理特色。

3. 在信息化时代,世界多数国家都充分把计算机应用到税收征管工作之中,计算机的应用大大提高了征管的效率和征管水平。

---

① 参见戴海先:《论税收征管改革若干问题》,《税务研究》,2007年第1期。

本章重要术语

税务登记　税务审计　纳税人宪章　税务行政复议
纳税申报　纳税服务　税务违法　　税务诉讼

复习思考题

1. 举例说明世界主要发达国家纳税服务主要包括哪些内容。
2. 举例说明税务征管信息化在世界各国的具体应用。
3. 税务行政复议有哪些特点？以美国为例，说明税务行政复议制度和税务诉讼制度的基本内容。

推荐阅读文献

1. 丁一:《国外税收征管的最新趋势》,《税务研究》,2008 年第 2 期。
2. 付树林:《借鉴国外税务审计经验完善我国税务审计制度》,《涉外税务》,2007 年第 12 期。
3. 董根泰:《中美税务审计比较与借鉴》,《涉外税务》,2003 年第 5 期。
4. 戴海先:《论税收征管改革若干问题》,《税务研究》,2007 年第 1 期。

主要参考文献

1. 财政部税制税则司编:《国际税制考察与借鉴》,经济科学出版社 1999 年版。
2. 中国社会科学院财政与贸易经济研究所:《中国:启动新一轮税制改革》,中国财政经济出版社 2003 年版。
3. 王乔、席为群主编:《比较税制》,复旦大学出版社 2004 年版。
4. 王国华主编:《外国税制》,中国人民大学出版社 2008 年版。
5. 解学智主编:《外国税制概览:公司所得税》,中国财政经济出版社 2003 年版。
6. 杨斌著:《比较税收制度—兼论我国现行税制的完善》,福建人民出版社 1993 年版。
7. 杨春梅主编:《比较税制》,中国税务出版社 1999 年版。
8. 陈永良编著:《外国税制》,暨南大学出版社 2003 年版。
9. 付伯颖主编:《外国财政》,经济科学出版社 2003 年版。
10. 付伯颖、苑新丽编著:《外国税制》,东北财经大学出版社 2007 年版。
11. 刘溶沧、赵志耘主编:《税制改革的国际比较研究》,中国财政经济出版社 2002 年版。
12. 国际税务总局税收科学研究所编译:《外国税制概览》,中国税务出版社 2004 年版。
13. 资本利得课税研究小组著:《资本利得课税理论与实践》,中国税务出版社 2004 年版。
14. 朱洪仁著:《欧盟税法导论》,中国税务出版社 2004 年版。
15. 各国税制比较研究课题组:《各国税制比较研究丛书》,中国财政经济出版社 1996 年版。
16. Neil Bruce, *Public Finance and the American Economy*, Addison-Wesley Educational Publishers, Inc. 1998.
17. Rosen, Boothe, Dahlby and Smith, *Public Finance in Canada*, McGraw-Hill Ryerson Limited, 1999.
18. Cedric Sandford, *Why Tax Systems Differ*, The Cromwell Press,2000.
19. Robin W. Boadway and Harry M. Kitchen, *Canadian Tax Policy*, Canadian Tax Foundation, 1999.
20. Editedly Ken Messere, *The Tax System in Industrialized Countries*, Oxford University Press, 1998.
21. Hugh J. Ault, *Comparative Income Taxation: A Structural Analysis*, Kluwer Law International, 1997.

北京大学出版社教师反馈及教辅申请表

北京大学出版社本着"教材优先、学术为本"的出版宗旨，竭诚为广大高等院校师生服务。为更有针对性地提供服务，请您按照以下步骤在微信后台提交教辅申请，我们会在 1~2 个工作日内将配套教辅资料，发送到您的邮箱。

◎手机扫描下方二维码，或直接微信搜索公众号"北京大学经管书苑"，进行关注；

◎点击菜单栏"在线申请"—"教辅申请"，出现如右下界面：

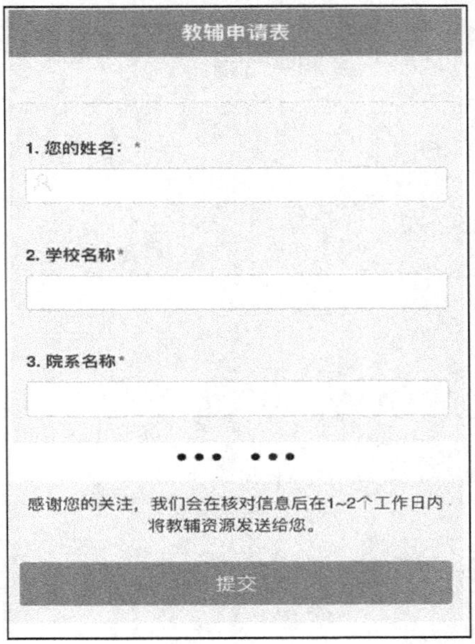

◎将表格上的信息填写准确、完整后，点击提交；

◎信息核对无误后，教辅资源会及时发送给您；
如果填写有问题，工作人员会同您联系。

温馨提示：如果您不使用微信，您可以通过下方的联系方式（任选其一），将您的姓名、院校、邮箱及教材使用信息反馈给我们，工作人员会同您进一步联系。

我们的联系方式：

通信地址：北京大学出版社经济与管理图书事业部北京市海淀区成府路 205 号，100871

联 系 人：周莹

电　　话：010-62767312 /62757146

电子邮件：em@pup.cn

Q Q：5520 63295（推荐使用）

微信：北京大学经管书苑（pupembook）

网址：www.pup.cn